Approche archéologiqu des réouvertures de sépultures mérovingiennes dans le nord de la France (VIe-VIIIe siècle)

ASTRID A. NOTERMAN

BAR INTERNATIONAL SERIES 3065 | 2021

Published in 2021 by
BAR Publishing, Oxford

BAR International Series 3065

Approche archéologique des réouvertures de sépultures mérovingiennes dans le nord de la France (VIe-VIIIe siècle)

ISBN 978 1 4073 5888 8 paperback
ISBN 978 1 4073 5889 5 e-format

DOI https://doi.org/10.30861/9781407358888

A catalogue record for this book is available from the British Library.

COVER IMAGE *Detail of grave 541 from Kolbsheim, France. Credit: Antea Archéologie.*

BAR titles are available from:

BAR Publishing
122 Banbury Rd, Oxford, OX2 7BP, UK
EMAIL info@barpublishing.com
PHONE +44 (0)1865 310431
FAX +44 (0)1865 316916
www.barpublishing.com

D'intérêt connexe

État sanitaire entre Ancien Régime et révolution industrielle
Étude paléoépidemiologique de deux populations provençales
Marie Perrin

Oxford, BAR Publishing, 2021 BAR International Series **3030**

Les populations carolingiennes (France, Nord-Ouest, VIIIe-Xe siècles)
Approche archéo-anthropologique
Carole Fossurier

Oxford, BAR Publishing, 2016 BAR International Series **2831**

Whodunnit? Grave Robbery in Anglo-Saxon England and the Merovingian Kingdoms
A. M. Klevnäs

Oxford, BAR Publishing, 2013 BAR International Series **2582**

Remembering the Dead in Anglo-Saxon England
Memory theory in archaeology and history
Zoe Devlin

Oxford, BAR Publishing,2007 BAR British Series **446**

Approche taphonomique des restes humains
Le cas des Mésolithiques de la grotte des Perrats et le problème du cannibalisme en préhistoire récente européenne
Bruno Boulestin

Oxford, BAR Publishing, 1999 BAR International Series **776**

For more information, or to purchase these titles, please visit **www.barpublishing.com**

Remerciements

La présente publication est le résultat d'une recherche doctorale menée à l'Université de Poitiers et soutenue en décembre 2016.

Cette recherche n'aurait pu être menée à son terme sans le soutien d'un grand nombre de personnes et en premier lieu Mesdames Cécile Treffort (CESCM) et Cécile Chapelain de Seréville-Niel (CRAHAM). Je tiens à les remercier très chaleureusement pour leur soutien tout au long de cette recherche et au-delà.

Ce travail n'aurait pu être réalisé sans l'aide précieuse des professionnels de l'archéologie qui m'ont donné accès, parfois de manière inédite, à leurs données de fouille. Je remercie tout particulièrement Julien Boisson, Cécile Buquet-Marcon, Hélène Barrand-Emam, François Capron, Florence Carré, Delphine Cense-Bacquet, Madeleine Châtelet, Fanny Chenal, Carole Deflorenne-Quérel, Stéphanie Desbrosse-Degobertière, Véronique Gallien, Laurent Gubellini, Vincent Hincker, Sacha Kacki, Agnieszka Koziol, Guillaume Lassaunière, Arnaud Lefèbvre, Cyrille Le Forestier, Amandine Mauduit, Virginie Motte, Laure Pecqueur, Muriel Roth-Zehner, Jean Soulat, Benjamin Tixier et Olivier Vrielynck. Cette liste est loin d'être exhaustive....

Mon travail m'a permis de faire la connaissance de deux historiens et archéologues incontournables pour le haut Moyen Âge : Messieurs Alain Dierkens et Patrick Périn. Outre leur bibliographie impressionnante et leurs travaux pionniers dans plusieurs domaines, ils se sont toujours montrés accessibles et généreux en informations. Je tiens à remercier chaleureusement M. Dierkens pour ses encouragements, ses conseils et son point de vue sur les multiples questionnements autour du pillage de tombes.

L'important travail de dépouillement des rapports de fouille n'aurait pu être accompli avec autant de facilité sans la disponibilité du personnel des cartes archéologiques des Services Régionaux d'Archéologie. Je pense tout particulièrement aux services de Haute et Basse-Normandie, d'Île-de-France et de Poitou-Charentes. Je leur exprime ici toute ma gratitude.

Enfin, je tiens à remercier Edeltraud Aspöck, Martine van Haperen, Alison Klevnäs et Stephanie Zintl pour m'avoir fait partager leur expérience, leur recherche et leur passion sur la question des réouvertures de sépultures.

Le travail de reprise de la thèse et la mise à jour des données ont été effectués grâce au soutien financier du *Swedish Research Council* (projet 1566402).

Contents

Liste des figures

1

Introduction

En 1748, se référant aux ancêtres des Français, Montesquieu écrivait « nos pères les Germains » (Graceffa 2008 : 83–104 ; Montesquieu 1748 : VI c., 18). Bien avant les Gaulois de la Troisième République, l'histoire de France s'est en premier lieu construite sur l'arrivée des Francs et leur unification par Clovis. À sa mort, ce dernier lègue à ses fils un royaume et une dynastie, celle des Mérovingiens. À l'image de nombreuses monarchies européennes, cette dernière se choisit une origine glorieuse : selon la *Chronique de Frédégaire*, l'ancêtre de la dynastie serait un certain Francion, fils d'un frère d'Énée qui, après la prise de Troie, serait allé fonder un royaume entre Rhin et Danube. Au XIIIe siècle, Rigord et Guillaume Le Breton augmentent le prestige de la dynastie en faisant de Francion le fils d'Hector (Burguière 2003 : 44), positionnant ainsi les Mérovingiens comme les héritiers de la légendaire cité (Coumert 2006 ; Le Jan 2003). La construction du récit des origines des Francs est mise à mal une première fois par les humanistes italiens dans le courant du XIVe–XVe siècle (Pomian 1992 : 64). Trois siècles plus tard, en s'attaquant à la légitimité de la royauté la Révolution française modifie profondément le rapport des Français avec leur passé franc. En 1789, dans un célèbre discours, l'abbé Sieyès se demande ainsi pourquoi le tiers état ne renverrait pas dans les sombres forêts de Germanie toutes les familles qui se prétendent être issues des conquérants francs (Sieyès 1982 : 8).

Ancêtre prestigieux tout au long du Moyen Âge, le Mérovingien se transforme en conquérant violent à partir du XIXe siècle. Les historiens libéraux, appuyés par l'école de la Troisième République, véhiculeront une image du Franc synonyme de férocité, de conquête, d'usurpation de pouvoir et de décadence morale. En dépit des travaux récents, la représentation du Franc dans l'imaginaire collectif reste profondément attachée à celle du barbare envahisseur (Geary 1989 : 11). Il est vrai que la royauté mérovingienne offre une image très éloignée de la conception de la charge royale telle qu'elle est envisagée aux XIXe et XXe siècles. Elle est ponctuée de successions difficiles, de fratricides, de trahisons et de vendettas aussi célèbres que celle qui opposa les reines Frédégonde et Brunehaut à la fin du VIe et au début du VIIe siècle (Le Jan 1996 : 46–47). Néanmoins, ces évènements ne définissent pas à eux seuls la civilisation mérovingienne marquée par la promulgation de lois, le raffinement de l'orfèvrerie, l'habilité des métallurgistes ou encore la fondation de monastères.

Aux côtés des historiens, l'archéologie mérovingienne participe, dans une certaine mesure, à la représentation négative des Mérovingiens. Les publications de la seconde moitié du XIXe siècle mentionnent de manière régulière le pillage des sépultures mérovingiennes (Noterman 2017 ; Noterman et Klevnäs, à paraître). Figure importante de l'archéologie de ce siècle, l'abbé Cochet décrit avec précision les traces de perturbations sépulcrales et rappelle que « la violation des sépultures est chose élémentaire en archéologie. Aussi l'on doit considérer comme une rareté et une bonne fortune un cimetière mérovingien qui serait arrivé jusqu'à nous dans son intégrité » (Cochet 1970 : 144). Albert Marignan, dans son *Étude sur la civilisation française* (1899), partage des sentiments similaires : « l'orgueil et la vanité qui définissent cette société ne peuvent qu'engendrer des actes cupides » (Marignan 1899 : 335). Progressivement, l'association entre Mérovingiens et tombes bouleversées devient un fait établi, et ce malgré la multiplication des découvertes archéologiques. En 1903, Auguste Bourin relève ainsi que le cimetière gaulois de La Neufosse « a été en grande partie fouillé (environ aux neuf dixièmes) à une époque qui paraît très reculée ; peut-être aussi par les Mérovingiens qui, dit-on, violèrent les nécropoles gauloises et gallo-romaines. » (Bourin 1908 : 30).

Le dernier tiers du XXe siècle semble marquer un tournant dans l'approche de la civilisation mérovingienne et son appréciation par les historiens et les archéologues. De période obscure, elle devient une phase de transformation et de transition. Le VIe siècle est aujourd'hui interprété comme un prolongement du monde romain par certains aspects, tels que la rédaction de textes de lois, la création de routes et de villes (Depreux 2002 : 50–51 ; Périn 1997 : 56–57). Quant au VIIe siècle, il dessine les prémices de ce que sera la période carolingienne avec, comme le souligne Régine Le Jan, de nouvelles formes de relations sociales, une plus grande puissance de l'aristocratie et un déplacement du centre de gravité du royaume et du commerce vers le nord et l'est de la Gaule (Le Jan 1996 : 83).

L'historiographie de la civilisation mérovingienne souligne à quel point la perception des Mérovingiens par les érudits fut fluctuante au fil des siècles. Les évènements historiques et culturels ont fortement influencé la définition de cette période. Ils vont durablement imprégner dans l'imaginaire collectif et populaire une image largement fantasmée du Franc (Effros 2020 ; Noterman et Klevnäs, à paraître). Il n'est donc pas surprenant que la pratique de réouverture des sépultures, si répandue entre le VIe et le VIIe siècle, ait participé à la construction du mythe mérovingien. L'histoire nationale née de la Révolution française a ainsi intégré cette pratique dans sa définition de la période mérovingienne. En effet, rien de moins étonnant pour un peuple barbare que de piller ses propres morts. Sous le Second Empire, l'abbé Cochet, dont les publications font partie des plus précoces sur le sujet, décrit avec de nombreux détails les différents cas de pillage auxquels il semble être souvent confronté. À certaines occasions il laisse entrevoir sa méthodologie pour identifier et interpréter les perturbations sépulcrales (Cochet 1854 : 193). Ses descriptions ne sont jamais neutres et participent à la mauvaise image des Mérovingiens (Cochet 1970 : 135). Au cours de la décennie suivante, Édouard Salin fut probablement l'archéologue le plus prolifique sur la question du pillage. Ses travaux font encore aujourd'hui référence. Dans *La Civilisation mérovingienne* paru entre 1949 et 1959, l'archéologue mêle sa propre expérience de fouilleur et d'observateur aux témoignages contenus dans les textes antiques et médiévaux (Salin 1952). Il est de ce fait un des auteurs les plus fréquemment cités dans les publications abordant, même brièvement, la problématique du pillage des sépultures mérovingiennes en France.

Aux côtés de ces quelques parutions précoces, les publications germanophones des années 1970 vont demeurer pour longtemps une référence. C'est particulièrement le cas de l'article publié en 1978 par l'historien et archéologue allemand Helmut Roth (Roth 1978 : 53–84). Son étude correspond à la première synthèse documentée de la pratique sur un territoire s'étendant de l'est de la France au centre de l'Allemagne, en incluant la Suisse et le nord de l'Italie.

En France, il faut véritablement attendre le courant des années 1990 pour que l'étude du pillage se généralise et que la pratique ne soit plus (uniquement) perçue comme une contrainte à la compréhension des pratiques funéraires anciennes. Plusieurs monographies de nécropoles accordent ainsi une place significative à la perturbation des sépultures (Jimenez et Carré 2008 : 167–169 ; Urlacher, Passard-Urlacher et Gizard 2008 : 72–75). Parfois, le nouvel examen d'un document du haut Moyen Âge est le point de départ d'une étude sur les actes de pillage sur les tombes mérovingiennes (Dierkens 2011 : 589–611). Au-delà des frontières de la France, le phénomène a été abordé à travers plusieurs travaux universitaires, offrant ainsi de nouvelles synthèses à partir de données archéologiques récentes (Aspöck 2005 ; van Haperen 2017; Klevnäs 2010 et 2013 ; Zintl 2012 et 2019). À signaler également un article très complet sur la pratique dans les nécropoles de Transylvanie (Dobos 2014).

Les récents travaux réalisés de l'autre côté de la frontière française ont permis d'actualiser les données et les questionnements autour de la problématique des réouvertures, tout en soulignant le potentiel que représentent ces structures dans la compréhension des sociétés alto-médiévales (Noterman et al. 2020 ; Klevnäs et al. 2021). L'incroyable développement de l'archéologie funéraire en France depuis le début des années 1990 permet aujourd'hui d'étudier le phénomène sous un nouvel angle, offrant ainsi l'opportunité de réévaluer nos connaissances sur la pratique, mais également de revenir sur un certain nombre de « certitudes » étroitement associées aux tombes bouleversées. Il est ainsi couramment admis que les perturbateurs mérovingiens agissaient par simple cupidité, se montrant avides de belles pièces tout en affichant une attitude superstitieuse face aux symboles « chrétiens ». Après leur passage, les tombes apparaissaient dépouillées de leur mobilier le plus précieux et les ossements du défunt étaient entièrement dispersés dans la structure. De ce fait, ces structures ont pendant longtemps été considérées comme un obstacle à l'étude des pratiques funéraires et ont fait l'objet d'une attention moins grande en comparaison avec les sépultures intactes. Pourtant, de nombreuses informations peuvent être extraites de ces tombes, même en l'absence d'étude biologique ou taphonomique possible. Intervenir sur une sépulture après l'inhumation du défunt n'est pas un acte banal, notamment à une période où le rapport aux morts se modifie. La stratégie d'intervention, le choix des sépultures visées, le traitement de la dépouille ou encore le type d'objets emportés sont autant d'éléments de réflexion sur les communautés du passé.

Dans l'objectif de proposer une synthèse actualisée de la pratique en France, la présente recherche s'est appuyée sur une étude détaillée de nécropoles fouillées ou publiées récemment[1]. Au total, le corpus se compose de 48 sites funéraires répartis pour l'essentiel au nord la Loire[2] (Figure 1.1). La particularité de cette nouvelle étude est l'approche archéothanatologique des sépultures réouvertes[3]. Dans le domaine de l'archéologie funéraire, la France possède depuis quelques décennies des outils méthodologiques efficaces et qui dépassent le simple cadre de l'analyse taphonomique des restes osseux. Henri Duday rappelle ainsi l'importance de la restitution des gestes funéraires, ce qui implique l'identification des pratiques antérieures au dépôt du cadavre (traitement du corps avant l'inhumation), des pratiques sépulcrales (structure de la tombe, position du corps et du mobilier funéraire, composition de ce dernier) et des pratiques post-sépulcrales (réouverture des sépultures, manipulation des ossements, gestion des squelettes…) (Duday 2005 : 164). Aborder la réouverture des sépultures mérovingiennes par le biais de l'archéothanatologie offre ainsi la possibilité de dépasser le simple cadre de l'identification des perturbations. Elle ouvre la réflexion sur des aspects encore peu traités dans les publications scientifiques, à savoir la période exacte d'intervention des perturbateurs, la sélection des sépultures et des objets prélevés, la transmission de la mémoire des funérailles, ou du moins du contenu interne de la tombe, ainsi que l'impact de la pratique auprès de la communauté des vivants. Cette approche permet également de replacer au centre de la réflexion un élément essentiel, parfois négligé dans les publications anciennes : le mort. En bouleversant une sépulture, ce n'est pas

[1] Je tiens à remercier toutes les personnes, archéologues et anthropologues, qui ont eu l'amabilité de partager leurs données de terrain et d'enrichir ainsi le corpus de sites archéologiques nécessaires à l'étude.

[2] Concernant le cadre géographique de l'étude, se reporter à Noterman vol. 1, 2016 : 105–107.

[3] Le terme d'archéothanatologie fut proposé par Henri Duday et Bruno Boulestin en 1998 au cours d'une table ronde à Sens (Yonne). Il rassemble les aspects biologiques et sociologiques de la mort (Boulestin et Duday 2005 : 17–30).

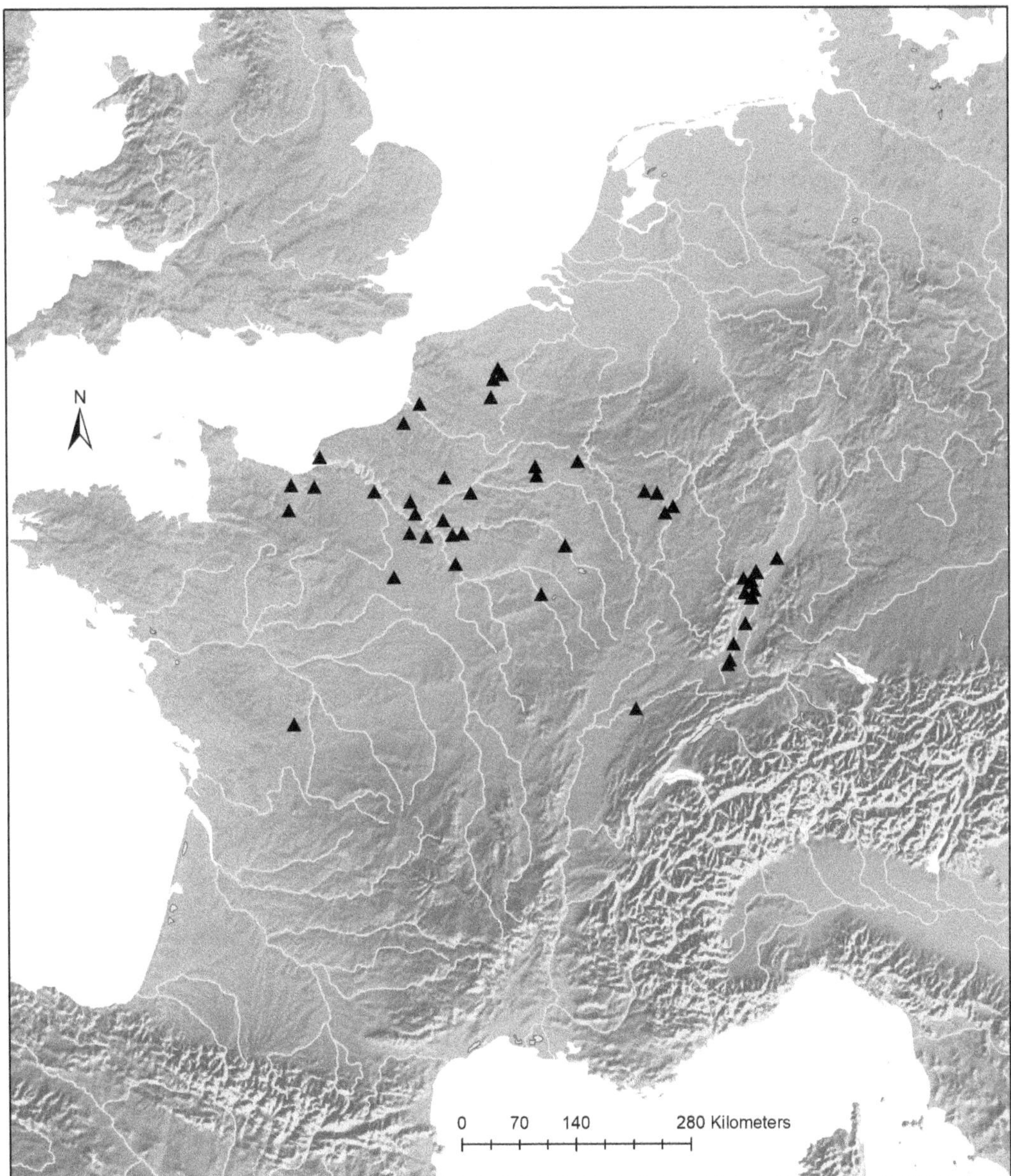

Figure 1.1. Répartition géographique des nécropoles mérovingiennes réouvertes intégrées dans l'étude.

simplement l'architecture funéraire ou le mobilier qui sont affectés, mais également (et surtout) le défunt. Ce dernier est au cœur de la problématique : qui est-il ? Pour quelle(s) raison(s) sa tombe a-t-elle été réouverte ? Est-ce le fruit du hasard, ou l'objet d'un choix délibéré ?

Afin de répondre aux objectifs de départ, la recherche s'organise autour de trois axes majeurs : la désignation de la pratique dans le temps, son expression archéologique et les interprétations qui peuvent lui être rattachées. Le premier chapitre revient en détail sur les mots employés pour décrire le phénomène et sur ce qu'ils nous apprennent de sa perception au fil des siècles. Les techniques employées par les perturbateurs pour accéder au contenu des tombes et identifiées en contexte archéologique sont abordées dans le chapitre suivant. Ensuite, s'ouvre une première discussion sur la chronologie et les acteurs des réouvertures au cours du temps : quelles sont les indices archéologiques qui permettent de rattacher un bouleversement au haut Moyen Âge ou au contraire à une période plus récente ? Que nous apprend l'étude anthropologique sur le degré de conservation de la structure funéraire et de son contenu au moment de l'intrusion ? La quatrième partie se concentre sur l'aménagement funéraire des sépultures bouleversées et son impact sur la fréquence des réouvertures. La problématique des sarcophages est ainsi abordée. Ce contenant pérenne est en effet souvent considéré comme hautement sujet aux « pillages », sans pour autant que des études détaillées sur le sujet n'aient été menées. Le cinquième chapitre traite du profil biologique des individus perturbés et de son lien éventuel avec les spécificités de la pratique (fréquence des réouvertures selon le sexe et l'âge au décès des sujets, adaptation des techniques de réouverture en fonction de critères biologiques…). La pratique de l'inhumation habillée, et plus spécifiquement le mobilier funéraire, est étudiée dans une sixième partie pour tenter de déterminer les éléments qui ont été emportés ou négligés lors de ces actions. À l'issue de l'analyse archéologique et archéothanatologique des sépultures, l'épineuse question du ou des motifs à l'origine de ces actes est posée à travers l'exploration des diverses théories régulièrement avancées dans la littérature française et étrangère. Ces dernières sont mises en regard avec les résultats de la présente étude afin d'évaluer la pertinence de chacune pour le cas français.

Les sources textuelles du haut Moyen Âge viennent appuyer et compléter l'étude archéologique des nécropoles. Elles sont de trois types : les textes législatifs, les récits (principalement hagiographiques) et les épitaphes. Plusieurs études leur ont été consacrées ces deux dernières décennies, notamment par André Parrot, Éric Rebillard, Bonnie Effros, Alain Dierkens et Cécile Treffort (Dierkens 2011 ; Effros 2002, Parrot 2003 ; Rebillard 2002 : 65–80 ; Reimitz 2020 ; Rio 2020 ; Treffort 1996).

1.1. Introduction

Long before the Gauls became the national ancestors, the history of France was built on the arrival of the Franks and their unification by the king Clovis. At the time of his death, his sons inherited a kingdom and a dynasty, the Merovingians, which came to trace its origin to the mythical Troy. Over centuries, the newly formed France recognised the prestigious figure of the Merovingian. The 1789 revolution, however, dramatically changed the balance and from a valiant and brave character, the Merovingian ancestor were turned into a violent conqueror. Throughout the 19th century, influential French historians conveyed an image of the Franks associated with ferocity, conquest, usurpation of power and moral decay. Despite recent work, the Frank in the collective imagination remains deeply attached to that of the invading barbarian (Geary 1989: 11). Alongside historians, archaeologists also contributed to the negative image of the Merovingian. It is thus not uncommon to read in publications from the second half of the 19th century the regular mention of the practice of early medieval grave robbery, proof of the barbarity of this people (Noterman 2017; Noterman and Klevnäs, in press). In 1857, Abbot Cochet described with precision the archaeological evidence of post-depositional grave disturbances and reminded the reader that the violation of Merovingian graves was elementary in archaeology (Cochet 1857 [1970]: 144).

It is not before the last third of the 20th century that a change in the approach to the Merovingian civilisation by historians and archaeologists is visible. From a dark period, it becomes a phase of transformation and transition. Far from a brutal break with Roman antiquity, the 6th century was in reality a form of continuation of the past, in particular with the legislation, the development of communication infrastructure and the creation of cities (Depreux 2002: 50–51; Périn 1997: 56–57). As for the 7th century, it marked the beginnings of the Carolingian period with new forms of social relations, a greater power of the aristocracy and a shift in the centre of gravity of the kingdom and trade towards the north and east of Gaul (Le Jan 1996: 83). Looking at the publications from this period, Édouard Salin was certainly the most prolific archaeologist on the question of grave reopening in France. His work remains a key reference for discussions among French scholars (Salin 1952). It stands alongside the research conducted by Helmuth Roth and published in 1978 as part of the proceedings of a conference (Roth 1978: 53–84). Roth's study is the first synthesis of the reopening practice from eastern France to central Germany, including Switzerland and northern Italy. In the specific context of French research, the 1990s marked a change with a better integration of the reopened graves in studies. From this period onwards, the phenomenon is no longer (only) described as a constraint to the understanding of ancient burial practices, and chapters or sections about early medieval reopenings start to become a common part of the publications on Merovingian cemeteries (Jimenez et Carré 2008: 167–169; Urlacher, Passard-Urlacher and Gizard 2008: 72–75). Beyond France, notable academic works give new syntheses based on recent archaeological data (Aspöck 2005; van Haperen 2017; Klevnäs 2010 et 2013; Zintl 2012 et 2019).

With the aim of presenting an updated survey of reopening practices in France, the present research is based on a detailed study of recently excavated or published early medieval cemeteries. The corpus is made up of 48 sites distributed mainly to the north of the Loire river (Figure 1.1). More specifically, this new study of post-depositional intrusions deploys an archaeothanatological approach to the disturbed graves (for definition, see Boulestin and Duday 2005: 17–30; Duday 2005: 164). Approaching the reopening of Merovingian graves through this method gives the opportunity of going beyond the simple recognition of the disturbances. Indeed, it opens up reflections on aspects that are still little dealt with in the scientific literature, namely the precise period of intervention of the reopeners, the selection of the graves and the objects taken, the transmission of the memory of the burial, or at least of the internal contents of the grave, as well as the impact of the practice on the living community. Based on this approach, the deceased, sometimes neglected in old publications, is brought back at the centre of the research. Reopening a grave does not imply the only disturbance of the funerary architecture or the objects, but also (and above all) the dead body.

This research is organised around three major axes: the designation of the practice over time, its archaeological expression and the interpretations that can be attached to it.

The first chapter opens up discussion on the words used to describe the phenomenon through time. In a similar way as archaeological evidence, the vocabulary attached to the reopening practice gives information regarding how the disturbance of the dead was perceived by the living.

Techniques used to access the contents of a grave are discussed in the next chapter. This is followed by an initial discussion of the chronology and actors of the reopenings over time: what is the archaeological evidence that help us to associate a disturbance to the Merovingian period or, on the contrary, to more recent times? What does archaeothanatological study tell us about the degree of preservation of the funerary structure and its contents at the time of intrusion? The fourth part of the book focuses on the funerary layout of disturbed graves and its impact on the frequency of reopening. The question of sarcophagi is thus addressed. This perennial container is often considered to be highly prone to be 'robbed', although no detailed studies on the subject have previously been carried out. The fifth chapter deals with the biological profile of disturbed bodies and possible links with the specificities of the practice, including frequency of reopenings according to the sex and age at death of the individuals, adaptation of reopening techniques according to biological criteria. The early medieval furnished practice, and more specifically grave goods, are studied in chapter six in order to identify what was taken away or overlooked during the intrusions. Following the archaeological and archaeothanatological analysis of the graves, the thorny question of the motives behind these acts is raised through the exploration of the theories regularly put forward in the French and wider literature. These are compared with the results of this research in order to assess the relevance of each to the French case.

2

Terminologie

Nommer l'action de rouvrir une sépulture pour y prélever un ou plusieurs objets semble à première vue aisé. Une rapide consultation de la littérature archéologique et historique atteste néanmoins du contraire. La terminologie autour de la perturbation sépulcrale est en réalité très variée et répond parfois à des concepts différents. Trois termes reviennent fréquemment dans les publications : pillage, violation et profanation.

Le vocabulaire choisi pour évoquer la perturbation sépulcrale pourrait correspondre au moment où la réouverture est survenue. Toutefois, cela suppose une datation précise de la pratique, ce qui n'est pas systématiquement réalisable à partir des données collectées. En outre, les mots qui désignent les remaniements ne sont pas toujours les mêmes entre le VIe, le XVIe siècle ou le XXe siècle. En effet, un lien étroit existe entre le choix des mots, le type de sources et le rapport d'une société aux morts et, plus spécifiquement au respect de l'intégrité de la sépulture. Les sources antiques et médiévales témoignent d'un rapport complexe entre les vivants, les défunts et les cadavres. Dans un premier temps, les textes législatifs romains protègent la sépulture, en tant que *locus religiosus*, et le monument architectural. Le vol des matériaux de construction, la dégradation du monument, la destruction des inscriptions et l'introduction d'un corps sans permission font ainsi l'objet de lourdes peines (De Visscher 1963 : 51 ; Ducos 1995 : 136–138). Au IIIe siècle, un changement s'opère : les premières lois protégeant spécifiquement la dépouille mortelle apparaissent[4]. Elles sont renforcées au IVe siècle avec le développement du culte des reliques[5]. Le sacrilège que représente l'atteinte au cadavre se traduit par l'usage d'un vocabulaire précis et inchangé tout au long de l'Antiquité tardive.

L'émergence de la religion chrétienne modifie toutefois indubitablement le rapport que les vivants entretiennent avec leurs morts. Le bouleversement de la tombe et du corps qu'elle contient est décrit en des termes plus neutres que par le passé et ne traduisent aucun sentiment particulier vis-à-vis de la perturbation sépulcrale. Les hagiographies alto-médiévales témoignent de cette évolution. L'acte de réouverture prend un caractère hautement condamnable essentiellement lorsqu'il concerne un défunt à la personnalité symbolique, tel un saint ou un roi. Le prélèvement du mobilier semble être d'une importance moindre en comparaison avec la perturbation du repos du mort (Février 1987 : 881–952).

Pour de nombreux auteurs contemporains, une société se définit par l'attitude qu'elle manifeste vis-à-vis de ses morts. Le mobilier d'accompagnement ainsi que le soin apporté à la sépulture et à sa protection sont jugés, évalués et commentés par les archéologues de la fin du XIXe siècle et du début du XXe siècle. La perturbation des tombes est décrite avec des mots empreints de subjectivité qui traduisent le sentiment d'une époque (Noterman et Klevnäs, à paraître). Ainsi, pour Jules Dupuis, les « violations » sont l'œuvre de barbares « pauvres, ignorants, implantés sur un sol qui avait connu quelques-unes des manifestations d'une civilisation relativement brillante » (Dupuis 1911 : 112).

Le regard que porte l'homme sur la mort est ainsi changeant au fil des siècles et passe alternativement d'une acceptation passive du phénomène à son rejet total.

2.1. Les sources textuelles tardo-antiques et alto-médiévales

2.1.1. Législation et récits de l'Antiquité

L'écriture peut refléter une idée, une opinion, être le témoin de la pensée d'une époque ou d'un groupe, servir à justifier, à expliciter ou à condamner. Les expressions employées dans la littérature antique sont révélatrices de la pensée collective et de la perception que la société pouvait porter sur la perturbation des sépultures. Le choix des mots n'est pas anodin, notamment chez les lettrés. Les textes législatifs sont également, par leur nature et leur fonction, très précis sur l'usage des termes pour qualifier le bouleversement sépulcral.

Les actes législatifs antiques constituent sans doute la source textuelle la plus abondante sur la question de la réouverture des tombes. Les lois antiques reflètent la fréquence du phénomène et son impact sur la population. À partir de l'Antiquité tardive, elles témoignent d'un changement majeur dans la perception du corps mort et sa manipulation. Dans les *Sentences de Paul* (vers 295) la perturbation sépulcrale apparaît sous l'appellation

[4] Il s'agit notamment des *Sentences de Paul* (vers 295), sentences rassemblées par le grand juriste romain Paul : *Sentences de Paul*, Livre I, 21, 5 : *Qui sepulcrum violaverint aut de sepulcro aliquid sustulerint, pro personarum qualitate aut in metallum dantur, aut in insulam deportantur* (*Le trésor de l'ancienne jurisprudence romaine, ou collection des fragments qui nous restent du droit romain antérieur à Justinien*, traduit par P. A. Tissot 1979 : 166).

[5] À partir du IVe siècle avant J.-C., les constitutions impériales définissent des peines sévères pour protéger les sépultures de toute dégradation et perturbation. Le développement du culte des martyrs oblige les empereurs chrétiens à faire face à de nouvelles problématiques. Ainsi, à partir de 386, toute une série de loi visant à contrôler et à encadrer certaines pratiques du clergé vis-à-vis des sépultures de martyrs voit le jour. Jill Harries émet l'hypothèse que cette législation a pour origine la fouille et la découverte des reliques de saint Gervais et de saint Protais par Ambroise de Milan (Brown 2012 : 17–18 et 95, Harries 1992 : 56–67).

de *sepulcrum violaverint*[6]. Le juriste emploie ici le mot *violare* pour désigner une action définie au paragraphe suivant : l'introduction d'un cadavre dans un tombeau sans l'accord de son propriétaire[7]. Ainsi, l'action de déposer un second corps dans une sépulture déjà occupée est désignée sous le terme *violare*[8]. En revanche, l'exhumation d'un cadavre est qualifiée de *piaculum*[9] au paragraphe 4[10]. Ce terme ne semble apparaître que dans les *Sentences de Paul*, et plus précisément dans le chapitre 23 consacré aux perturbations sépulcrales[11]. Cette différence dans la désignation des actes (*sepulcrum violaverint – piaculum*) a probablement pour origine le statut même du mort et la perception que les vivants en ont. Sortir un défunt de son tombeau et l'exposer à la lumière du jour peut avoir pour conséquence la souillure des vivants (De Visscher 1963 : 50). Les *Sentences* sont particulièrement explicites sur le sujet. Elles interdisent de transporter un cadavre en ville pour ne pas en souiller les temples[12]. Celui qui au contraire se serait permis un tel sacrilège doit être sévèrement puni[13]. L'exhumation d'un corps semble donc être perçue de manière différente par rapport aux autres forfaits qu'il est possible de commettre sur un tombeau (dégradation du monument funéraire, vol des matériaux de construction…). Cette nuance des termes peut-elle permettre d'apprécier l'opinion des vivants sur la perturbation ? Il semble difficile de répondre à cette question à partir d'un unique exemple, notamment lorsque la source provient d'un texte législatif. Les lois n'ont pas pour but de retranscrire les émotions, mais d'encadrer et de définir les règles en usage dans la société.

Comme cela est le cas pour le réemploi d'une sépulture, l'emploi du mot *violare* dans la législation tardo-antique peut se justifier dans la mesure où le coupable transgresse la loi[14]. En effet, l'utilisation des tombeaux de famille est définie par son fondateur[15]. L'introduction d'un corps étranger dans ce lieu constituant l'infraction la plus courante durant l'Antiquité tardive, il est donc nécessaire pour le fondateur de s'en protéger légalement[16].

La violation est définie dans les textes anciens comme un acte portant atteinte à ce qui est protégé par la loi. Qu'il s'agisse des définitions actuelles ou passées, toutes insistent sur le lien entre la violation et la loi[17]. Toutefois, il est également possible de percevoir dans les *Sentences de Paul* non pas une distinction nette entre deux actions engendrant des crimes spécifiques, mais un même crime qualifié de deux manières différentes. L'absence du mot *violare* au paragraphe 4 ne signifie donc pas nécessairement que l'acte n'est pas perçu comme tel.

Pour le IVe siècle, la compilation de Justinien[18] applique la sanction de *sepulchro violato* fondée sur l'Édit du préteur[19]. Tout au long des paragraphes destinés à la protection de la sépulture, le *Digeste* regroupe sous cette sanction aussi bien le réemploi de la sépulture que le dépouillement des cadavres[20], même si cet acte n'est qualifié de *violare* qu'indirectement. En effet, ce terme n'est pas explicitement employé pour nommer le vol commis dans une sépulture. Néanmoins, l'ensemble du titre relatif à la protection des tombeaux apparaît sous l'appellation *De sepulchro violato*.

La pérennité des lois romaines et leur diffusion dans l'Empire sont assurées depuis la fin du IIIe siècle par les compilations impériales successives. Ce procédé a occasionné une certaine uniformité dans la rédaction du corpus législatif, puisque l'un des buts majeurs de ces différentes compilations était de rendre plus accessibles et surtout plus claires les lois en vigueur dans l'Empire. Le terme *violare* y est largement employé pour qualifier toute atteinte portée à l'encontre de la sépulture et de son contenu. Ce mot est utilisé par le législateur romain et les propriétaires de tombeaux en réponse à une perception spécifique du bouleversement sépulcral.

Les inscriptions funéraires témoignent d'un souci identique de protection. De nombreuses amendes funéraires et des anathèmes gravés dans la pierre menacent les pilleurs de châtiments pénaux, corporels ou divins. D'une manière générale, elles usent volontiers du terme *violare*.

[6] *Sentences de Paul*, I, 23, 5 : *Quis sepulcrum violaverint, aut se sepulcro aliquid sustulerint, pro personarum qualitate aut in metallium dantur, aut in insulam deportantur* (*Le trésor de l'ancienne jurisprudence romaine*…, traduit par P. A. Tissot 1979 : 166).

[7] Il s'agit ici de l'introduction d'un corps étranger dans un tombeau. *Sentences de Paul*, I, 13, 6.

[8] *Sentences de Paul*, I, 23, 9.

[9] *Piaculum* peut signifier « peine expiatoire, châtiment », mais également « impiété, sacrilège, chose indigne, crime ». Dans le cas des *Sentences de Paul,* la seconde signification (sacrilège, crime) de *piaculum* semble plus appropriée pour qualifier l'exhumation d'un corps. Par ailleurs, ce terme est de nouveau employé au paragraphe 13, mais la nature exacte du crime puni n'est pas claire (Gaffioy 1989 : 427).

[10] *Sentences de Paul*, I, 23, 9 : *Qui corpus perpetuae sepulturae traditum, vel ad tempus alicui loco commendatum nudaverit et solis radiis ostenderit, piaculum committit. Alquo ideo si honestior sit, in insulam, si humilior in metallum dari solet* (*Le trésor de l'ancienne jurisprudence romaine* …, traduit par P. A. Tissot 1979 : 166).

[11] En effet, après une lecture détaillée du *Digeste* et de l'Édit du préteur, le mot « *piaculum* » n'apparaît à aucun moment dans ces deux ouvrages du droit romain. Le *Code théodosien* n'étant pas parvenu jusqu'à nous dans son intégralité, il est difficile de savoir avec certitude si ce terme en est bien absent.

[12] En outre, l'exhumation d'un corps aurait aussi pour conséquence d'ôter au tombeau son caractère de *religiosus* (Thomas 1999 : 99–103).

[13] *Sentences de Paul*, I, XIII, 2 : *Corpus in civitatem inferri non licet, ne funestentur sacra civitalis : et qui contra en fecerit, extra ordinem* (*Le trésor de l'ancienne jurisprudence romaine* …, traduit par P. A. Tissot 1979 : 166).

[14] Dans le *Dictionnaire culturel en langue française*, la violation est définie comme « action de violer (une chose, un lieu) sacré ou protégé par la loi. » *Le petit Larousse illustré en couleurs* quant à lui propose la définition suivante : « 1. Action de transgresser une loi, une règle, un engagement. 2. Action de pénétrer de force dans un lieu. » (Frey 2005 : 1931 ; Eveno 2000 : 1068).

[15] Fernand Cabrol et Henri Leclercq rappellent que « le testateur est libre d'ouvrir ou de fermer l'accès du tombeau à qui bon lui semble et son héritier, sous peine d'être tenu de l'action *sepulchri violati*, ne peut inhumer dans la sépulture héréditaire, malgré la défense du testateur » (Cabrol et Leclercq 1924 : 1575).

[16] F. Cabrol et H. Leclercq parlent même de « sépulture légale ».

[17] Le terme « violation » signifie aussi bien porter atteinte à un lieu considéré comme sacré (au sens large du terme), que transgresser une loi ou enfreindre une règle.

[18] La compilation de Justinien, ou *Corpus iuri civilis*, est composée du *Code Justinien*, du *Digeste*, des *Institutes* et des *Novelles*.

[19] Commentaires d'Ulpien rassemblés dans le *Digeste*.

[20] *Digeste*, XLVII 12, 2 et 3.

Au IVe siècle, à Tébessa (Algérie), une mosaïque avertit l'éventuel perturbateur par ces termes : *Ista memoria si quis violaverit, violarit illum Deus* (Duval 1988 : 35). En Dalmatie (Croatie), une inscription condamne *quius post nostram pausationem hoc sarcofagum aperire uoluerit* à un versement de 50 livres d'argent à l'Église de Salone[21].

Une certaine uniformité semble donc exister au cours de l'Antiquité dans la nomination du bouleversement sépulcral, et ce, quel que soit le support d'écriture. Pour s'assurer de l'utilisation des tombeaux d'après leur volonté, les propriétaires des sépulcres ont souvent utilisé un vocabulaire proche de celui contenu dans les lois.

Dans les récits de l'Antiquité tardive, les mots utilisés reflètent bien souvent les sentiments et les opinions des rédacteurs. Chez Sidoine Apollinaire, le vocabulaire employé est grave et multiplie les effets de style pour souligner l'importance de l'évènement auquel il assiste (Amherdt 2001 : 47–49)[22]. Il n'est pas seulement question de sacrilège dans sa lettre, mais également de profanation de sépulture[23]. Témoin d'un acte de « violation » de sépulture en 469, il décrit l'évènement comme *audax*[24] et *temeritatis*[25]. Les fossoyeurs sont même associés à des *latrones* dont il est impératif de punir le crime[26]. La réaction de Sidoine Apollinaire contraste fortement avec le ton plus modéré de Grégoire de Tours au siècle suivant. Son sentiment vis-à-vis du repos des morts s'apparente à celui des hommes de l'Antiquité. L'intégrité de la sépulture est un gage de paix pour les vivants, et c'est à ces derniers qu'il convient d'en assurer la garantie.

2.1.2. Législation et sources narratives du haut Moyen Âge

En comparaison avec la période précédente, la documentation du haut Moyen Âge est limitée, encore plus lorsqu'il s'agit de législation franque. Les manuscrits originaux sont peu nombreux, d'où l'importance de la critique des sources (Devroey 2006 : 53–56)[27].

Dans le prolongement de la législation tardo-antique, le pillage est évoqué dans les textes de loi des populations germaniques installées en Gaule, en Italie et en Espagne. Un changement de vocabulaire est en revanche visible entre ces deux périodes : progressivement, les mots employés dans la désignation de la réouverture sépulcrale évoluent, s'inscrivant dans une approche relativement nouvelle du phénomène. Les termes *exspolio* (dépouiller) et *effodio* (déterrer) apparaissent largement dans les textes législatifs germaniques[28]. La loi salique condamne à une amende quiconque se sera rendu coupable de l'exhumation (*effoderit*) et du dépouillement (*expoliaverit*) d'un cadavre. En revanche, les législateurs francs apparaissent peu enclins à employer des mots tels que *violare* ou *sacrilegium*, dont l'utilisation semble essentiellement réservée aux épitaphes funéraires[29].

> *Si quis hominem mortuum effoderit vel expoliaverit, malb. tornechallis sive odacarina sunt, den. viiim qui fac. sol. cc culp. Iud.*[30]

La *Lex Alamannorum,* la *Lex Ribuaria* et la *Legis Salicae* punissent le fait de déterrer et de voler le cadavre d'un homme déjà confié à la terre. Seule la loi des Burgondes et celle des Wisigoths emploient encore le terme de *violare*, peut-être en raison d'une plus forte emprise de la culture romaine dans ces territoires[31].

Un vocabulaire similaire à celui utilisé dans la législation est relevé dans les sources narratives. Deux grands historiens relatent des scènes de perturbations sépulcrales pour cette période : Grégoire de Tours et Paul Diacre. Même si leur but n'est pas de dénoncer le pillage, leur récit apporte un complément d'information sur sa réalité. En évoquant le pillage du tombeau de saint Hélius, Grégoire de Tours parle ainsi de la *spoliatio* du corps de l'évêque[32]. Le voleur est un *quidam paganus* et un *sepulchri violator*[33], tout comme chez Paul Diacre[34]. Dans la vie de saint Géry,

[21] *ILCV*, 1223 : *Si quius post nostram pausationem hoc sarcofagum aperire uoluerit, inferit Aeclesiae Salon(itanae) argenti libras quinquaginta* (Février 1987 : 911).

[22] David Amherdt souligne les procédés stylistiques (richesse d'évocation de la métaphore, images complexes, tournures insolites…) de Sidoine qui inscrivent ses lettres dans la tradition latine classique, tout en lui apportant un renouvellement.

[23] Sidoine Apollinaire, III, 12, 1 : *Aui mei, proaui tui tumulum hesterno (pro dolor !) die paene manus profana temerauerat; sed deus adfuit, ne nefas tantum perpetraretur.*

[24] Sidoine Apollinaire, III, 12, 2 : (…) *facinus audax praeuio clamore compescui.*

[25] Sidoine Apollinaire, III, 12, 3 : (…) *pronuntians more maiorum reos tantae temeritatis iure caesos uideri.*

[26] Sidoine Apollinaire, III, 12, 2 : (…) *supplicia captorum differe non potui, sed supra senis nostri ipsum opertoriumtorsi latrones* (…).

[27] Comme le mentionne Cécile Treffort, les sources écrites du haut Moyen Âge possèdent une triple caractéristique qui peut limiter les possibilités interprétatives : elles sont chrétiennes, normatives et fortement contextualisées (Treffort 2004 : 131).

[28] Les textes de lois dévolus aux citoyens gallo-romains sont largement rédigés à partir du droit romain, reprenant ainsi le vocabulaire du *Digeste* et des autres codes tardo-antiques. Le Code Théodosien, pour sa part, a inspiré l'écriture des lois germaniques.

[29] Sur les différentes inscriptions funéraires alto-médiévales destinées à protéger la sépulture, on peut mentionner Le Blant 1892, Rebillard 2003, Treffort et Uberti 2010.

[30] c. 6, 14, 9 (éd. *MGH, Leg.* I, *Leg. Nat. Germ.*, IV, p. 68–69).

[31] *Lex Burgundionum*, c. 34, 3 : *Si quis vero uxorem suam forte dimittere voluerit et ei potuerit vel unum de his tribus criminibus adprobare, id est adulterium, maleficium vel sepulchrorum violatricem, dimittendi eam habeat liberam postestatem ; et iudex in eam, sicut debet in criminosam, proferat ex lege sententiam* / *Lex Visigothorum*, C. XI, 2, 1 : *Si quis sepulcri violator extiterit aut mortuum expoliaverit et ei aut ornamenta vel vestimenta abstulerit, si liber hoc fecerit, libram auri coactus exolvat heredibus et que abstulit reddat* (éd. *MGH, Leg.* I., *Leg. Nat. Germ.* II: 68 et éd. *MGH, Leg. Nat. Germ.* I, 1 : 403).

[32] Grégoire de Tours, À la gloire des *confesseurs*, c. 61 : *Nocte autem sequenti veniens quidam paganus, lapidem qui sarcofagum tegebat revolvit, erectumque contra se corpus sancti conatur spoliare* (éd. *MGH, SRM* I, 2 :. 334).

[33] Grégoire de Tours, À la gloire des *confesseurs*, c. 61 : (…) *aspicio in ostium esse scriptum, qualiter sepulchri violator cadaver spoliaret exanme* (éd. *MGH, SRM* I, 2 : 334).

[34] Paul Diacre, *Historia Langobardorum*, IV, c. 47 : (…) *post aliquantum tempus quidam, iniqua cupiditate succensus, eius sepulchrum noctu aperuit et quicquid in ornamentis eius corporis repperit abstulit* (éd. *MGH, RLI* :136).

un *latrone* en train d'*expoliare* le tombeau de l'évêque est arrêté par un gardien de l'église[35].

Le terme *violare*, si présent dans les écrits antiques, ne fait pleinement sa réapparition qu'à partir du VIIIe siècle dans les textes pénitentiels et canoniques carolingiens. Dans le pénitentiel Burgundense, *si qui sepulcri uiolator fuerit*, il est condamné à cinq ans de pénitence (Sprengler-Reffgen 1994 : 25–28). Isaac de Langres, au IXe siècle, emploie une terminologie comparable pour condamner le pillage de sépulture[36].

Cette évolution du vocabulaire à partir du VIIIe siècle ne peut se résumer à un simple problème chronologique. Si l'époque mérovingienne annonce, par l'intermédiaire de nouvelles formes de relations sociales, ce que sera la période carolingienne, elle en est par ailleurs différente par plusieurs aspects (structure politique, aristocratie ...) (Geary 1989 : 135–136 ; Le Jan 1996 : 83). La typologie des sources a peut-être joué un rôle dans le choix du vocabulaire : celles-ci sont en majorité législatives à l'époque mérovingienne, et religieuses à la période suivante. En outre, à partir des Carolingiens, les auteurs ecclésiastiques semblent formuler plus clairement leur opinion sur le sujet. Ce nouvel intérêt porté au bouleversement de la tombe n'est sans doute pas sans lien avec la part grandissante que prend progressivement l'Église dans la sphère familiale privée. Toutefois, on peut noter que dans les textes rédigés par des hommes d'Église avant le VIIIe siècle, le mot « *violare* » ne figure pas.

Cet aperçu de la documentation ancienne traduit des approches différentes du bouleversement sépulcral à travers le temps. La qualification de l'acte diffère entre l'Antiquité tardive et l'époque mérovingienne. L'homogénéité des sources antiques permet de proposer le terme de « violation » pour désigner la perturbation anthropique des tombes avant le Ve siècle. En revanche, est-il possible d'utiliser une terminologie similaire pour évoquer les réinterventions sépulcrales au haut Moyen Âge ?

Les lois dites « barbares » et les hagiographies usent de termes relativement neutres pour désigner le phénomène. Toutefois, leur variété rend difficile l'établissement d'un vocabulaire fondé uniquement sur celui des hommes du VIe siècle. Si l'intrusion non autorisée par la famille d'un corps dans un tombeau est une règle qui se retrouve aussi bien aux périodes romaine que mérovingienne (concile de Mâcon II) (Gaudemet et Basdevant 1989 : 492–493), une seconde notion se rattache en revanche à la perturbation sépulcrale au Moyen Âge. En effet, elle devient un obstacle à la résurrection[37]. Dans les écrits de Grégoire de Tours et de Paul Diacre, ce ne sont pas l'ouverture de la tombe ni le contact avec le cadavre qui sont dénoncés, mais l'atteinte portée à un corps saint, le vol (péché capital) et la cupidité. Dans certains cas, le bouleversement de la sépulture n'est qu'un prétexte pour insister sur l'ignominie d'un personnage.

2.2. Le vocabulaire dans les sources archéologiques

Le sens attribué aux mots évolue au fil des siècles. Ces changements sont connus et découlent de l'évolution des sociétés, des réflexions engendrées par la recherche, mais aussi des nouvelles découvertes qui permettent de reconsidérer nos connaissances. Le développement de spécialités au sein des différents domaines d'étude engendre inévitablement un vocabulaire spécifique dont la compréhension peut s'avérer difficile pour toute personne extérieure. La littérature contemporaine a longtemps cherché à définir avec précision le sens des mots et surtout le contexte dans lequel il convient de les employer.

En 1994, la tenue à Orléans du colloque « Archéologie du cimetière chrétien » a montré la nécessité de redéfinir le vocabulaire utilisé dans le monde archéologique. Michel Colardelle y rappelait qu'une « étude ne peut se faire que grâce à une terminologie incontestable » (Galinié et Zadora-Rio 1996 : 305). Démarche estimable, mais qui montre rapidement ses limites dans la réalité. L'emploi des mots « cimetière » et « nécropole » en est un exemple éloquent. Néologisme né au XIXe siècle, le terme « nécropole » est régulièrement employé pour qualifier les vastes champs funéraires situés à l'extérieur de la ville. Les aires sépulcrales mérovingiennes sont ainsi régulièrement qualifiées de « nécropoles ». Toutefois le mot « cimetière », ancré profondément dans notre langage, apparaît également. Si l'on se réfère à la définition de Michel Colardelle, il désigne un « terrain réservé aux morts, entourant une ou plusieurs églises, délimité par une clôture, des murs ou un fossé par exemple, et intégré à l'habitat groupé » (Galinié et Zadora-Rio 1996 : 306). La différence principale entre le « cimetière » et la « nécropole » résiderait donc dans son rapport avec l'habitat. Pourtant, bien qu'étant situés à l'écart de toute structure domestique, les sites de Banneville (Calvados) et d'Haudricourt (Seine-Maritime) sont tous deux qualifiés de « cimetière mérovingien » dans les publications (Hincker et Mayer 2001 ; Mantel 1994). Récemment, les notions de « nécropole » et de « cimetière » ont fait l'objet de nouvelles discussions (Cartron 2015 : 33–38 ; Lauwers 2015 : 44–46), qui ne remettent pas totalement en cause les études antérieures. Si l'éloignement de l'habitat ne peut plus être un critère exclusif pour qualifier un ensemble funéraire de « nécropole »[38], en revanche, il apparaît bien que l'emploi du mot « cimetière » (*cimeterium*) se soit généralisé dans la seconde moitié du XIe siècle. Dans la

[35] *Vita Gaugerici episcopi Camaracensis*, c. 15 : *Apparuit beatus pontifex per visionem custodi, cuius sollicitudo de ipsa basilica habebatur, nomine Baudegisilo, dicens : 'Surge velociter et in eclesiam festinanter ingredere, quia a latrone sepulturola mea expoliare dinoscitur'* (éd. *MGH, SRM* III : 658).

[36] Isaac Lingonensis, *Canones*, 11, c. XXIV : *Qui sepulcra violaverint puniantur, tam ingenui, quam servi.* (éd. *P.L.* : 1108).

[37] Le lien établi entre l'intégrité de la sépulture et la résurrection est perceptible dans un premier temps dans les inscriptions funéraires du VIe siècle, puis chez les auteurs carolingiens.

[38] Les découvertes archéologiques de ces dernières décennies mettent en évidence, de plus en plus fréquemment, une proximité entre les lieux d'habitats et les espaces d'inhumations. Voir à ce sujet Foucray (1996) et Lansival (2008 : 241–244).

littérature médiévale, il désigne des espaces d'inhumation collectifs entourant des églises (Dierkens et Treffort 2015 : 12).

L'établissement d'une terminologie claire et précise autour de la problématique de la réouverture des sépultures est évidement complexe et découle en partie de l'absence de consensus sur le sujet. Pillage, profanation et violation sont autant d'appellations fortement subjectives et qui pourtant sont employées en tant que synonymes dans de multiples ouvrages. Un nouveau degré de complexité apparaît lorsque l'on compare la littérature archéologique et la littérature historique.

Les historiens des textes semblent privilégier l'emploi du terme « violation » pour désigner tout bouleversement de tombes[39]. Le pillage n'apparaît alors que comme une sous-catégorie de la violation. Yvette Duval précise dans son ouvrage *Auprès des saints corps et âme*, que « les violateurs les plus honnis et les plus craints sont les pillards appâtés par les richesses enfouies avec le défunt ou décorant son tombeau » (Duval 1988 : 37). Cette distinction n'est pas inhabituelle et remonte bien avant les années 1980. Ainsi, Fernand de Visscher mentionne en 1963 dans son ouvrage *Le Droit des tombeaux romains* que les lois romaines prévoient des sanctions « pour les cas de violation accompagnée d'extraction d'objets quelconques renfermés dans la tombe » (De Visscher 1963 : 154). Autrement dit, la violation de sépultures n'implique pas systématiquement le vol du mobilier funéraire. Dans ce cas se pose la question de ce qui est considéré comme une violation. Est-ce la simple réouverture du tombeau pour y déposer un corps étranger ou pour y récupérer des reliques ? D'après la législation romaine, les deux cas sont clairement identifiés comme étant des violations, mais la situation se complexifie lorsque l'on se penche sur les lois barbares puisque la notion de violation y est quasi absente. Le concile de Mâcon II en 585 condamne le dépôt d'un nouveau corps seulement dans le cas où la décomposition du premier occupant n'est pas achevée et s'il n'y a pas eu accord de la famille au préalable (Gaudemet et Basdevant 1989 : 477).

La lecture de sources anciennes peut avoir une influence dans le choix du vocabulaire employé par l'historien. Ainsi, pour la période tardo-antique, où la perturbation de sépulture est désignée sous le terme de *violare*, il semble logique que le chercheur privilégie le mot « violation » dans ses publications. L'Antiquité ayant très tôt fait l'objet d'une recherche historique importante, en comparaison avec le haut Moyen Âge, le terme a naturellement été adopté dans un grand nombre de publications, en oubliant souvent son sens premier.

Dans la littérature archéologique, le mot « violation » n'est pas employé dans le seul sens de perturbation, mais comme synonyme du mot « pillage ». Ainsi, Daniel Piton évoque l'important « taux de violation » de la nécropole de Nouvion-sur-Ponthieu où « seuls les objets de valeur, en particulier les objets de parures, ont retenu l'attention des pilleurs » (Piton 1985 : 15). À Goudelancourt-lès-Pierrepont, différents « types de pillage » ont été observés par les archéologues dont certains ont été identifiés grâce aux « tranchée[s] de violation » encore visibles (Nice 2008 : 82). Dans l'ouvrage *Âge du Fer au haut Moyen Âge*, l'article sur le site mérovingien de Longroy « La Tête Dionne » illustre également cet emploi particulier des mots « violation » et « pillage » (Mantel et Devillers 2006 : 115–121). La section consacrée au bouleversement des tombes, intitulée « Violations des sépultures », ne fait référence qu'au « pillage » des inhumations, qu'il soit total ou partiel. Le titre du chapitre montre ici clairement que les deux termes sont employés dans un même sens (le dépouillement d'un cadavre). Enfin, l'étude des remaniements sépulcraux est rassemblée sous le titre « Destructions, pillages et violations de sépultures » dans la publication de la nécropole de Goudelancourt-lès-Pierrepont, sans que les trois termes ne soient clairement définis par la suite (Nice 2008 : 85). Il est intéressant de noter que l'auteur privilégie l'emploi du mot « pillage » à celui de « violation », qui n'apparaît que pour désigner un type de tranchée et dans le catalogue des sépultures.

Une autre différence est à noter par rapport à la littérature historique : la prépondérance du terme « pillage » par rapport à celui de « violation ». Les archéologues semblent privilégier un mot dont la signification générale est évidente pour le lecteur, qu'il soit archéologue ou non. Lorsque le « pillage d'une sépulture » est évoqué, l'auteur sous-entend clairement que cette dernière a fait l'objet d'une réouverture anthropique dans une perspective non funéraire (le vol). En considérant son emploi dans la littérature historique, le « pillage » ne renvoie qu'à des vols à très grande échelle. Le pillage de la ville de Rome en 1527 par le connétable de Bourbon ne se réduit pas au vol d'un ou deux édifices, mais de la cité entière (Chastel 2000 : 394–396). Il en va de même pour les pillages perpétrés par les Vikings durant le haut Moyen Âge[40]. À partir de ces remarques, l'appropriation de quelques objets dans une sépulture peut-elle être qualifiée de pillage ? Oui, si l'on réduit le sens de ce mot à un simple vol, mais c'est faire alors abstraction des autres notions qui s'y rattachent. De manière identique à « violation », pillage est un terme induisant une subjectivité. Sa définition, telle qu'elle apparaît dans les dictionnaires, rend parfois l'utilisation de ce mot inappropriée dans certains contextes archéologiques. Son emploi suppose que l'anthropologue a pu identifier sur le terrain la cause de la perturbation, ce qui n'est pas toujours possible.

[39] C'est le cas notamment d'Yvette Duval, de Danièle Alexandre-Bidon ou encore de Michel Lauwers.

[40] En 913, l'abbaye de Landévennec en Bretagne a particulièrement souffert des raids vikings. Les sépultures rassemblées dans le cimetière monastique ont fait l'objet d'un pillage assez violent. Les ossements perturbés ont été réunis et brûlés sur un bûcher (Bardel et Perennec 2002 : 50–59).

Le terme « profanation » est peu courant dans la littérature, mais néanmoins employé à plusieurs reprises pour désigner une perturbation de sépultures. C'est notamment le cas dans *Religion et Sépulture* d'Éric Rebillard où ce dernier évoque à plusieurs reprises « la profanation des corps » et « la violation des sépultures »[41]. S'agit-il ici d'éviter d'éventuelles répétitions qui ne manqueront pas d'apparaître dans un ouvrage consacré aux sépultures ? Ou un choix en lien avec l'objet même de la perturbation, c'est-à-dire l'individu inhumé ? Il est vrai que l'évocation d'une profanation de corps semble plus simple que celle de sa violation. L'ambiguïté du mot « violation » dans l'esprit d'un lecteur, et par association celui de « viol », est compréhensible de nos jours. À la lecture des définitions proposées par les dictionnaires, il est évident que le sens des mots « violation » et « profanation » est proche. Renvoient-ils pour autant aux mêmes notions ? Des nuances importantes apparaissent dans les définitions actuelles. Dans le cas de « violation », l'acte de transgresser une loi, une règle revient systématiquement. Il implique également une certaine violence, certes moins forte que celle contenue dans le pillage, mais néanmoins présente. Ces deux notions sont absentes de la profanation. La profanation fait appel à d'autres critères : l'irrespect, la souillure et surtout le sacré. Profaner un lieu c'est « violer le caractère sacré [d'une chose], [la] traiter sans respect, avec mépris » (Rey 2005, t.III : 2104). La langue anglaise est très explicite sur ce sujet : le mot profanation se traduit par *desecration* (Eklaim et Larroche 2003 : 125). Étymologiquement, *desecration* est constitué à partir de deux particules : *de-* (« faire l'opposé de ») et *consecrate* (« consacré »). *Desecration* signifie donc littéralement agir contre le caractère consacré d'un élément. L'emploi de ce terme nécessite que le caractère sacré de la tombe soit un fait acquis, ce qui est loin d'être le cas au haut Moyen Âge. *Sacer* désigne en latin classique ce ou celui qui est « consacré à Dieu ». L'adjectif *sacer* dérive du substantif *sancire*, « rendre inviolable par un acte défini et prescrit » (Rey 2005, t. IV : 484). Le rituel de consécration des cimetières apparaît pour la première fois dans les livres pontificaux au Xe siècle (Treffort 2001 : 285–299). Son absence totale des livres liturgiques du haut Moyen Âge suppose que celui-ci n'est entré que tardivement dans les usages ecclésiaux (Lauwers 2005). Avec ce rite, les cimetières sont officiellement dédiés à Dieu[42]. Ce qui n'exclut pas qu'ils aient été délimités et protégés au cours des siècles précédents. À l'époque mérovingienne, rien n'indique que l'espace funéraire et le corps aient été sacrés ou perçus comme tels (du moins pour les non-chrétiens). Techniquement, on ne peut donc « profaner » un corps avant le Xe siècle.

2.3. Le vocabulaire dans la littérature étrangère

La terminologie employée par les chercheurs étrangers montre une approche différente de la problématique des sépultures réouvertes. Dans la littérature anglophone, les termes *grave robbery*, *grave reopening* et *grave disturbance* sont le plus fréquemment employés. Les mots *violation*, *pillage* ou *plunder* sont en revanche moins courants, probablement en raison de leur origine[43]. Il est possible de relever une différence du choix sémantique en fonction de la nationalité des auteurs. En effet, les chercheurs britanniques et américains désignent majoritairement le phénomène sous l'appellation *grave robbery*. *A contrario*, les chercheurs outre-Rhin rédigeant en anglais préfèrent une désignation plus générale : *grave reopening*, *grave disturbance*. Cette imprécision volontaire sur la nature des bouleversements observés disparaît lorsque ces mêmes auteurs écrivent en allemand. Les termes *Grabraub*, *Beraubung* et *Plünderung* apparaissent largement dans la littérature germanique, quelles que soient l'époque ou la nationalité des chercheurs (Brunecker 2008; Kümmel 2009. Dans un article rédigé en allemand en 2003, Edeltraud Aspöck évoque le *Grabraub* et le *Beraubung* des sépultures du cimetière lombard de Brunn am Gebirge (Autriche), tout en temporisant ses propos par des termes plus généraux (*Graböffnung*, *Grabstörung*) (Aspöck 2005). Huit ans plus tard, dans une nouvelle publication sur ce site, mais cette fois-ci en anglais, elle se réfère tantôt aux *reopening graves*, au *post-depositionnal manipulation* ou encore aux *disturbance of graves*, mentionnant les tombes *robbed* entre guillemets (Aspöck 2011).

En France, le vocabulaire présente parfois des similitudes avec celui des germanophones. Les mots « violation », « profanation » et « pillage », majoritaires dans la littérature française, témoignent d'une approche plutôt subjective du sujet. La terminologie britannique reflète également un parti pris dans la désignation de la perturbation sépulcrale. Toutefois, elle est plus largement ponctuée de termes neutres décrivant un état de fait et non une interprétation. Par ailleurs, cette dernière n'est pas toujours présente et reflète l'incertitude des archéologues anglo-saxons. L'interrogation sous-jacente est la suivante : peut-on interpréter ces bouleversements comme le résultat d'un vol ? Les récentes recherches menées par les archéologues germanophones reflètent ce changement d'attitude. L'interprétation initiale des sépultures perturbées, si longuement débattue depuis les années 1970 par des personnalités telles qu'Helmut Roth, est ainsi remise en question aujourd'hui.

Une comparaison entre les différentes langues (Figure 2.1.) fait ressortir une particularité française : le mot « profanation ». À de très rares exceptions, il est absent des publications anglophones et germanophones.

[41] Ainsi, au sein du chapitre dédié au bouleversement sépulcral, Éric Rebillard précise que deux évolutions majeures caractérisent le droit impérial : « la violation de sépulture devient un délit public (*crimen*) et la profanation des cadavres un crime spécifique » (Rebillard 2003 : 75).

[42] Avec le rituel épiscopal, le cimetière se voit doté d'un statut particulier où le caractère confessionnel du lieu est visiblement souligné (Dierkens et Treffort 2015 : 12–13).

[43] Les mots « pillage » et « violation » semblent être directement issus de la littérature française, alors que *plunder* se rattache plutôt au vocabulaire allemand (*plünderung*).

Français	Anglais	Allemand
(Ré)Ouverture de tombe	Grave reopening	Graböffnung
Perturbation de tombe	Grave disturbance	Grabstörung
Pillage de tombe	Grave robbery	Grabraub
Pillage	Plunder, Pillage	Plünderung
Profanation	X	X
Spoliation	X	Beraubung
Violation	Violation	X

Figure 2.1. Équivalence en anglais et en allemand des termes utilisés en français pour évoquer le pillage des sépultures mérovingiennes.

La multiplicité des termes pour désigner un même phénomène montre le besoin de mener une réflexion sur la terminologie afin d'harmoniser les études entre les différents pays.

2.4. Quelle terminologie pour les sépultures réouvertes ?

Avant de qualifier avec précision une perturbation sépulcrale ,il convient dans un premier temps d'en identifier la nature. La première étape consiste à étudier les formes et les modalités de la réintervention sur la tombe. Une terminologie neutre est alors à privilégier (réouverture, réintervention, remaniement, éventuellement perturbation ou encore bouleversement). Dans un deuxième temps, la motivation d'origine (vol, récupération symbolique d'objets, atteinte à l'encontre du mort…) peut être déduite, ou du moins supposée, d'après les observations effectuées[44]. Enfin, après ces différentes phases d'étude, la réouverture peut être nommée avec une terminologie plus orientée (pillage, violation, destruction volontaire…).

Lorsque le vol du mobilier est constaté dans une sépulture, il semble approprié d'employer le terme de « pillage ». Sous ce mot, plusieurs éléments sont pris en compte afin de définir les limites exactes de son utilisation. Le pillage, au même titre que la violation ou la profanation, est un mot à forte connotation, mais dont le sens général est compris par un large nombre de personnes. En effet, bien qu'il soit majoritairement employé pour désigner une action violente pouvant entraîner des destructions, il est toujours associé au vol de biens matériels. C'est dans ce sens qu'il paraît correspondre au plus près à la réalité d'une partie du phénomène.

En parallèle avec le vol d'objets, un autre type de prélèvement est parfois observé dans les sépultures. Dans ces situations, l'objectif principal semble être la récupération d'un objet spécifique, souvent de grande valeur symbolique (l'épée par exemple). Dans ce cas de figure, il paraît plus approprié d'indiquer qu'il s'agit d'une réouverture à but symbolique (ou simplement de « réouverture symbolique »), plutôt que de pillage.

Nonobstant des données archéologiques et des textes, il n'est pas systématiquement possible de déterminer pourquoi certains objets ont été extraits de la tombe. L'emploi du terme « prélèvement » est alors privilégié.

Pour conclure ce chapitre consacré à la terminologie des réouvertures, un dernier élément doit être évoqué. La littérature antique et médiévale souligne parfois l'émotion provoquée par ces actes auprès des vivants. Ouvrir une sépulture dans un but qui n'est lié ni à la volonté du défunt ou de sa famille, ni aux coutumes funéraires, ni même à une quelconque gestion du cimetière, peut être extrêmement mal perçu par la communauté des vivants. Dans ce sens, est-il alors possible de qualifier de tels actes sous un terme moins générique que « perturbation » ? Il est évident que le mot « profanation » ne peut être employé pour la période du haut Moyen Âge, pour toutes les raisons déjà évoquées. En revanche, la question mérite d'être posée pour le mot « violation ». Malgré sa définition antique, qui ne peut être appliquée telle quelle pour la période médiévale, on constate qu'au XIe siècle sa signification demeure appropriée dans certaines situations : « pénétrer dans un lieu sacré ou protégé par la loi ». La référence à la législation est importante ici car la protection de la tombe en relève. Si l'on accepte cette définition pour l'époque mérovingienne, on constate que certaines perturbations peuvent alors être qualifiées de violation, et parmi elles le pillage. Ainsi, la violation désignerait tout acte transgressant la loi et les règles, tandis que le pillage constituerait l'un de ces actes.

2.5. Describing grave disturbance: terminology and written sources

There is a close connection between the choice of words, the type of sources and the relationship of a society to the dead and, obviously, to respect for the integrity of a burial. Words can reflect an idea, an opinion, bear witness to the mind-set of a time or a group, be used to justify, explain or condemn. The choice of words was far from trivial in the past, in particular in legislative sources. By their nature and function, they were precise in their description of burial disturbances. Antique and early medieval written sources, despite their longstanding study by scholars, remain a valuable material to look at when one wishes to approach reopening practices. Going back to the original vocabulary used not only to describe a re-entry scene, but also to name it, opens up a new field of reflection that complements the data collected by the archaeological approach to the topic. Applied to a longer time period, research on words used for grave reopening contributes to the history of the subject. For instance, historians and archaeologists do not name the action of re-opening a grave in the same way. A similar observation can be made with regard to language. In France, it has been and often still is common to qualify a post-depositional intrusion as a violation or a pillage.

[44] Certes, il n'est pas toujours aisé d'identifier les raisons ayant poussé un individu à perturber le repos d'un mort. Néanmoins, les publications archéologiques de ces dernières années attestent qu'il est parfois possible de distinguer un pillage d'un bouleversement résultant d'un traitement particulier du corps.

Words used by historians and archaeologists in the grave reopening context often share the particularity of already giving meaning to the re-entry, even before knowing whether it is a robbery, a symbolic intervention or a simple accidental grave disturbance. Yet before a label can be given to the type of intrusion inside a grave, the precise nature of the disturbance ought to be identified. The study of the patterns of the re-entry is the first step and should be associated with neutral terms such as reopening, post-depositional intervention, re-entry or, in some circumstances disturbance and disruption. Then, the reason for the act is questioned a second time based on the analysis of the archaeological evidence. Obviously, the understanding of reopenings is complicated and dependent on various factors. Nonetheless, recent research has proved the ability to identify the different nature of the intrusions in some contexts. Eventually, following the careful study of the archaeological evidence of the re-entry, it will be possible to name the event with an appropriate terminology (robbery, violation, voluntary destruction, etc.).

The study of late antique and early medieval written sources carried out in this chapter provides complementary and useful information regarding the reopening topic. A slow evolution of the status of the body in the early centuries of Christianity is visible in ancient texts. The protection of the grave by the Roman laws has been largely studied in the past (Thomas 1999; De Visscher 1963). More recently, Éric Rebillard has taken a particular interest in the violation of graves in Late Antiquity. His analysis of the written sources, including funerary inscriptions, show the different changes in laws and sanctions enacted by successive emperors from the 4th century C.E. onwards (Rebillard 2002: 65–80). The cult of the martyrs undeniably changed the relationship of the living to dead bodies, which went from being impure to being a sought-after and venerated possession. While the tomb as a monument and property, as well as the deceased, were protected by civil laws and imperial constitutions, grave goods were only exceptionally mentioned. The Praetor's Edict was one of the very few ancient texts to provide a clear sanction for the stripping of a corpse. This omission was recurrent throughout Late Antiquity and it was not until the drafting of the so-called "barbarian" laws that the robbery of grave goods was legally mentioned and punished. Roman burial practices perhaps explained this situation (Lefèbvre et al. 2013; Blaizot 2009 : 157–162), and in particular the predominance of vessels in the grave goods assemblage between the 1st and the end of the 3rd century C.E.

The Church shows a limited interest in the disturbance of graves. The practice is obviously condemned by the institution, but the definition of the penalty and its application remain exclusively a matter for civil law during antiquity. The Church does not seem to have felt the need to supplement the legislative arsenal already in use, or even to give a specific definition to the reopening practice. Little change occurred in the following centuries: during the Merovingian period, Church authorities seem more preoccupied by body transfers or multiple re-use of graves than the removal of artefacts or damage to the funerary architecture. The first penitential canons on grave disturbance are late in comparison with the legislation and do not date back before the 4th century, with texts from Eastern bishops Basil of Caesarea and Gregory of Nyssa. A century later, Western penitentiary texts begin to mention the 'violation' of graves (De Clercq 1963 : 95; Rebillard 2002 : 72). Despite these early references, Merovingian written sources remain largely silent on the re-entry practice, with some exceptions with authors such as Gregory of Tours and Paul the Deacon.

Beyond the collection of ancient texts on post-depositional intrusions, a close look was taken at the vocabulary used to describe the phenomenon. The first conclusions of this new reading of the written sources show a change in the designation of the re-entries between Antiquity and the early Middle Ages. This evolution of the terminology seems to follow the progressive change of perception of the dead body, from an untouchable element, kept outside the walls of the cities to a more acceptable part of the life of the living, who did not hesitate to touch it, and even take pieces of it. The sacrilege of taking actions against a corpse was expressed in the use of a precise vocabulary that remained unchanged throughout Late Antiquity. The progressive emergence of the Christian religion, however, changed the relationship between the living and the dead. Disturbance of tombs and their contents were described in more neutral terms in the first Christian texts and did not express any particular feelings about post-inhumation intrusions. Early medieval hagiographies also show this evolution of social perceptions of the dead body. Reopening is described in negative terms in Gregory of Tour's writing only when it concerns a grave containing an individual with high symbolic value, such as a saint or a king. The removal of grave goods appears to be of lesser importance compared to the disturbance of the dead man's rest in many Gregory of Tour's stories (Février 1987: 881–952).

Based on the preserved early medieval texts, it would be correct to assume that the reopening of a grave was a more acceptable act during that period than in antiquity. The relatively mild legislation of the early Middle Ages with regard to the practice could thus find an explanation. The archaeothanatological analysis of disturbed graves in later chapters demonstrates that the intrusions usually occured after the complete decomposition of the dead body. A period of time seems therefore to be established between the inhumation and the re-entry. This observation, combined with the study of the written sources – and in particular the legislative laws – could lead to a different view of the phenomenon. If the crime depended on the state of preservation of the deceased, then it is possible that the reopening of a grave no longer constituted an offence from the moment when the individual lost all physical evidence of 'humanity'. The care taken by the legislation to refer to the period of action of the reopeners (on a corpse and not on a skeleton, or even before burial) would thus define a time when the act would no longer be considered a crime (Noterman et al. 2020: 83).

3

Les techniques

En 2010 paraît sous la direction de Grégory Compagnon *Halte au pillage !*. L'ouvrage dresse un portrait réaliste et inquiétant du pillage du patrimoine archéologique dans le monde (Compagnon 2010). Les causes de la réouverture des tombes sont multiples. L'appât du gain est le principal motif avancé, mais il est loin d'être le seul. La volonté d'enrichir une collection ou de « sauver » un patrimoine en danger légitime le prélèvement d'objets anciens, notamment chez les antiquaires. L'opportunité, la pauvreté ou encore la découverte fortuite sont aussi présentées comme des causes possibles. Malgré ces raisons, la diversité des lieux et la variété des époques concernées par la pratique, les méthodes varient peu. Que ce soit en Mongolie, au Pérou ou sur le territoire français, les pilleurs de tombes font preuve d'une uniformité surprenante dans leurs méthodes. Ces dernières sont de plusieurs types : utilisation d'une sonde métallique pour repérer l'emplacement d'une tombe, creusement circulaire (fosse) ou par tranchée pour parvenir jusqu'au squelette et à son mobilier, ou encore utilisation d'engins mécaniques modernes.

3.1. La fosse de pillage

En archéologie, l'une des formes les plus courantes d'intrusion observée est la fosse dite de pillage. Son observation dépend essentiellement de la composition de la terre de remplissage. La profondeur conservée est également nécessaire pour sa détection : une sépulture arasée révélera difficilement sa présence. Lorsque les limites de la fosse ne sont pas visibles, celle-ci peut être perçue grâce à la présence d'éléments étrangers dans son comblement, tels que des fragments de résidus de la couverture de surface de la sépulture ou encore des ossements provenant de l'individu perturbé. La nécropole de Vicq, dans les Yvelines, offre plusieurs exemples de ce type, tel celui de la sépulture 1915 qui a livré dans un espace circonscrit et sur toute la hauteur de son remplissage plusieurs blocs de pierre et quelques ossements.

Le recours à la fosse dite de pillage, si fréquent dans les nécropoles alto-médiévales, doit être rapproché des pratiques funéraires. Les populations mérovingiennes avaient pour coutume d'inhumer leurs morts dans un contenant déposé en pleine terre. S'il est admis que les sarcophages pouvaient affleurer à la surface, soit pour marquer l'emplacement de la tombe dans le paysage funéraire, soit pour permettre leur réutilisation au fil des décennies, il n'en n'est pas de même pour les contenants en matériau périssable et les chambres funéraires. Sur le site alsacien de Matzenheim (Bas-Rhin), la profondeur des fosses peut atteindre 1,30 m (Châtelet 2009, vol. 1 : 36–42). Dans le nord de la France, la nécropole de Marquette-lez-Lille (Nord) a livré des inhumations d'une profondeur s'échelonnant de 0,10 m à 0,95 m par rapport au sol actuel (Gubellini 2013, vol. 1 : 231). Ainsi, en présence d'un enfouissement qui pouvait atteindre près d'un mètre de profondeur, voire plus, les perturbateurs n'avaient pas d'autres choix que de creuser assez profondément pour parvenir jusqu'au contenant. Ce creusement pouvait prendre plusieurs formes liées à la matérialisation en surface de la tombe, à la visibilité de ses limites, à la préservation de son architecture funéraire, notamment son couvercle, et à la présence ou non d'un espace vide autour du défunt. Il est ainsi possible de distinguer trois grandes catégories de creusements : les fosses aux limites plus ou moins circulaires en plan, et dont le profil présente une forme en cuvette, les fosses en sape qui se caractérisent par un profil semblable à une galerie, et enfin les fosses au profil variable, non circulaire en plan.

Les creusements au plan circulaire ou ovalaire semblent être fréquents dans les sépultures réouvertes anciennement. La précision du creusement suggère que les inhumations étaient encore visibles dans le paysage funéraire. Certains cônes n'atteignent pas le fond de la sépulture et semblent avoir été arrêtés par le système de couverture encore en place. L'est de la France fournit les meilleurs exemples de ce type de perturbation anthropique avec notamment les sites alsaciens de Vendenheim (Bas-Rhin), Kolbsheim (Haut-Rhin), Osthouse (Bas-Rhin) et le site lorrain de Vitry-sur-Orne (Moselle). La précision de certains creusements soulève la question de la connaissance du contenu de la tombe au-delà de sa simple matérialisation en surface. La sépulture 157 de Vendenheim en est un parfait exemple (Figure 3.1) (Barrand-Emam 2013, vol. 2 : 102). De forme ovalaire et de profil conique, le cône est situé au centre de la structure funéraire, proche de la paroi nord. Ce faible désaxement horizontal s'explique par la position du contenant. En effet, celui-ci est placé près de la paroi nord, laissant un espace libre de plusieurs centimètres à sa droite pour accueillir éventuellement du mobilier. La coupe réalisée au cours de la fouille confirme la précision de la localisation du cône puisque ce dernier vient se placer juste au-dessus du coffrage en bois, pour s'interrompre ensuite au niveau du couvercle.

Une image similaire est visible sur le site de Baar, Früebergstrasse, en Suisse (Müller 2010). La réalisation de coupes transversales au cours de la fouille a non seulement permis de mettre en évidence le profil des fosses de réouvertures, mais également de constater que certains creusements s'arrêtaient plusieurs centimètres au-dessus des squelettes, à une hauteur pouvant correspondre au niveau d'apparition du système de fermeture des tombes.

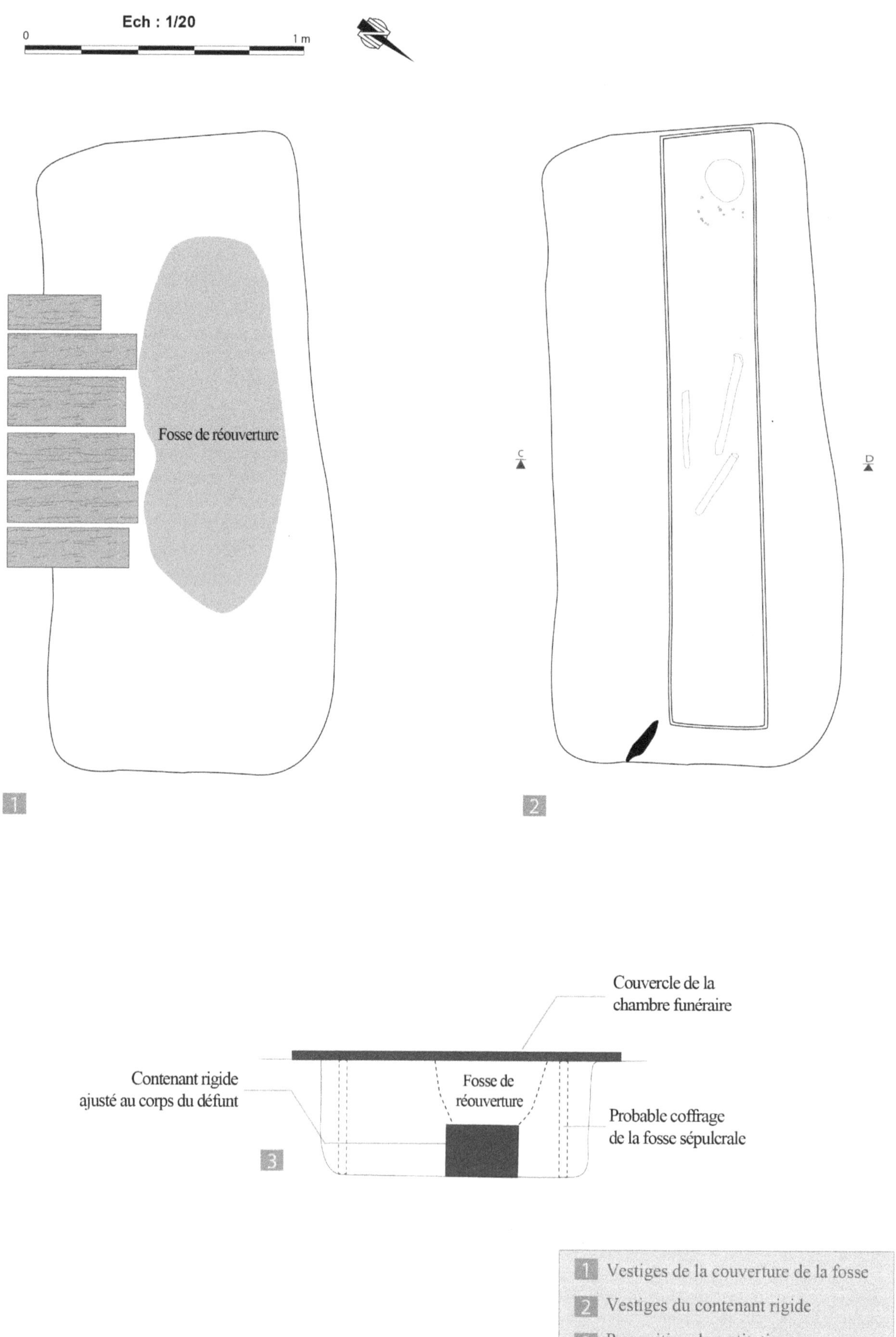

Figure 3.1. Sépulture 157, Vendenheim (Bas-Rhin). La fosse de réouverture a été réalisée au centre de la structure funéraire et épouse un profil de cuvette. Son creusement a été interrompu par le couvercle du contenant en bois, toujours conservé au moment de l'intrusion (Antea Archéologie).

Les perturbateurs pouvaient faire le choix d'entrer de manière latérale dans les sépultures. Ce type d'ouverture se matérialise généralement sous la forme d'un creusement oblique (en sape), recoupant au moins une des limites de la tombe. Dans la tombe 180 du site de Vendenheim, la fosse débute à l'extérieur des limites sépulcrales, du côté sud, pour venir s'arrêter au centre de la tombe à l'emplacement du bassin. Elle présente un pendage descendant depuis l'ouest vers l'est. À Didenheim, le creusement n'a été perçu que tardivement lors de la fouille, à proximité du fond de la structure (sép. 18, figure 3.2) (Mamie et Mauduit 2009, vol. 2). En raison de sa forme particulière et de la position des os qui ont été tirés dans sa direction, cette fosse est désignée sous le terme de « fenêtre » dans le rapport archéologique. Elle présente un pendage ascendant en direction de l'ouverture. La perturbation, qui semble avoir endommagé le contenant funéraire, est survenue dans un espace vide de sédiment sur un corps possédant encore quelques points d'attache ou des morceaux de tissu ayant maintenu en place certaines sections anatomiques.

Le choix de l'angle d'intervention des perturbateurs trouverait son origine, du moins pour les réouvertures anciennes, dans la persistance en surface d'un marqueur contraignant pour les intervenants. La fouille de la nécropole de Saint-Vit en Franche-Comté a ainsi mis en évidence la présence de tertres recouvrant plusieurs chambres funéraires (Urlacher, Passard-Urlacher et Gizard

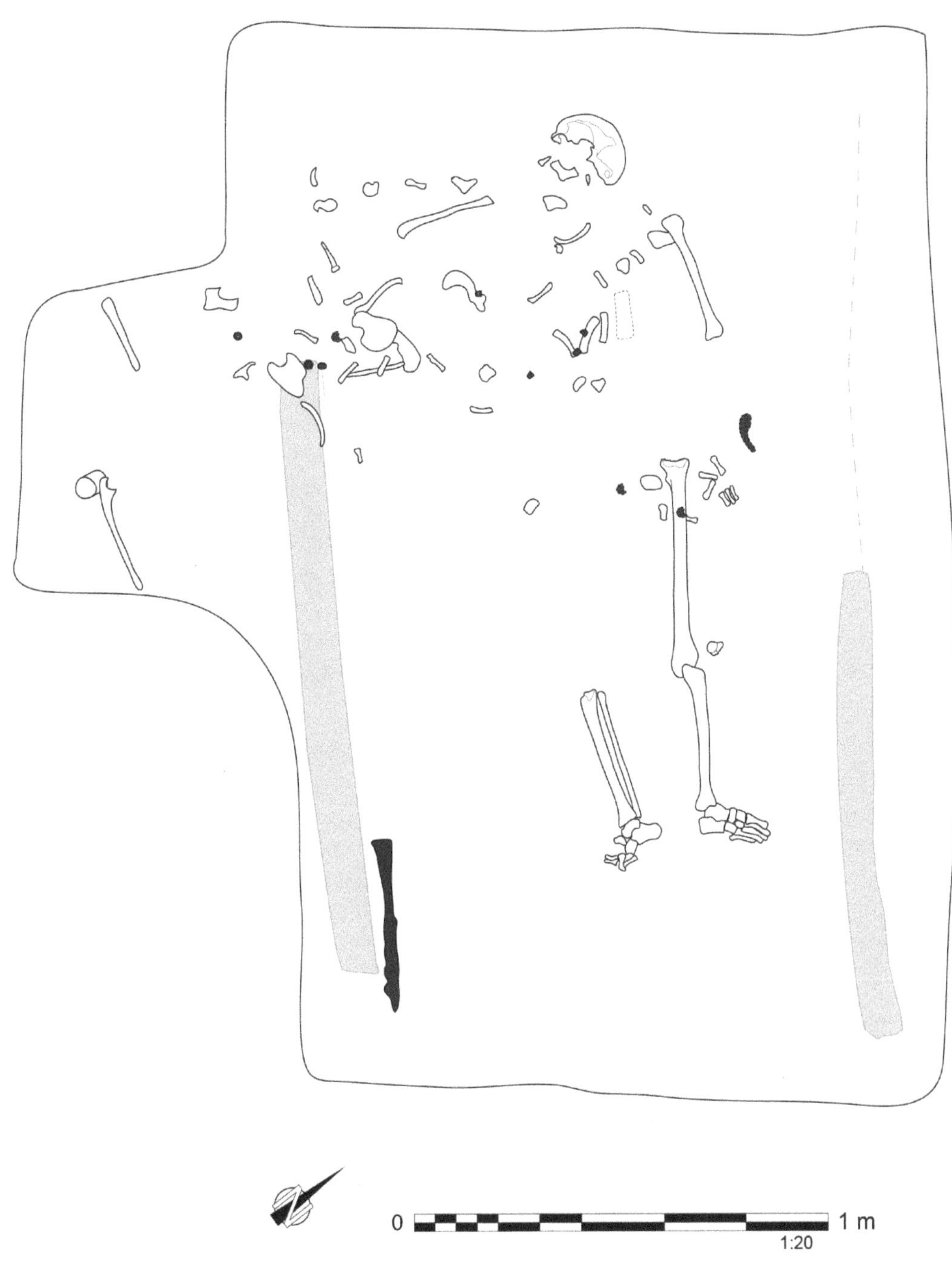

Figure 3.2. Sépulture 18, Didenheim (Haut-Rhin). L'accès au contenu de la structure s'est effectué depuis le sud, par l'intermédiaire d'une « fenêtre » venant recouper l'une des parois du coffrage (S. Goepfert, A. Mauduit, Antea Archéologie).

2008 : 70–71). Leur diamètre exact est difficile à définir, mais il semblerait qu'il se situe en moyenne autour de 6 mètres. D'autres sites en France, mais également au-delà du Rhin, attestent de l'existence de *tumuli* au cours de la période mérovingienne (Baudoux 1998 ; Périn 2004 : 181–191). Le volume de certains tertres a pu représenter une contrainte suffisante pour privilégier une approche latérale et non zénithale des sépultures.

La fosse dite de pillage n'est parfois perceptible que de manière ponctuelle en déformant un des bords de la sépulture. Dans ce cas, il est possible de parler « d'excroissance de fosse ». Le site de Louviers (Eure) est particulièrement éloquent à ce sujet. Des anomalies au niveau des contours ont été décelées dans seize tombes[45]. En revanche, aucun élément ne permet de connaître leur profil de creusement exact. Ces excroissances apparaissent plus complexes à interpréter que les fosses circulaires dans la mesure où elles constituent un témoignage partiel de la perturbation. Leur visibilité en plan se limite à la seule "déformation" d'une partie des limites de la sépulture, sans qu'il soit possible de restituer l'ensemble du contour du creusement. Leur taille et leur emprise par rapport aux limites de la tombe pourraient orienter l'interprétation et permettre d'envisager deux périodes distinctes d'intervention. Dans le cas des excroissances de petites dimensions observées à Louviers, ces dernières sont généralement circonscrites à une surface correspondant à des parties anatomiques bien précises du squelette. Ce type d'ouverture est assez proche de celui des cônes circulaires. Quant aux creusements larges, ils concernent en général l'ensemble de la sépulture, dessinant des contours de fosse irréguliers. Ils impliquent une ouverture large de la tombe afin d'avoir une meilleure visibilité du contenu, ce qui sous-entend que les perturbateurs n'auraient pas eu connaissance de la composition exacte du mobilier funéraire déposé dans la sépulture, ni même son emplacement.

3.2. La sonde

La sonde est l'outil de détection de sépultures le plus souvent observé en contexte archéologique. Son utilisation est attestée en archéologie à partir de trous observés sur les ossements ou le mobilier entrés en contact avec le bâton. Le diamètre de cet outil peut aller de 4 millimètres environ à quelques centimètres. Les traces d'impacts sont variées en raison des différents supports rencontrés par l'instrument au cours de sa manipulation. Sur le site de Saine-Fontaine, à Bulles (Picardie), la sonde a laissé son empreinte sur la paroi d'un bassin en bronze (sép. 291) et d'une céramique (sép. 317), sur un tibia (sép. 356), sur le couvercle d'un sarcophage (sép. 672B), sur un caillou en calcaire (sép. 617) ou encore sur le fond de fosse (sép. 314, 317, 321 et 356).

En France, l'essentiel des impacts de sondes semble avoir été réalisé à l'époque contemporaine, peut-être par les premiers fouilleurs des sites alto-médiévaux. Aucun indice ne permet d'attester de l'utilisation de cet outil à une période antérieure sur notre territoire. En revanche, quelques exemples sont attestés en Allemagne. C'est le cas notamment sur le site d'Eußenheim où l'utilisation d'une sonde en métal a laissé son empreinte dans le comblement de plusieurs sépultures (Kümmel 2009 : 137 ; Leinthaler 1995 : 130–133). La reconstitution effectuée par l'archéologue Beate Leinthaler montre une tige à section circulaire ou carrée se terminant en forme de pointe. La forme de la sonde apparaît tout à fait appropriée pour pénétrer facilement dans une terre peu compacte ou sans inclusions (moellons en calcaire, cailloux, etc.). Un autre exemple pour la période du haut Moyen Âge est le site de Friedberg-Bruchenbrücken. Le tibia gauche de l'individu de la sépulture 8 a reçu un impact de sonde au niveau de son tiers proximal et sur sa face antéro-médiale. L'ouverture circulaire ne mesure qu'environ 4 mm de diamètre.

L'emploi de la sonde se prolonge bien au-delà de la période médiévale et devient même, en France, un des outils privilégiés par les premiers archéologues. Jean-Yves Claeys, dans un article intitulé « Note sur l'emploi de la sonde dans les recherches archéologiques » (1928 : 488), souligne l'avantage de l'emploi d'un tel instrument dans le repérage de vestiges anciens :

> « En ce qui concerne les débris enterrés à moins de 1 m. à 1 m. 50 de profondeur, un instrument simple permet bien souvent de déterminer exactement leur présence et, avec un peu de pratique, de reconnaître leur nature et même de jalonner à la surface du sol leurs dimensions. Cet instrument est la sonde. »

Dans certaines régions, la sonde devient même une part de la panoplie du fouilleur au même titre que la pioche et la truelle. La couverture du carnet de fouilles d'Henri Gillet (1890–1947) représente un fouilleur en bottes, chapeau et sonde. L'instrument est en métal avec un embout en pointe et un long manche perpendiculaire, offrant ainsi une bonne prise pour l'enfoncer dans le sol. Une série de clichés pris en 1929 lors d'une campagne d'exploration "archéologique" dans la nécropole mérovingienne de Vitry-la-Ville (Marne) montre l'emploi d'une sonde identique sur le terrain. Les dommages causés par cet instrument sont très similaires d'un site à un autre. Ainsi, le trou relevé sur le tiers distal du fémur de l'individu 125 inhumé à Vitry-la-Ville est comparable par sa taille et sa forme à ceux rencontrés dans les nécropoles laténiennes de La Croix-Blandin (Marne) localisées 60 km plus au nord, en périphérie de Reims. Le lieu est notamment connu pour avoir fait l'objet d'explorations archéologiques au début du XXe siècle (Kipper, Seguin et Chevalier 2009 ; Seguin 2020).

La sonde ne peut néanmoins pas être employée sur tout type de terrain. La sonde cylindrique, la plus communément utilisée et rencontrée en contexte archéologique,

[45] 124, 127, 129, 134, *144*, 145, 154, 157, *161*, 166, *171*, 175a, 175b, *185*, 187, 199 (les numéros en italique renvoient à des inhumations où l'acte de réouverture est envisagé, mais non clairement certifié).

« pénètre facilement dans les terrains, lorsque ceux-ci sont suffisamment imprégnés d'humidité » (Claeys 1928 : 488–490). En revanche, elle devient inutile si le sous-sol contient des obstacles tels que des pierres ou des racines. Dans son manuel de fouilles de 1946, Édouard Salin dispense quelques recommandations sur son emploi. Le degré de résistance rencontré par la sonde lors de sa pénétration dans le sol renseigne sur la présence ou non d'une fosse à inhumation. L'efficacité de cette technique est telle que nombre de chercheurs d'objets remarquables, comme peuvent parfois en contenir les sépultures mérovingiennes, en font un usage intensif et désastreux, toujours selon Édouard Salin.

L'utilisation de la sonde métallique semble avoir été particulièrement intense au cours du XXe siècle en Picardie et en Champagne-Ardenne. La fréquence des impacts induits par cet outil a mené les archéologues à ne pas mentionner systématiquement leur présence dans les sépultures. Ainsi, la nature du sous-sol exploré, alliée à la répétition du phénomène, peuvent expliquer en partie le faible nombre de cas relevés sur notre territoire. D'autre part, en raison de sa finesse, la sonde a peu de chance d'avoir laissé son empreinte si elle n'a traversé aucun élément (os ou mobilier) lors de son passage.

3.3. La tranchée

À l'image de la sonde, la tranchée de pillage est une méthode peu observée sur notre territoire, ou du moins peu signalée. Si le plus grand nombre de fosses de « pillage » médiévales relevées se situe en Alsace, la région Picardie apparaît au contraire le témoin privilégié du passage des explorateurs des XIXe et XXe siècles à travers la présence de tranchées sur plusieurs grands sites. Dans la nécropole de Goudelancourt-lès-Pierrepont (Aisne), elle est ainsi signalée dans 35 sépultures. Un seul cas est décrit à Nouvion-en-Ponthieu, mais il est possible que d'autres aient existé (Piton 1987)[46]. Dans la Somme, le site de Saint-Sauveur révèle également ce type de vestige (Ben Redjeb 2007). Cependant, dans la publication de 2007, les tombes ayant été recoupées par des tranchées ne sont pas indiquées. Dans le département du Nord, deux sépultures de la petite nécropole d'Houplin-Ancoisne ont été perturbées par une tranchée (Lassaunière 2010).

La tranchée de pillage peut être détectée de diverses manières en fonction de la nature du sol et de la date de sa réalisation[47]. À l'inverse de la fosse dite de pillage, elle endommage systématiquement les parois de la tombe. L'objectif de cette méthode semble être celui de l'ouverture simultanée de plusieurs structures[48], permettant ainsi de gagner du temps et de l'effort dans leur exploration. La tranchée peut être identifiée par l'intermédiaire d'anomalies dans les limites de creusement des tombes. Dans certaines situations, son remplissage peut apparaître différent de celui du comblement initial de la sépulture, facilitant ainsi sa détection. L'orientation des fossés est peu variable et suit le schéma classique d'un recoupement d'après un axe perpendiculaire à la tombe.

Cette technique de réouverture apparaît plus destructrice pour la sépulture que l'usage de la fosse ou de la sonde. Utilisée dans plusieurs structures à la fois, elle ne prend pas en compte la profondeur d'enfouissement des défunts, leur position ou encore la simple présence ou non du mobilier funéraire à leur côté. L'objectif de cette méthode est d'optimiser la fouille des sépultures. La tranchée de pillage est souvent interprétée comme le signe d'un bouleversement postérieur au temps d'utilisation de la nécropole. Elle serait employée après la disparition complète des marqueurs de surface des tombes. Le recours à la tranchée s'explique aussi par la disposition particulière des sépultures dans les espaces funéraires mérovingiens, souvent organisés sous la forme de rangées plus ou moins régulières et parallèles, même si cette configuration peut présenter des variations selon les sites.

Les manuels de fouilles modernes préconisent la tranchée comme méthode d'exploration archéologique. Selon Édouard Salin, cette technique est particulièrement efficace sur les « cimetières sous l'influence germanique, où les tombes, disposées en rangs à peu près réguliers, sont bien distinctes et relativement éloignées les unes des autres (…). Ces tranchées sont orientées perpendiculairement à la direction générale des sépultures reconnues au cours du sondage » (Salin 1946 : 30).

Sur les sites de Goudelancourt-lès-Pierrepont, de Saint-Sauveur, de Nouvion-en-Ponthieu et de Houplin-Ancoisne, il est bien difficile d'établir la période de réalisation des tranchées. À Houplin-Ancoisne, la tranchée recoupant les sépultures 38 et 83 a été attribué à l'époque mérovingienne, sans toutefois que des indices probants ne permettent de le dater avec certitude. Sur les autres sites, un pillage moderne est généralement envisagé par les archéologues. Dans la nécropole de Nouvion-en-Ponthieu, la présence de fragments de plastiques découverts dans certaines sépultures perturbées prouvent un recours de la tranchée à l'époque moderne. En revanche, pour les sites de Saint-Sauveur et de Goudelancourt-lès-Pierrepont, la datation reste à établir.

En Grande-Bretagne et dans les pays scandinaves, le recours aux tranchées ne semble pas avoir de limites temporelles. Ce type d'ouverture reste néanmoins associé majoritairement à une forme particulière d'inhumation : la sépulture à bateau. Sur le site de Sutton Hoo (Suffolk,

[46] L'étude des tombes est ancienne et le catalogue des sépultures, intégré à la publication de 1987, est incomplet. La majorité des sépultures n'est accompagnée d'aucun relevé, l'auteur ayant privilégié l'illustration du mobilier. De plus, les perturbations anthropiques sont peu détaillées.

[47] Plus elle est récente, plus la possibilité de l'observer de nos jours est grande par l'intermédiaire de la terre bouleversée.

[48] Le recoupement simultané de plusieurs sépultures par l'intermédiaire d'une seule tranchée est particulièrement explicite sur le site de Goudelancourt-lès-Pierrepont. Ainsi, les sépultures 194infra, 195, 195bis, 196 et 202 sont recoupées par une seule tranchée. Il en va de même pour les sépultures 211, 211bis, 213, 214ter et 215 ou encore les tombes 217, 218 et 219.

Angleterre), des tranchées recoupent plusieurs tertres funéraires et tombes (Carver 2005 : 343–371). L'examen du comblement de ces fossés place leur réalisation essentiellement au cours du XIXe siècle. Si la majorité des tranchées sont creusées plusieurs siècles après l'inhumation du défunt, quelques cas attestent toutefois de leur réalisation peu de temps après la mise en terre du mort. C'est le cas notamment dans la sépulture 125 de Weklice (Elbląg Upland, Pologne) (Natuniewicz-Sekula et Rein Seehusen 2010 : 300). La perturbation a endommagé les parois du bateau, suggérant une intervention avant la décomposition naturelle du bois[49].

3.4. Les outils utilisés

Le creusement d'une fosse, l'ouverture d'une tranchée, ou encore la récupération des objets dans la tombe nécessitent l'utilisation d'instruments. Dans la précipitation du départ ou dans le cadre d'un simple oubli, les perturbateurs pouvaient laisser derrière eux ces outils, les conditions climatiques ou les propriétés physico-chimiques du sol d'enfouissement favorisant alors leur conservation. Ces découvertes demeurent toutefois rares, notamment en Europe.

Au Danemark, grâce à des conditions de conservation exceptionnelle, l'une des sépultures en tronc d'arbre évidé de l'âge du Bronze de Storehøj a livré un objet assez surprenant : un bâton en bois dont l'une des extrémités prend la forme d'un crochet (Thrane 1978 : 10). Une reconstitution proposée par Henrik Thrane figure le pilleur utilisant cet outil pour attraper et ramener vers lui les objets contenus dans la sépulture. Ce type d'instrument offre l'avantage de ménager une ouverture assez étroite, facile et rapide à réaliser. Son utilisation indique également la persistance du contenant au moment du pillage. Un objet similaire semble avoir été utilisé lors de la perturbation de la sépulture mérovingienne 118 de Louviers (Eure). Une longue tige en fer composée d'un anneau mobile et d'une pointe recourbée en forme de crochet a été mise au jour sur le site d'Eching-Viecht (sép. 65), situé à moins de 30 km de Munich (Kümmel 2009 : 137). Malgré l'absence de perturbation du squelette, la position de l'objet dans la structure écarte l'hypothèse d'un dépôt funéraire.

L'utilisation d'un outil au cours de la réouverture pourrait parfois avoir d'autres fonctions que la simple récupération du mobilier funéraire, et notamment de ne pas entrer en contact direct avec la dépouille du défunt. Cette hypothèse est proposée par Hermann Dannheimer sur le site d'Aubing à Munich (Allemagne). La tombe 379 a livré un fragment métallique d'une fourche utilisée lors de la réouverture pour manipuler le corps de la défunte (Dannheimer 1998, vol. 1 : 27–28). Pourquoi une telle mise à distance entre les restes osseux et le perturbateur ? Trois raisons principales peuvent être avancées. La première est celle de la superstition liée à la peur du mort et à la crainte d'entrer en contact avec ses restes corporels. La deuxième est celle de la répugnance à l'idée de toucher des ossements conservant encore, ou pas, des tissus humains à leur surface. Enfin, la dernière possibilité se rattache au degré d'accessibilité de l'intérieur de la tombe (ouverture trop étroite, action réalisée de nuit, gestes du pilleur hésitants ...).

Évoquée précédemment avec l'usage de la sonde, l'observation attentive des ossements humains et du mobilier permet parfois de déceler des traces anthropiques liées à l'action des perturbateurs[50]. Sur le site de Vendenheim (Bas-Rhin), des stries et des entailles sur des ossements provenant de sépultures réouvertes ont été décelées et étudiées par Hélène Barrand-Emam (Antea archéologie) et Fanny Chenal (Inrap) en 2012. Douze tombes perturbées[51], datées entre la fin du VIe et la première moitié du VIIe siècle, ont livré des ossements présentant des traces d'entailles et de stries (Figure 3.3) (Barrand-Emam et Chenal 2014 : 495) sur la face antérieure des os lorsque ces derniers sont en position primaire, autrement dit sur la face qui est apparue aux individus lors de leur entrée dans la tombe. Les membres inférieurs, et notamment les fémurs, concentrent la majorité des traces. Les atteintes ont été réalisées à l'aide d'un outil tranchant à lame assez fine (couteau ?) et suivent une progression des pieds vers le bassin pour les membres inférieurs. Les os entaillés ne sont pas tous déplacés, ce qui signifie qu'un élément (tissu ?) les a maintenus en place en dépit des coups qui leur ont été portés. L'analyse macroscopique a révélé que les traces ont visiblement été faites sur des os plutôt frais, n'ayant du moins pas totalement perdu leur trame protéique. Toutefois, le passage d'un os de l'état « frais » à celui de « sec » étant variable et dépendant des conditions d'enfouissement (taux d'humidité, température...), des analyses complémentaires de la surface des os sont nécessaires pour pouvoir entièrement valider l'analyse macroscopique.

L'origine de ces entailles et stries à Vendenheim est difficile à préciser. La répétition du geste sur un même os et sa progression ascendante tendent à associer ces atteintes aux « stries de découpe » que l'on peut observer sur des carcasses d'animaux. La première hypothèse envisagée en 2013 par Hélène Barrand-Emam et Fanny Chenal est celle du prélèvement du mobilier en découpant les éléments pouvant le maintenir en position : vêtements, baudriers d'épées, ceinture ou lanières. Bien qu'intéressante, cette

[49] Les auteurs ne précisent pas le milieu de conservation de la tombe. Certaines fouilles réalisées au XIXe siècle dans les pays scandinaves montrent la remarquable préservation des bateaux-funéraires après plusieurs siècles passés dans le sous-sol.

[50] Pour une approche détaillée des traces laissées par des outils sur des ossements humains et animaux, ainsi que sur la problématique « os frais/os secs », il est possible de se reporter aux références suivantes : Boulestin 1999 ; Poplin, Brunaux et Meniel 1985 ; Thiol 2002 ; Villa et Mahieu 1991 ; Walker et Long 1977.

[51] Ce qui représente 48 % des sépultures réouvertes du site (six adultes féminins, trois adultes masculins, deux adultes de sexe indéterminé et un immature).

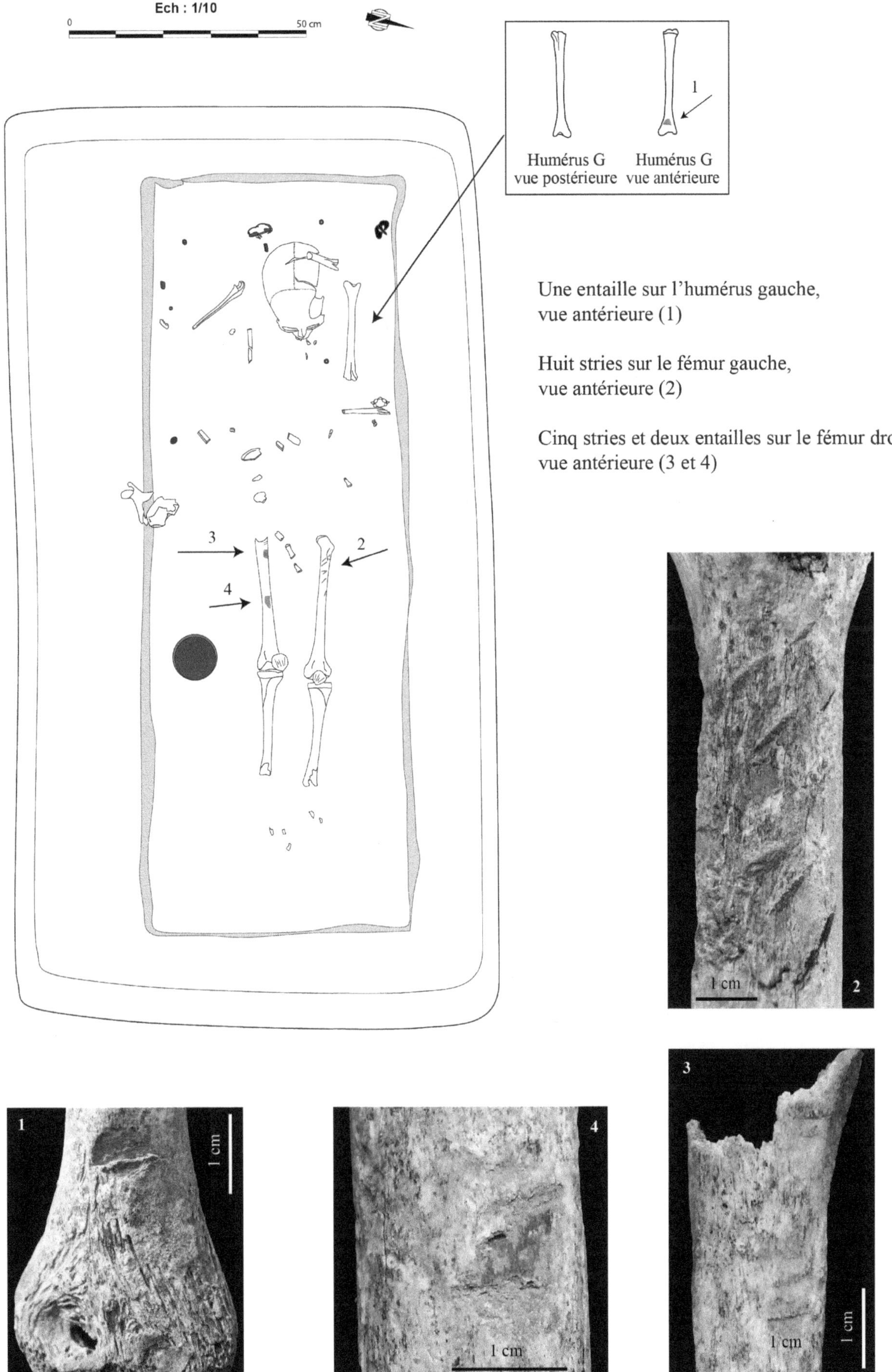

Figure 3.3. Entailles et stries observées sur l'humérus gauche et les deux fémurs de l'individu immature de la sépulture 290 de Vendenheim (Bas-Rhin) (Antea Archéologie).

théorie n'apparaît pas en adéquation avec la multiplicité des traces observées sur les os. En effet, détacher une fibule ou encore une ceinture ne nécessite que peu de coups de couteau. Sur le tibia gauche de l'individu 215 pas moins de 14 entailles ont été relevées. Autre exemple, les fémurs de l'immature 290 comptabilisent huit entailles pour le gauche, cinq stries et deux entailles pour le droit (Figure 3.3). Il paraît évident que cette répétition du geste ne concorde pas avec le simple prélèvement d'un objet cousu ou attaché. De même, la répartition des traces d'impacts, majoritairement sur les membres inférieurs, va également dans ce sens. Hormis une arme ou un élément de suspension, quels objets disposés sur ou à proximité des jambes auraient pu induire de tels actes ? Le mobilier funéraire mérovingien est situé de manière préférentielle au niveau de la moitié supérieure du corps (parures, fibules, ceinture). Il aurait donc été plus logique de découvrir ces atteintes à hauteur des os du thorax ou des membres supérieurs. Une seconde hypothèse a été envisagée en 2014, celle d'une découpe d'un ou plusieurs éléments enveloppant le défunt et empêchant les voleurs d'accéder à la dépouille. La présence de cette enveloppe pourrait expliquer le fait que certaines régions anatomiques soient demeurées en place malgré les bouleversements. Mais là encore se pose la question de la localisation des entailles et des stries au niveau des membres inférieurs. Si l'on se penche sur le sexe des individus et l'emplacement des atteintes, les sujets féminins concentrent majoritairement les traces d'impacts au niveau des membres supérieurs et les hommes au niveau des membres inférieurs. Un lien possible existe-t-il entre le sexe du défunt et ces traces ? L'observation est en réalité trompeuse. La sépulture féminine 535 présente des entailles sur ses deux fémurs parfaitement en place (Figure 3.4). En revanche, les os de la moitié supérieure déplacée sont « intacts » et la bonne conservation osseuse du squelette ne laisse que peu de doute à ce sujet. Les perturbateurs auraient eu tout intérêt à découper l'enveloppe funéraire au niveau de sa partie supérieure et non inférieure. La question reste donc entièrement ouverte, le seul fait évident étant qu'elles ont un lien avec l'acte de réintervention dans ces sépultures.

Localisée en Champagne-Ardenne, la nécropole de Vitry-la-Ville offre la particularité d'avoir subi plusieurs campagnes d'explorations archéologiques depuis la première moitié du XXe siècle (Tixier 2019). Il est donc parfois difficile de déterminer la ou les période(s) de réinterventions sépulcrales. C'est le cas notamment pour la sépulture 92 dont les membres inférieurs présentent des entailles sur leur face antérieure. Les ossements ont été découverts dans le trou de « pillage » localisé au centre de la structure funéraire. Les traces ont été réalisées sur un individu encore en place au moment de la perturbation. L'examen macroscopique apparaît contradictoire : la blancheur de certaines entailles témoigne d'une atteinte plutôt récente ; à l'inverse la coloration interne des autres place l'intervention à une période ancienne. De même, l'emplacement de la fosse de « pillage » suggère que les limites de la sépulture étaient visibles en surface, ce qui serait contradictoire avec un bouleversement à l'époque moderne. De forme circulaire à l'origine, elle s'étend ensuite en direction de l'est. Est-il possible d'envisager deux périodes d'intervention à Vitry-la-Ville, une alto-médiévale et une plus récente ? C'est en tout cas ce que semble indique l'aspect des entailles. S'il est difficile de reconstituer les modalités de la réouverture la plus ancienne, en revanche quelques pistes se dessinent pour la plus récente. Il est possible d'envisager que les voleurs, après avoir atteint la région du bassin, aient voulu soit explorer en direction des pieds pour s'assurer de n'avoir oublié aucun objet de valeur, soit récupérer un objet partiellement visible. Le déplacement des fémurs et des tibias à l'intérieur de la fosse de pillage pourrait expliquer la présence des entailles. En effet, la relative étroitesse de l'extension du trou de pillage a conduit les perturbateurs à ramener vers eux les éléments situés dans la moitié inférieure de la tombe à l'aide d'un outil (de type binette ?). Ce dernier a accroché à plusieurs reprises les os des membres inférieurs, laissant ainsi son empreinte dans l'os cortical. Une étude plus poussée des ossements, et notamment l'angle d'impact pour restituer la position du pilleur dans la tombe, serait toutefois nécessaire pour valider cette hypothèse.

À l'échelle du nombre de sépultures réouvertes mises au jour, les découvertes d'objets utilisés par les perturbateurs lors de leur forfait demeurent rarissimes. Toutefois, elles montrent la variété des instruments employés, généralement détournés de leur usage d'origine (la truelle ou encore la fourche en sont de bons exemples). Dans le reste du monde, cette diversité des outils est encore plus évidente. En Mongolie, la nécropole Xiongnu de Gol-Mod 1 a livré un bois de Maral utilisé comme pic pour creuser une galerie dans la tombe aristocratique 1. Dans l'Altaï, ce sont les échelles en bois des pilleurs qui ont été découvertes dans les années 1960. L'étude dendrochronologique indique que le bois utilisé à leur réalisation est contemporain de celui des planches de la chambre funéraire. Toujours dans la région montagneuse de l'Altaï, la fouille du kourgane de Berel' (Kazakhstan) a livré une pelle en bois dans la chambre funéraire et un pic en corne au fond de la fosse de pillage (Bendezu-Sarmiento et Grizeaud 2010 : 45–46).

Enfin, en Égypte, une déposition de pilleurs de tombe ayant sévit sous Ramsès IX (vers 1100 avant J-C) nous apprend que ces derniers ont utilisé des « outils de cuivre et forcé un passage dans la pyramide » du roi Sekhemre Shedtaoui (Dunand et Lichtenberg 1952 : 171–181).

3.5. Une observation disparate en France

La fréquence d'observation des techniques d'intrusion dans les tombes mérovingiennes est variable sur le territoire français et dépend en partie du choix de la méthode employée par les perturbateurs. Ainsi, moins cette dernière est destructrice pour la sépulture, plus les chances sont grandes qu'elle ne soit pas perçue au cours de la fouille. C'est le cas notamment de la sonde dont la finesse ne laisse aucune empreinte si son extrémité n'entre

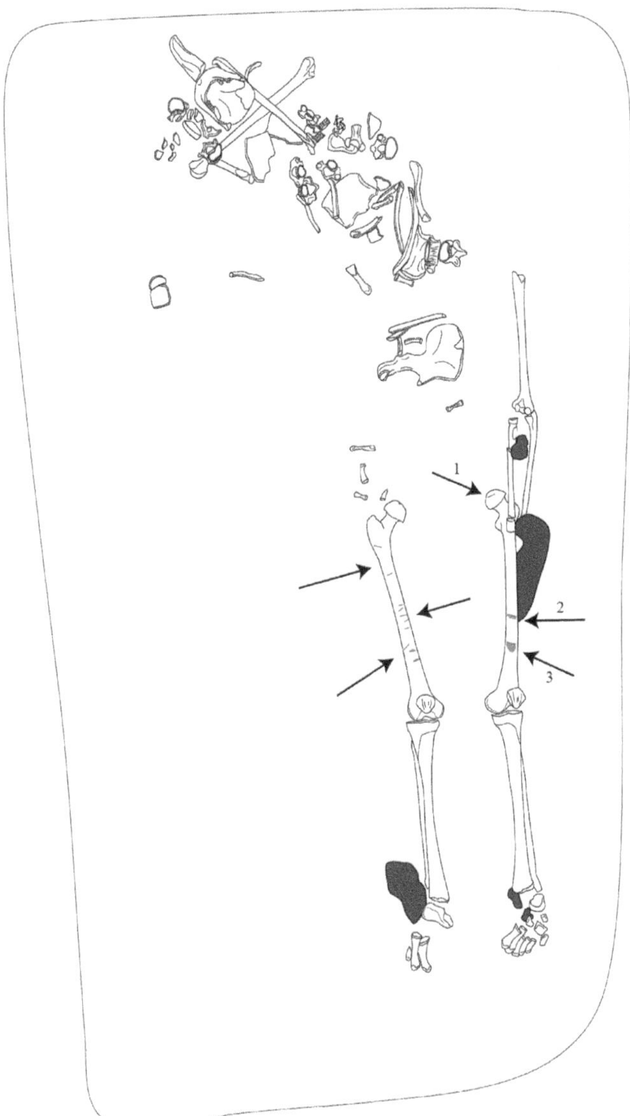

Huit stries et deux entailles sur le fémur droit, vue antérieure

Une strie sur le fémur gauche, vue antérieure (1, 2 et 3)

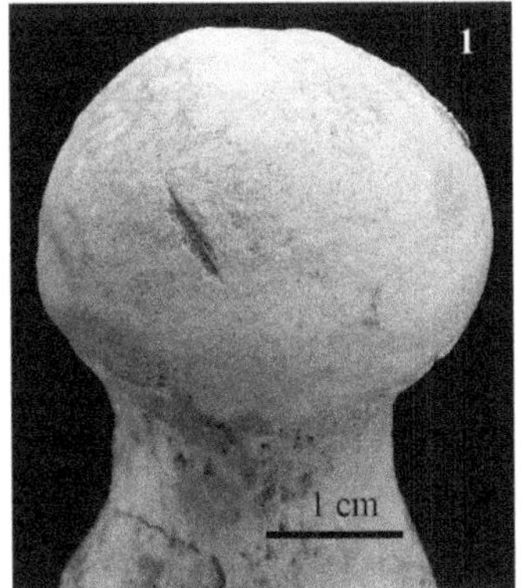

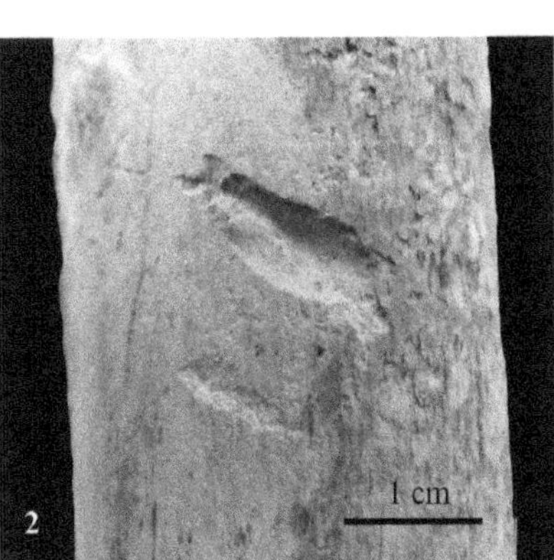

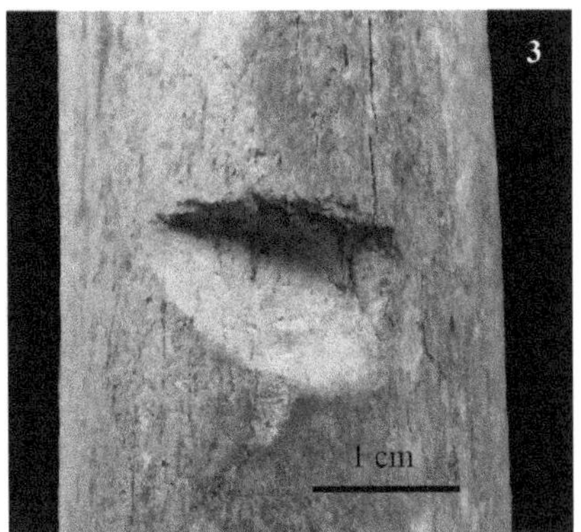

Figure 3.4. Entailles et stries observées sur les deux fémurs de l'individu adulte féminin de la sépulture 535 de Vendenheim (Bas-Rhin) (Antea Archéologie).

pas en contact avec un élément résistant (objet, os ou contenant de type sarcophage). À l'inverse, la tranchée est plus aisément décelable en contexte archéologique, grâce à ses caractéristiques (recoupement des parois des tombes, dimensions de creusement et volume de terre dégagé). Toutefois, sa préservation dans le temps peut être compromise par un important arasement de la surface du site, ou encore par une absence de distinction entre la terre comblant la tranchée et le substrat environnant.

La possibilité de déceler des traces liées aux outils employés lors du bouleversement dépend du degré de préservation des éléments osseux et matériels. Un terrain acide aura tendance à fortement dégrader la matière osseuse, entravant ainsi les observations réalisées en laboratoire par les anthropologues. En outre, l'ancienneté de certaines fouilles (Niedernai, Bas-Rhin), le faible échantillon de sépultures fouillées (Villeneuve-d'Ascq, Nord) ou encore l'implantation du site dans une zone fortement urbanisée (Versailles, Yvelines, Noisy-le-Grand, Seine-Saint-Denis) expliquent en partie l'inégalité de la répartition sur le territoire français des vestiges archéologiques liés aux techniques de réouverture. Il n'est donc pas surprenant d'observer une nette disparité dans la fréquence d'observation de ces techniques entre Loire et Rhin. Sur la base d'un corpus de 43 sites, 53 % des traces relevées sont localisées en Alsace. La région Picardie vient en deuxième position avec un taux de 16,47 %. La Normandie et la Champagne-Ardenne présentent un pourcentage similaire de vestiges liés aux techniques de réouverture (11,23 % pour la Normandie et 10,86 % pour la Champagne-Ardenne). À noter que pour la région Champagne-Ardenne, un facteur est à prendre en considération : sur les trois nécropoles mérovingiennes étudiées, seule celle de Vitry-la-Ville présentait en grand nombre des traces de réouvertures avec 29 fosses dites de pillage observées pour seulement un seul cas à Saint-Parres-aux-Tertres et aucun à Saint-Marcel. En remontant vers le nord et la frontière belge, ce pourcentage diminue fortement avec 4,11 % en Nord-Pas-de-Calais. Enfin la Lorraine et l'Île-de-France sont les régions présentant la plus basse fréquence de ce type de vestiges avec respectivement 2,24 % et 1,87 %. Ces pourcentages attestent de la disparité sur le territoire français de la fréquence d'observation de ces vestiges de réouvertures. Un constat similaire peut être proposé au sujet des techniques employées par les perturbateurs pour pénétrer dans les sépultures. Si le cône dit de pillage est largement dominant dans l'est de la France, la tendance s'inverse en revanche lorsque l'on progresse vers l'ouest et le nord (Figure 3.5).

Plusieurs éléments sont à prendre en considération dans l'interprétation de ces observations. En fonction de la nature de la terre et de la profondeur des structures, les chances d'observer des cônes de « pillage » sont variables. Il en va de même pour l'utilisation de la sonde. À l'exception du site d'Eußenheim en Allemagne, aucune publication française ne mentionne sa présence par l'intermédiaire de l'étude du comblement de la fosse sépulcrale. Pourtant son utilisation est largement reconnue en

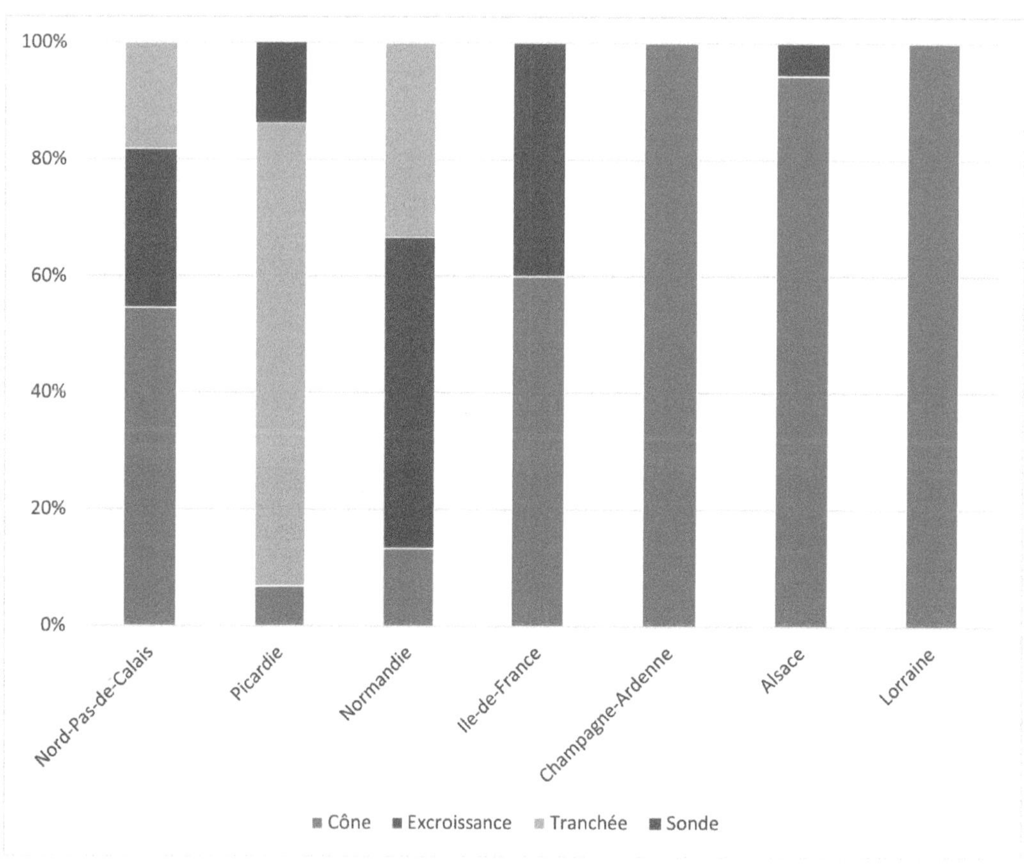

Figure 3.5. Fréquence des techniques de réouverture selon les régions.

Champagne-Ardenne, comme l'attestent les carnets de fouilles du début du XXe siècle (de Morgan 1906 ; Salin 1946 : 19–20 ; Zipper, Seguin et Chevalier 2009 : 91–102). La nature du contenant est un second élément à prendre en compte. Sur l'ensemble des nécropoles d'Alsace étudiées, aucune ne contient d'inhumation en sarcophage. Le constat est identique pour la région Nord-Pas-de-Calais. À l'inverse, l'Île-de-France, la Picardie ou encore la Normandie ont livré plusieurs exemples de sarcophages. Ce type d'architecture funéraire est généralement enfoui moins profondément, quand il n'est pas directement construit sur place, comme les sarcophages en plâtre d'Île-de-France. Il est admis que la couverture des sarcophages pouvait être utilisée comme marqueur de surface. Leur proximité avec la surface permettait aussi leur réouverture pour procéder à des inhumations successives. Les perturbateurs n'avaient donc pas besoin de creuser profondément pour atteindre le défunt, et ainsi laisser derrière eux une fosse de réouverture[52].

3.6. Choix des ouvertures, pratiques funéraires et période d'intervention

La présence d'un marquage en surface, la profondeur d'enfouissement du défunt, l'aménagement funéraire ou encore le type de contenant conditionnent le degré d'accessibilité d'une sépulture. De ces particularités, intrinsèques à chaque lieu d'inhumation, découlent plusieurs techniques de réinterventions qui sont autant les témoignages d'une époque que des pratiques funéraires. La fosse dite de pillage est sans doute la méthode la plus fréquemment observée sur le territoire français, et plus spécifiquement dans le nord-est du pays. L'usage consistant à inhumer les défunts en chambre funéraire ou dans de larges fosses expliquerait sa fréquence importante en Alsace, de même que les formidables propriétés du sol préservant les perturbations liées à ces ouvertures. Trois types de creusement sont identifiés en archéologie. Si les cônes et les fosses en sape peuvent être rapprochés des pratiques funéraires et fournir ainsi des informations sur l'aspect en surface de la sépulture et le mode d'inhumation du défunt, les fosses aux limites plus imparfaites pourraient en revanche être associées au facteur temps, comme cela est le cas sur les sites de Louviers et de Marquette-lez-Lille. Elles feraient alors référence à une sorte de tâtonnement de la part des perturbateurs. La tranchée est une autre technique régulièrement associée aux nécropoles mérovingiennes bouleversées, même si cette méthode semble moins souvent signalée en France en comparaison avec les pays voisins. Sur le territoire français, elle est associée à des réinterventions postérieures à l'utilisation des aires funéraires, après la disparition de tout indice en surface des sépultures. Son usage assez tardif sur notre territoire peut être interprété comme une connaissance de l'organisation de la nécropole de la part des fouilleurs. Cette situation est particulièrement explicite dans les manuels archéologiques du début du XXe siècle qui rappellent, à l'instar d'Édouard Salin, l'efficacité de cette méthode dans les nécropoles alto-médiévales.

De l'autre côté du Rhin et dans les pays scandinaves, la tranchée n'est pas nécessairement associée à des cas tardifs de réinterventions. Sur certains sites, elle est au contraire relativement proche de la période d'inhumation des défunts. La sonde est une troisième technique observée sur le territoire français. Sa détection est plus délicate et s'effectue essentiellement par l'intermédiaire d'impacts sur l'architecture funéraire, le mobilier ou encore les ossements. En France, la sonde est majoritairement associée à des cas récents de perturbations, et les seuls indices d'un usage plus ancien appartiennent à la littérature allemande.

Le creusement d'un cône ou d'une tranchée implique un recours à des outils qu'il nous est simplement possible d'imaginer faute de conservation de ces derniers. De récentes études ont mis en avant la présence de traces sur les ossements en lien avec le prélèvement du mobilier (Barrand-Emam et Chenal 2014). L'intérêt porté à ces marques, parfois réalisées sur os frais, ne réside pas tant sur leur rapport avec la perturbation sépulcrale que sur leur lien avec le mode d'inhumation des défunts. À travers le rôle joué par l'habillement funéraire dans la localisation et la fréquence de ces entailles, les chercheurs tentent ainsi de restituer le costume du défunt et son impact sur la pratique des remaniements sépulcraux.

Au-delà des statistiques, l'étude des techniques de réouverture témoigne d'une volonté de mieux cerner la chronologie des réinterventions sépulcrales. En fonction des critères évoqués précédemment, les outils employés pour accéder au contenu d'une tombe peuvent être de nature différente. De ce fait certaines techniques de réouvertures pourraient constituer un marqueur chronologique. Jointes à l'ensemble des données relatives au bouleversement de la tombe (perturbation du squelette, prélèvement du mobilier funéraire, étude de l'architecture funéraire...), elles constitueraient ainsi un outil pour replacer dans son contexte la pratique, élément indispensable pour interpréter les motivations des interventions post-dépositionnelles et leur inscription dans la société alto-médiévale.

3.7. Reopening methods

How easily the contents of a grave can be accessed depends on multiple factors such as the visibility of the grave on the surface (grave marker), the depth of burial, the layout of the grave (simple pit, chamber grave) and the type of container (coffin, wooden container, sarcophagus). The analysis presented in this chapter shows that the techniques used to get access to the dead and their belongings in early medieval cemeteries were varied and based on the specificities of the burial practices. The timing of the post-depositional intervention can also influence the way in which those involved proceeded to reopen a grave.

52 Aucun cas de sarcophages profondément enfoui n'a été observé dans les nécropoles du corpus. Il est donc complexe de déterminer les modalités de réouverture de ces contenants dans cette situation précise.

Three main types of access method are identified and discussed in this chapter: intrusive pit, trench, probe. Their presence, shape, location in relation to the grave limits and body position, and depth were systematically recorded for graves in the dataset. Further, the analysis was completed by a chronological and regional study of the reopening methods.

The intrusive pit is the most common reopening access visible in early medieval French cemeteries, especially in the north-east of the country. The shape of the pits was mainly linked to the degree of accessibility of the grave from the surface, the state of preservation of the internal architecture, notably its cover, and the presence or absence of an empty space around the body. Three types of intrusive pits are thus observed in archaeology: circular pits in plan, with a bowl-shaped profile, sunken pits with a profile similar to a tunnel, and pits with variable profile, not circular in plan. The first category is by some distance the most common in ancient reopening. Precise targeting of the circular pits in relation to the contents of the graves is observed at Vendenheim in Alsace, for instance (Figure 3.1). In several graves, cut sections attest the conservation of the lid of the containers at the time of the intrusion.

A choice could be made to go into the grave from the side. The excavation of the cemetery of Saint-Vit (Burgundy) evidenced the initial presence of mounds covering several grave chambers. The mounds had an approximate diameter of 6 metres. Here and at other sites, such as Vendenheim or Didenheim (Alsace), the volume of the burial mounds may have represented a sufficient constraint to favour a lateral and not a zenithal approach of the graves (Figure 3.2).

The visibility of archaeological evidence for the intrusion depends on various factors. In some cases the intrusive pit is only attested through the deformation of one of the grave borders. In Normandy, anomalies in the contours of sixteen graves were observed in the cemetery of Louviers. No information regarding their precise digging profile is known. This type of re-entry is usually more complex to interpret, as they constitute a partial testimony of the disturbance. Their visibility in plan is limited to the 'deformation' of a part of the grave limits, without the possibility to reconstruct the whole shape of their dig. Whereas circular and lateral pits tend to be associated with disturbances happening during the use of cemeteries, irregular pits are more likely linked with the incapacity for the reopeners to determine precisely (and sometimes even to locate) the precise borders of the funerary structure.

After the intrusive pit, the trench represents the second most common evidence of access into an early medieval grave in France. Its frequency is particularly important in northern and western France, while pits are almost exclusive in the eastern area. The archaeological expression of a trench can be defined as a cut crossing the grave perpendicularly. Chronologically, the method seems to have been subsequent to the use of the cemetery, when the tombs were not visible on the surface any more, but knowledge of the burial practices was still extant. In France, 19th century field notebooks and manuals attest to the awareness of part of Merovingian mortuary practices among both early excavators and non-scholars. For instance, archaeologist Édouard Salin observes how efficient the trench can be in the exploration of early medieval funerary places (Salin 1946: 30). The Picardy region appears thus to have been visited by a number of unrecorded 19th and 20th century excavations, indicated by the presence of trenches on several large sites such as Goudelancourt-lès-Pierrepont, Saint-Sauveur and Nouvion-en-Ponthieu. A strong correlation seems to exist between trenches and recent re-entries in France. On the other side of the Rhine river and in Scandinavian countries, the trench is not necessarily associated with recent re-entries and some sites show its use close to the funeral.

The digging of a pit, the opening of a trench, or the removal of objects from a grave require the use of tools. In the haste of leaving or in the context of a simple oversight, the reopeners could leave these tools behind, and sometimes climatic conditions and soil properties soil favour their conservation. However, such discoveries are still rare, especially in Europe.

Archaeological evidence of the use of a probe in France is delicate and essentially relies on impacts made by the tool on the grave architecture, the objects or the bones. As for the trench, examples of probes are systematically associated with recent reopenings in France.

Cut marks on bones made by a sharp tool during the removal of grave goods have been recently noticed in eastern France. Osteological analysis show that the impacts were frequently realised on fresh bones (i.e. have not completely lost their protein framework) and on the face of the bones that appeared to the reopeners when they entered into the structures (Barrand-Emam and Chenal 2014). The most famous examples come from Vendenheim with twelve disturbed graves showing this unusual type of evidence (Figures 3.3 and 3.4). Beyond the interest regarding the re-entry practice, these marks represent an opportunity to explore the topic of the way dead were dressed. Through the precise location of these marks and their frequency on the body, researchers attempt to reconstruct the costume of the deceased and its consequences on the reopening custom.

The frequency with which the different reopening techniques are observed in Merovingian graves varies across France and depends on multiple factors (preservation of the artefacts and bones, method used to get access to the contents of the graves, soil proprieties, etc.). Based on the analysis of 43 sites carried out in this chapter, 53% of evidence of intrusive methods were found in Alsace. Picardy region comes second with a rate of 16,47%. Normandy and Champagne-Ardenne present a similar percentage of archaeological remains associated with reopening techniques (11,23% for Normandy and 10,86% for Champagne-Ardenne). It should be noted that for the Champagne-Ardenne region, only one or the three cemeteries analysed supported evidence of intrusion: at Vitry-la-Ville 29 intrusive pits were observed, only one at Saint-Parres-aux-Tertres and none at Saint-Marcel. Moving northwards towards the Belgian border, this percentage decreases with 4,11% in Nord-Pas-de-Calais. Finally, Lorraine and Ile-de-France are the regions with the lowest frequency of this type of remains with 2,24% and 1,87% respectively (Figure 3.5).

The disparity of archaeological evidence of techniques used to enter into graves is also common when we consider the methods themselves. For instance, intrusive pits are largely dominant in eastern France, whereas just a few are reported in Picardy despite the excavation of large cemeteries in this region. This disparity should be associated with the soil properties – some being more favourable than others to the preservation of this type of remains – but also burial practices. In Alsace where intrusive pits are dominant by frequency, none of the cemeteries studied have examples of inhumations in sarcophagus. On the other hand, Ile-de-France, Picardy and Normandy have provided several examples of sarcophagi. This container was usually buried shallowly. Reopeners did not need to dig deep to reach the deceased, and thus did not leave behind them an archaeologically visible intrusive pit.

The reopening methods are closely connected to the burial practices and the time of the re-entry in France. In association with all the data relating to the disturbance (disruption of the skeleton, removal of the grave goods, study of the burial architecture…), they represent a means of contextualising the practice, and thus better understanding the reasons behind the post-depositional interventions and their inclusion in early medieval societies.

4

Chronologie et auteurs

Ainsi qu'il a été indiqué dans l'introduction, la réouverture des sépultures fut pendant de nombreuses décennies associée aux populations mérovingiennes elles-mêmes, principalement sur la base des sources textuelles législatives et de la mauvaise représentation des Mérovingiens. Dans sa publication consacrée aux vestiges antiques et alto-médiévaux, l'abbé Cochet (1854 : 264) décrit en ces termes les tombes perturbées de la nécropole d'Envermeu (Seine-Maritime) :

> « Malgré les défenses expresses et sévères portées par les lois des Francs et les capitulaires de Charlemagne, nous avons acquis la certitude que des violations de sépultures ont eu lieu très anciennement dans le cimetière d'Envermeu. En 1853 nous en avons trouvé une preuve irrécusable dans le grand tombeau de pierre, qui fut celui d'un chef à en juger par sa beauté et par les débris qu'il renfermait encore. Les voleurs l'avaient ouvert et refermé avec le plus grand soin. Le couvercle était parfaitement en place, seulement la partie haute avait été légèrement effondrée par la charrue et les voitures : les os avaient été replacés à l'intérieur, mais sans beaucoup d'ordre (...). Dans le pillage des objets meubles, (...) le bouclier avait été enlevé, puis rejeté dans la fosse, car nous l'avons retrouvé sur le couvercle extérieur du cercueil. Ce qui démontre invinciblement que le déplacement avait eu lieu un petit nombre d'années après l'inhumation, c'est que la garniture du bouclier était encore à sa place naturelle et adhérente à l'umbo (...). [I]l faut en conclure que les violateurs étaient beaucoup plus voisins des morts que nous. »

Dans le courant du siècle suivant, les archéologues s'attardent peu sur les responsables, dont l'identification demeure souvent imprécise. Les fouilles effectuées par R. Tassin et son équipe dans les années 1930 à Selles (Marne) ont révélé que presque la totalité des tombes mérovingiennes avait fait l'objet d'un pillage « à une époque sans doute très reculée » (Tassin 1938 : 75). Aucune précision n'est apportée sur la date de ces interventions. Édouard Salin introduit de son côté le rôle potentiel des fouilleurs qui, opérant sans professionnalisme, saccagent des sites de dimensions importantes à la recherche du bel objet[53].

Au-delà des sources textuelles régulièrement mentionnées dans les publications, les données archéologiques représentent la méthode la plus fiable pour replacer dans le temps la perturbation sépulcrale, et par conséquent d'identifier ses possibles auteurs. Une telle approche est visible dans l'ouvrage de l'abbé Cochet, mais restera marginale jusqu'au dernier tiers du XXe siècle.

4.1. Chronologie des interventions

4.1.1. Le défunt

La pratique des réouvertures de sépultures nécessite, avant toute tentative d'interprétation, de déterminer un certain nombre d'éléments au préalable, tels que la période de réalisation de la perturbation, le profil des auteurs, le type d'objets prélevés ou encore l'identité biologique des individus bouleversés. L'approche archéothanatologique de la sépulture remaniée est une étape importante et nécessaire pour identifier le plus précisément possible les modalités de la réintervention. La méthode s'appuie sur un certain nombre de facteurs taphonomiques et archéologiques propres à la perturbation qui permettent de définir sa chronologie. Pour cela, elle considère le degré de décomposition du corps au moment de la réouverture, la nature de l'aménagement funéraire et son degré de préservation lors de l'intervention, la méthode d'intrusion utilisée et le niveau de visibilité de la tombe en surface.

Identification de l'espace d'intervention

L'étude ostéologique sur le terrain permet de préciser, lorsque l'état de conservation des ossements le permet, le milieu au sein duquel la décomposition du corps s'est opérée (Duday 2005 : 180). Elle participe ainsi à la reconstitution de l'architecture funéraire notamment lorsque cette dernière n'a pas laissé de vestiges. Deux principaux espaces de décomposition sont identifiés en archéothanatologie : l'espace vide et l'espace colmaté (Duday 1990 : 193–196 ; Duday 2011 : 33–40)[54]. La caractérisation de chacun de ces milieux repose sur l'observation de la disposition des diverses pièces osseuses et de leurs relations avec le volume extérieur du corps (Duday 2005 : 185). La disparition des parties molles et des connexions articulaires libère progressivement les ossements. En fonction de l'espace environnant, certains os se trouvant en position de déséquilibre peuvent sortir du volume initial du corps (espace vide) ou à l'inverse demeurer dans leur position d'origine (espace colmaté)[55].

[53] Se référer notamment à la très longue note de bas de page rédigée dans son manuel de fouilles archéologiques. Édouard Salin n'hésite pas à fournir le nom de ces fouilleurs, ainsi que la localisation géographique de leurs forfaits (Salin 1946 : 8–9). Léon Coutil dénonce également l'action des fouilleurs non professionnels qui ne livrent aucune donnée vérifiable sur les sites qu'ils saccagent (Coutil 1913 : 2).

[54] L'espace semi-colmaté n'est pas abordé ici. Voir à ce sujet Duday 2017, 2011 et 2005.

[55] Il est nécessaire de faire la différence entre ce qui relève d'un dépôt dans un espace colmaté et la présence d'une paroi ou d'une enveloppe qui aurait pu maintenir les ossements en position de déséquilibre (Duday 1990 : 34–39).

Les observations ostéologiques et les données archéologiques (clous de cercueil, résidus ligneux de bois, coupes stratigraphiques…) permettent d'identifier la position initiale de dépôt du défunt et, dans le cas qui nous intéresse, de restituer l'architecture funéraire. La détermination de l'espace de décomposition est une démarche nécessaire dans l'étude des sépultures réouvertes. En effet, l'inhumation dans un environnement où, par sa construction, l'arrivée du sédiment environnant est limitée, offre l'opportunité de déterminer le moment d'intervention du perturbateur[56]. La chronologie devient plus difficile à préciser dans un environnement colmaté et d'autres indices doivent être exploités, comme l'emplacement du trou de « pillage » par rapport aux limites de la fosse sépulcrale, le type de mobilier prélevé, ou encore l'état des ossements lors de la réouverture (os « frais » ou « sec »).

L'observation des connexions anatomiques constitue une deuxième approche dans la détermination de la chronologie des réinterventions. Lors d'un dépôt primaire[57], les éléments organiques responsables de la connexion articulaire des différents segments anatomiques du corps sont encore présents, ou du moins suffisamment solides pour empêcher la dislocation des os. Les articulations cédant le plus tôt sont des articulations dites « labiles », au contraire de celles résistant le plus longtemps aux processus de décomposition qui sont identifiées sous le terme de « persistantes ». La préservation de connexions articulaires labiles[58] est un indice démontrant le caractère primaire d'une sépulture. Dans le cas spécifique des réouvertures, la préservation des connexions articulaires est un critère pour la compréhension de la chronologie des perturbations survenues tout au long de la décomposition du cadavre[59]. Le maintien en connexion ou en proximité anatomique de deux pièces osseuses contiguës en dépit de leur déplacement dans la tombe est un argument plaidant en faveur d'une action survenue tôt dans le processus de décomposition. L'interprétation des données ostéologiques doit toutefois être nuancée. La présence d'un vêtement ou d'un tissu enveloppant (linceul) peut avoir favorisé la préservation des connexions articulaires après la disparition des tendons et des ligaments.

Par ailleurs, l'observation minutieuse de la paroi interne du crâne peut également apporter quelques indications complémentaires sur la période d'intervention des perturbateurs après l'inhumation du défunt. En effet, lors de la décomposition, les masses endocrâniennes peuvent stagner à l'intérieur du bloc craniofacial. Elles s'assèchent progressivement pour ne former, à la fin, qu'une croûte en surface[60]. L'observation de la « ligne de flottaison » des restes du cerveau indique la position initiale de la tête. Elle constitue alors une preuve supplémentaire pour déterminer le remaniement anthropique d'une sépulture, notamment dans le cas où la perturbation a affecté la partie supérieure du corps.

Intervention en espace vide

L'approche taphonomique des sépultures réouvertes souligne la précocité de certaines interventions par rapport au processus de décomposition du cadavre qui n'est pas nécessairement achevé lors de la réouverture.

Sur le site de Rœschwoog, des connexions articulaires étaient ainsi encore présentes sur trois individus perturbés[61]. La sépulture 1088 est celle qui présente les perturbations les plus intéressantes (Figure 4.1) (Koziol 2010, vol. 2 : 230–232)[62]. D'après l'étude taphonomique, les remaniements concernent trois zones du squelette : le crâne, l'humérus et le membre inférieur gauches. Le crâne se présente par sa face latérale gauche, le regard dirigé vers l'épaule droite et le thorax. La mandibule, en connexion lâche avec le bloc craniofacial, a suivi le mouvement de bascule du crâne et apparaît en face latérale gauche, légèrement inférieure. Les quatre premières vertèbres cervicales sont encore en connexion plus ou moins lâche avec le bloc craniofacial et apparaissent également en vue latérale gauche, légèrement inférieure. L'humérus gauche se présente sur sa face latérale, déconnecté de la cavité glénoïdale de la scapula gauche (en face postérieure). L'articulation du coude n'est plus préservée (ulna en face antérieure). Les membres inférieurs ne sont pas étendus, mais semi-fléchis. L'articulation coxo-fémorale gauche est partiellement maintenue en dépit du déplacement du membre inférieur gauche vers le sud de la tombe. L'os coxal gauche apparaît en face postéro-latérale et le droit en face antéro-médiale. Le fémur gauche est en face postérieure, légèrement latérale. Le tibia et la fibula gauches se présentent par leur face antérieure. Ils ne semblent pas avoir suivi la rotation du fémur, mais paraissent avoir subi un léger déplacement vers le sud-ouest. L'ensemble du membre inférieur droit est en face médiale. L'articulation des genoux n'est pas conservée.

Les mouvements du crâne et des vertèbres ne peuvent s'entendre que par une intervention anthropique alors

[56] L'une des interrogations de l'anthropologue dans ce contexte est de déterminer si l'intervention anthropique a eu lieu avant ou après le comblement de la tombe. La réflexion ne peut se faire que si l'individu a été inhumé dans un espace vide, comme un contenant en bois.

[57] Le caractère primaire d'une sépulture se définit comme « l'apport d'un cadavre « frais » dans le lieu de dépôt définitif, où va donc s'opérer toute la décomposition du corps. Son intégrité anatomique est préservée, du moins du point de vue macroscopique (…) » (Duday 2009 : 165).

[58] D'une manière générale, les articulations labiles concernent des os de dimensions moyennes (rachis cervical, mains, partie distale des pieds) ou fragiles (jonction scapulo-thoracique, articulations costo-sternales, hanche…). Les articulations persistantes associent des ossements répondant à des contraintes biomécaniques importantes (articulation atlanto-occipitale, rachis lombaire, jonction lombo-sacrée, articulations sacro-iliaques, genoux, chevilles, tarses…) (Duday 2017 : 205–206).

[59] La datation des réouvertures est à prendre au sens large. À quelques exceptions près, il n'est pas possible de donner une date précise des interventions, mais une estimation dont l'étendue varie d'une situation à une autre.

[60] Je remercie chaleureusement Cécile Chapelain de Seréville-Niel et le Dr. Denis Bougault du Craham pour leurs échanges et expériences sur le sujet.

[61] Sépultures 1050, 1066 et 1088.

[62] L'étude taphonomique a été conduite sur ce site par Agnieszka Koziol. Elle apparaît de manière très détaillée dans le deuxième volume du rapport archéologique.

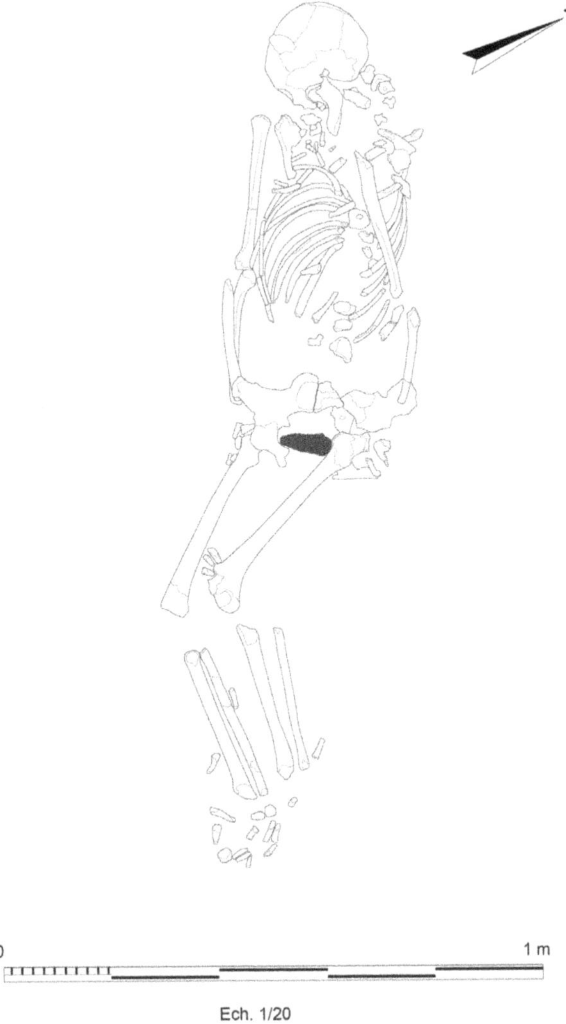

Figure 4.1. Sépulture 1088, Roeschwoog (Bas-Rhin). Réouverture de la structure funéraire relativement tôt au cours du processus de décomposition de l'individu. Les perturbations sont ciblées et pourraient être associées à la volonté de récupérer un premier objet placé dans la région cervicale, et un second à hauteur du membre inférieur gauche. Le déplacement de l'épaule gauche semble davantage lié à un processus taphonomique qu'à une intervention anthropique (D. Jonville, A. Koziol, Archéologie Alsace).

que des attaches ligamentaires étaient encore présentes. La rotation du crâne sur le côté se serait traduite par un regard dirigé vers la paroi sud de la fosse et non vers le sud-est si la décomposition s'était opérée de manière naturelle, comme cela a pu être relevé à la fouille. De même, les vertèbres auraient accompagné le déplacement tout en conservant leur position initiale de dépôt. Dans le cas présent, les premières vertèbres cervicales suivent la forme d'une courbe traduisant une contrainte exercée sur le crâne. Ainsi, ce dernier a été repoussé vers le sud et expose la portion cervicale du rachis.

Une seconde manipulation est visible au niveau de la partie inférieure du squelette. Les membres inférieurs droit et gauche se présentent dans deux positions différentes témoignant d'une intervention venant du nord. Le membre inférieur gauche semble avoir été repoussé en direction de la paroi sud, provoquant également le déplacement du membre inférieur droit. Le tibia et la fibula gauches n'ont pas suivi la rotation du fémur[63]. La position de la partie inférieure du corps n'est pas le résultat d'un processus taphonomique naturel, mais semble bien être le résultat d'un geste anthropique. Le déplacement de l'humérus gauche est plus difficile à associer au remaniement anthropique dans la mesure où d'autres évènements peuvent être impliqués[64]. Si la présence d'une enveloppe funéraire souple (linceul) est peu probable en raison de l'absence de contraintes exercées sur l'ensemble du squelette et de l'amplitude des mouvements induits par la réouverture, la chute d'une partie de la paroi nord est par contre envisageable.

L'intervention anthropique peut survenir sur un individu aux attaches ligamentaires fragilisées mais dont les vêtements sont encore partiellement conservés. Lors de la perturbation, ils peuvent maintenir en connexion des segments anatomiques comme les membres supérieurs, les membres inférieurs ou encore le thorax. Il parfois difficile de distinguer ce qui est imputable à la présence de tissus et ce qui relève de la persistance de connexions articulaires. Dans ce cas, il est primordial d'évoquer les deux possibilités sans privilégier systématiquement celle en faveur d'une décomposition non achevée du corps.

La sépulture 118 de Louviers illustre la complexité de l'interprétation de certaines réinterventions (Jimenez et Carré 2008 : 94–96). En effet, la question ici est de savoir si le maintien en connexion lâche du membre inférieur droit est lié à un pourrissement du cadavre en cours ou indique la présence d'un vêtement. La femme a été inhumée dans un sarcophage en calcaire coquillier avec un riche mobilier funéraire. Un accès à l'intérieur du contenant a été pratiqué au niveau de la moitié inférieure de la paroi sud. À proximité de l'ouverture, il est possible d'observer un mouvement anormal du membre inférieur droit. Sur la partie supérieure du corps, les bouleversements sont importants. La scapula gauche est déplacée au-dessus des côtes gauches. Le thorax est totalement perturbé, tout en restant circonscrit entre les membres supérieurs. Le sacrum se présente par sa face postérieure et repose sur l'os coxal gauche. L'os coxal droit est déplacé et fortement latéralisé. Le membre inférieur droit a été repoussé en direction du membre inférieur gauche. La tête fémorale droite n'est plus en position dans l'acétabulum de l'os coxal droit. Le fémur droit se présente par sa face latérale, son extrémité distale étant presque au contact de l'épiphyse distale du fémur gauche. La connexion du genou droit est rompue. Le tibia et la fibula droits sont toujours en logique anatomique. Le tibia apparaît en face latérale et son épiphyse proximale repose sur celle du tibia gauche. Quelques os

[63] Les attaches ligamentaires étaient soit fragilisées, soit déjà décomposées.

[64] La position particulière de l'humérus n'est pas sans rappeler d'autres exemples archéologiques, comme sur le site de Tournedos-Portejoie (Carré et Guillon 2012).

du tarse droit ont suivi le déplacement de la jambe. Le déplacement particulier des os de la moitié supérieure du corps suggère l'utilisation d'un outil pour ramener vers l'ouverture pratiquée les parures et autres objets déposés avec la défunte. La dislocation des ossements et les mouvements osseux observés témoignent de l'état de décomposition avancée du corps au moment de l'intervention. Des articulations persistantes, comme la charnière lombo-sacrée, l'articulation sacro-iliaque ou celle du genou, ne sont plus préservées. À l'inverse, celles des os de la cheville droite sont toujours présentes. La présence d'un tissu enveloppant le membre inférieur ou la persistance d'attaches ligamentaires peuvent expliquer le déplacement du membre inférieur et de la cheville droits. D'autre part, malgré une décomposition inachevée au moment du pillage, elle paraît avoir été suffisamment avancée pour que des ossements, réputés appartenir aux articulations les plus résistantes du corps, aient migré.

La persistance de matière organique et de connexions articulaires au cours de la réouverture concerne un nombre limité de cas. Dans la majorité des sépultures étudiées, l'individu est entièrement décomposé et les déplacements osseux traduisent l'absence de liaisons ligamentaires conservées au moment du remaniement. La présence d'un espace vide au cours de la réintervention peut être attestée par l'intermédiaire de la position des ossements. Lorsque l'action se révèle très perturbatrice pour le squelette, les restes osseux peuvent être déplacés sur une distance plus ou moins importante à l'intérieur du contenant. Les pièces les plus volumineuses (fémur, tibia, crâne, humérus, os coxal) constituent les meilleurs indicateurs de la persistance d'un milieu vide. Ces mouvements doivent avoir été réalisés sur un plan horizontal et non vertical pour attester de l'absence de comblement de la sépulture. La fragmentation limitée, voire nulle, des ossements manipulés est également un indice en faveur d'une réintervention en espace vide. Le séjour en terre limité des pièces et la possibilité de les déplacer sans la gêne occasionnée par le sédiment diminuent les risques de leur morcellement. Une conservation osseuse relativement bonne du squelette est donc souvent constatée lorsque le remaniement a eu lieu dans un espace vide.

La nécropole d'Illfurth (Haut-Rhin) a livré plusieurs exemples d'actes de réouvertures sépulcrales avant le comblement de la tombe (Roth-Zehner et Cartier 2007)[65]. La sépulture 22 est perturbée des avant-bras jusqu'aux membres inférieurs inclus (Figure 4.2). Les fémurs ont été déplacés en direction du haut du corps et reposent sur le thorax de l'individu. Le fémur gauche se présente par sa face médio-antérieure. Le fémur droit apparaît en face postérieure et a subi un déplacement important (la tête fémorale est en direction des pieds alors que l'épiphyse distale est placée au niveau du thorax). Les tibias ont

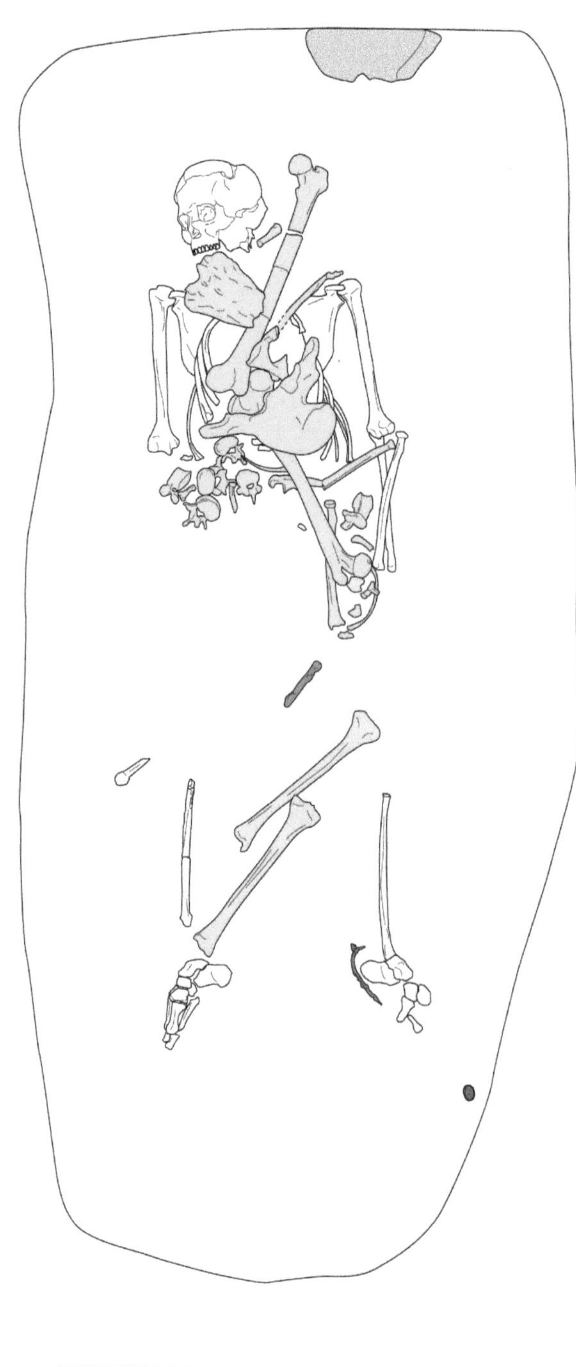

Figure 4.2. Sépulture 22, Illfurth (Haut-Rhin). Intervention ciblée avec rejet des ossements déplacés (en bleu) sur la partie supérieure du corps de l'individu. La perturbation s'est déroulée dans un espace vide de sédiments et avant la disparition du contenant en bois (Antea Archéologie).

également subi un déplacement horizontal d'ampleur, tout en demeurant dans la partie inférieure de la structure. Le tibia droit (face antérieure) est en travers de la fosse, à hauteur de la position initiale supposée des genoux. Le tibia gauche repose en partie à l'emplacement initial du tibia droit et se présente par sa face postérieure.

[65] L'étude taphonomique des sépultures a été réalisée par Émilie Cartier (Antea Archéologie).

La perturbation des membres inférieurs n'a pas entraîné celle des os des chevilles et des pieds. L'ensemble de ces observations plaide en faveur d'une action survenue sur un corps entièrement décomposé et dans un espace demeuré vide de sédiment.

Au cours du remaniement, la perturbation peut provoquer un apport de terre limité provenant des parois de la fosse de « pillage ». Dans ce cas de figure, les ossements peuvent reposer quelques centimètres au-dessus du fond de la tombe. À la suite de l'intrusion, la fosse est laissée ouverte ou refermée. Dans les deux cas, si la tombe présentait au moment de la réouverture un espace vide, ce dernier se voit assez rapidement colmaté. Les données ostéologiques peuvent alors être en contradiction avec le reste des observations[66]. L'inhumation habillée ajoute une difficulté supplémentaire dans la mesure où les vêtements jouent un rôle dans le maintien en connexion de certains segments anatomiques.

La sépulture 175 d'Illfurth présente les caractéristiques d'une intervention en espace vide : l'amplitude des déplacements osseux est importante et plusieurs os sont en contact direct avec le fond de fosse. La totalité du squelette, dont la conservation osseuse est bonne, est bouleversée, et aucune connexion anatomique n'est préservée. Les membres inférieurs se situent à l'ouest de la fosse alors que des vertèbres lombaires apparaissent à proximité de la paroi est. Les observations de terrain montrent que certains os ne reposent pas au fond de la sépulture, mais à plusieurs centimètres au-dessus[67]. Malgré leur déplacement et leur manipulation, ces ossements sont bien conservés, y compris les pièces les plus fragiles (côtes). L'ensemble de ces éléments atteste d'une intervention survenue en espace vide, accompagnée d'un apport de terre lors de l'ouverture de la tombe, provoquant le déplacement sur un plan vertical de plusieurs os.

On ne peut totalement exclure que, dans certains cas, le comblement de la sépulture ait débuté avant l'arrivée des perturbateurs. Leur action a simplement contribué colmatage final de la structure et l'a accéléré.

Intervention en espace colmaté

La réouverture d'une tombe peut survenir après la disparition du contenant et le colmatage complet de la structure. Dans ce cas, les perturbations observées diffèrent de celles réalisées en espace vide. Les déplacements s'opèrent de préférence sur un plan vertical pouvant aller de quelques centimètres par rapport au fond de la fosse jusqu'à toute la hauteur du comblement. L'amplitude des mouvements est moins importante et dépend largement de la taille de l'ouverture pratiquée par les perturbateurs. En raison de la difficulté que peut représenter le déplacement de certaines pièces osseuses ou leur fragilité, ces os présentent souvent un degré de fragmentation plus élevé que celui des ossements perturbés en espace vide. En revanche, à l'image de ce qui peut être observé dans les bouleversements en milieu exempt de terre, les atteintes au squelette sont souvent ciblées. Plusieurs segments anatomiques peuvent ainsi demeurer en parfaite connexion en dépit du remaniement anthropique.

En Île-de-France, la nécropole de Gaillon-sur-Montcient (Yvelines) présente plusieurs cas de réintervention en espace colmaté. La sépulture 5 est fortement bouleversée (Regnard et Langlois 1997, vol. 1 : 19 et vol. 2 : planche 5). L'individu immature n'est plus en connexion et le squelette est éparpillé dans tout le remplissage de la structure. Les ossements apparaissent fragmentés et incomplets. La présence de certains os en dehors des limites de la structure funéraire indique que la cuve du sarcophage a sans doute été endommagée au cours de la perturbation qui pourrait ici être qualifiée de pillage.

La sépulture 3 du petit ensemble funéraire d'Arrentières (Aube) a subi un acte de pillage ciblé sur la partie supérieure du corps et le bassin (Figure 4.3) (Desbrosse-Degobertière 2010). Les ossements apparaissent à divers niveaux du remplissage, mais sont tous circonscrits dans un espace compris entre le crâne et les genoux. Certaines pièces osseuses sont en position instable : l'os coxal droit est placé à hauteur du genou gauche, redressé à la verticale, l'acétabulum en direction de la paroi nord. La perturbation de l'os coxal droit n'a pas eu de conséquence sur la position du membre inférieur droit. Le fémur gauche apparaît en face postérieure, plusieurs centimètres au-dessus du fond de la sépulture. Son déplacement n'a pas entraîné celui du tibia et de la fibula gauches. Ces observations vont dans le sens d'un remaniement survenu dans une fosse déjà comblée, et localisé sur la moitié ouest de la structure. L'aire de répartition des os bouleversés correspond aux limites d'une fosse de pillage.

La perturbation en milieu colmaté peut parfois se révéler très étendue et concerner l'ensemble de la structure funéraire. Des ossements de grandes dimensions peuvent demeurer intacts en dépit de l'amplitude des déplacements. La composition du sédiment joue évidemment un rôle. Lorsque ce dernier est peu compact, soit en raison de ses propriétés, soit parce qu'il n'a pas eu le temps de se tasser, de tels mouvements sont parfaitement plausibles. La fragmentation osseuse sera alors limitée. Ces éléments suggèrent une intervention relativement précoce, probablement au cours du Moyen Âge. En effet, le séjour en terre du corps est encore suffisamment limité pour ne pas avoir entraîné la fragilité des ossements ni le tassement de la terre de remplissage.

Sur le site de Vitry-sur-Orne, plusieurs structures funéraires étaient destinées à recevoir diverses inhumations successives (Guillotin et Mauduit 2012, vol. 1 : 80–81). La conservation de certaines fosses montre un

[66] Des articulations labiles ou des os en équilibre instable comme la patella peuvent alors être maintenus en parfaite connexion alors que les articulations persistantes sont rompues.

[67] D'après la documentation de terrain, le déplacement des ossements sur un axe vertical reste toutefois limité dans cette sépulture.

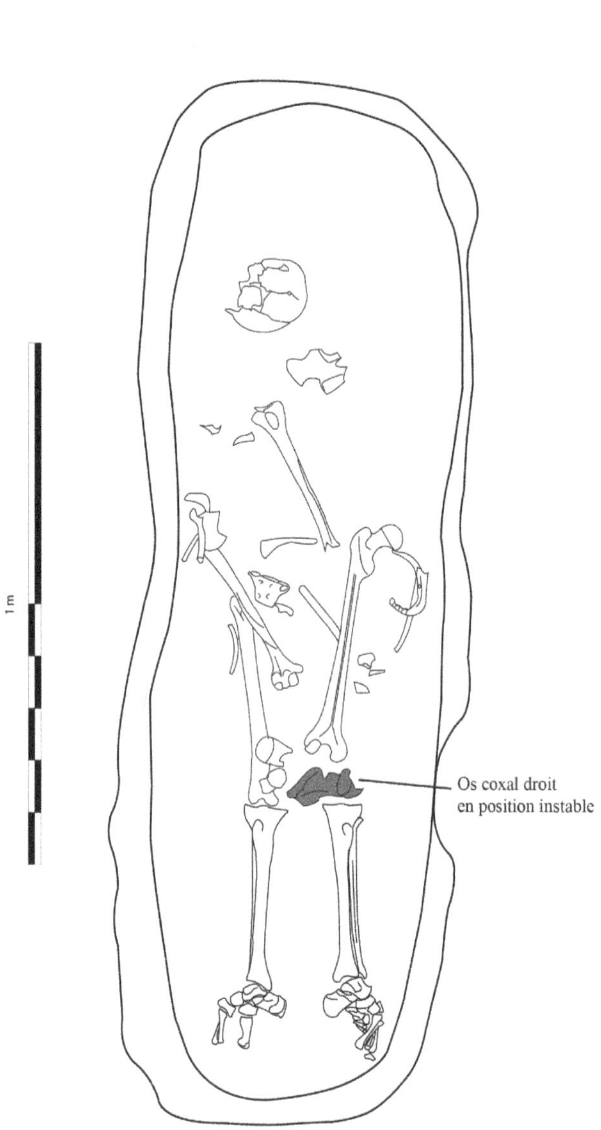

Figure 4.3. Sépulture 3, Arrentières (Aube). Le bouleversement anthropique concerne la partie supérieure du squelette. Les ossements apparaissent sur toute la hauteur du remplissage de la sépulture, et certaines pièces sont en position instable (C. Paresys, S. Desbrosse-Degobertière, Inrap).

système de fermeture suffisamment étanche pour que les dépôts successifs soient réalisés sans apport de terre. Dans un petit nombre de sépultures, la réintervention s'est déroulée alors que la structure était déjà en grande partie colmatée, voire peut-être totalement, comme par exemple la sépulture 124 (Figure 4.4). Elle se présente sous la forme d'un coffrage en pierres sèches abritant les ossements de trois sujets. L'état de conservation des squelettes est très variable (les os longs sont les mieux préservés). Les restes osseux manipulés se répartissent sur toute la hauteur du comblement de la sépulture. Différentes passes ont été nécessaires pour appréhender l'ampleur de la perturbation. Une concentration importante de pièces osseuses apparaît dans la partie ouest de la structure. La paroi sud de la structure est bouleversée : plusieurs assises de pierres ont été retirées. Des ossements directement déposés sur les pierres ont été découverts à cet emplacement. La destruction de la partie méridionale de la fosse correspondrait ainsi au point d'entrée des pilleurs. L'ampleur des bouleversements n'est pas identique sur les trois individus. Le sujet 2 est entièrement déplacé, alors que les sujets 1 et 3 ne le sont que partiellement. Les thorax et les os de deux pieds de ces derniers ont ainsi été préservés lors de la perturbation. Les individus 1 et 3 sont en contact direct l'un avec l'autre, attestant du maintien d'un espace vide au moment de leurs inhumations respectives. Le déplacement des crânes, des membres supérieurs et des bassins n'a pas entraîné d'importants bouleversements chez aucun de ces deux sujets, ce qui pourrait s'expliquer par la présence de terre maintenant les ossements en position. L'acte de pillage ne peut expliquer à lui seul la présence de terre ayant préservé, au cours de la perturbation, des connexions entre plusieurs ossements. Si la réintervention avait eu lieu durant la période d'utilisation de la tombe, il aurait été plus simple pour le ou les pilleurs d'intervenir par la partie zénithale et non latéro-méridionale de la structure. À partir des observations menées dans la sépulture 124, il semblerait que le pillage ait été réalisé dans un milieu déjà comblé, ou du moins partiellement.

Si l'étude des vestiges osseux constitue une base importante dans le diagnostic de la perturbation anthropique, elle doit être approchée avec prudence et associée à d'autres éléments. En effet, des connexions articulaires persistantes peuvent être totalement rompues alors que les connexions labiles se sont maintenues malgré la manipulation[68]. Dans une même structure, les indices ostéologiques peuvent témoigner à la fois d'un remaniement en espace vide et en espace colmaté. Les pratiques funéraires mérovingiennes présentent également quelques difficultés dans l'interprétation des sépultures, en particulier parce que les inhumations demeurent à la charge et à la volonté de la famille du défunt. Les morts sont certes inhumés habillés, mais la composition des vêtements varie, complexifiant la lecture de la décomposition des cadavres dans les tombes. Si certains morts peuvent être revêtus de leurs habits quotidiens, d'autres se verront enroulés dans un ou plusieurs tissus supplémentaires[69]. Des dépôts organiques directement sur le cadavre peuvent engendrer des conservations différentielles au niveau du squelette (Staššiková-Stukovská 1993), donnant ainsi la fausse impression à l'archéologue que la réouverture a été destructrice pour le corps. La compréhension de la réintervention dépend donc fortement de l'étude taphonomique.

[68] La présence de chaussures peut maintenir en connexion les os des pieds, tout comme celle de gants pour les os des mains.

[69] L'étude des résidus de textiles découverts dans la sépulture 118 de Louviers suggèrent plusieurs couches de tissus enveloppant le corps. La défunte portait probablement une tunique de soie doublée par une toile de lin/chanvre. Elle est ensuite enveloppée dans un châle ou un manteau. Au niveau des membres inférieurs, une enveloppe souple de type bandes molletières ou bottes peut être reconstituée (Jimenez et Carré 2008 : 94–95).

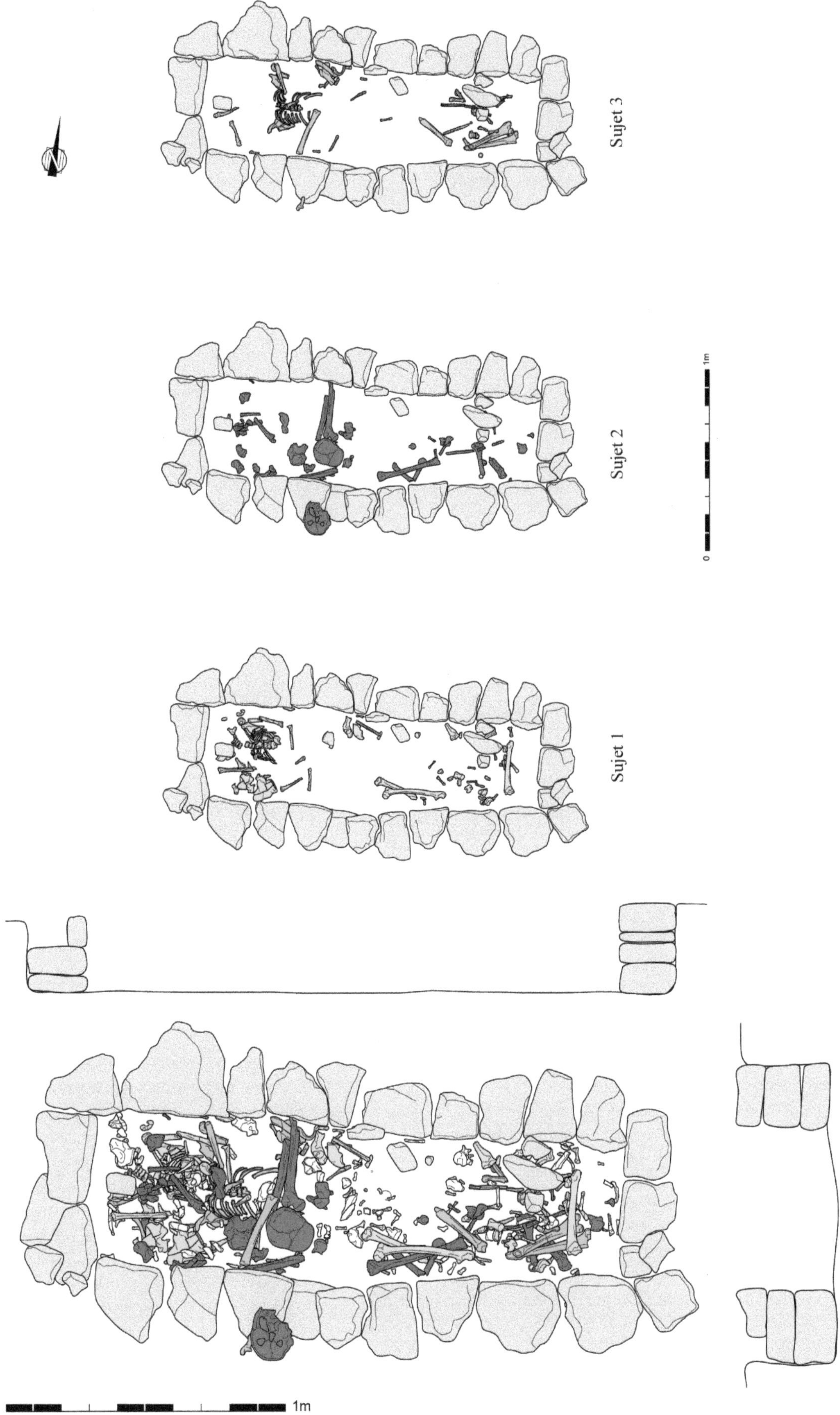

Figure 4.4. Sépulture 124, Vitry-sur-Orne (Moselle). Coffrage en pierres sèches ayant livré les restes osseux bouleversés de trois individus adultes. Malgré l'importance de la perturbation et l'amplitude de déplacement des pièces osseuses, la fragmentation des ossements est limitée (S. Guillotin, E. Cartier-Mamie, Antea Archéologie).

4.1.2. La structure funéraire

Le contenant

L'architecture funéraire peut être révélatrice d'un acte de réouverture par sa destruction partielle ou au contraire sa préservation lors du creusement de la fosse et le déplacement des ossements. En ce qui concerne la question spécifique de la période de réintervention, les contenants en matériau périssable se révèlent plus intéressants que les structures pérennes dont le maintien de l'espace vide peut perdurer durant des décennies et même parfois des siècles (Hincker et al. 2012 : 145–148). A l'inverse, l'aménagement de la fosse sépulcrale à l'aide de planches de bois ou un cercueil se conservent sur une période plus limitée, sauf dans des conditions d'enfouissements exceptionnelles[70]. Lors des fouilles, ces réceptacles funéraires peuvent avoir laissé des indices sous la forme de traces ligneuses ou de clous[71]. Des planches peuvent aussi être conservées dans quelques cas[72]. Toutefois, la préservation de l'ensemble de la structure est extrêmement peu fréquente en comparaison avec les sarcophages en pierre.

La présence d'un contenant ou d'un aménagement en matériau périssable au moment de la réouverture est perceptible à travers deux indices : la position des ossements et le profil de la fosse dite de pillage. Dans des cas exceptionnels de conservation, les traces de l'intrusion peuvent aussi être visibles sur le contenant lui-même.

Le déplacement en fond de fosse des pièces du squelette peut témoigner de la persistance des parois. Dans ce cas, les os viennent buter contre des obstacles aujourd'hui disparus. La sépulture 441 de la nécropole alsacienne de Vendenheim (Bas-Rhin) est un exemple de réouverture réalisée avant la disparition du contenant (Figure 4.5) (Barrand-Emam 2013, vol. 2 : 347–353). L'individu a été déposé dans un contenant en bois placé contre la paroi nord d'une chambre funéraire. La perturbation concerne la partie supérieure du corps, le bassin et le fémur gauche. Les ossements ont été déplacés en fond de fosse en direction de la paroi ouest du contenant rigide. Aucune connexion n'est préservée entre les pièces osseuses bouleversées. Le tiers inférieur de la diaphyse du fémur gauche repose sur le fémur droit, à proximité de la tête fémorale droite. Le mouvement subi par le fémur gauche n'a pas entraîné celui du tibia et de la fibula gauches. Le bouleversement des deux os coxaux a été sans conséquence sur la position du fémur droit. Un léger apport de terre est perceptible dans la partie ouest de la fosse. Les observations effectuées appuient l'idée d'un remaniement en espace vide sur un individu décomposé ou possédant des attaches ligamentaires fragilisées. L'ensemble des pièces osseuses mobilisées est circonscrit à un espace rectangulaire correspondant plus ou moins aux dimensions du corps. L'ulna gauche, un fragment de côte et le crâne viennent buter contre une limite disparue à l'ouest. Au sud et à l'est, les vertèbres dispersées et les fragments osseux non identifiés ne sont pas éloignés de plus de 10 cm du fémur droit et de 50 cm de l'extrémité distale des tibias. Aucun os n'a été découvert dans le reste de la chambre funéraire. À partir de la position des ossements perturbés il est possible de restituer la présence d'un contenant rigide ainsi que sa préservation, au moins partielle, au moment de la réouverture[73].

L'observation attentive des ossements découverts dans le comblement des sépultures sur plusieurs nécropoles a permis de mettre en lumière la persistance du système de couverture lors de la perturbation.

L'individu de la sépulture 24 d'Illfurth est bouleversé sur sa moitié gauche depuis l'avant-bras jusqu'au fémur (Figure 4.6) (Roth-Zehner et Cartier 2007, vol. 2 : 28–30). Le tibia, la fibula et le pied droits sont également perturbés. Le déplacement du fémur gauche n'a pas entraîné celui de la jambe gauche. La situation est identique pour le tibia et la fibula droits, restés en connexion. L'intervention post-sépulcrale est survenue sur un corps dont les attaches ligamentaires étaient partiellement décomposées. L'amplitude des déplacements osseux tend à indiquer une intervention survenue dans un espace vide. Les ossements bouleversés sont rassemblés dans l'angle nord-est de la sépulture et reposent à 23 cm au-dessus du fond de fosse. Aucun os de l'individu 24 n'a été découvert au-dessus de ce groupe dans le remplissage. L'hypothèse d'un rejet des restes osseux dans la fosse de « pillage » est à écarter du fait de l'altitude égale entre tous les ossements. La théorie la plus probable est celle d'un dépôt sur le couvercle du contenant. La hauteur supposée du contenant (environ 23 cm) est cohérente avec celle observée sur d'autres structures similaires découvertes au cours de fouilles archéologiques en France. Par exemple, les deux tombes masculines du VIe siècle de Saint-Dizier « La Tuilerie » ont livré des traces de cercueils à équerre en fer d'une hauteur d'environ 20 cm (Truc 2009, vol. 1 : 45–46 et 51–52). Le cercueil à claire-voie 15262 (IXe siècle) de l'abbaye de Landévennec (Finistère) a livré des parois d'une hauteur de 25 cm à la tête et de 20 cm environ au niveau des pieds (Bardel et Perennec 2012 : 198). Les contenants en chêne du Xe siècle mis au jour à l'abbaye de Cluny (Saône-et-Loire) mesuraient 30 cm de hauteur (Baud 2012 : 139–140). Enfin, la hauteur des planches latérales du cercueil

[70] Des conditions d'enfouissements particulières peuvent préserver les cercueils sur une très longue période, mais cela demeure des cas rares, généralement découverts au sein d'édifices religieux ou dans des cimetières récents (voir notamment la fouille réalisée par l'Inrap depuis 2013 de l'ancien cimetière des Petites-Crottes à Marseille utilisé entre 1784 et 1905 : Richier 2019).

[71] En Belgique, l'état de conservation des vestiges osseux est médiocre dans la nécropole de Bossut-Gottechain. En revanche, les contenants en bois ont laissé des traces suffisamment précises pour permettre d'identifier différents types de contenants (Vanmechelen et Vrielynck, 2009 : 27).

[72] La fouille de la cour de la Congrégation de l'abbaye de Cluny (Saône-et-Loire) a livré des contenants en chêne du Xe siècle particulièrement bien conservés. C'est également le cas à l'abbaye de Landévennec (Finistère) en Bretagne où un cercueil à claire-voie du IXe siècle présentait une conservation exceptionnelle (Baud, 2012 : 137–141 ; Bardel et Perennec 2012 : 193–207).

[73] L'étude de la sépulture, présentée dans le second volume du rapport archéologique, présente une conclusion similaire pour la persistance d'un contenant en bois au moment de la réintervention anthropique.

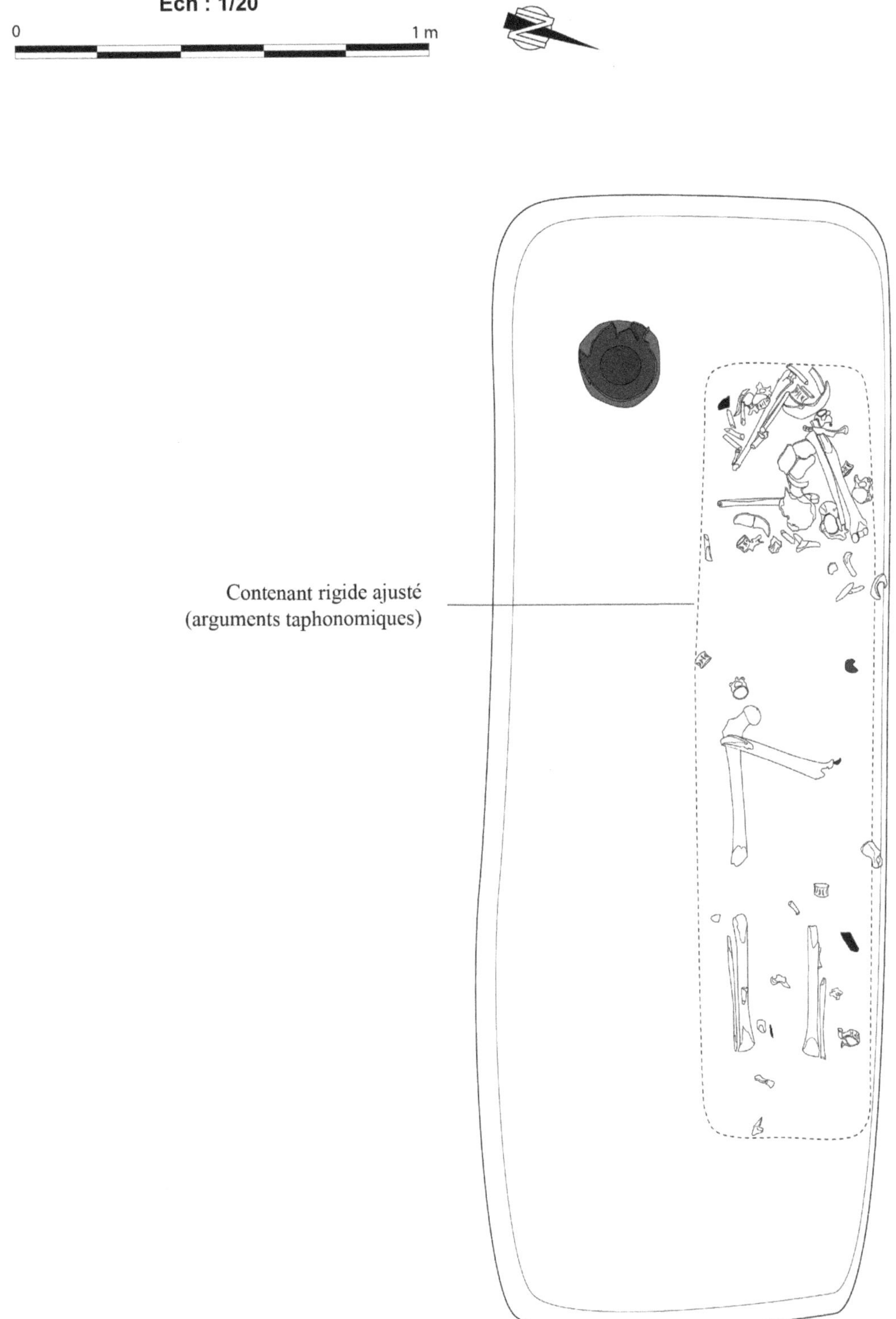

Figure 4.5. Sépulture 441, Vendenheim (Bas-Rhin). Intervention sur un individu décomposé, avec mobilisation des ossements de la partie supérieure du corps. La préservation du contenant au moment de la réouverture est visible par l'intermédiaire des os déplacés qui viennent buter contre les parois du coffrage (Antea Archéologie).

du XVIIIe-XIXe siècle du cimetière de Sant-Pere-del-Bosc (Pyrénées-Orientales) est d'environ 35 cm (Donat, Passarrius et Catafau 212 : 180).

La persistance d'un système de couverture au moment de la perturbation est également envisagée à Niedernai (Bas-Rhin), pour la sépulture 37. La fouille de cette nécropole datée du dernier tiers du Ve siècle au début du VIe siècle fut conduite en 1995.

Le rapport archéologique ne mentionne pas l'altitude des ossements. En revanche, les sépultures ont fait l'objet

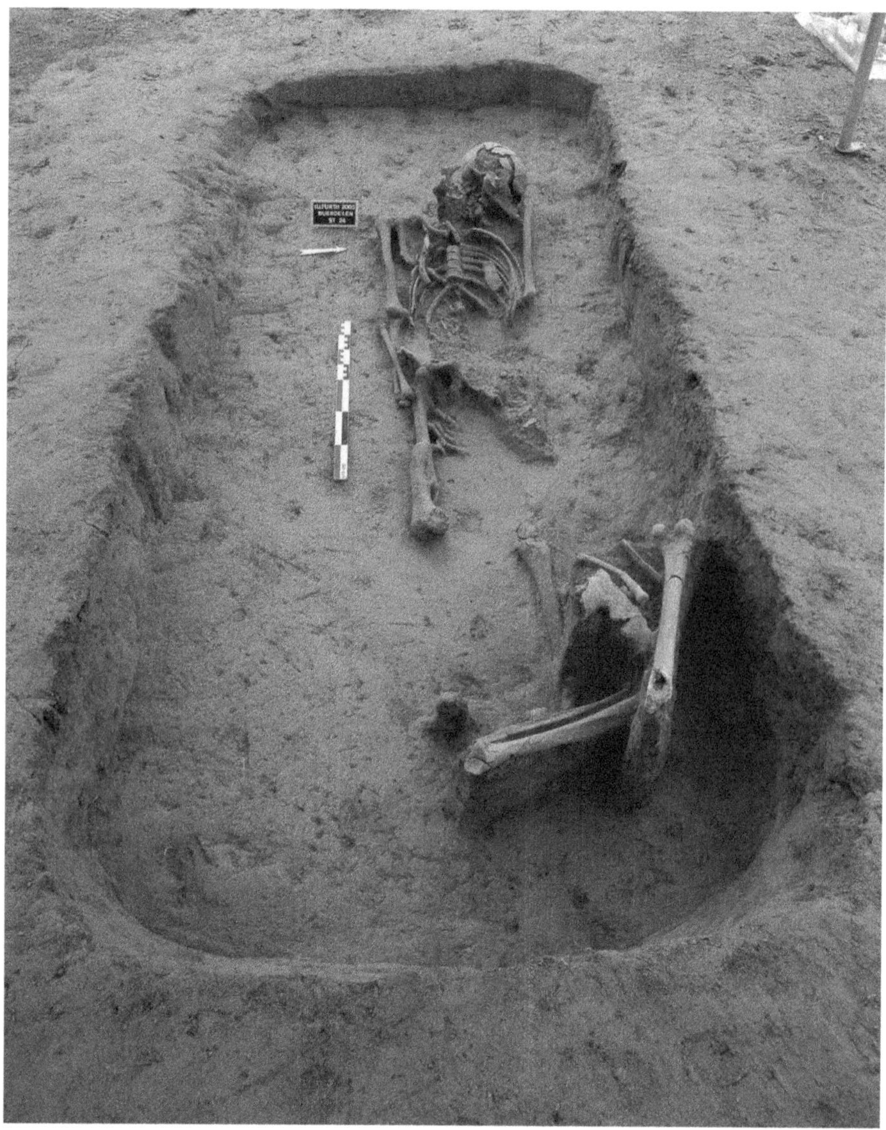

Figure 4.6. Sépulture 24, Illfurth (Haut-Rhin). La perturbation de l'individu est ciblée et concerne essentiellement la partie gauche du squelette. La majorité des ossements déplacés a été rassemblée et déposée sur le couvercle du contenant en bois (Antea Archéologie).

d'un relevé en plan systématique et d'une couverture photographique de qualité. À partir de ces données de terrain, il a été possible de restituer un dépôt des ossements bouleversés sur le couvercle pour la tombe 37 (Figure 4.7) (Zehnacker 1992, vol.2 : 31). En effet, l'état de conservation du squelette est très bon. L'individu, probablement féminin, repose sur le dos, les membres inférieurs en extension vers l'est. Les bras sont le long du thorax, avec un effet de paroi visible au niveau de l'humérus gauche (fortement latéralisé). Le relevé de terrain ne permet pas de connaître la position exacte du bloc craniofacial ni de la mandibule. Les côtes sont mises à plat. Le bouleversement a ciblé deux zones. La première est située au niveau de l'épaule gauche de l'individu. La moitié supérieure de l'hémithorax gauche apparaît perturbée, plusieurs côtes reposant sur la diaphyse et la tête de l'humérus gauche. La position de la scapula gauche ne peut être déduite d'après le relevé et la description taphonomique du rapport archéologique. Le bouleversement de cette région anatomique pourrait correspondre au prélèvement d'un élément d'attache du vêtement de type fibule. La seconde zone bouleversée est celle du bassin. Les deux avant-bras, les mains, plusieurs vertèbres lombaires, les os coxaux ct le sacrum ont été déplacés. Une partie des ossements perturbés repose sur un même niveau de profondeur (fragments de côtes, radius droit et gauche, quelques métacarpiens, au moins quatre vertèbres lombaires et l'os coxal droit). Les autres restes osseux perturbés sont absents. Leur présence dans la terre de comblement de la sépulture apparaît peu probable compte tenu de la position particulière des os déplacés découverts. Malgré l'absence de précision sur leur hauteur exacte d'apparition, la photographie de terrain est suffisamment claire : les ossements manipulés sont placés sur un même niveau. L'éventualité de leur dépôt sur le couvercle du contenant peut être proposée. La position de l'os coxal droit, d'une vertèbre lombaire, des métacarpiens ainsi que de l'un des radius vient appuyer cette hypothèse. En effet, aucun de ces os n'apparaît en situation de

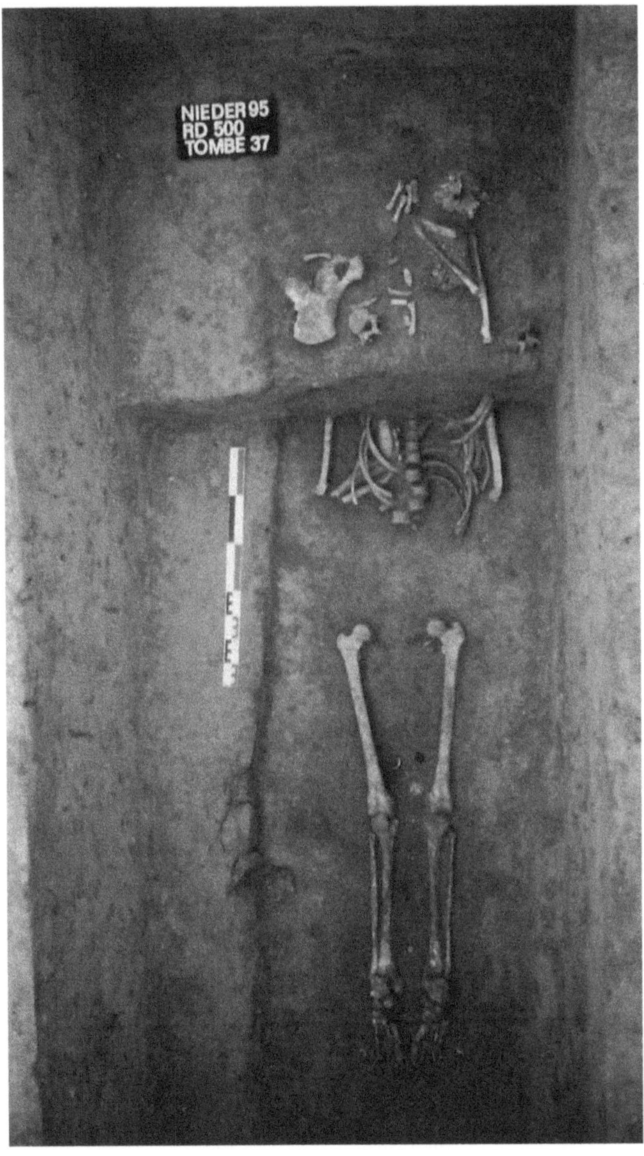

Figure 4.7. Sépulture 37, Niedernai (Bas-Rhin). Photographie de terrain illustrant le dépôt d'une partie des ossements déplacés sur le couvercle du contenant en bois (M. Heilig, M. Zehnacker, Afan).

déséquilibre[74]. Au contraire, ils semblent être parfaitement posés à plat sur une surface aujourd'hui disparue.

L'observation attentive du contenant funéraire peut se révéler riche en informations sur la chronologie des réouvertures. La durée de préservation d'un contenant en bois est difficile à établir avec précision. De nombreux facteurs interviennent, comme la nature du terrain encaissant, sa profondeur d'enfouissement, le type de bois utilisé, l'épaisseur des planches, sa capacité à retenir les infiltrations de sédiment, la technique d'assemblage des planches (Dietrich 1998). Au cours des premières semaines qui suivent l'inhumation, la vitesse de dégradation du corps est supérieure à celle du bois. Il n'est donc pas surprenant de découvrir des interventions anthropiques sur des individus entièrement décharnés dans des structures funéraires périssables encore plus ou moins intactes. La difficulté réside ensuite dans la capacité à estimer le moment où les perturbateurs sont intervenus dans la tombe après l'inhumation du défunt (quelques mois, un an, 10 ans ou plus). Contrairement ce qui a trait à la décomposition du corps, aucune fourchette de temps ne peut être donnée, tant les conditions de conservation d'un contenant en matière périssable sont variables. De plus, la multiplicité des types d'aménagements et des contenants funéraires rend l'exercice encore plus incertain[75]. La démarche la plus prudente consiste alors à étudier les sites un par un.

[74] Un dépôt des ossements lors de la fermeture de la fosse de réouverture ou leur déplacement en espace colmaté aurait engendré des positions ne pouvant s'expliquer que par la présence de la terre les maintenant en équilibre.

[75] Anne Dietrich souligne par ailleurs qu'il n'est pas possible de faire une fiche synthétisant les observations nécessaires pour déterminer la présence d'un contenant et son type en raison de la grande variété des aménagements mis au jour en contexte archéologique (Dietrich 2012 : 46).

Quoiqu'il en soit, la protection du défunt offerte par le contenant ou la chambre funéraire n'est que temporaire. On peut estimer qu'une réouverture réalisée dans une structure périssable toujours présente est à rattacher au plus tôt à la période d'utilisation de la nécropole. Au-delà de ce temps, les risques que la sépulture soit entièrement colmatée augmentent au fur et à mesure des décennies.

La fosse de « pillage »

L'étude des techniques mises en œuvre pour accéder au contenu d'une sépulture peut apporter des informations complémentaires sur la période d'intervention des réintervenants. Ainsi, la réalisation d'une coupe de la fosse de « pillage » est une démarche qui se révèle souvent utile dans la caractérisation des intrusions.

Sur le site d'Odratzheim (Bas-Rhin), l'individu 1071 a subi une perturbation ciblée comprenant le crâne, la ceinture scapulaire gauche, l'avant-bras et le tibia droits (Figure 4.8) (Koziol 2012, vol. 2 : 254–258). Des fragments de planches et des traces de bois ont été observés dans une coupe réalisée à hauteur des fémurs selon un axe est-ouest. Celle-ci montre ainsi l'existence d'une couverture fermant la sépulture, de même qu'une fosse de « pillage » épousant la largeur du creusement de la structure. Cette dernière, ne dépassant pas les limites de la tombe, s'arrête à environ 30 cm au-dessus du fond de la sépulture. Ce niveau correspond à la hauteur d'apparition des planches de la couverture. Il semblerait ainsi que les perturbateurs aient agi dans une sépulture visible en surface et au système de couverture toujours conservé lors de leur intervention.

À environ 35 km au sud d'Odratzheim, la nécropole d'Osthouse a conservé plusieurs vestiges de fosses de « pillage ». Les coupes transversales des sépultures, réalisées sur le terrain, permettent d'apprécier la profondeur du creusement des intrusions. À plusieurs reprises, l'ouverture n'atteint pas le fond des structures funéraires. Ainsi, d'après le niveau d'arrêt de creusement de ces fosses, il est possible de détecter la présence d'un couvercle ou d'un système de couverture encore présent lors de la réouverture[76].

La sépulture 54 d'Osthouse est une chambre funéraire close à l'origine par des planches longitudinales reposant sur une poutre (Figure 4.9)[77]. La perturbation du défunt se limite au crâne, à l'hémithorax droit, au membre supérieur droit et au bassin (Châtelet 2009 vol. 2 : 234–239). Les restes d'une épée sont visibles du côté droit de l'individu. La fosse de « pillage » est creusée au centre de la sépulture. Si ses limites sont difficilement perceptibles en plan, en revanche elles sont plus claires en coupe. Sans toucher les bords du creusement initial de la structure, l'ouverture présente une profondeur de creusement d'environ 40 cm. Le déplacement des os et du mobilier en fond de fosse témoigne du maintien d'un espace vide au moment de la perturbation. Cette observation est cohérente avec la présence de la couverture suffisamment intacte pour avoir conservé le vide initial de la sépulture, tout en stoppant la progression des perturbateurs dans la tombe.

L'emplacement du trou de « pillage » par rapport aux limites de la fosse sépulcrale est une donnée pouvant permettre d'attester la présence ou non d'un système de marquage en surface. Ce dernier peut prendre de multiples formes : poteau en bois, cercle funéraire, cailloutis, stèle, couvercle de sarcophage, tertre, etc.[78] La durée de persistance de ce marquage est très variable selon le matériau utilisé et l'entretien de la sépulture. Les éléments en bois auront naturellement tendance à disparaître plus rapidement que les stèles en pierre ou les couvertures en cailloutis. Toutefois, les pièces en matière périssable peuvent perdurer plusieurs décennies, d'où une précaution nécessaire dans la détermination de la chronologie de la réouverture[79]. L'étude complémentaire du squelette et de l'espace dans lequel s'est déroulée l'intervention est alors nécessaire pour préciser la période d'intervention.

Lorsque la fosse apparaît centrée par rapport aux limites de la sépulture, il est légitime de supposer que cette dernière était perceptible dans le paysage. À l'inverse, une fosse excentrée tend à indiquer que l'emplacement était simplement suspecté par le perturbateur, sans pour autant lui être parfaitement connu. Certaines ouvertures témoignent d'un véritable tâtonnement de la part du perturbateur et montrent sa difficulté à localiser avec précision la tombe. Il n'est toutefois pas possible d'exclure totalement la possibilité qu'un élément en surface ait contraint le perturbateur à intervenir de manière latérale. Dans ce cas, l'étude de la localisation de l'ouverture par rapport à la disposition des vestiges à l'intérieur de la sépulture peut apporter des informations complémentaires.

Dans la nécropole de Marquette-lez-Lille (Nord) l'implantation de la sépulture 41 ne devait plus être réellement perceptible dans l'espace funéraire (Gubellini, Cense-Bacquet et Wilusz 2013, vol. 2 : 67–68). La fosse de « pillage » recoupe le centre de la paroi sud et déborde largement à l'extérieur de cette limite. La position de l'ouverture n'est pas cohérente avec l'emplacement supposé du corps qui devait probablement se situer au

[76] Une théorie similaire a par ailleurs été formulée par Madeleine Châtelet dans son étude très détaillée des actes de réouverture sur les sites de Matzenheim et d'Osthouse (Châtelet 2017 : 177).

[77] D'après l'étude réalisée, deux entailles sont creusées dans la partie supérieure des parois et au centre de la fosse sépulcrale. Elles devaient supporter une poutre sur laquelle reposait la couverture de la tombe. Un aménagement similaire est visible dans la nécropole d'Erstein (Georges, Guillaume et Rohmer 2008 : 374).

[78] Sur les systèmes de marquage en surface des sépultures mérovingiennes, on peut se reporter aux publications suivantes : Baudreu 1990 ; Corrochano 2011 ; Flèche 1988.

[79] Sur la persistance des marqueurs de surface et de la mémoire de l'emplacement des défunts dans le cimetière par la communauté et les fossoyeurs, on peut se référer à l'article de Fr. Zonabend (1973).

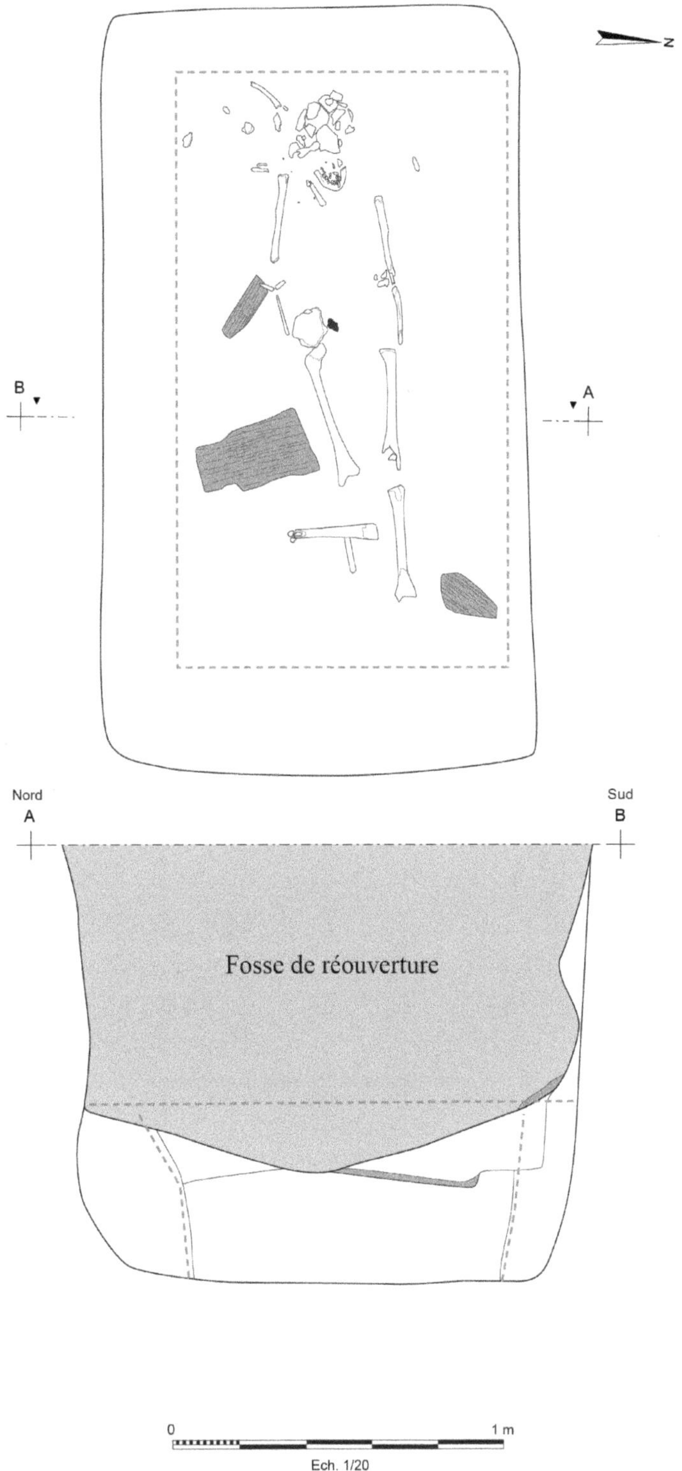

Figure 4.8. Sépulture 1071, Odratzheim (Bas-Rhin). Relevé en coupe de la fosse de réouverture dont le creusement s'arrête à hauteur d'apparition des vestiges du couvercle du contenant en bois (D. Jonville, Archéologie Alsace).

centre. La faible largeur d'ouverture à l'intérieur de la tombe ne permet pas non plus d'accéder facilement au mobilier funéraire. La tombe 105 offre un cas similaire de désaxement de la fosse de « pillage » par rapport aux bords de la fosse sépulcrale (Figure 4.10). Elle apparaît dans la partie supérieure de la paroi nord. Les objets sont fragmentés et se répartissent en partie dans la tombe, dans son comblement et dans l'ouverture. Un espace vide devait partiellement subsister au moment du remaniement, mais l'essentiel de la tombe était certainement comblé. L'importante fragmentation des pièces du mobilier atteste d'une intervention tardive, à une période où les objets présentaient une fragilité suffisante après leur séjour en terre pour provoquer leur morcellement lors de leur manipulation.

À l'inverse, la sépulture 1010 d'Odratzheim révèle la présence d'une fosse de réouverture parfaitement

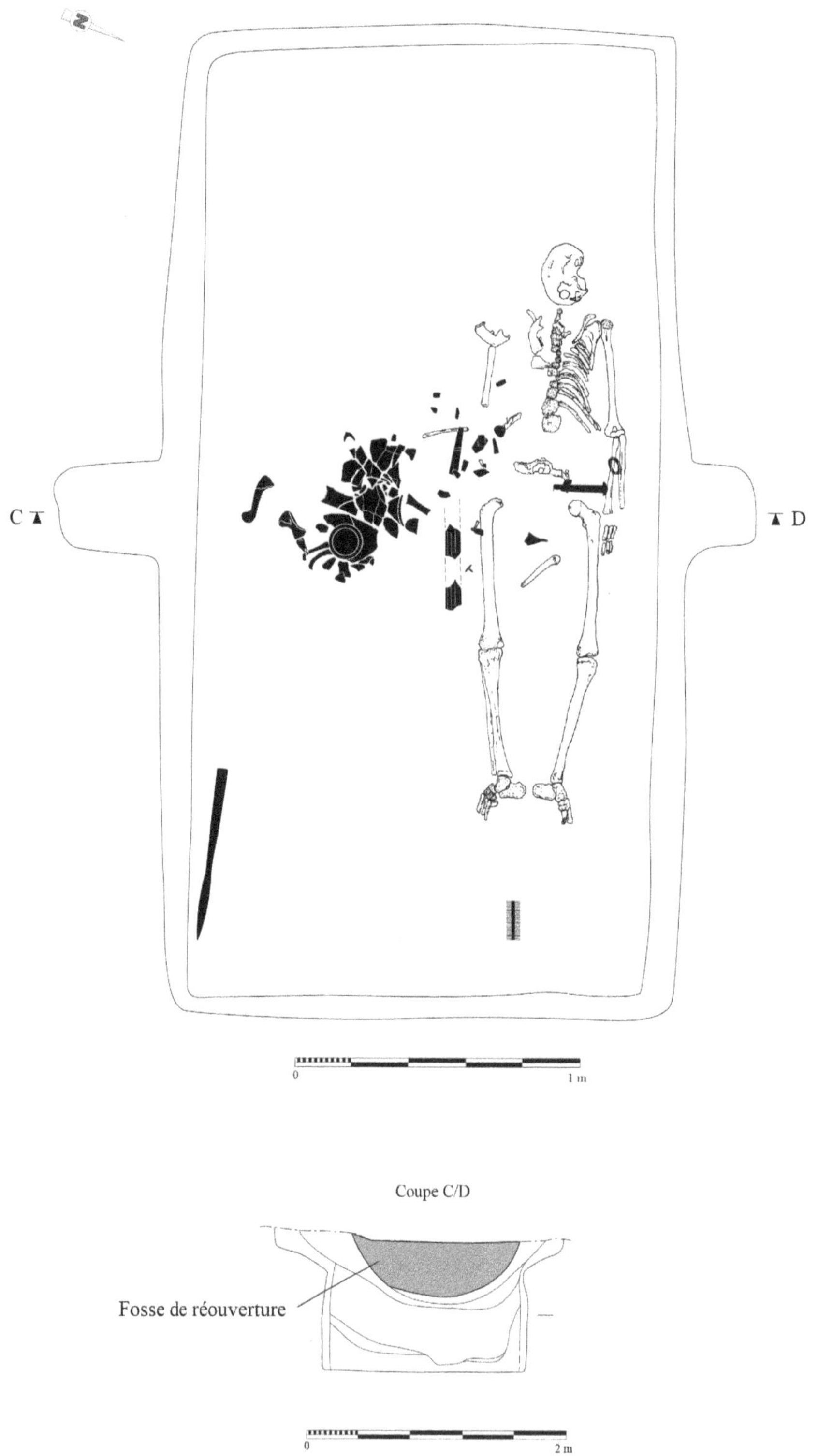

Figure 4.9. Sépulture 54, Osthouse (Bas-Rhin). Perturbation ciblée de l'individu masculin, avec prélèvement de l'épée. La coupe stratigraphique réalisée au centre de la structure montre une fosse de réouverture au profil en cuvette et dont le creusement n'atteint pas le fond de la sépulture (E. Boës, Inrap).

positionnée par rapport non pas aux limites de la chambre funéraire, mais à celles du contenant rigide disposé à l'intérieur (Figure 4.11) (Koziol 2012 : 48–51). Non seulement les perturbateurs ont su localiser son emplacement au sein de la nécropole, mais il semble qu'ils connaissaient également son aménagement interne. L'ouverture comprend toute la largeur du contenant et une grande partie de sa hauteur. Les ossements de l'individu perturbé et le mobilier ont été découverts dans le remplissage, ce qui pourrait indiquer une intervention après le colmatage de la sépulture. La perturbation est donc survenue après une période suffisamment longue pour entraîner la dégradation du contenant, mais avant la disparition en surface de son marquage.

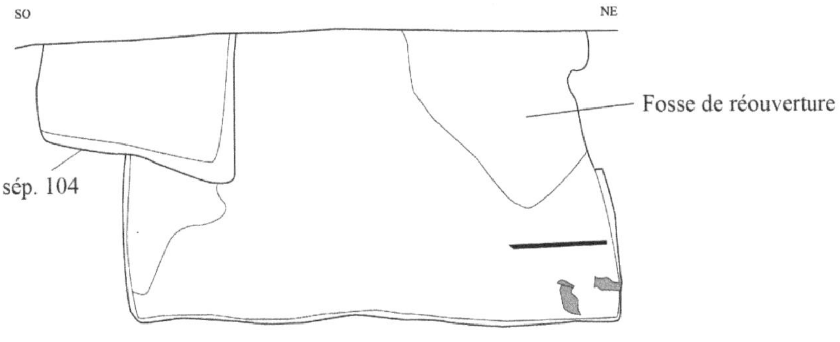

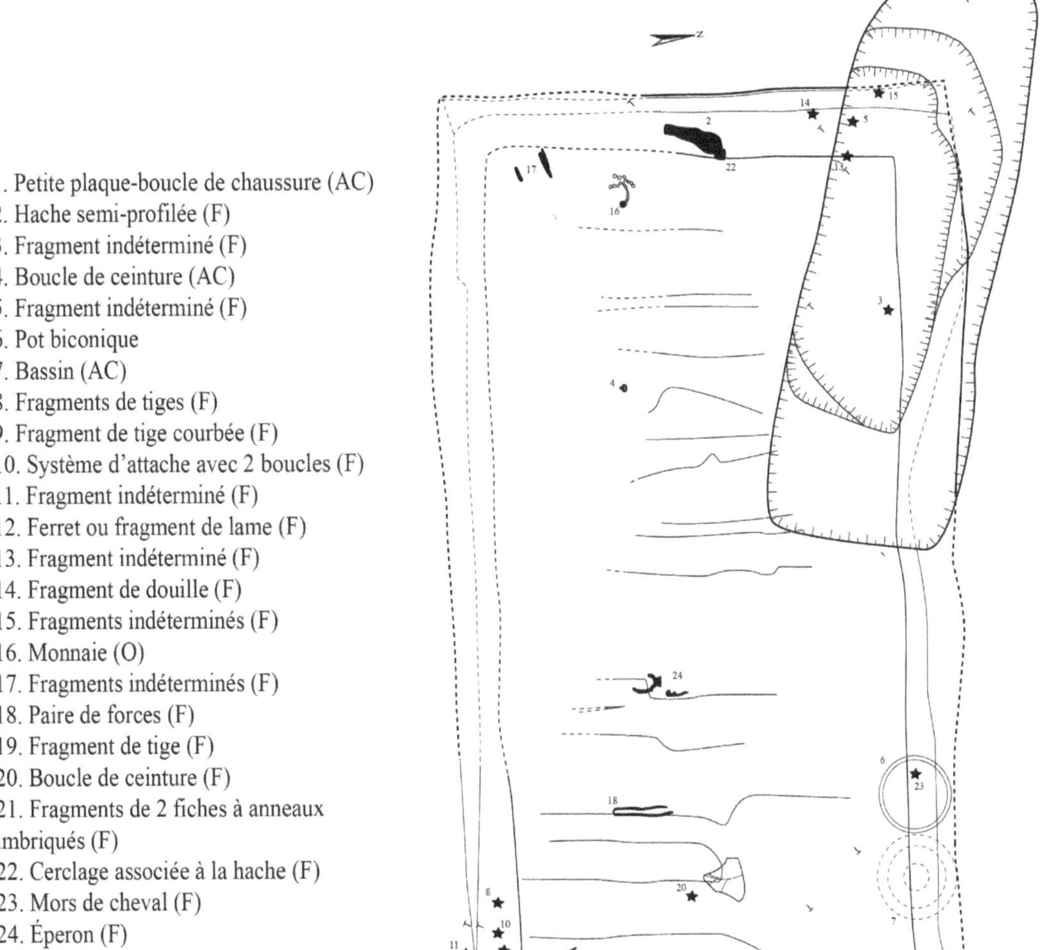

Figure 4.10. Sépulture 105, Marquette-lez-Lille (Nord). L'accès au contenu de la chambre funéraire s'est effectué depuis le nord, par l'intermédiaire d'une fosse rectangulaire qui semble désaxée par rapport aux limites de creusement de la chambre funéraire. Le mobilier funéraire est éparpillé et très fragmenté (L. Gubellini, Archéopole).

La découverte d'ossements dans la fosse de « pillage » est parfois interprétée comme le signe d'un remaniement en espace colmaté. On ne peut nier le fait qu'une intervention dans un tel milieu aura tendance à engendrer le déplacement des os sur un plan vertical et à différentes hauteurs du remplissage. Toutefois, la mise au jour d'une partie du squelette dans l'ouverture pratiquée par les perturbateurs peut aussi s'expliquer par le rejet volontaire des os lors de son rebouchage. Pour des questions pratiques, le choix peut être fait de sortir certaines pièces osseuses afin de

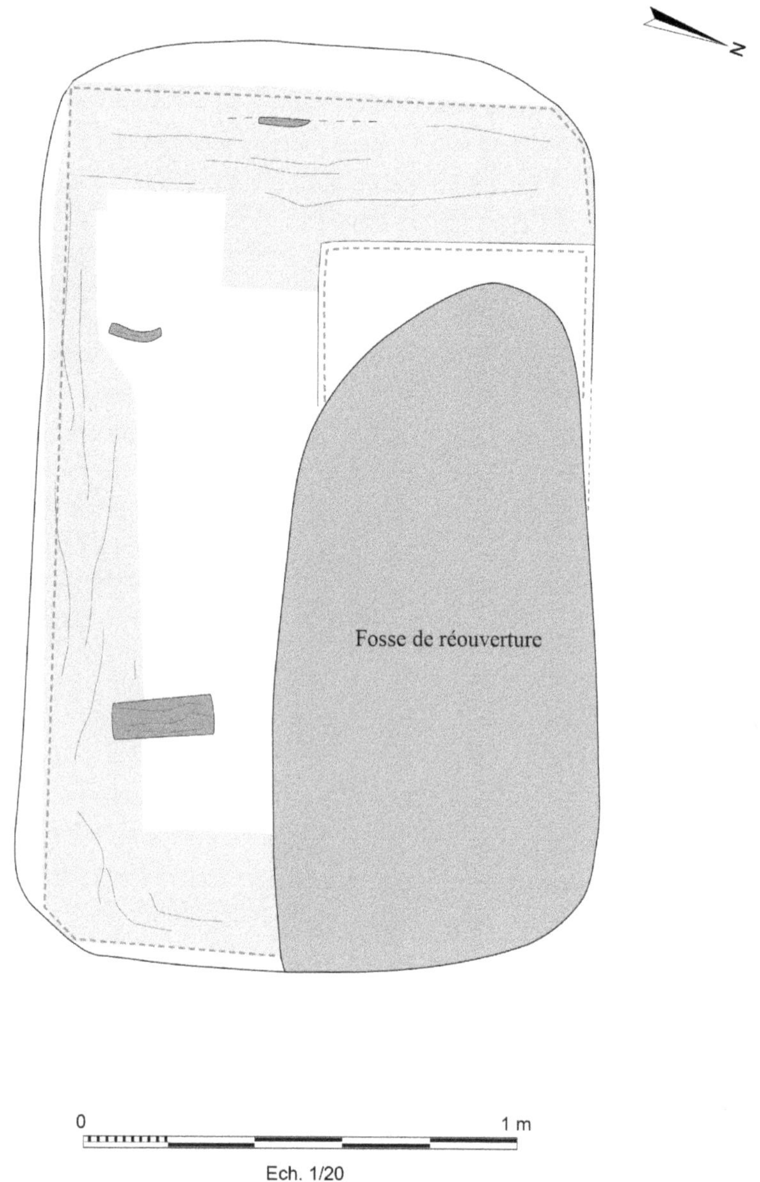

Figure 4.11. Sépulture 1010, Odratzheim (Bas-Rhin). Relevé en surface des vestiges organiques conservés de la chambre funéraire, ainsi que de la fosse de réouverture centrée au-dessus du contenant en bois (A. Ribeiro, Archéologie Alsace).

faciliter l'action, puis de les réenfouir dans la tombe lors de la fermeture de la réouverture. Dans ce cas, les ossements peuvent se retrouver aussi bien au fond de la fosse que dans tout son comblement.

La sépulture 29 de Matzenheim a livré un individu adulte masculin inhumé sur le dos, membres supérieurs et inférieurs en extension vers l'est (Figure 4.12)[80]. La perturbation ciblée affecte l'avant-bras gauche, la région du bassin et le tibia droit. Le sacrum (face postérieure) et l'os coxal gauche (face antéro-médiale) ont été rejetés à l'emplacement initial de l'épée située le long du membre inférieur gauche. Ils reposent tous deux en fond de fosse, en contact direct avec les restes de l'arme. Une vertèbre lombaire a été projetée entre les têtes fémorales et apparaît par sa face antéro-postérieure. Le bouleversement de la hanche gauche et du tibia droit n'a pas entraîné celui des ossements en connexion. Les attaches ligamentaires avaient donc disparu ou étaient fragilisées lors de l'intervention. Le tibia droit a été découvert à environ 15 cm au-dessus du fond de la sépulture, dans la fosse de « pillage ». Cette dernière est positionnée au sud-est de la sépulture et déborde légèrement au-delà de la paroi est. Une coupe réalisée à hauteur de la diaphyse des tibias montre qu'elle n'atteint pas le fond de la tombe. L'ensemble de ces éléments appuie l'idée d'une réouverture réalisée dans une structure vide de sédiments et à l'architecture préservée. La position du tibia droit dans le comblement ne peut s'expliquer par son rejet sur le couvercle. Il est situé sous la hauteur estimée du contenant. Les observations semblent donc montrer une manipulation de cet os en espace colmaté. Toutefois,

[80] À l'image du rapport archéologique d'Odratzheim, l'étude taphonomique des sépultures de Matzenheim et d'Osthouse apparaît détaillée dans le second volume du rapport. Il s'agit d'un apport d'informations important qui permet de compléter les observations effectuées à partir des relevés de terrain et des photographies.

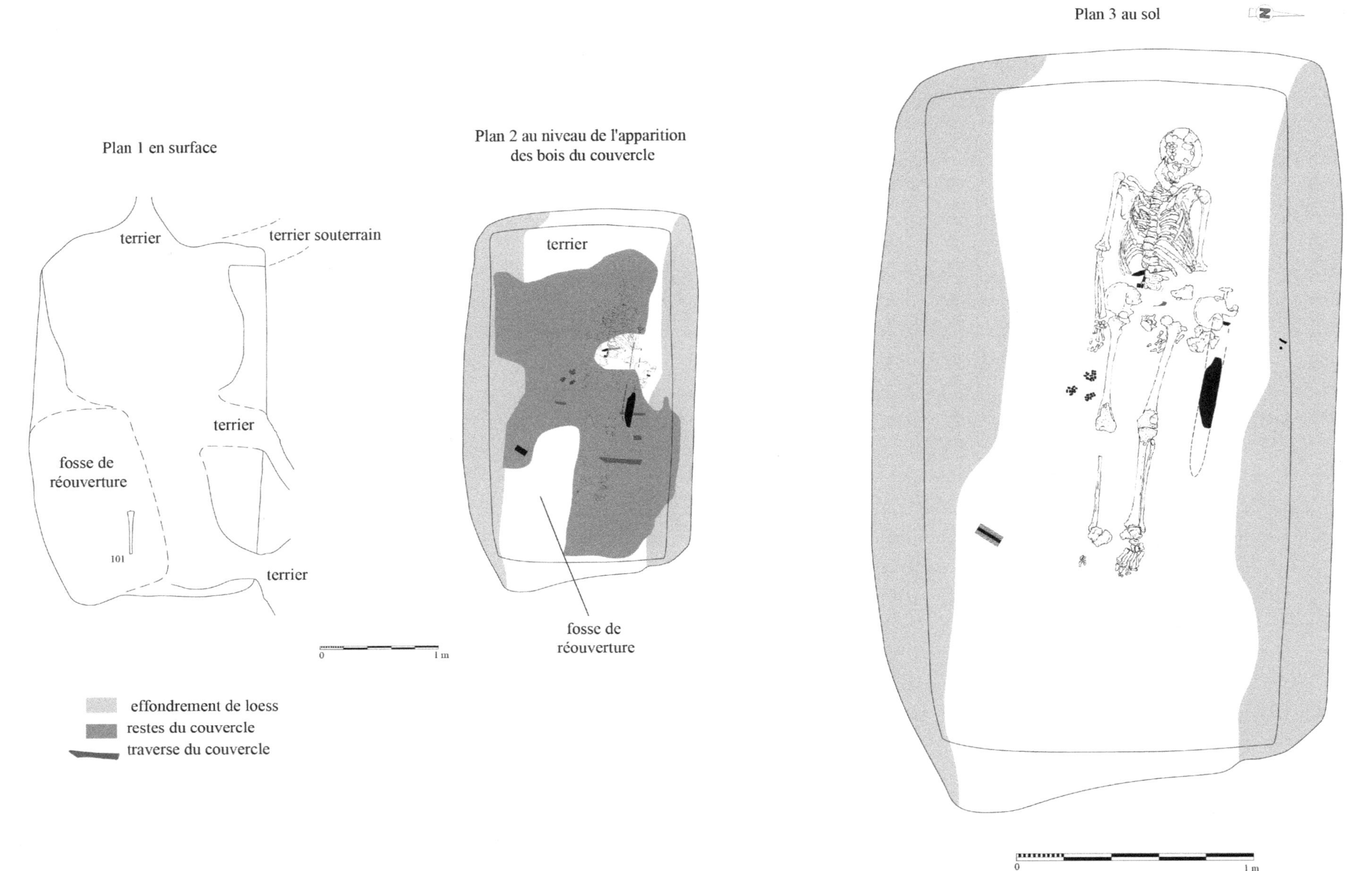

Figure 4.12. Sépulture 29, Matzenheim (Bas-Rhin). Les bouleversements osseux sont très limités et se concentrent essentiellement dans la région du bassin. La chambre funéraire semble avoir été réouverte depuis le sud-est, mais la présence d'un terrier de lapin vient se superposer aux indices de la réintervention anthropique (E. Boës, Inrap).

l'étude du reste squelette suggère une autre situation. En effet, l'emplacement du tibia près de l'angle sud-est de la tombe évoque plutôt son rejet dans la fosse dite de pillage. L'hypothèse est confirmée par l'emprise du trou visible en cours de fouille.

Il est extrêmement tentant d'associer une technique de réouverture avec une époque particulière. Il est vrai que certaines méthodes sont liées à la persistance d'un marquage de surface de la tombe (fosse de « pillage ») ou au contraire à sa disparition (tranchée). La connaissance de l'architecture funéraire peut conduire le perturbateur à choisir une approche particulière (ouverture latérale) qu'il n'aurait pu élaborer lors d'une découverte fortuite. Toutefois, la fosse de « pillage » est la méthode pouvant se révéler l'une des plus trompeuses en matière d'indice chronologique. Si elle est largement préférée à la période mérovingienne, elle est également très utilisée aux XXe et XXIe siècles.

Sur le site champenois de Vitry-la-Ville (Marne) des photographies prises au cours de la fouille de plusieurs sépultures mérovingiennes en 1929 montrent la réalisation d'ouvertures ciblées (Tixier et al. 2020 : 109)[81]. L'emplacement des structures funéraires a été repéré à l'aide d'une sonde. Le choix semble alors avoir été celui du recours à une ouverture plus ou moins large des fosses et non pas celui d'une tranchée qui aurait permis le dégagement simultané des sépultures repérées.

Plus récemment, le pillage des sépultures au moyen d'un détecteur de métaux offre des similitudes avec les perturbations alto-médiévales. Les ouvertures pratiquées sont ciblées et comprises dans les limites de la sépulture. Elles prennent la forme d'un entonnoir dans lequel apparaît souvent une partie des ossements bouleversés. Le cas est suspecté par la responsable d'opération (Stéphanie Desbrosse-Degobertière, Inrap) dans la nécropole d'Arrentières (Aube), la région étant un territoire particulièrement arpenté par les usagers des détecteurs de métaux. La nécropole d'Allonnes (Eure-et-Loir) a également fait l'objet d'un pillage au détecteur dès le début de la fouille (Capron 2013, vol. 1 : 153). Lorsque cette prospection intervient au cours de l'opération archéologique, il est possible d'identifier rapidement ce qui relève d'une intervention récente d'une opération plus ancienne. En revanche, la situation peut se révéler plus complexe lorsque le pillage s'est déroulé plusieurs années avant l'opération.

4.1.3. Le mobilier funéraire

Identifier le type d'objets emportés lors de la réouverture est une problématique récurrente dans les études portant sur la pratique des réinterventions sépulcrales. Les indices archéologiques sont variés et dépendent aussi bien de la nature de l'objet, de son état de conservation au moment de l'intrusion, de son mode de dépôt que du contexte de sa découverte. Ces éléments sont abordés en détails dans le chapitre consacré au mobilier funéraire (7.2).

Sélection du mobilier funéraire

L'étude du mobilier funéraire découvert dans les tombes réouvertes démontre une sélection des objets prélevés. Ce choix semble différer de celui des pilleurs des périodes postérieures. Ainsi, un homme du VIIe siècle ne recherchera pas le même type d'objet qu'un individu du XIXe siècle. Ce constat est à prendre en considération lorsque l'on souhaite établir une chronologie des réouvertures. Assurément il ne pas s'agit de s'appuyer uniquement sur cette donnée qui peut se révéler limitée pour certaines périodes d'intervention. En réalité, elle constitue un indice supplémentaire pour tenter de déterminer la chronologie d'une réintervention anthropique.

L'une des caractéristiques des réouvertures du début du haut Moyen Âge est le choix opéré par les perturbateurs lors de leur action (Figure 4.13). De nombreux objets en métal sont laissés dans la sépulture et plus particulièrement

Catégorie de mobilier	Objets prélevés fréquemment	Objets peu ou pas prélevés
Armement	→ Épée → Scramasaxe	→ Angon → Bouclier → Flèche → Hache → Lance
Parure	→ Bague → Fibule	→ Boucles d'oreille → Bracelet → Collier de perles → Épingle à cheveux
Accessoire vestimentaire	→ Plaque-boucle de ceinture	→ Boucle simple de ceinture → Boucle de chaussure → Plaque-boucle de chaussure
Objet usuel		→ Couteau → Fiche à bélière → Forces → Peigne
Vaisselle		→ Récipient en bronze → Récipient en terre cuite → Récipient en verre

Figure 4.13. Principaux objets prélevés ou non au cours des réouvertures du haut Moyen Âge dans les sépultures mérovingiennes.

[81] Photographies conservées aux archives départementales de la Marne (Châlons-en-Champagne), cote 13 Fi 1094. Je remercie Benjamin Tixier (Eveha) pour m'avoir permis de découvrir ces clichés.

le mobilier en fer. En effet, il semblerait que les pièces en alliage cuivreux et en or soient récupérées de manière plus fréquente, même si la situation demeure toutefois très variable d'une nécropole à une autre. Cette sélection laisse de nombreux artefacts en place comme les fers de lance, les couteaux, les boucles de ceinture ou encore les récipients en verre. Le tri effectué au cours de la perturbation ne se révèle pas aussi important à l'époque moderne, notamment en ce qui concerne les pièces métalliques. Lors de la découverte au XVIIe siècle de plusieurs sépultures mérovingiennes dans le chœur de l'abbaye de Saint-Germain-des-Prés, les ouvriers profitèrent de cette opportunité pour voler les pièces les plus précieuses (Montfaucon 1729 : 174 ; Périn 1996 : 34). Aux VIe-VIIIe siècles, la situation est différente puisque des objets en or, en argent ou en alliage cuivreux sont régulièrement laissés de manière volontaire dans les sépultures[82].

Le contraste le plus saisissant et le plus significatif dans la sélection du mobilier est celui qui oppose les réouvertures mérovingiennes aux fouilles modernes[83]. Dans ce cas précis, l'étude des objets prélevés constitue un véritable indicateur sur la période d'intervention. La sélection du mobilier métallique au haut Moyen Âge ne s'observe plus, ou presque, à partir du XIXe siècle. En effet, l'intérêt du fouilleur moderne se porte sur l'ensemble des objets en métal, que ces derniers soient en alliage cuivreux, en bronze ou en fer. Les pointes de flèches et les fers de lance, si souvent délaissés au cours des réinterventions mérovingiennes, sont récupérés au même titre que les scramasaxes et les épées. L'importance de ces objets aux yeux des « archéologues » modernes est perceptible dans le soin qu'ils apportent à les répertorier et à les dessiner (Lewuillon 2001). Les colliers de perles en pâte de verre et en ambre, largement ignorés par les Mérovingiens, deviennent même des parures intéressantes aux yeux de ces fouilleurs[84].

Plusieurs nécropoles ont livré les traces du passage de fouilleurs au cours du XXe siècle. C'est le cas notamment de la nécropole de Bulles (Oise) où des impacts de sonde moderne ont été relevés sur le fond de plusieurs fosses ou sur du mobilier. Dans la majorité des interventions relevées sur ce site, le mobilier métallique avait disparu de ces structures. Au contraire, la vaisselle en terre cuite ne semble avoir suscité qu'un intérêt limité puisqu'elle est restée dans les sépultures après leur pillage.

L'utilisation à partir du XXe siècle du détecteur de métaux engendre une sélection tournée presque exclusivement vers les artefacts en métal (Compagnon et al. 2010 : 189–190). C'est le cas notamment dans la nécropole de Saint-Parres-aux-Tertres où le type d'objet prélevé et l'observation des déplacements osseux permettent de distinguer les réinterventions anciennes de celles plus récentes (Desbrosse-Degobertière 2006, vol. 1 : 66). Ainsi, à partir de l'étude de l'ensemble des sépultures perturbées, une structure s'est distinguée par la nature des bouleversements observés. Dans neuf cas, la réouverture se caractérise par des lacunes osseuses (six tombes), une sélection du mobilier (cinq sépultures) et une atteinte ayant visé préférentiellement la partie supérieure du corps. La sépulture 53/1 présente un schéma de réintervention différent. La perturbation est très ciblée puisqu'elle n'a affecté que l'avant-bras droit qui a été repoussé en direction du côté sud de la tombe. Le squelette apparaît complet, malgré une conservation osseuse moyenne. Une fosse de « pillage », la seule du site, est visible au centre de la structure. Le mobilier prélevé (arme) a laissé son empreinte sur le sol témoignant de son oxydation avancée au moment de son prélèvement. Les autres structures bouleversées ont livré du mobilier moyennement ou bien conservé, ou sans aucun élément résiduel (fragments ferreux). À l'exception d'une fibule en bronze, l'ensemble des objets retrouvés dans les fosses perturbées sont en fer. Une sélection du mobilier d'après sa composition est donc à envisager dans cette nécropole. L'armement ne semblait pas intéresser particulièrement les perturbateurs du haut Moyen Âge, comme l'atteste la découverte du scramasaxe dans la sépulture 63. L'ensemble de ces éléments rend l'hypothèse d'un pillage à l'aide d'un détecteur très probable pour la tombe 53/1. Cette hypothèse est renforcée par un incident survenu au moment de la fouille : un individu muni d'un détecteur de métaux a été intercepté par un agent de sécurité chargé de surveiller le site la nuit.

La position du mobilier dans la fosse peut se révéler, au même titre que les ossements, être un indice pour déterminer la période d'intervention. De manière identique aux ossements, son déplacement sur un plan horizontal et sur une amplitude significative plaide en faveur d'une intervention en espace vide. À l'inverse, un mouvement ascendant en direction de la surface est plutôt perçu comme la preuve d'un remaniement en espace colmaté. Toutefois, la présence d'objets dans le remplissage peut également résulter de la fermeture de la fosse de « pillage » après une perturbation en espace vide.

La tombe 175 d'Illfurth (Haut-Rhin) présente les caractéristiques d'une réouverture en espace vide (Roth-Zehner et Cartier 2007, vol. 2 : 272–274). Le mobilier funéraire est mêlé aux ossements déplacés. Il se répartit sur le fond de la sépulture sans présenter la moindre cohérence dans son agencement. Ainsi, les restes d'un collier (perles, monnaie percée, amulette en os) ont été découverts dans tout l'espace de la structure, aussi bien sur le fond de fosse que dans le comblement. Une petite

[82] Par exemple dans les sépultures 874, 949 et 1004 de la nécropole de Cutry et 298 et 311I de la nécropole de Goudelancourt-lès-Pierrepont.

[83] Sur les fouilles archéologiques conduites en France durant le XIXe siècle, voir notamment Effros 2012 et Fehr 2010. Pour le cas particulier des réouvertures de sépultures, se reporter à Noterman et Klevnäs, à paraître.

[84] « Les cimetières de l'époque franco-mérovingienne donnent aux fouilleurs ces armes courtes, solides, acérées, ces haches au tranchant recourbé, ces colliers aux grains multicolores, où l'ambre se mêle aux émaux vitrifiés, ces larges boucles de ceinturons en bronze et en fer, ciselées, incrustées, damasquinées d'or et d'argent, ornées de coraux et d'émaux cloisonnés, enfin cette poterie d'un grain assez dur, aux formes rudes, aux cordons en relief, qui constitue le type de la céramique franco-mérovingienne. » (Nicaise 1894 : 7).

balance était à l'origine déposée dans la sépulture. La chaînette se situe à plus de 45 cm du premier plateau, qui lui-même est positionné à environ 30 cm du second plateau. Le remplissage de la tombe ne contenait aucun autre objet complet ou fragmenté. L'amplitude des déplacements du mobilier sur un plan horizontal atteste du maintien d'un espace vide lors de la perturbation. La position des ossements, regroupés à l'ouest sur le fond de la structure, au contact les uns des autres[85], confirme cette observation.

L'intervention des perturbateurs peut également se dérouler dans un espace colmaté. Dans les parties de la sépulture non perturbées, le mobilier funéraire apparaîtra alors dans sa position initiale de dépôt. Au contraire, dans les zones remaniées, il ne sera plus en place et se présentera à différents niveaux dans le remplissage de la tombe. Lorsque la réintervention est particulièrement étendue, le mobilier peut apparaître uniquement dans le comblement de la structure.

La sépulture 24 de la nécropole de Quiéry-la-Motte (Pas-de-Calais) a livré l'essentiel de son mobilier funéraire dans son comblement (Louis et Rorive 2008 : 90–91). Les quelques objets encore présents dans la tombe sont regroupés pour l'essentiel à hauteur du bassin de l'individu et correspondent à des éléments de ceinture et des clous. Un fer de lance a été découvert en place dans la partie sud-est de la sépulture. Cette arme étant rarement prélevée, il n'est donc pas surprenant de la trouver toujours en position de dépôt. Dans le remblai supérieur de la structure, de multiples débris d'objets sont conservés (fragment de plaquette, rivets en bronze, clous, fragment de la lame d'un couteau, morceaux de cuir et de tissu minéralisés). L'absence de prélèvement de la ceinture est sans doute à rapprocher d'un désintérêt par les perturbateurs. Les différents éléments composant la ceinture ne semblent néanmoins pas complètement en place. Leur dispersion sur le fond de la sépulture (et peut-être aussi dans le comblement) pourrait correspondre à la position du trou de « pillage ». Le reste du mobilier funéraire a été mis au jour dans le remplissage de la sépulture. Les objets ne sont pas complets, comme le confirme la présence de plusieurs rivets dont l'origine n'est pas précisée dans le rapport (ceinture, fourreau d'arme ?). La position du mobilier funéraire, son état de conservation moyen, les importantes lacunes au niveau du squelette ainsi que sa fragmentation sont autant d'éléments indiquant un remaniement en espace colmaté sur un squelette largement fragilisé.

Les apports exogènes

De manière le plus souvent involontaire, les perturbateurs peuvent laisser des indices de leur passage par l'intermédiaire d'objets contemporains de leur époque. Lorsque la réouverture survient à une période postérieure à l'utilisation de la nécropole, ces éléments peuvent se révéler très intéressants pour établir la chronologie des interventions.

Dans la majorité des situations, il s'agit d'éléments intrusifs comme des tessons de céramique ou de verre. Certaines pièces du vêtement du perturbateur peuvent également tomber dans la fosse. Enfin, dans de rares cas, l'outil utilisé au cours de la perturbation peut être découvert entier ou fragmenté. En Europe, plusieurs exemples de différentes époques sont connus (Kümmel 2009 : 137).

Sur le site d'Audun-le-Tiche (Moselle), Alain Simmer signale la découverte de pièces datées de la fin du Moyen Âge et du XVIe siècle à proximité de sépultures pillées (Simmer 1988 : 97). Il effectue un rapprochement entre ces deux observations et en déduit que les perturbations sont majoritairement survenues après la période d'utilisation de la nécropole. Si une telle conclusion est tentante, malheureusement rien ne permet de s'assurer que les tombes ont bien été réouvertes par les individus qui ont laissé derrière eux ces objets. Le mobilier n'a pas été retrouvé dans le comblement des structures funéraires, mais à proximité. À l'inverse, pour le site de Louviers (Eure), malgré l'identification de différentes phases d'occupation postérieures à la période mérovingienne, une certaine prudence est conservée par les archéologues dans la datation des perturbations.

La sépulture 1 du VIe siècle de Quiéry-la-Motte a livré dans son comblement deux tessons d'un pot du IXe siècle. Le mobilier funéraire en place est daté du début du VIe siècle et a été découvert sur le fond de fosse. À environ 1 mètre dans le comblement, un tesson du VIIe siècle a été découvert. La réouverture de cette structure funéraire semble donc pouvoir être datée grâce aux tessons découverts non pas à la surface, mais dans le remplissage.

4.1.4. Une pratique limitée dans le temps

L'analyse des sépultures réouvertes appuie l'idée qu'une large part des perturbations est survenue dès le haut Moyen Âge dans des structures ayant conservé, au moins partiellement, un espace vide. L'Alsace et la Lorraine sont les deux régions présentant les cas les plus éloquents grâce aux bonnes conditions de conservation des ossements et des traces d'intrusion, ainsi qu'un dépôt funéraire riche et varié permettant d'effectuer des comparaisons entre les structures intactes et perturbées.

En Picardie, les stigmates liés à la Première Guerre mondiale et les nombreuses traces d'interventions modernes (sonde) perturbent l'analyse. C'est le cas notamment pour la nécropole de Jeoffrécourt à Sissonne. Après l'installation d'un camp militaire à la fin du XIXe siècle, le site est par la suite transformé en terrain d'entraînement au tir et à l'utilisation de véhicules dans le courant de la seconde moitié du XXe siècle. Dans

[85] La réouverture a provoqué une infiltration de sédiments marquée par le déplacement sur un plan vertical de certains os, tous circonscrits aux limites de la fosse de « pillage ».

la nécropole de Bulles, suite au passage de fouilleurs clandestins plusieurs trous de sonde ont laissé leurs traces dans les sépultures mérovingiennes. Certaines détections concernent parfois des tombes réouvertes antérieurement. Dans le Nord-Pas-de-Calais et en Basse-Normandie, le principal obstacle à la détection de remaniements alto-médiévaux est l'état de conservation des ossements. Les nécropoles de Marquette-lez-Lille, de Quiéry-la-Motte, de Banneville-la-Campagne ou encore de Manerbe ont livré des vestiges osseux mal préservés, limitant considérablement l'étude macroscopique des os. Les principaux indices de réinterventions anthropiques dans les nécropoles du Nord résident dans la dispersion du mobilier funéraire et la perturbation de la stratigraphie. En Île-de-France, l'usage de sarcophages en pierre à Nanterre et la longue durée d'occupation de la nécropole de Noisy-le-Grand illustrent les principales difficultés rencontrées dans cette région. Sur le premier site, un espace vide a pu être maintenu dans les sarcophages durant des décennies, voire des siècles. Sur le second site, l'usage intensif des espaces rend complexe l'identification des différents faits archéologiques (recoupement accidentel, pillage opportuniste ou programmé, destruction involontaire...). En région francilienne, les traces de réinterventions anciennes semblent plus complexes à mettre en évidence face aux multiples bouleversements modernes causés par la densité du tissu urbain.

Les chercheurs placent la majorité des perturbations pour la période mérovingienne entre le VIe et le VIIe siècle, voire le début du VIIIe siècle. Les études divergent sur la chronologie, en raison probablement de la spécificité du phénomène sur chaque site. En 1978, lors de son étude très détaillée sur le pillage à l'époque mérovingienne, Helmut Roth relève que, pour la partie franque du territoire, la perturbation commence dès le VIe et se poursuit jusqu'à la fin du VIIe siècle (Roth 1978 : 62). Bonnie Effros, en se fondant, notamment sur les travaux d'Helmut Roth et de Fritz Fremerdorf, relève une augmentation progressive de la fréquence de la pratique à partir du premier tiers du VIe jusqu'à la première moitié du VIIe siècle (Effros 2002 : 57–58). Une observation similaire est effectuée par Martine van Haperen aux Pays-Bas. Sur la base d'un échantillon de onze sites funéraires et de plus de 1 300 sépultures, il apparaît que la majorité des réouvertures peut être placée entre la fin du VIe siècle et le VIIe siècle (Noterman et al. 2020). La chronologie se prolonge jusqu'à la première moitié du VIIIe siècle d'après les recherches effectuées par Alain Dierkens (2011 : 598).

Les données disponibles en France dans les sites du corpus offrent une image similaire. Afin de déterminer la chronologie des réouvertures, plusieurs éléments ont été pris en compte : le milieu d'intervention des perturbateurs (colmatage partiel ou différé), la position et l'état de conservation du mobilier funéraire, la localisation des fosses de « pillage » et la sélection des sépultures. Donner une datation précise suppose qu'il n'y a eu qu'une phase de bouleversements, ce qui est rarement le cas. De ce fait, la chronologie proposée est générale. Certaines sépultures pourront avoir été réouvertes avant et d'autres après les limites des datations proposées. Ainsi, l'étude a permis de déterminer que sur le site de Houplin-Ancoisne (Nord), les réinterventions surviennent entre le milieu et la fin du VIe, voire au début du VIIe siècle. Dans l'est de la France, la nécropole de Kolbsheim a subi de nombreuses réinterventions de la fin du VIe à la fin du VIIe siècle. À Vendenheim, les perturbations se placent principalement entre la fin du VIe et le milieu du VIIe siècle. En Lorraine, les ensembles funéraires de Cutry et de Vitry-sur-Orne sont tous deux perturbés tout au long du VIIe siècle.

Les observations effectuées sur ces cinq nécropoles sont proches de celles d'Helmut Roth, mais également de celles présentées par Martine Van Haperen en 2010. De manière générale, la pratique de réouverture sépulcrale semble débuter en France au cours du VIe, principalement dans sa seconde moitié, pour atteindre son intensité maximale durant le VIIe siècle. Les utilisateurs les plus récents de la nécropole pourraient donc être les principaux responsables des réouvertures, même si quelques interventions ont pu être réalisées dès les premières décennies d'utilisation du site.

L'importance de la pratique ne démarre pas avec l'arrivée au pouvoir des Francs au début du VIe siècle. Elle coïncide avec une période marquée par l'apogée de la dynastie mérovingienne, mais également par de nombreuses luttes de pouvoir. La fin du VIe siècle se caractérise par la faide royale opposant les reines Frédégonde et Brunehaut, qui ne s'achève qu'en 613 avec la mort de cette dernière (Geary 1989 : 145). La première moitié du VIIe siècle voit l'unification d'une partie de la Gaule sous Clotaire II et son fils Dagobert. L'Europe est marquée à cette époque par un essor économique, démographique et religieux avec le développement des échanges commerciaux sur la mer du Nord, un plus grand pouvoir des aristocrates et l'expansion du monachisme (Devroey 2005 ; Joye 2011 : 167 ; Terrien 2007 : 129–135). La France du début du VIIe siècle continue néanmoins d'être dominée par des luttes de pouvoir induites par le système de succession franc fondé sur le partage du royaume entre les différents fils du roi défunt (Le Jan 2003 : 42). La seconde moitié du VIIe siècle se caractérise ensuite par le déclin progressif de la dynastie mérovingienne au profit des maires du palais et plus particulièrement des Pippinides.

Les divers bouleversements vécus par la Gaule à partir de la fin du VIe siècle jusqu'à la fin du VIIe siècle pourraient-ils être en lien avec certaines réouvertures ? En effet, l'intensité de la pratique apparaît forte dans l'est du royaume où les luttes entre la Neustrie et l'Austrasie pour la domination du territoire sont particulièrement importantes, mais aussi celle de l'aristocratie (Hummer 2009 ; Innes 2000 : 165–178 ; Picard 1998 : 420–422). La situation est en revanche inverse de l'autre côté de la France. En effet, les frontières de l'ouest apparaissent plus stables, ou du moins plus éloignées des luttes entre les différents successeurs. La Normandie et la Bretagne actuelles demeurent éloignées du centre du pouvoir[86].

4.2. Auteurs des interventions

4.2.1. Les Mérovingiens

Une pratique ciblée et sélective

Les sources textuelles et archéologiques attestent du rôle actif des populations mérovingiennes dans la réouverture des sépultures. La connaissance des inhumations par les perturbateurs est parfois très précise, engendrant une sélection des tombes en fonction de leur contenu, comme cela a pu être observé en 1973 sur le site de Hordain (Nord).

La démarche de sélection des structures funéraires va à l'encontre de l'idée d'actes hasardeux, opérés par des individus de passage et totalement étrangers à la communauté. Sans aller jusqu'à généraliser ce comportement, on observe que le perturbateur peut parfois avoir été présent aux funérailles ou tout au moins avoir bénéficié de la complicité d'un membre de la communauté ou d'un témoin des inhumations. Cette proximité entre les perturbateurs et la population locale, perceptible à travers la sélection des tombes, explique le développement, dans la littérature étrangère, d'une théorie liée à l'implication de la famille du défunt dans les actes de réouvertures sépulcrales. L'intervention d'individus extérieurs à la communauté locale semble alors peu probable. Il est intéressant de relever que les sources écrites médiévales conservées n'établissent aucun lien entre les réinterventions anthropiques et la présence de groupes de brigands. Au contraire, elles soulignent l'action isolée d'individus agissant seuls ou en petit groupe. Pour la période mérovingienne, un texte de Paul Diacre sur l'encerclement de Rome par les Lombards semble être le seul à évoquer le cas d'un pillage massif et désorganisé[87].

Les réinterventions du VIe-VIIe siècle présentent généralement une sélection du mobilier funéraire. Le choix peut être dicté par des motifs qu'il est parfois possible de percevoir (recherche d'un matériau précis – alliage cuivreux, bronze, or, argent - ou de la valeur symbolique de l'objet) et, dans d'autre cas, qui nous échappent totalement. L'oubli, le manque de visibilité ou une interruption dans l'acte sont les thèses souvent avancées pour expliquer la présence de ces artefacts dans les structures perturbées (fibules en or, fers de lance, vaisselle en bronze). Pourtant, face à la récurrence du phénomène, force est de constater qu'un abandon volontaire pourrait aussi être envisagé dans la majorité des cas. Les raisons demeurent pour le moment difficiles à définir dans la mesure où ni les vestiges archéologiques, ni les sources écrites ne fournissent d'explications satisfaisantes.

La sélection du mobilier funéraire à la période mérovingienne offre un avantage certain pour l'archéologue. Elle peut devenir un outil pour déterminer la période d'intervention du remaniement. Les pièces régulièrement découvertes dans les sépultures bouleversées ont été évoquées précédemment, comme les récipients en bronze, les fers de lance, les haches, les fiches à bélière, les aumônières, les couteaux ou encore les colliers de perles. La valeur de ces éléments varie selon l'individu responsable de la réouverture. Les explorateurs du XIXe siècle ont tendance à prélever l'ensemble du mobilier funéraire, alors que l'usager du détecteur de métaux va privilégier les objets en métal. Au bas Moyen Âge et aux périodes modernes, les découvertes fortuites vont surtout conduire au vol du matériel en métal noble, comme le montre l'épisode de l'abbaye de Saint-Germain au XVIIe siècle (Montfaucon 1729 : 174–175).

À l'époque mérovingienne, la méthode employée pour accéder à l'intérieur des tombes est, dans la majorité des cas, la fosse de « pillage ». Ce choix semble être dicté principalement par la visibilité en surface des sépultures. La profondeur d'inhumation n'est pas un frein puisque certaines ouvertures peuvent atteindre plus d'un mètre de profondeur[88]. Toutefois, cette technique n'est pas propre au haut Moyen Âge et se retrouve à l'époque moderne associée aux fouilles utilisant une sonde ou un détecteur de métaux.

Parmi les nombreuses manifestations de la pratique à l'époque mérovingienne, l'une d'elles est commune aux époques postérieures : le pillage par opportunité. Le phénomène est visible sur le site d'Artzenheim (Haut-Rhin) dans quatre sépultures. Pour les deux premières phases de son utilisation (phase 1 de 560/570 à 660/670 et phase 2 de 660/670 à 760/770), la nécropole se caractérise par un faible taux de recoupement des structures funéraires. La volonté de rapprocher certains défunts est manifeste à plusieurs endroits où ces derniers apparaissent inhumés dans des sépultures accolées les unes aux autres, mais non superposées. Onze sépultures ont fait l'objet d'une réouverture avérée et trois d'un remaniement possible[89]. Dans cet ensemble, quatre sépultures perturbées apparaissent sous une tombe installée postérieurement[90]. La disparition du marquage en surface des structures funéraires pourrait expliquer ces recoupements, peu

[86] Le siège du royaume d'Austrasie se situe depuis Sigebert Ier (561–575) à Metz. En Neustrie, le siège est établi à Paris tout au long du VIIe et celui de Bourgogne à Chalon-sur-Saône sous Gontran (561–592). D'autres villes tiennent également un grand rôle lors des successions. Après la mort de Clotaire Ier (561), ses fils se partagent le royaume : Charibert hérite du royaume de Childebert avec Paris comme siège, Chilpéric celui du Clotaire avec Soissons, Gontran celui de Clodomir avec Orléans, et enfin Sigebert celui de Thierry avec Reims (Dierkens et Périn 2000 : 284 ; Geary 1989 : 143–148).

[87] Paul Diacre, *Epistola*, XII (*PL*, 1863, LXXXIX, c. 1190–1191).

[88] Sur le site de Vendenheim, la sépulture 121 se situe à une profondeur de 1,60 m. Elle atteint 1,30 m dans les tombes 29 et 38 de Matzenheim.

[89] Réouvertures avérées : 14, 15, 24, 25, 26, 69-B, 74, 88, 96–1, 96–2, 98. Réouvertures possibles : 70, 79, 103.

[90] Sépultures 15, 69-B, 88, et 98.

fréquents par ailleurs dans la nécropole. Le fossoyeur aurait alors saisi l'opportunité d'emporter avec lui le matériel découvert dans ces fosses. Sur ce site, il est donc envisageable que des circonstances particulières (découverte accidentelle d'une tombe lors du creusement d'une nouvelle) aient provoqué le pillage de certaines structures.

Le pillage par opportunité de sépultures installées dans un édifice religieux est mentionné par Grégoire de Tours dans *À la gloire des confesseurs*. Dans la basilique de Saint-Vénérand de Clermont (chap. XXXIV), le manque d'entretien de la toiture provoque une partie de son effondrement sur un sarcophage (Grégoire de Tours 2003 : 228–230). Le couvercle explose sous l'impact et révèle le cadavre encore intact d'une jeune fille. Les « anneaux et les chaînes d'or » sont prélevés à l'abri du regard de l'évêque[91]. Durant une année entière, le corps est laissé découvert « sans que le respect humain portât personne à mettre au sépulcre un couvercle »[92]. Cette situation provoque une punition divine puisque la femme du comte de Clermont est frappée de cécité à la suite de cet acte[93]. Si l'intervention de Dieu n'est pas surprenante dans un texte hagiographique, la raison ne réside pas dans la cupidité, mais dans l'outrage qui est fait au corps de la défunte. En effet, son cadavre est exposé à la vue de tous, preuve pour l'auteur de l'irrespect qu'on lui témoigne. Il s'agit d'un aspect de la perturbation sépulcrale qui ne peut être perçu au cours de la fouille, ni envisagé sans l'apport des textes.

L'identité des perturbateurs à la lumière des textes

Dans de nombreux récits, l'identité des perturbateurs (ou plutôt du pilleur dans le cas spécifique des sources textuelles alto-médiévales) n'a que peu d'importance devant la personnalité du défunt perturbé. Les textes hagiographiques de Grégoire de Tours sont particulièrement éloquents sur le sujet. Toutefois, quelques rares témoignages fournissent des informations plus précises telles que le nom ou l'occupation des intervenants. En compilant l'ensemble des sources écrites évoquant des actes de pillage au haut Moyen Âge, l'identité précise des pilleurs apparaît au moins dans six textes.

Le pilleur mérovingien le plus connu des historiens est sans aucun doute le duc Gontran Boson. Ce riche personnage apparaît dans l'*Histoire des Francs* (573–594)[94]. En 589, il charge ses serviteurs de dépouiller entièrement de ses biens le cadavre d'une parente de sa femme inhumée dans la basilique de Metz (Grégoire de Tours 1979 : 151–152). Après avoir accompli leur forfait, ils s'enfuient, avant de prendre peur et de faire demi-tour pour restituer les biens.

L'intervention d'une personne au rang social important n'est pas un cas unique dans les écrits de Grégoire de Tours. Au chapitre LXXXI de À *La gloire des martyrs*, l'évêque rapporte l'exemple d'un proche de Sigibert Ier, « l'un des plus élevés en dignité »[95], qui, à la suite du chaos engendré après le passage du roi, tente de s'approprier les richesses ornant le tombeau de saint Denis. L'issue du vol est dramatique puisqu'il se conclut par la mort du voleur et de son serviteur[96].

Bien qu'il soit nécessaire de considérer ces récits avec précautions, les textes du haut Moyen Âge apportent des informations que ne peuvent toujours fournir les fouilles archéologiques. Ainsi, plus surprenant, à côté de riches personnages apparaissent dans les récits de pillage les hommes d'Église. Comme tout individu, ces derniers peuvent être tentés par la richesse contenue dans les édifices religieux et les tombeaux des saints. Grégoire de Tours mentionne ainsi l'exemple d'un sous-diacre, profitant de l'obscurité offerte par la nuit pour dérober les vases en argent déposés dans une crypte :

> « Or comme l'esprit humain est continuellement entraîné vers les passions honteuses et méprisables, il advint qu'un sous-diacre, voyant par la fenêtre de la crypte briller cet argent, conçut un projet que son avarice le poussa à exécuter le lendemain. S'étant levé au milieu de la nuit, il entra dans la basilique des saints, puis, ayant pénétré dans la cellule par la fenêtre, il chercha à tâtons dans l'obscurité de la nuit et prit quelques-uns des vases. »[97]

Un grand concile convoqué par Clotaire II à Paris le 10 octobre 614 fait écho au texte de Grégoire de Tours (Gaudemet et Basdevant 1989 : 506). Ce concile est destiné à redresser l'Église mérovingienne qui fait face à

[91] Grégoire de Tours, *À la gloire des confesseurs*, c. 34 : *Aiebant etiam, anulos murinulasque aureas circa eam repertas et clam, ne episcopus sentiret, ablatas* (éd. *MGH*, *SRM* I, 2 : 319).

[92] Grégoire de Tours, *À la gloire des confesseurs*, c. 34 : *(...) nec esset qui respectum humanitatis huic adhiberet sepulchro tegumen, contigit (...)* (éd. *MGH*, *SRM* I, 2 : 319 ; trad. H. L. Bordier, revue par N. Desgrugillers, 2003 : 229).

[93] Au cours d'un songe, l'épouse du comte voir apparaître Dieu qui lui ordonne de recouvrir le sarcophage de la défunte si elle souhaite retrouver la vue. À partir du moment où le corps de la jeune fille est de nouveau caché par un couvercle, la cécité de la comtesse disparaît.

[94] La personnalité du duc austrasien Gontran Boson, telle qu'elle est dépeinte par Grégoire de Tours, est celle d'un personnage peu scrupuleux. Bruno Dumézil le qualifie de « comploteur pathologique de la cour austrasienne ». Ce qu'il fut lors de la question de la succession de Clotaire Ier (Dumézil 2007 : 565).

[95] Grégoire de Tours, À la gloire des *martyrs*, c. 71 : *Tempore vero, quo Sigibertus rex cum exercitu ad urbem illam venit et maximam vicorum eius partem incendio concremavit, quidam de primoribus eius ad basilicam antedicti martyris properat, non orationis devotione, sed tantum ut aliquid frauderet ab aede* (éd. *MGH*, *SRM* I, 2 : 85).

[96] De retour au camp, le pilleur assiste à la mort de son serviteur, chutant dans l'eau avec une partie du butin volé dans la basilique. Pris de panique et craignant de subir le même sort, il se hâte de restituer le drap mortuaire volé. Cette action n'apaise pas toutefois pas totalement la colère du saint qui ne lui permet pas de survivre plus d'une année.

[97] Grégoire de Tours, À la gloire des *martyrs*, c. 37 : *Sed quia iugiter mens humana turpibus erubescendisque cupiditatibus inhiat, subdiaconus quidam, viso per fenestram argento, cogitate intra se, quod postea, avaritia inpellente, conplevit. Nocte enim consurgens, ingressus est basilicam sanctorum, deinde per fenestram ingrediens cellulam ac per obscuritatem noctis palpans manibus, aliquos de urceis capit.* (éd. *MGH*, *SRM* I, 2 : 62 ; trad. H.-L. Bordier, revue par N. Desgrugillers, 2003 : 67).

un certain désordre au sein de ses représentants. Au canon 10, il est écrit :

> « Nous avons appris de même que, sous la poussée de la cupidité, au décès des abbés, des prêtres ou de ceux qui desservent les églises, les biens qu'ils ont laissé à leur mort sont saisis par l'évêque ou par l'archidiacre et transférés au domaine de l'évêque, sous prétexte d'accroître la fortune de l'église ou de l'évêque, tandis que l'église de Dieu demeure spoliée par ces honteuses cupidités. » [98]

Le motif de ces appropriations par les membres du clergé est semble-t-il la cupidité. Le canon du Concile de Paris n'évoque pas le cas particulier du mobilier funéraire. Toutefois, il mentionne les « biens [que les représentants de l'Église] ont laissé à leur mort », formulation suffisamment imprécise pour inclure tout type de biens, aussi bien matériels (mobilier funéraire, objets usuels, objets liturgiques) qu'immatériels (possessions immobilières).

De l'autre côté des Alpes, Cassiodore se fait encore plus précis. Dans une lettre rédigée à l'attention de Théodoric le Grand (VIe siècle), le roi est informé que l'archiprêtre Laurentius, guidé par une passion pour les richesses, déterre les morts dans le but de s'approprier leur mobilier funéraire (Gillett 1998 : 37–38, 45 et 47–50)[99]. L'ecclésiastique prêche d'un côté, selon Cassiodore, « la paix des vivants » (*viventibus quieta*) tout en manipulant avec ses mains recouvertes « des huiles de consécration » le cadavre d'un défunt. Le souverain reste évasif quant à la peine à appliquer, laissant le soin à une « autorité supérieure » de punir le religieux.

Si le statut social ou la fonction du pilleur sont mentionnés dans les écrits cités, parfois seul le nom du voleur est connu. Un récit anonyme du VIIe siècle relatif à la vie de saint Géry relate l'action d'un certain Launericus venu piller la tombe de l'évêque de Cambrai. Il est arrêté dans son forfait par un gardien de l'église, Baudegisilus[100].

En parallèle de ces quelques mentions précises sur l'identité de certains pilleurs, la majorité des textes n'évoquent pas les perturbateurs. Il s'agit généralement d'individus anonymes, ou de serviteurs attachés à un important personnage. Le vocabulaire descriptif ne permet d'esquisser qu'une image incomplète de ces réintervenants. De plus, la majorité des perturbations relatées dans les récits du haut Moyen Âge ne survient que sur des tombes que l'on pourrait qualifier de « privilégiées ». D'un point de vue social tout d'abord puisqu'elles renferment des personnes puissantes, au sens premier du terme (une parente par alliance du duc Gontran-Boson, le roi lombard Rothari), mais aussi spirituellement (évêques, martyrs, saints). Elles sont aussi privilégiées par leur localisation (basiliques, églises) et leur mobilier. À l'exception des sépultures des martyrs saint Vital et saint Agricola, le dépôt funéraire est généralement d'une grande qualité. Pour la période mérovingienne, aucun texte ne mentionne le bouleversement d'une tombe située dans une nécropole en plein champ.

4.2.2. Les perturbateurs après le VIIIe siècle

Le témoignage des vestiges archéologiques

Entre le IXe et le XIIIe/XIVe siècle environ, les sépultures mérovingiennes sont en général moins fréquemment rouvertes. La recherche volontaire de sépultures mérovingiennes est peu courante, les perturbations s'effectuant en majorité lors de découvertes fortuites. Une certaine curiosité semble parfois guider les perturbateurs qui, faute de connaissance précise du site sur lequel ils interviennent repartent parfois les mains vides. La situation est particulièrement claire pour les cimetières carolingiens ou du Moyen Âge classique dont les pratiques funéraires se caractérisent par une quasi disparition du mobilier funéraire[101].

L'un des exemples les plus éloquents est celui du cimetière de Saint-Georges-de-Montaigu (Vendée), qui se développe entre la fin du Xe siècle et la première moitié du XIIe siècle. 191 sépultures ont été fouillées en 2007 au cours d'une opération archéologique (Gallien 2009 : 66). 39 présentaient des traces de réinterventions anthropiques centrées principalement sur le crâne, le bassin et les membres inférieurs. Le dépôt d'objets est rare sur le site puisque seulement trois sépultures en ont livré. Il s'agit à chaque fois de céramiques. Aucune parure, accessoire vestimentaire ou arme n'a été découvert dans l'ensemble des sépultures mises au jour. Contrairement à ce qui est

[98] Grégoire de Tours, À la gloire des *martyrs*, c. 37 : *Conperimus idemque cupiditatis instinctu, deficientes abbates, presbiteros uel hos, qui pro titulis deseruiunt, presidium, quodcumque mortis tempore dereliquerint, ab episcopo uel ab archidiacono diripi et quasi sub augmentum ecclesiae uel episcopi in iure episcopi reuocari et ecclesiam.* (éd. *MGH, SRM* I, 2 : 62 ; trad. H.-L. Bordier, revue par N. Desgrugillers, 2003 : 514–515).

[99] *Variae* IV. xviii: *Dudum siquidem ad nos multorum suggestione pervenit Laurentium presbyterum effossis cineribus funestas divitias inter hominum cadaver perscrutatum concussionemque mortuis intulisse, quem oportet viventibus quieta praedicare. Non abstinuisse perhibetur tam crudeli contagio piis dicatas consecrationibus manus : aurum execrabili quaesisse fertur affectu, quem suam decuisset egentibus dare substantiam vel sub aequitate collectam. Quod te diligenti examinatione praecipimus indagare, ut, si veritati dicta perspexeris convenire, hominis ambitum eo tantum fine concludas, ne possit supprimere quod eum non licuit invenire. Scelus enim, quod nos pro sacerdotali honore relinquimus impunitum, maiore pondere credimus vindicandum* (éd. *MGH*, *AA*, XII: 122 ; Lafferty 2014 : 260).

[100] *Vita Gaugerici episcopi Camaracensis*, c. 15 : *Contigit quadam nocte, instigante parte adversa, veniente quidam homo nomine Launericus, nocte in ipsa basilica ingressus, sepulchrum beati pontificis furtu sceleris expoliavit. Apparuit beatus pontifex per visionem custodi, cuius sollicitudo de ipsa basilica habebatur, nomine Baudegisilo, dicens : 'Surge velociter et in eclesiam festinanter ingredere, quia a latrone sepulturola mea expoliare dinoscitur'. Continuo ipse custos surrexit a somno et in eclesiam secundum visionem quam viderat velociter introivit, ad beati pontificis sepulchrum accessit, latronem ipsum invenit ; retentis spoliis, latronem ad basilicam sancti Quintini fugere permisit : excussatus exinde egressus est et paucos postea vixit annos.* (éd. *MGH, SRM* III : 657–658 ; Effros 2002 : 53–54).

[101] À partir de la fin du VIIe ou du début du VIIIe siècle, le mobilier funéraire diminue progressivement sans toutefois disparaître totalement des sépultures. Au VIIIe siècle, les objets sont plus simples et prennent la forme de bagues en bronze ou de petites boucles en fer. Enfin, dans le courant du XIIe siècle, des vases à eau bénite ou à encens accompagnent les évêques ou les personnages d'un haut rang social (Alexandre-Bidon 1998 : 144 ; Treffort 1996 : 179–180).

visible dans les nécropoles mérovingiennes, les sépultures réouvertes n'ont pas livré de fragments de mobilier ni d'objets volontairement abandonnés, oubliés ou fragilisés par la corrosion. Par ailleurs, la responsable d'opération (Véronique Gallien (Inrap)) a observé sur le site que toutes les phases d'occupation étaient concernées. Elle en déduit que les réinterventions anthropiques ont pu se dérouler tout au long de l'utilisation du site. Toutefois, l'hypothèse d'un pillage après l'abandon du cimetière peut aussi être avancée. Les bouleversements concernent en majorité la partie supérieure du corps, et, dans une moindre mesure, les membres inférieurs. La localisation des perturbations coïncide avec une recherche axée principalement sur les objets de parure et les accessoires vestimentaires.

Pris dans leur ensemble, ces éléments ne sont pas très éloignés des réouvertures observées dans les nécropoles mérovingiennes. Néanmoins, certaines observations permettent de proposer une autre interprétation de ces remaniements. Dans un premier temps, la datation du cimetière inscrit ce dernier dans une période où le mobilier funéraire, tel qu'il était possible de le voir à la fin du VIe-VIIe siècle, n'est plus présent dans les sépultures, ou du moins se retrouve en quantité limitée. Il paraît peu probable que les pilleurs aient spécifiquement visé les structures contenant les rares objets ensevelis avec les défunts. Deuxième point, le déplacement de régions anatomiques précises suppose que les perturbateurs aient eu une connaissance générale des pratiques funéraires mérovingiennes, mais qu'en revanche la nature même des inhumations sur lesquelles ils intervenaient leur échappait alors. L'alignement en rangées de certaines sépultures a pu les induire en erreur. En raison de l'exploration partielle du cimetière de Saint-Georges, il n'est pas à exclure que des sépultures mérovingiennes soient situées en dehors de l'emprise de la fouille. Les pilleurs ont pu commencer par ce secteur d'inhumation, qui nous est inconnu, et, guidés par leurs découvertes, poursuivre vers la partie la plus récente du cimetière.

Une situation similaire est signalée à Saint-Denis (Seine-Saint-Denis) où 22 tombes du VIe au XIVe siècle présentent des indices de perturbations localisées au niveau du rachis cervical ou lombaire (Gallien 1991 : 128–131). Un sarcophage du VIe-VIIe siècle a livré du mobilier funéraire caractéristique de la période mérovingienne (une monnaie, un récipient en verre, des perles de verre et des fragments d'une boucle de ceinture). Trois autres sépultures (VIIIe et XIVe siècles) contenaient des objets (une monnaie et des céramiques), les autres structures étant dépourvues de tout mobilier funéraire. Les causes de ces bouleversements sont inconnues. Une possible erreur d'appréciation du contenu des tombes est tout à fait plausible. L'ouverture des sarcophages mérovingiens a pu encourager les pilleurs à explorer d'autres secteurs et structures funéraires du cimetière, ce qui expliquerait la perturbation de tombes d'époques différentes. Il est aussi possible d'envisager qu'à la suite de ces réouvertures, une transmission orale des découvertes faites dans les sarcophages ait mené à l'exploration des autres contenants. La localisation des déplacements osseux semble indiquer la recherche d'éléments de parure fixés autour du cou des individus ou déposés sur la partie supérieure du thorax.

À Louviers, les réinterventions sur les sépultures ont été réalisées à des périodes différentes. L'occupation du site est intense après l'abandon de la nécropole. Du XIe au XVIIe siècle, des trous de poteaux, des fossés et des fosses recoupent les sépultures mérovingiennes. Des dépotoirs sont creusés sur le site entre le XIe et le XVIe siècle. Au XVIIIe siècle, une usine s'installe sur la nécropole avant d'être partiellement détruite par l'implantation d'une école au début du XXe siècle (Jimenez et Carré 2008 : 39). Toutes ces activités ont eu un impact direct sur l'intégrité des tombes et des actes de pillage sont fortement soupçonnés pour plusieurs d'entre elles. Ces destructions interviennent pour l'essentiel lors du recoupement fortuit entre une nouvelle structure et une sépulture. C'est le cas du sarcophage 192 recoupé au XVIIIe siècle par la fabrique Decrétot. Seul un tibia (déplacé) est conservé dans la cuve, le reste du squelette ayant disparu au cours d'une intervention ancienne, ou lors de la construction de l'usine. L'intérêt de l'étude de ces perturbations réside ici dans l'identification des époques d'intervention et les méthodes pouvant être appliquées pour les déterminer.

Le recours à la fosse de « pillage » à la fin du haut Moyen Âge et au début du Moyen Âge classique indique la persistance en surface, sur une longue période, de certains marqueurs. Sur le site de Quiéry-la-Motte (Pas-de-Calais), de gros blocs de grès furent découverts dès l'opération de diagnostic de 2006 (Louis et Rorive 2010 : 46). Ils sont situés à proximité de la surface ou dans le comblement supérieur des tombes. Au total, 43 sépultures étaient marquées en surface par ces blocs et 74 % d'entre elles ont fait l'objet d'un pillage. Le matériel résiduel découvert dans le comblement ou en surface de certaines tombes montre que le site était fréquenté, après l'abandon de sa vocation funéraire, du IXe siècle jusqu'aux XIIIe-XVe siècles. Le pillage remonterait ainsi au moins à la période carolingienne[102], alors qu'un marquage de surface des sépultures était encore visible dans le paysage funéraire. La présence de fosses de « pillages » bien centrées par rapport aux limites de creusement des tombes montre cette persistance des marqueurs de surface.

Au-delà de la France, la réouverture des sépultures après l'occupation de l'aire funéraire est attestée en Norvège sur les sites d'Oseberg (834 ap. J.-C.) et de Gokstad (895–903 ap. J.-C.)[103]. Des conditions exceptionnelles de conservation ont permis la préservation d'outils laissés par les pilleurs. À Oseberg, 14 pelles et deux « civières » en bois ont été mis au jour à l'intérieur de la chambre funéraire et

[102] Tessons du IXe siècle découverts dans le remplissage d'une sépulture pillée.

[103] La chambre funéraire de Gokstad a été découverte en 1879 par deux adolescents. Elle contenait les vestiges d'un bateau viking servant de dernière demeure à un individu masculin. Le site d'Oseberg a été fouillé entre 1903 et 1904 et a livré les restes très bien conservés d'une chambre funéraire abritant les restes de deux femmes inhumées sur un bateau (Bill et Daly 2012).

dans la tranchée de pillage. Sur le site de Gokstad, ce sont 12 pelles qui ont été découvertes. En 2010, la réalisation d'une analyse dendrochronologique sur plusieurs vestiges des outils et accessoires liés aux pillages, couplée avec une étude approfondie des résultats, a permis de dater les deux intrusions de la seconde moitié du Xe siècle.

L'identification des réinterventions sépulcrales après la période mérovingienne offre l'opportunité de s'interroger sur les motivations des pilleurs de la fin du haut Moyen Âge et du début du Moyen Âge classique, ainsi que sur le contexte dans lequel se déroulent ces actes. L'exemple de l'abbaye de Landévennec (Finistère) est intéressant à ce sujet. En 913, l'abbaye est attaquée par les Normands. Le pillage du lieu s'accompagne de celui des sépultures du cimetière monastique. Les ossements sont regroupés à l'intérieur d'une chapelle funéraire sous la forme d'un bûcher construit avec une partie des charpentes de l'abbaye. Puis, après avoir été brûlés, les ossements sont recouverts de pierres formant un tumulus découvert au cours de fouilles archéologiques (Bardel et Perennec 2004 : 142). La perturbation est ici associée à une période trouble de l'histoire, comme cela sera le cas au cours de la Révolution française où un nombre important de tombeaux seront démolis et pillés (Boureau 1988).

La condamnation des pillages par les textes carolingiens

Des réinterventions postérieures à l'époque mérovingienne sont mentionnées dans la littérature médiévale. Si l'Église a joué un faible rôle dans la question de la perturbation sépulcrale depuis sa création, à partir du VIIIe-IXe siècle un changement s'opère. En effet, lors de la rédaction de pénitentiels et de canons les ecclésiastiques punissent de manière explicite le bouleversement d'une tombe. Cette attitude n'apparaît pas sans une certaine contradiction lorsque l'on sait que les Carolingiens se sont livrés à une véritable chasse aux reliques, n'hésitant pas à mandater des moines pour « découvrir » les restes de saints au cœur des catacombes romaines (Bozoky 2000 ; Geary 1993).

Dans la législation carolingienne, l'intervention sur un tombeau alors que le défunt n'est pas entièrement décomposé et sans l'accord de la famille est encore présente (Bernard 1933 : 33–34). Version « corrigée » de la loi salique de Clovis par Charlemagne et ses législateurs, la *Lex salica emendata* contient deux chapitres consacrés à la perturbation de sépulture[104]. Au paragraphe 3 du premier chapitre (XVII), elle condamne toute personne ayant placé un mort dans un contenant (cercueil ou sarcophage) déjà occupé à une amende de 2 500 deniers ou 62 sous d'or et demi[105]. Cette interdiction est à rapprocher du canon 17 du concile de Mâcon II.

[104] Les situations condamnables sont assez identiques entre les deux chapitres (vol d'un homme mort, exhumation d'un défunt, dépôt d'un corps dans un contenant déjà occupé, dégradation du monument funéraire…), seuls les tarifs des amendes varient.

[105] C. XVII, 3 : *si quis mortuum hominem aut in nauffo aut in vasa, quae vasa et usu sarcophagii dicuntur, super alium miserit … culpabilis judicetur* (Desgrugillers 2011 : 48).

Chez les grands auteurs de l'époque carolingienne, la condamnation de la perturbation des sépultures semble unanime. Pour Hincmar de Reims, sortir un chrétien de sa sépulture est un sacrilège qu'aucun prêtre ne doit autoriser ou accepter. Dans son capitulaire de 857, il insiste longuement sur la pratique qui ne doit être accomplie sous aucun prétexte, même lorsqu'un prêtre a lui-même autorisé le transfert d'une dépouille[106]. L'archevêque semble particulièrement soucieux du repos de l'âme des défunts en attente du Jugement dernier, reflétant ainsi un sentiment partagé par l'ensemble du monde ecclésiastique. Les clercs carolingiens ont été très attentifs au rôle de la sépulture comme démonstration de la foi des vivants (Treffort 1996 : 121). Son intégrité est une nécessité pour tous ceux en attente de la résurrection.

Jonas d'Orléans réprimande également les individus qui empêchent les défunts « d'attendre dans leurs urnes le jour de la résurrection »[107]. Le lien entre l'intégrité de la sépulture et la promesse de la résurrection est une notion importante pour les clercs carolingiens.

Un peu plus tardivement, Isaac de Langres prévoit une peine qui n'est pas sans rappeler les sanctions antiques. Il condamne le coupable à la confiscation de la moitié de ses biens et, s'il s'agit d'un clerc, à l'exil[108].

Ces mesures visant à punir ceux qui troublent le repos des morts vont rapidement faire place à un simple examen de conscience à partir du Xe siècle. Burchard de Worms (†1025) interroge ainsi :

> « As-tu violé une tombe, à savoir quand tu as vu que l'on enterrait quelqu'un, tu es allé la nuit ouvrir la tombe et enlever les vêtements ? Si oui : un jeûne de deux ans. » [109]

Les ecclésiastiques carolingiens recourent aux pénitentiels et aux collections canoniques pour éviter le bouleversement d'une tombe.

[106] Hincmar de Reims, *Capitulaire épiscopal II*, III, c. 2 : *Ipse tamen sacerdos, memor ordines sui, provideat et congruam cuique sepulturam, et ne scandalum, quantum vitari potest, fiat suis parochianis. Et provideat, sicut de ministerio suo et coram Deo et coram saeculo vult gaudere, ut nullius Christiani corpus de sepulcro suo ejiciatur, et nec sepulcra confringantur, vel caminatae sicut solent inde fiant (…). Ita sacrilegum est, corpus indevote ac irreligiose propter cupiditatem a sepulcro ejicere, ubi quisque Dominicam vocationem, ut in adventu justi judicis resurgat, in pace quiescens debuerat exspectare* (éd. *PL* 125 : 794 ; Salin 1952 : 387).

[107] Jonas d'Orléans, *De l'institution des laïcs*, livre III, c. 15 : *Desinant ergo homines impiare ossa mortuorum, et sinant ea in urnis suis diem resurrectionis exspectare* (éd. *PL* 106 : 263 ; Treffort 1996 : 121).

[108] Isaac Lingonensis, *Canones*, 11, c. XXIV: *Qui sepulcra violaverint puniantur, tam ingenui, quam servi. Si major persona in hoc scelere fuerit deprehensa, amissa medietate honorum suorum; perpetua notetuc infamia: si clericus, depositus omni honore clericali, perenni exsilio deputetur. Si judex hoc persequi aut implere distulerit, facultatibus et honore privetur* (éd. *P.L.* : 1108 ; Février 1987, vol. 2 : 912).

[109] Burchard de Worms, *Décret, XIX*, c. 52 : *Violasti sepulcrum, ita dico, dum aliquem videres sepelire, et in nocte infringeres sepulcrum et tolleres vestimenta eius? Si fecisti, II annos per legitimas ferias poeniteas.* (*éd. PL* 140 : 960 ; trad. C. Vogel 1969 : 87).

Composés dans le courant de la première moitié du VIIIe siècle, les huit *Libri paenitentiales simplices* contiennent des passages punissant la « violation » de sépulture. La peine proposée est une pénitence[110] qui devra durer cinq ans dont trois au pain et à l'eau[111]. Le *Iudicium poenitential* contient une mesure similaire[112]. De manière générale, les pénitentiels offrent peu de variations sur la pénitence à accorder au pécheur. La peine demeure plus ou moins identique dans le temps, et aucune évolution n'est observée[113].

Les collections canoniques carolingiennes reprennent également le canon 46 du concile de Tolède (633), où la destruction d'une tombe entraîne une pénitence de trois ans et un éloignement de la fonction cléricale si le coupable est un clerc (Vives, Marin Martinez et Martinez Diez 1963 : 207–208) :

> « Puisque ce crime est puni de mort par les lois publiques en tant que sacrilège, si un clerc ou un laïc est pris en flagrant délit de détruire un sépulcre, il convient pour un tel crime que celui qui s'y est livré soit éloigné de la cléricature et qu'il fasse trois ans de pénitence. » [114]

En effet la peine ne se substitue pas aux lois civiles, mais vient simplement les compléter. De plus, la pénitence reste un acte volontaire et seuls les hommes prêts à se repentir confessent leur péché auprès du prêtre. Le concile induit également que le pilleur n'est pas seulement un laïc, mais peut aussi se trouver au sein des représentants de l'Église.

Un second élément apparaît à la lecture des sources carolingiennes. Lorsque Hincmar de Reims rédige les *Capitula synodica*, la pratique de l'inhumation habillée a presque totalement disparu des coutumes funéraires. Néanmoins, il n'est pas rare que certains hommes d'Église ou de riches personnages continuent d'être inhumés avec un mobilier plus ou moins important. La tombe elle-même peut faire l'objet d'un soin particulier par l'intermédiaire d'une décoration extrêmement soignée pouvant s'accompagner de l'utilisation de matières précieuses. C'est peut-être à ce type de sépulture qu'Hincmar de Reims fait allusion dans les *Capitula*, tombe susceptible d'attirer la « cupidité » des voleurs. À moins que ses propos ne soient le reflet de pratiques funéraires que l'archevêque réprouve. L'évocation des corps jetés hors de leur sépulcre n'est pas sans rappeler certaines enluminures médiévales où des ossements affleurent à la surface du cimetière[115]. Les inhumations rapprochées dans un espace limité conduisent inévitablement à des chevauchements et des remplois. La réouverture d'une sépulture dans le but d'y déposer un nouveau corps est loin d'être une exception au IXe siècle. Les propos des auteurs carolingiens sont probablement à interpréter dans le sens d'une condamnation de certaines pratiques funéraires.

Après la période carolingienne, les sources textuelles sont relativement silencieuses sur la réouverture des tombes, contrairement aux fouilles archéologiques qui attestent du maintien de la pratique au-delà du Xe siècle. Parmi les rares mentions écrites qui nous soient parvenues, on peut citer la cinquième nouvelle de la seconde journée du *Décaméron* (XIVe siècle) de Boccace qui relate le pillage de la tombe de l'archevêque de Naples, Filippo Minutolo, par plusieurs voleurs, dont un prêtre (Boccace et Bec 1994 : 148–149 ; Noterman et Cervel 2020b : 364–366).

4.2.3. Les explorateurs et les fouilleurs des XIXe et XXe siècles

Les découvertes fortuites de nécropoles mérovingiennes se multiplient tout au long de la seconde moitié du XIXe et du XXe siècle. Les travaux d'urbanisme, le labour des champs ou encore l'exploitation de carrières sont souvent à l'origine de la mise au jour de sépultures. L'intérêt se porte le plus souvent sur le mobilier livré par les tombes, avec une préférence pour les parures et les armes. La fouille est généralement intensive : les tombes sont ouvertes les unes après les autres dans le but de recueillir le matériel funéraire[116]. La position des individus est parfois signalée,

[110] La pénitence fut très tôt un moyen pour l'Église de maintenir en son sein les fidèles qui avaient péché. Sur le principe, le pécheur devait accepter un temps de privations jusqu'à ce que sa peine soit expiée. La pénitence était à l'origine nécessairement publique, et sa rigidité n'était pas sans poser quelques problèmes dans son application. Puisqu'elle était non renouvelable, ses conséquences pouvaient être lourdes pour le pécheur (renoncement aux fonctions publiques, au mariage, etc.). L'évolution notable de la pratique de la pénitence s'observe d'abord en Bretagne, puis en Irlande, avec l'apparition de livres pénitentiels. Ce nouveau système pénitentiel est fondé sur le principe de mesures tarifées qui varient selon le péché. En outre, la pénitence devient privée et peut être renouvelée en cas de répétition des péchés (Brunhölzl 1990 : 161 ; Vogel 1994 : 15–16).

[111] L'ouvrage *Paenitentialia minora Franciae et Italiae Saecvli VIII-IX* présente plusieurs pénitentiels du haut Moyen Âge. La « violation de sépulture » est condamnée dans neuf pénitentiels : *Burgundense* (15), *Bobbiense* (14), *Parisiense Simplex* (9), *Sletstatense* (14), *Oxoniense I* (12), *Floriacense* (15), *Hubertense* (16), *Sangallense Simplex* (23) et *Paenitentiale Merseburgense* (15, 17, 18). Le pénitentiel Burgundense punit le pécheur de cinq années de pénitence, dont trois au pain et à l'eau : *Si qui sepulcri uiolator fuerit, V annos peneteat, III ex his in pane et aqua.* Le pénitentiel de Bobbiense seulement à cinq années de pénitence, aucun jeûne n'étant spécifié durant cette période : *Si quis sepulcrum uiolauerit, V annus peneteat.* Les autres pénitentiels contiennent des mesures similaires (Körntgen et Sprengler-Reffgen 1994 : 25–28 et 130).

[112] Folio 50r, 9 : *Si quis sepulcrum violaverit, V annos peniteat, III ex his in pane et aqua* (Lowe 1926: 365–366). Traduction d'Édouard Salin : « quiconque aura violé un tombeau fera pénitence cinq années dont trois au pain et à l'eau » (Salin 1952 : 387).

[113] Il est important de souligner que les livres pénitentiels ne sont pas sans présenter quelques inconvénients. En effet, les copies régulières des listes de péchés et de tarifs ont pu être à l'origine d'erreurs de transcriptions. Toutefois, comme le souligne Cyrille Vogel, les livres pénitentiels reflètent la situation morale et spirituelle des Chrétiens à une certaine époque, et dans une région précise. Ce qui leur confère une grande valeur documentaire (Treffort 1994 : 132 : Vogel 1969 : 39–40).

[114] C. 46 : *Si quis clericus in demoliendis sepulchris fuerit deprehensus, quia facinus hoc pro sacrilegio legibus publicis sanguine vindicatur, oportet canonibus in tali scelere proditum a clericatus ordine submoveri et poenitentiae triennium deputari* (trad. C. Treffort 1996 : 133).

[115] British Library, Add. Ms. 35313, f. 159. Au second plan de l'enluminure, on observe un regroupement de crânes et d'os longs à moitié dissimulés par un contrefort de l'église. À noter l'activité du fossoyeur, qui s'empresse de recueillir les ossements d'une sépulture afin de laisser la place au nouvel arrivant.

[116] Dans l'Oise, la fouille de la nécropole de Chelles en 1863 par A. Choron permit la découverte de 1 775 sarcophages. Seul le contenu de 266 de ces sarcophages est connu. Il est possible que ce choix résulte de l'absence de mobilier funéraire dans les 1 509 sarcophages non décrits (Malsy 1972 : 83).

ainsi que leur sexe lorsqu'ils sont accompagnés d'objets considérés comme discriminants.

Au début de la période contemporaine, l'exploration des sépultures dans le cadre de « fouilles archéologiques » est réalisée par l'intermédiaire d'ouvertures circulaires[117]. Les tranchées semblent être réservées à des fouilleurs moins expérimentés, ou moins soucieux d'ouvrir avec méthode les structures funéraires. Cette situation est perceptible dans le compte-rendu de la fouille du Champ-des-Tombes à Pompey (Meurthe-et-Moselle), publié par Léonard Quintard en 1878. Découverte à la suite des travaux de construction du chemin de fer en 1850, la nécropole fut explorée entre 1869 et 1873 (Quintard 1878 : 5)[118]. Les sépultures furent ouvertes à l'aide de pioches les unes après les autres, sans ordre particulier. Les fouilleurs progressèrent « en suivant toujours la même direction », la disposition régulière des tombes en rangées facilitant leur démarche. Le mobilier le plus remarquable a fait l'objet de dessins présentés sous la forme de planches dans la publication relative à cette fouille. Par ailleurs, le matériel découvert fut systématiquement prélevé par Émile Lecreux, responsable de la fouille, avant d'être offert par sa famille, après son décès, à Léonard Quintard. Le grand intérêt porté par les fouilleurs au mobilier funéraire est souligné par l'attitude de Léonard Quintard. Les squelettes, au contraire, se révélèrent d'un intérêt moindre pour ces premiers explorateurs. Les déplacements osseux, occasionnés par les fouilleurs à la recherche du mobilier funéraire, apparaissent en général assez limités. L'absence d'un intérêt pour les ossements est illustrée sur le site de Vitry-la-Ville (Marne), où la trace de fouilles anciennes est encore perceptible dans plusieurs sépultures ayant conservées des pièces osseuses. En revanche, l'essentiel du mobilier funéraire visible au cours de la première fouille fut prélevé.

Parallèlement aux explorations archéologiques, des découvertes ponctuelles sont signalées sans qu'une méthodologie de fouille « professionnelle » ne soit mise en place. Dans la nécropole d'Ennery (Moselle), l'arrêt du travail des hommes entre 1935 et 1940 ne marqua pas pour autant la fin des découvertes archéologiques. En effet, le propriétaire du terrain continua l'exploitation de la carrière de sable et amassa au cours de ces années quinze armes mérovingiennes provenant d'une centaine de sépultures (Delort 1947 : 354). Les tombes furent également endommagées, certains squelettes n'étant conservés que sur leur moitié inférieure. La disparition du haut du corps, que l'on associe souvent à une réintervention ancienne, n'est dans ce cas qu'accidentelle et à rattacher à la période contemporaine. Lors de la reprise des fouilles par Émile Delort[119], ces tombes ne livrèrent que quelques objets oubliés ou laissés par le propriétaire du terrain. Un changement est perceptible avec la fouille de Pompey : Émile Delort entreposa les squelettes dans une caisse qu'il étiqueta et conserva au Service des Monuments Historiques à Metz. Le but principal de sa démarche était l'étude des ossements dans l'optique d'établir, selon ses propres termes, « la race – ou les races – à laquelle appartenaient les défunts » (Delort 1947 : 355).

Les fouilles de la fin du XIXe et de la première moitié du XXe siècle présentent un certain nombre de difficultés en ce qui concerne l'interprétation des actes de réouvertures sépulcrales. En effet, différencier ces derniers des interventions plus anciennes n'est pas toujours possible en raison des méthodes d'explorations utilisées (fosse de pillage). En outre, les techniques employées pour fouiller les sépultures mérovingiennes au début du XXe siècle ne sont pas nécessairement notées dans les publications archéologiques, ce qui ne permet pas toujours de les distinguer des traces de remaniements plus anciens.

Le contraste principal entre les réouvertures mérovingiennes et les bouleversements plus tardifs réside dans le mobilier prélevé. M. Barbé, propriétaire du terrain à Ennery, conserva sept haches et deux lances, une attitude très peu observée à la période alto-médiévale. Au contraire, ces armes sont souvent découvertes en quantité plus importante dans les tombes réouvertes que dans les sépultures intactes lorsque la perturbation a lieu au cours de l'époque mérovingienne.

4.2.4. Prospecteurs et détecteurs de métaux

À partir de la fin du XXe siècle, les chercheurs de « trésor » sont responsables du pillage d'un certain nombre de sépultures. La présence d'objets en métal dans les sépultures mérovingiennes facilite leur reconnaissance sur le terrain grâce à l'emploi de détecteurs de métaux qui peuvent conduire au pillage de la nécropole mérovingienne. Plusieurs exemples ont été cités précédemment dans l'Aube et l'Eure-et-Loir[120]. Les sépultures pillées aux détecteurs sur ces sites diffèrent de celles perturbées dès le haut Moyen Âge (type de mobilier prélevé, localisation des perturbations…). Dans certains cas, le pillage peut se révéler contemporain de la fouille.

Dans la nécropole de Capelle-les-Grands « Les Terres Noires » (milieu du Ve-milieu du VIIIe siècle, Eure), 18 sépultures sur 91 mises au jour en 2003 ont été pillées. La première phase de perturbation s'est déroulée au cours du diagnostic réalisé en mars 2003, et la seconde lors de la fouille en mai de la même année (Jego 2008, vol. 2 : 11). Il semble bien que l'opération archéologique soit à

[117] Pierre Pinon rappelle que, jusqu'au milieu du XIXe siècle, l'essentiel des fouilles découle de découvertes fortuites, généralement à la suite de travaux. Ce sont ces dernières qui ont laissé une trace dans la littérature archéologique, à l'inverse des fouilles programmées. Ces dernières peuvent répondre à un questionnement historique, ou être mises en place pour faire face à une destruction rapide des vestiges (Pinon 2009 : 35).

[118] Léonard Quintard a réuni les objets découverts au cours de la fouille dans son cabinet de travail.

[119] Émile Delort fut directeur de la XVIIe Circonscription historique, puis de la Circonscription archéologique et professeur agrégé au lycée de Metz. Il participa activement à la fouille de plusieurs sites lorrains (Grenier 1959 : 203–205).

[120] Les nécropoles d'Allonnes et d'Arrentières ont fait l'objet d'un pillage moderne par l'intermédiaire de détecteurs de métaux.

l'origine de la perturbation de la nécropole, cette dernière n'ayant fait l'objet d'aucune prospection par le passé. Des fosses de pillage non centrées et débordant souvent des limites des structures funéraires ont été observées dans au moins trois sépultures. Six tombes perturbées seulement ont livré du mobilier funéraire, mais celui-ci était de peu de valeur ou fragmenté[121]. La localisation des sépultures bouleversées montre une intervention ciblée au centre de la nécropole par les pilleurs, probablement guidés dans leur opération par l'emploi d'un détecteur de métaux. Le type de mobilier rencontré à Capelle-lès-Grands est proche, par sa quantité et sa qualité, des nécropoles contemporaines de la région (Jego, Carré et Adrian 2013 : 143). L'absence de pillage antérieur au XXIe siècle est peu courante pour un site funéraire mérovingien, mais n'est pas inédite. L'étude des remaniements est ici surtout l'occasion d'observer des pratiques modernes de réintervention anthropique, mais aussi de comparer les techniques de repérage des sépultures et le type d'objets prélevés entre deux périodes historiques éloignées (le Moyen Âge et notre époque). Cette comparaison permet ainsi de mieux définir les spécificités des remaniements de tombes selon les périodes d'intervention.

4.2.5. Une grande variété d'intervenants

L'observation attentive des nécropoles alto-médiévales réouvertes en Europe de l'Ouest souligne la variété du profil des responsables. Si l'ouverture cupide des sépultures a pendant longtemps dominé la recherche, il convient aujourd'hui de nuancer cette interprétation face à la diversité des intervenants reconnus.

Les premiers auteurs identifiés des bouleversements sont les Mérovingiens eux-mêmes, sans qu'il soit pour autant possible d'établir leur lien précis avec les défunts perturbés. Les indices attestant de la réouverture des sépultures durant l'utilisation des nécropoles, ou juste après leur abandon sont nombreux et aujourd'hui bien identifiés par l'archéologie. La sélection des tombes en fonction de leur contenu, la précision d'intervention des perturbateurs dans les limites de creusement des structures, la préservation des aménagements funéraires ou encore le prélèvement sélectif des objets sont autant d'éléments dont dispose l'archéologue pour attester de l'ancienneté d'une réintervention sépulcrale. Néanmoins, c'est la prise en considération de l'ensemble de ces éléments qui se révèle pertinente dans la datation de la pratique. Pris indépendamment, ceux-ci peuvent induire une mauvaise compréhension de l'acte. En effet, l'une des caractéristiques principales des réouvertures alto-médiévales réside dans la sélection du mobilier funéraire, qui diffère largement de celle opérée aux siècles suivants et notamment par les explorateurs du XIXe siècle et les détectoristes. Si les scramasaxes, les épées, les fibules et les ceintures semblent privilégiés par les perturbateurs de la période mérovingienne, les fers de lance, les haches, les flèches, la vaisselle, les couteaux ou encore les bagues et les colliers de perles sont au contraire régulièrement délaissés. Les sources textuelles contemporaines, de leur côté, fournissent quelques éléments sur l'identité de certains perturbateurs. Dans les récits de Grégoire de Tours et de Cassiodore, les réinterventions anthropiques s'apparentent toutes à des cas de pillage dont l'objectif principal est de dérober les biens du mort par cupidité. Deux catégories d'individus se détachent de ces récits : ceux appartenant à une élite par leur naissance ou leur richesse et ceux liés au monde ecclésiastique.

La fréquence des réouvertures suit l'évolution des pratiques funéraires et décroît à partir du VIIIe siècle en parallèle de la disparition progressive de l'inhumation habillée. Au cours du Moyen Âge, le remaniement des sépultures mérovingiennes découle pour l'essentiel de découvertes fortuites. Il est intéressant de constater que la mémoire des pratiques funéraires mérovingiennes persiste à cette période, les hommes pouvant rouvrir des sépultures carolingiennes présentant alors la même organisation que dans les nécropoles des siècles précédents, comme dans les cimetières de Saint-Georges-de-Montaigu et de Nanterre. Les sources écrites post-mérovingiennes, et plus spécifiquement les récits, apparaissent assez silencieuses sur les réinterventions sépulcrales, ne livrant que très peu d'informations susceptibles de nous éclairer sur la pratique après le IXe siècle.

Le XIXe siècle voit se développer un nouvel intérêt pour les Mérovingiens grâce à la découverte et l'exploration de vastes champs funéraires. Les explorateurs et premiers archéologues de ce siècle s'intéressent alors au mobilier funéraire livré par les sépultures. Les fouilles sont intensives, les rangées de tombes sont ouvertes à l'aide de tranchées ou, dans le cas de fouilleurs plus expérimentés, à travers des cônes similaires à ceux du haut Moyen Âge. Les parures, y compris les colliers de perles, et les armes font l'objet d'un prélèvement systématique. La vaisselle en verre et en bronze est emportée, contrairement à la céramique qui peut demeurer dans les structures après le passage des fouilleurs. Cette quasi-absence de sélection du mobilier funéraire est une des principales différences avec les remaniements alto-médiévaux. Les planches accompagnant les publications du XIXe et de la première moitié du XXe siècle illustrent le large centre d'intérêt des archéologues pour l'objet mérovingien, peu importe sa matière et son état de conservation. À partir de l'entre-deux-guerres, l'usage de la sonde dite champenoise tend à se généraliser dans certaines régions françaises. Les manuels de prospection des années 1930–1940 décrivent l'efficacité de cet outil pour localiser d'anciennes nécropoles. Les clichés photographiques pris en 1929 à Vitry-la-Ville montrent son usage dans l'exploration de cette vaste nécropole mérovingienne.

[121] Le mobilier découvert dans ces six tombes est le suivant : un vase (sépulture 1018), un couteau (sépulture 1022), un fragment de lame de couteau (sépultures 1027 et 1064), une monnaie (sépulture 1064), une verrerie (sépulture 1081), une paire de force (sépulture 1089), une boucle (sépulture 1089) et un anneau en alliage cuivreux (sépulture 1089). La paire de force et la boucle ont été découvertes à l'emplacement du trou de pillage, rejetées par le pilleur. L'anneau était au niveau des pieds.

De nos jours, le pillage des tombes alto-médiévales s'effectue en grande partie par l'utilisation de détecteurs de métaux. Ces intrusions récentes laissent des indices bien connus des archéologues : sélection des sépultures selon la nature du dépôt funéraire, vol centré sur le mobilier métallique, trous de pillage ciblés au-dessus des objets, intervention en espace colmaté, destruction osseuse. L'intervention des détectoristes ne se déroule pas uniquement en amont d'une éventuelle fouille, mais parfois pendant, comme cela fut le cas sur les nécropoles d'Arrentières et de Norroy-le-Veneur.

4.3. Chronology and reopeners

In 1978, Helmut Roth observed that the reopening practice began in the 6th and continued until the end of the 7th century in the Merovingian Gaul (Roth 1978: 62). Based on Roth and Fritz Fremerdorf's works, Bonnie Effros notes a gradual increase in the frequency of the practice from the first third of the 6th to the first half of the 7th century (Effros 2002: 57–58). A similar conclusion is made by Martine van Haperen for the Dutch side: from the study of eleven cemeteries and more than 1 300 graves, she concludes that the majority of the re-entries can be placed between the end of the 6th century and the 7th century (Noterman et al. 2020). The reopening chronology extends to the first half of the 8th century according to research by Alain Dierkens (2011: 598).

The new analysis carried out in northern France shows a similar picture. The study was based on the review of the state of preservation of the graves (before or after the collapse of the container and the in-filling of the pit), the position and degree of conservation of grave goods, the location of the intrusive pits and the selection of the graves by the reopeners. Dating precisely a post-depositional intervention suppose that the practices only happened once in a cemetery, which was scarcely the case. In this sense, the chronology proposed can only be general. Indeed, some graves may have been reopened before the established dating and some after.

In France, the re-entry practice seems to start during the 6th century, mainly in its second half, to reach its maximum intensity during the 7th century. Graves from the most recent phases of use of a cemetery were thus more frequently targeted than the first ones. The first generation of burials usually show a low rate of reopening, even if the situation can vary from site to site.

In a historical perspective, the practice thus does not really start with the coming to power of the Franks in Gaul at the beginning of the 6th century. In fact, it coincides with a period characterised by the apogee of the Merovingian dynasty, but also by some struggles inside the royal family and between aristocratic households. The end of the 6th century is known by historians for the famous feud between the queens Fredegund and Brunhilda, and which only ended in 613 with the death of the latter (Gear 1989: 145). Part of Gaul was unified by Chlothar II and his son Dagobert during the first half of the 7th century. At this time, Europe experienced an economic, demographic and religious boom with the development of trade on the North Sea, greater power of aristocrats and the expansion of monasticism (Joye 2011: 167; Terrien 2007: 129–135). Merovingian Gaul in the early 7th century continued however to be dominated by power struggles coming from the Frankish system of succession based on the division of the kingdom between the different sons of the deceased king (Le Jan 2003: 42). The second half of the 7th century was then characterised by the gradual decline of the Merovingian dynasty to the benefit of the mayors of the palace and more particularly the Pippinids.

Did the history of Gaul from the end of the 6th until the end of 7th century have any connection with the reopening practice? The start of an answer may come from the study of the cemeteries in eastern France. In this part of the country, the intensity of the phenomenon is significant, with very few sites undisturbed in comparison with the other regions. At the same time, it is also in Alsace and Lorraine where the competition between Neustria and Austrasia for the domination of the territory were particularly important (Picard 1998: 420–422). On the other side of France, the situation was different with more stable borders and less historical evidence of struggles between the dominant households. In fact, Normandy and Brittany remained far from the centre of power during the Merovingian period (Dierkens et Périn 2002: 284; Geary 1989: 143–148)[122].

New research on early medieval reopening in Western Europe tends to paint a varied picture of those responsible for the intrusions. If an interpretation based on greed has long dominated studies, the diversity of profile of the reopeners is nowadays recognised. The first category of individuals identified is the Merovingians themselves, although their precise relationship with the disturbed dead cannot be specified. The evidence of reopening during the use of the cemeteries or shortly after their abandonment is well recognised by archaeology. The selection of the graves according to their content, the precision of the digging within the limits of the burial structures, the preservation of the funerary architecture at the time of the intrusion and the selective removal of the objects are among the strongest archaeological evidence of the antiquity of many post-depositional entries. Nonetheless, these elements should be studied together and not taken independently at the expense of understanding the disturbance, its chronology and purpose.

One of the main characteristics of early medieval reopenings and discussed in greater detail in chapter 7

[122] *Since Sigebert I (561–575), the seat of the kingdom of Austrasia has been in Metz. In Neustria, the seat was established in Paris throughout the 7th century and that of Burgundy in Chalon-sur-Saône under Guntram (561–592). Other cities were also of great importance during the successions. After the death of Chlothar I (561), his sons shared the kingdom: Charibert inherited Childebert I's kingdom with Paris as its seat, Chilperic that of Chlothar with Soissons, Guntram that of Clodomir with Orléans, and finally Sigebert that of Thierry with Reims.*

is the selection of the grave goods, i.e. the type of items taken or deliberately left in the burial. This selection varied greatly depending on the chronology of the re-entry. For instance, when the intrusion occurred at the Merovingian period, seaxes, swords, brooches and belts were largely removed by the reopeners, whereas spreads, axes, arrows, dishes, knives or rings and beads necklaces were usually neglected. The situation is different with intruders belonging to the 19th century who largely targeted metal objects, including knives, keys and shears.

The few early medieval written sources preserved give complementary information regarding the identity of some reopeners. In Gregory of Tours and Cassiodorus narratives, all the post-depositional interventions described can be labelled as plundering. Two categories of individual are identified: those belonging to an elite by birth or wealth and, more unexpectedly, those linked to the ecclesiastical world. It is important to remember, however, that the purpose of relating these stories was not to describe the reopening practice but to depict the misconduct of certain people.

The frequency of the reopening followed the evolution of the burial practices and decreases from the 8th century onwards in parallel with the gradual disappearance of furnished graves. During the High Medieval period, most re-entries were associated with accidental discoveries. Although the locations of Merovingian graves were often forgotten at this time, this was not the case for funerary practices. Carolingian tombs disposed in a similar way than Merovingian graves were sometimes reopened with the expectation of finding valuable grave goods. The cemeteries of Saint-Georges-de-Montaigu and Nanterre are some examples among others (Gallien 2009; Pecqueur 2012). Post-Merovingian written sources appear to be largely silent about the reopening practice and give little information regarding the existence of the practice after the 9th century.

A new interest in Merovingian society grew in the 19th century following the discoveries of large burial grounds. The quality and variety of objects found in graves were bound to attract the attention of the first archaeologists. Excavations were then intense, rows of graves were opened by means of trenches or, in the case of more experienced excavators, with the help of searching pits similar to those of the early Middle Ages. Jewellery, including bead necklaces, and weapons were systematically collected. Glass and bronze vessels were also removed, whereas ceramics may remain undisturbed. This virtual absence of selection of the grave goods is certainly one of the main differences with the early medieval re-entries. Archaeological drawings from the 19th and first half of the 20th century illustrate the wide-ranging interest in the Merovingian object, regardless of its material and state of preservation. From the interwar period onwards, the use of the so-called sonde champenoise became regular in some regions, in particular in Champagne-Ardenne where the soil properties were favourable for the search of graves by probing. The prospecting manuals of the 1930s and 1940s describe the effectiveness of this tool and photographs taken in 1929 at Vitry-la-Ville show its use in the exploration of the cemetery (Claeys 1928: 488–490; Salin 1946; Tixier et al. 2020: 109).

Today, the plundering of Merovingian graves is largely performed by metal detectorists. Their actions leave well-known evidence: selection of the graves based on the nature of the artefacts, theft focused on metal objects, targeted robbery pits over the objects, intervention in filled space, bone destruction. Not all the reopening associated with metal detectorists takes place prior to archaeological excavations, but sometimes during them, as was the case at Arrentières and Norroy-le-Veneur.

5

Le contenant

En contexte archéologique, bien en amont du squelette, l'un des premiers indices de la réouverture d'une tombe est l'atteinte au contenant. Sur le site de Poissy (Yvelines), deux sarcophages sont ainsi identifiés comme étant pillés avant même leur fouille : « les pierres qui faisaient office de couvercle avaient déjà été brisées et néanmoins replacées sur les sépultures » (Langlois 2002 : 16). De manière plus anecdotique, en raison d'une conservation très aléatoire, une observation similaire est parfois effectuée sur les contenants en matière périssable. Le système de fermeture peut présenter des lacunes résultant de l'intrusion dans la sépulture, et ainsi témoigner de sa préservation au moment de la réouverture. La prise en compte de l'aménagement sépulcral est une nécessité dans l'approche archéothanatologique de la tombe remaniée, d'où l'importance des observations de terrain. Elle participe également aux questionnements entourant la pratique tels que sa fréquence selon le type de contenant considéré, la conduite des perturbateurs selon la nature du contenant ou encore le degré de connaissance de ces derniers des pratiques funéraires locales.

5.1. L'architecture funéraire à l'époque mérovingienne

Les inhumations mérovingiennes présentent une grande variété dans leurs aménagements sépulcraux, et, selon leur modalité de construction, l'impact sur le déroulement de l'intrusion sera plus ou moins significatif (Annaert et Verslype 2010 : 100–103 ; Schnitzler 2008 : 100). Les corps peuvent avoir été déposés dans un contenant en bois aux parois clouées, dans un coffrage en bois réalisé directement dans la fosse, dans une chambre funéraire, dans une fosse en pleine terre fermée par un système de couverture composé de planches, dans un sarcophage ou encore dans un caisson de pierres sèches, comme cela est le cas sur le site de Vitry-sur-Orne (Moselle). La diversité des contenants rencontrée entre le VIe et le VIIIe siècle souligne une particularité de la culture funéraire mérovingienne : l'inhumation en espace vide. Le dépôt des corps dans une fosse sans aucun aménagement funéraire est minoritaire avant le VIIe siècle.

Le choix du type de contenant relève de multiples facteurs tels que le rang social du défunt ou les ressources de la région[123]. Ainsi, la répartition des sarcophages en France dépend fortement des caractéristiques géographiques du territoire qui fournit le matériau (carrière d'extraction), mais aussi le moyen de transport des cuves et des couvercles (fleuves, rivières...) (Dierkens 2009 : 268 ; Duval 1993 : 29 ; Lammers 1989 : 390–396).

La réalisation des contenants implique parfois le remploi de colonnes et/ou de sarcophages antiques. C'est le cas notamment en Haute-Normandie sur le site de Louviers (Eure) où sept sarcophages présentent des éléments architecturaux antiques en remploi (Jimenez et Carré 2008 : 62–63). Des décors peuvent aussi apparaître sur les parois des sarcophages, qu'ils soient en pierre ou en plâtre. L'Île-de-France, avec les sites de Nanterre et de Noisy-le-Grand, a livré plusieurs exemples de ce type. Les représentations sculptées ou moulées soulèvent un certain nombre d'interrogations sur le sens qu'il est possible de leur attribuer. Sont-elles purement décoratives ? Reflètent-elles les croyances du défunt ? Ou encore, ont-elles un rôle de protection de la sépulture, à l'image des épitaphes ?

Les systèmes de couverture des fosses sépulcrales sont parfois de dimensions impressionnantes. Dans la nécropole de Cutry, les trois dalles couvrant la tombe 1007 mesurent entre 60 et 70 cm de largeur, 90 cm de longueur et environ 12 cm d'épaisseur. Le poids de la dalle fermant la sépulture 1009 est proche de 600 kg (Legoux 2005 : 350–351). Malgré ces contraintes, il est intéressant de noter que les perturbateurs ont réussi à accéder au contenu de ces structures.

L'étude des contenants provenant de sépultures réouvertes, qu'ils soient en pierre ou en bois, peut être abordée d'après plusieurs angles. Le premier consiste à observer les traces laissées par les perturbateurs lors de leur entrée dans la tombe. Ces dernières peuvent prendre plusieurs formes : couvercle de sarcophage brisé et/ou lacunaire, dalle de couverture déplacée, système de fermeture lacunaire. Lors de conditions de conservations exceptionnelles, les contenants en bois peuvent également témoigner du passage des perturbateurs. Les outils utilisés au cours de la réouverture laissent parfois leur empreinte sur les planches de bois.

Le deuxième angle d'approche est celui du rapport entre le type de contenant et la fréquence du remaniement anthropique. Quelles structures sont les plus concernées par les bouleversements anthropiques ? La variété des inhumations permet d'observer en détail le taux de réintervention par type de contenant. En prenant l'exemple des sarcophages, leur réutilisation sur plusieurs générations en fait des dispositifs facilement accessibles. Est-ce que cela signifie pour autant qu'ils sont plus souvent réouverts que les simples coffrages en bois ? De même, les tombes

[123] Dans certaines régions, l'emploi du sarcophage comme contenant funéraire suppose un investissement important en raison de l'origine de sa production et son acheminement jusqu'au lieu d'inhumation (Delahaye 1993 : 143 ; Finoulst 2012 : 52–53).

disposant d'un aménagement en surface (tertre, poteaux, clôture…) sont-elles plus susceptibles d'être visées par les perturbateurs ?

Dans les études archéologiques, il est courant d'établir une classification des sépultures en fonction de la qualité et de la quantité de mobilier funéraire qu'elles contiennent. L'expression funéraire du rang social d'un individu est en réalité plus complexe et implique de multiples critères comme l'emplacement de la sépulture au sein de la nécropole, les aménagements de surface ou encore le type d'architecture funéraire. Dans la nécropole d'Erstein, le rang social d'un individu se mesure autant par la qualité de son mobilier funéraire que par les dimensions de sa tombe (Georges, Guillaume et Rohmer 2008). Dans ce sens, est-il possible d'envisager qu'il existe un lien entre les dimensions des fosses sépulcrales (longueur, largeur et profondeur) et la fréquence des réouvertures sur un site ?

5.2. Les atteintes au contenant

La principale contrainte d'une telle étude réside dans la conservation des vestiges archéologiques. La préservation médiocre des ossements et/ou de la fosse sépulcrale rend la détermination du type d'aménagement funéraire parfois délicate. Des choix sont donc nécessaires si l'on souhaite garantir la fiabilité d'une telle analyse. Dans la nécropole de Saint-Sauveur (Somme), le type d'inhumation n'a pu être établi dans près de 60 % des tombes, soit plus d'une sépulture sur deux. À Goudelancourt-lès-Pierrepont (Aisne), ce sont 62,40 % des sépultures dont le mode d'inhumation est de type indéterminé. À Banneville-la-Campagne (Calvados), ce pourcentage est de 81,81 %.

Au total, 38 sites ont été retenus, mais le nombre de nécropole par région est inégal en raison du degré de préservation des vestiges archéologiques. Ainsi, le Nord-Pas-de-Calais n'est représenté que par deux ensembles funéraires : Marquette-lez-Lille (Nord) et Quiéry-la-Motte (Pas-de-Calais). La situation est identique en Champagne-Ardenne avec deux sites : Saint-Marcel (Ardennes) et Saint-Parres-aux-Tertres (Aube). L'Alsace est la région qui comptabilise le plus d'exemples avec quinze nécropoles répertoriées.

Onze nécropoles de la moitié nord de la France présentent des évidences d'atteinte au contenant : Louviers, « rue du Mûrier » (Eure), Nanterre « rue de l'Église » (Hauts-de-Seine), Noisy-le-Grand « 4 rue des Mastraits » (Seine-Saint-Denis), Gaillon-sur-Montcient « La Garenne » (Yvelines), Magny-en-Vexin « Collège Claude Monet » (Val-d'Oise), Bulles (Oise), Vicq (Yvelines), Cutry (Meurthe-et-Moselle), Kuntzig « ZAC des Passeaux » (Moselle), Vitry-sur-Orne « Vallange » (Moselle) et enfin Vendenheim (Bas-Rhin). La répartition géographique met en avant une prédominance des sites funéraires franciliens. Il convient toutefois de tempérer ce constat car des traces de réouvertures ont pu disparaître avec le temps, soit du fait de la mauvaise conservation du contenant (arasement, dissolution, destruction par un engin mécanique), soit en raison de la non pérennité des composants (bois). Par ailleurs, ce type d'observation demeure limité devant l'ensemble des sépultures remaniées relevées.

Les atteintes peuvent être réparties en trois catégories. La première concerne les couvercles brisés ponctuellement (63 % des faits). La fracture coïncide généralement avec les déplacements osseux observés dans la cuve, comme le montre la sépulture 1007 de Cutry. La couverture est constituée de trois grandes dalles de récupération gallo-romaines encore en place dont l'une présente une ouverture d'environ 0,55 m de long et 0,30 m de haut (Legoux 2005 : 471). La localisation de la cassure correspond au niveau de la partie supérieure du corps du défunt. À cet emplacement, il est possible d'observer un vide, les ossements ayant été repoussés à l'opposé de l'ouverture, en direction des membres inférieurs. Sur le site de Nanterre, la situation est inverse dans le sarcophage : les os ont été ramenés vers l'ouverture créée (Pecqueur 2012 : 255). Il s'agit dans ce cas d'une autre méthode de recherche, mais dont le résultat est identique : le vol du mobilier. Un schéma similaire est visible à Vicq dans la sépulture 475. Le couvercle du sarcophage a été fracturé en son milieu. À l'intérieur de la cuve, les os longs des membres inférieurs apparaissent regroupés au centre, tandis que ceux des membres supérieurs sont rejetés contre la paroi de tête. L'amplitude de déplacement des os, ainsi que leur maintien à proximité du fond du sarcophage suggèrent que la sépulture n'était pas colmatée au moment du pillage.

La deuxième catégorie d'atteintes regroupe les couvertures lacunaires (28 %). Les morceaux endommagés lors d'une réouverture ne sont pas systématiquement découverts au cours de la fouille, pour de multiples raisons : déplacement des fragments par les perturbateurs dans un autre secteur de la nécropole ; abandon des débris à proximité de la tombe puis collecte de ces derniers par une tierce personne (gérant du cimetière, récupération opportuniste de la pierre …). L'imposante nécropole de Vicq a livré plusieurs tombes aux couvertures lacunaires, voire totalement absentes à la suite des pillages. La disposition des tombes en rangées régulières s'est révélée être un atout pour les pilleurs modernes. Les sarcophages 1623, 1690, 1691, 1692, 1693 et 1694, parfaitement alignés selon un axe nord-sud, ont tous fait l'objet d'une perturbation dans leur partie occidentale. La couverture est lacunaire dans trois cas (sép. 1623, 1693, 194) et absente dans deux cas (sép. 1690 et 1692). Le couvercle de la tombe 1691 est toujours en place et présente un trou de pillage en son centre. L'emplacement des perturbations pourrait ici être rapproché des pratiques funéraires alto-médiévales. Le défunt mérovingien est généralement inhumé tête à l'ouest. Les parures, les accessoires vestimentaires et parfois les armes sont déposées entre le crâne et le bassin inclus. Une intervention sur la partie ouest des sarcophages s'avère donc un choix logique, permettant de vérifier rapidement la présence d'un mobilier funéraire dans la structure, et le cas échéant d'optimiser son prélèvement.

En Lorraine, les atteintes au contenant se manifestent par une destruction partielle des coffrages en pierres. Sur le site de Vitry-sur-Orne, près de la moitié des inhumations a été réalisée dans des coffrages en pierres calcaires. 61 % de ces structures ont fait l'objet d'un remaniement anthropique. La tombe 58 présente une réintervention dans sa partie orientale. La paroi est n'est plus représentée que par deux blocs de pierre dont il est difficile d'interpréter leur présence. En effet, s'agit-il des restes de la première assise ou proviennent-ils d'une des parois latérales de la structure ? En surface, des blocs de pierres apparaissent sur toute la moitié occidentale du coffrage. Ils pourraient correspondre aux restes d'une couverture, ou être la conséquence de la perturbation d'une partie des parois nord, est et sud. Ce système de fermeture reste rare à Vitry-sur-Orne et seulement trois cas ont été observés, dont deux concernent des sépultures réouvertes.

La troisième catégorie est celle des éléments de couverture simplement déplacés par les perturbateurs (8 %). Ce type de technique de réouverture est visible sur les contenants élaborés à partir de plusieurs gros blocs de pierre. Sur le site de Cutry, la sépulture de « chef » 945 était fermée par trois grands blocs de pierres taillées d'environ 1,50 m de long, 0,30 m de large et 0,45 m d'épaisseur. Les perturbateurs n'ont pas cherché à fracturer la couverture. Ils se sont contentés de déplacer deux blocs pour atteindre le contenu de la tombe. Aucun surcreusement n'ayant dégagé le système de couverture n'est signalé. Il est donc probable que la sépulture n'était pas enfouie profondément, voire affleurait à la surface. Cette hypothèse est renforcée par le déplacement latéral d'un des blocs, poussé à l'extérieur de la limite sépulcrale nord. À l'intérieur de la tombe, la perturbation n'affecte qu'une partie de l'individu inhumé, les ré-intervenants s'étant focalisés sur le prélèvement d'un ou plusieurs objets précis. L'ancienneté de la perturbation est attestée, entre autres, par la présence d'un important mobilier funéraire délaissé volontairement.

La sépulture en sarcophage 672 de la nécropole de Bulles présente également un déplacement (partiel) de son couvercle. Le cas est particulièrement intéressant car il met en évidence trois techniques de pillage différentes correspondant à trois étapes successives d'intervention. Les pilleurs ont d'abord procédé au repérage de la tombe par l'intermédiaire d'une sonde dont l'impact est visible sur le couvercle. Puis ils ont creusé une fosse dont le comblement interne a été repéré au cours de la fouille en raison de son contraste avec le remblai général de la sépulture. Enfin, ayant atteint le couvercle ils ont descellé et fait pivoter le tiers supérieur de la couverture. La cuve était encore vide de sédiments au moment de la perturbation comme l'attestent les déplacements osseux. L'emploi de la sonde sur le site de Bulles est probablement à mettre au crédit de fouilleurs modernes, ce qui inscrit ce pillage à une période récente. Néanmoins, les méthodes employées sont proches de celles qui ont été observées à des époques anciennes sur divers sites d'Europe.

Les atteintes au contenant ne sont pas uniquement visibles sur les sarcophages et les coffrages en pierres. Dans des cas exceptionnels de conservation, les aménagements funéraires en bois peuvent parvenir jusqu'à nous et livrer des traces de réinterventions anthropiques. Sur le site de Vendenheim (Bas-Rhin), la sépulture 522 est une chambre funéraire coffrée composée de planches de chêne (Barrand-Emam 2013, vol. 2 : 420–422). La conservation osseuse est mauvaise et le squelette très partiel. Seuls des os longs déconnectés ont été retrouvés sur le fond de la sépulture, à l'ouest. Le comblement n'a livré aucun ossement[124]. Le système de couverture et le fond de la tombe sont partiellement conservés. Plusieurs planches transversales présentent une découpe rectiligne plus ou moins oblique (Figure 5.1), probablement réalisée à l'aide d'un outil tranchant utilisé par les perturbateurs lors de leur intrusion, sans qu'on puisse en dire davantage. La tombe de Vendenheim ouvre ainsi la voie à de nouvelles possibilités concernant l'analyse des sépultures réouvertes en matériaux périssables.

La méthode de réouverture employée dans le cas des sarcophages est souvent destructrice. Elle demande un effort important pour briser la pierre ou déplacer des blocs. L'intervention de plusieurs mains est aussi attestée lorsque des dalles de plusieurs kilos sont pivotées, glissées ou simplement évacuées de la tombe. Il semble peu probable que de telles opérations aient été réalisées rapidement, à l'abri complet des regards et uniquement à la faveur de l'obscurité ou, comme aiment le souligner les archéologues allemands *bei Nacht und Nebel*[125]. L'image véhiculée par le XIXe siècle de bandes de pillards sévissant de nécropole en nécropole ne peut pas s'appliquer en l'état. Le matériel nécessaire pour rouvrir les tombes témoigne d'un minimum de préparation en amont et d'une bonne connaissance du site et du terrain encaissant.

5.3. Études régionales[126]

5.3.1. La Normandie

Fouillée entre 2000 et 2005 sous la direction de Frédérique Jimenez (Inrap), la petite nécropole de Louviers a livré au total 26 sarcophages en calcaire ou en plâtre, 97 contenants en bois et 31 structures de type indéterminé. Sur ce site, 57,69 % des sarcophages et 23,71 % des contenants en bois ont fait l'objet d'une réintervention anthropique. Les contenants en matériau pérenne apparaissent donc plus fréquemment réouverts à Louviers que les structures en bois.

La comparaison avec d'autres sites régionaux bouleversés au haut Moyen Âge est délicate dans la mesure où les

[124] Deux tessons de céramiques ont été découverts dans le remplissage sans pouvoir certifier qu'ils appartiennent à la sépulture 522. Il peut s'agir de matériel résiduel perturbé lors du creusement de la structure.

[125] Cette expression est régulièrement employée dans la littérature archéologique allemande pour évoquer le pillage des sépultures alto-médiévales.

[126] Entreprise avant le redécoupage régional décidé par l'État en 2016, cette recherche s'appuie sur la répartition régionale qui était en vigueur jusqu'alors.

Figure 5.1. Sépulture 522 de Vendenheim (Bas-Rhin). La conservation exceptionnelle du bois permet d'observer les traces d'impacts liés à la réouverture sur le fond de la chambre funéraire, en particulier au sud (H. Barrand, F. Chenal, Antea Archéologie).

études sont partielles, trop anciennes ou encore les vestiges mal conservés. La découverte de sarcophages est également inégale suivant les lieux[127]. Parmi les exemples relevés, on peut citer ceux de Fallencourt, « La Tête de Purchevin » (Seine-Maritime) et de Vieux « Avenue du 13 juin 1944 » (Calvados). Sur le site de Fallencourt, seuls trois sarcophages ont été découverts dont deux pillés (Mantel 1992, vol. 2 : 8, 31 et 54). À Vieux, les sondages effectués au cours d'un diagnostic en 2004 sous la direction d'Éric Delaval (SDAC) ont permis la mise au jour de deux sarcophages, dont l'un était perturbé (Delaval et Lelièvre 2004 : 16–17). Sur le site d'Harfleur, « Les Côteaux » (Seine-Maritime), 21 % des sarcophages en calcaire ont fait l'objet d'un pillage. Ces exemples normands soulignent la difficulté de conclure sur la fréquence de réouvertures des sarcophages mérovingiens, l'échantillon étant trop faible.

Les observations effectuées à Louviers montrent un taux de bouleversement plus élevé dans les inhumations en sarcophage que dans les autres types de contenant. Toutefois, il est nécessaire de ne pas surinterpréter les résultats. Si les contenants pérennes sont plus fréquemment réouverts, ils sont loin de l'être de manière systématique. Le rattachement des réinterventions à une période précise n'est pas aisé à Louviers. Plusieurs perturbations postérieures à l'utilisation de l'aire funéraire viennent recouper les sépultures[128]. La mauvaise conservation des squelettes limite également les observations. À partir des données recueillies, il semblerait qu'une grande partie des sarcophages aient été perturbés après l'abandon du site. Leur visibilité dans le paysage funéraire a donc perduré un certain temps après la fin d'utilisation de la nécropole.

La réouverture des sarcophages s'inscrit dans une période très longue qui peut s'étaler sur plusieurs siècles. Ils peuvent avoir été visités à plusieurs reprises au cours du temps, sans qu'il soit toujours possible pour l'archéologue de distinguer clairement les différentes interventions et de les replacer dans une chronologie. Une comparaison effectuée entre les sarcophages intacts et ceux réouverts à Harfleur souligne l'absence presque complète de dépôt funéraire dans ce type d'inhumation. Il semble donc possible de rattacher la perturbation des sarcophages sur ce site à une période où leur contenu n'était plus connu et leur visibilité dans le paysage funéraire faible.

5.3.2. Le Nord-Pas-de-Calais

L'observation des aménagements funéraires dans la région Nord-Pas-de-Calais est extrêmement variable d'un site à un autre. À Houplin-Ancoisne (Nord), plus d'une structure sur deux est de type indéterminé (62,06 %). Le taux d'indétermination est plus élevé à Quiéry-la-Motte

[127] Deux synthèses ont été faites sur les sarcophages normands : Carré 2011 : 92 ; Hincker et Carré 2015.

[128] Le site est abandonné entre le VIIIe et le XIe siècle, puis des traces d'occupation réapparaissent sous la forme de trous de poteaux, de fossés et de fosse. Des dépotoirs sont installés entre le XIe et le XVIe siècle. Une usine s'installe sur le site au XVIIIe siècle. Détruite partiellement au début du XXe siècle, elle laisse la place à une école. Tous ces aménagements successifs provoquent la destruction et/ou le pillage de plusieurs sépultures.

(Pas-de-Calais) avec 72,50 %. La nécropole de Marquette-lez-Lille (Nord) apparaît comme le site le plus approprié pour l'étude avec seulement cinq sépultures où le type d'aménagement n'a pu être décelé.

Les sépultures réouvertes se répartissent de la façon suivante : 45 en contenant en bois avec ou sans clous, trois en cercueil monoxyle, trois dépôts sur des brancards et trois chambres funéraires (Gubellini, Cense-Bacquet et Wilusz 2013, vol. 1 : 238–246). L'inhumation en contenant en bois étant majoritaire à Marquette-lez-Lille, il n'est pas surprenant d'observer que 52,32 % des perturbations ont été réalisés sur ce type d'architecture funéraire. Les cercueils monoxyles et les brancards sont également concernés par les perturbations (30 % pour le premier type et 33,33 % pour le second). Nonobstant l'aspect moins élaboré des brancards, ils sont parfois associés à un riche mobilier comme en témoignent les sépultures intactes 36 et 122, et les sépultures bouleversées 74 et 101. Aucun sarcophage n'a été mis au jour dans la nécropole.

Les trois chambres funéraires découvertes à Marquette-lez-Lille sont situées à l'écart des sépultures qui leur sont contemporaines. Elles appartiennent toutes à la même période chronologique (MA2), abritent des individus masculins et ont été remaniées. La réouverture de ces structures ne semble pas être liée au hasard. Dans deux cas, le trou de « pillage » est circonscrit aux limites des fosses (sépultures 97 et 111). L'arrêt du creusement au niveau d'apparition des planches des parois suggère la présence, au moins partielle, du système de fermeture au moment du bouleversement (sépultures 97 et 105). L'importante fragmentation du mobilier métallique découvert en fond de fosse et dans l'ouverture de la sépulture 105 témoigne d'une intervention à une période où les objets sont fragilisés par la corrosion suite à leur séjour en terre. A Marquette-lez-Lille, la persistance des contenants au-delà de plusieurs décennies est à envisager, les matières organiques présentant un conservation exceptionnelle sur ce site. L'ensemble des données amène à conclure à une réouverture des sépultures au cours de l'utilisation de la nécropole, mais près d'un siècle après les inhumations. Les tombes environnantes intactes ont toutes livré un matériel archéologique pauvre, preuve supplémentaire de la sélection des chambres funéraires. La distance entre l'inhumation des individus et l'intervention des perturbateurs conduit à envisager l'hypothèse d'une transmission sur plusieurs générations du souvenir de l'emplacement de ces sépultures et de leur contenu.

Le type d'aménagement funéraire rencontré à Marquette-lez-Lille se retrouve dans les autres nécropoles de la région. L'inhumation en contenant périssable de type cercueil ou coffrage est majoritaire et les réouvertures concernent en premier lieu ces structures funéraires. À Houplin-Ancoisne, 37,93 % des aménagements funéraires des sépultures remaniées sont des contenants en bois (Lassaunière 2010 : 66). L'observation est identique à Quiéry-la-Motte (Louis et Rorive 2009 : 43–44).

Les chambres funéraires sont donc peu nombreuses dans le Nord-Pas-de-Calais, de l'ordre de deux ou trois exemplaires sur quelques sites[129]. Dans la nécropole de Hordain (Nord), aucun élément ne permet de supposer qu'elles ont fait l'objet d'une réouverture. Les deux chambres funéraires sont également intactes sur le site de Lesquin (Nord) (Deflorenne et Quérel 2015, vol. 1 : 212–217).

Dans le nord de la France, les chambres funéraires sont réservées à une élite communautaire puissante (Fischer, Soulat et Victor 2009 : 194), ce qui explique que leur nombre soit limité dans les nécropoles du Nord-Pas-de-Calais. Le mobilier laissé dans les chambres de Marquette-lez-Lille montre leur richesse initiale. Le constat est identique à Hordain avec la découverte, entre autres, d'une épée, d'un angon, d'une boucle de ceinture en argent massif, d'une bague en or, de boucles d'oreilles en or ou encore d'une fibule aviforme en argent et feuille d'or dans ces deux sépultures. En dehors du site de Marquette-lez-Lille, les chambres funéraires ne sont pas bouleversées de manière régulière.

5.3.3. L'Île-de-France

En Île-de-France, la première remarque qui s'impose est la grande variété des architectures funéraires dans la région. La nécropole de Nanterre se caractérise, pour la période mérovingienne, par des inhumations en sarcophage de pierre ou de plâtre (Pecqueur 2012 : 56–67). À l'inverse, les contenants sont exclusivement en matériaux périssables à Versailles (cercueils monoxyles, coffrages avec pierres de calage, simples contenants en bois…) (Dufour 2013, vol. 1 : 58–64). Sur le site de Noisy-le-Grand, les sarcophages de plâtre côtoient les structures mixtes en pierres et plâtre et les fosses délimitées par quelques pierres (Le Forestier 2012, vol. 1 : 103–118). À Magny-en-Vexin, les inhumations en sarcophage sont presque aussi fréquentes que celles en contenant périssable (Taupin, Dumont et Raymond 1998 : 20)[130]. Ces différents aménagements rendent difficile une comparaison entre les nécropoles. Il faut donc envisager une observation au cas par cas si l'on souhaite établir un lien éventuel entre le type d'architecture funéraire et l'intensité des réouvertures.

Le pillage concerne en majorité les sarcophages à Noisy-le-Grand avec 19 cas relevés[131]. En seconde position viennent les structures mixtes composées de pierres parementées au plâtre[132]. La répartition des tombes dans la nécropole met en avant un très faible nombre de recoupements en dépit de l'intensité d'utilisation du site. Les sépultures

[129] Dans l'importante nécropole de Hordain, seules deux chambres funéraires ont été fouillées (sépultures 260 et 261). À Fréthun, leur nombre est identique (sépultures 65 et 207) (Demolon 2006, vol. 2 : 156–164 ; Routier 2003).

[130] Les fouilles de 1972 et de 1992 ont permis la mise au jour de 102 sépultures dont 44 en sarcophage et 58 au sein d'aménagements périssables.

[131] Ce qui représente 14,39 % des sarcophages découverts dans la nécropole.

[132] Le pillage concerne 25 % des aménagements mixtes pierres/plâtre.

devaient donc être signalisées en surface. Les couvercles de sarcophage sont à la fois des systèmes de fermeture et parfois des marqueurs de surface (Morleghem 2015 : 193). Dans le Gers, les couvercles des sarcophages découverts à Auch « La Treille » et à Lectoure « Saint-Géry » témoignent de l'action des passants qui, au fil des décennies, ont poli la surface en marchant dessus (Corrochano 2005, tome 1 : 105). L'usure des décors sur le couvercle de plusieurs sarcophages à Saint-Mexme de Chinon (Indre-et-Loire) montre l'absence d'enfouissement de ces contenants (Husi, Lorans et Theureau 1990 : 138). Dans l'Hérault, la faible profondeur d'ensevelissement des sarcophages des nécropoles des Horts et de Saint-Vincent à Lunel-Viel laisse penser qu'ils se signalaient en surface par leur couvercle (Raynaud 2010 : 120 et 173).

Dans trois structures mixtes (sépultures 279, 290/298 et 294) de Noisy-le-Grand, on relève la présence d'une ou plusieurs pierres aux dimensions beaucoup plus importantes que celles formant les pourtours des fosses. Ces pierres sont toutes placées à la tête des sépultures et auraient pu servir de marqueur. Pour les tombes à aménagement mixte 346, 572 et 604, la présence d'un marquage en surface est suggérée par l'absence de recoupement ainsi que par un parfait alignement des sépultures 572 et 604 l'une par rapport à l'autre. Les sépultures bouleversées de Noisy-le-Grand paraissent avoir été sélectionnées par les pilleurs à cause de leur visibilité en surface. Leur accessibilité semble donc avoir primé sur le type de mobilier qu'elles pouvaient contenir.

La fouille d'un petit ensemble funéraire à Nanterre (Hauts-de-Seine) en 2007 a permis la mise au jour de quelques tombes pillées. Sur un total de 42 sépultures du haut Moyen Âge, quatre ont fait l'objet d'une perturbation anthropique. Toutes correspondent à des inhumations en sarcophage de plâtre. Le réemploi d'une grande partie des sarcophages au cours de la période d'utilisation du site (voire même au-delà) suggère leur visibilité en surface[133]. La répartition des sépultures perturbées ne met pas en avant de secteurs spécifiques affectés par les perturbations. Au contraire, elles se répartissent sur l'ensemble du site. Le mobilier funéraire est rare à Nanterre. Pour la période alto-médiévale, seules cinq sépultures ont livré des objets. L'ensemble de ces éléments laissent entrevoir un pillage tardif, sans connaissance précise du contenu des structures. Les perturbateurs ont ouvert quelques sarcophages à divers endroits du cimetière puis, s'apercevant de la faible teneur en mobilier de ces derniers, ont stoppé leur exploration[134].

Les fouilles réalisées dans la cour du Grand Commun à Versailles en 2009 ont permis la découverte d'une nécropole du haut Moyen Âge. Neuf sépultures ont livré des traces de pillage sur un ensemble de 96 tombes. De manière identique à Noisy-le-Grand et à Nanterre, le pourcentage de réinterventions sépulcrales est faible. L'existence d'une architecture funéraire a pu être démontrée dans 66,66 % des tombes fouillées. Plusieurs types d'aménagement ont été observés : cercueils monoxyles, contenants rectangulaires, coffrage avec calage de pierres, coffrages avec plancher surélevé. Aucun sarcophage n'a été mis au jour au Grand Commun. Toutes les sépultures réouvertes de Versailles ont livré des traces d'un aménagement funéraire périssable. À l'exception des sépultures 51 (indéterminé) et 379 (cercueil monoxyle), ces aménagements se composent d'un contenant rigide avec ou sans un système de calage de pierres (sépultures 275 et 380). Ainsi, la majorité des individus bouleversés était inhumé au sein d'une structure en bois de type contenant. À partir de ces observations, le type de structure funéraire ne semble pas être un critère utilisé par les perturbateurs à Versailles pour sélectionner les sépultures au cours de leur intervention.

Mentionné précédemment, la diversité d'architectures funéraires rencontrée en Ile-de-France ne permet pas d'effectuer des études comparatives entre les différents sites. Si les perturbateurs semblent privilégiés les sarcophages à Noisy-le-Grand, il faut se souvenir qu'une grande partie des inhumations mérovingiennes ont été réalisées précisément dans ce type d'architecture funéraire. D'une manière plus générale, les perturbateurs paraissent se concentrer sur les inhumations en espace vide et matérialisées en surface. Le degré de visibilité et d'accessibilité de ces sépultures semble être un critère important, notamment lors des interventions tardives. L'étude des sépultures réouvertes est particulièrement complexe en Ile-de-France et il est parfois difficile de rattacher certaines interventions à une période précise. En effet, les explorations archéologiques de la seconde moitié du XIXe siècle et les découvertes fortuites lors de travaux urbanistiques ont occasionné de nombreux pillages, complexifiant la lecture et l'interprétation des sépultures bouleversées dans cette région. Des remaniements anciens ont pu disparaître à la suite de manipulations plus récentes. L'étude de la pratique des réouvertures de sépultures se révèle ainsi particulièrement complexe en milieu urbain, comme l'atteste la fouille de la nécropole de de la rue de l'Église à Nanterre où « les destructions modernes sont nombreuses du fait des différents réseaux : canalisation centrale, les trois tranchées perpendiculaires à cette dernière réalisées en 2005, divers tuyaux au centre de l'emprise et les autres perturbations induites par le bâti » (Pecqueur 2012 : 42). À Paris, la portion de la nécropole de Saint-Gervais fouillée en 1993–1994 Place Baudoyer est recoupée par des caves médiévales, des tranchées modernes et une canalisation d'égout (Valencia 1996).

5.3.4. La Champagne-Ardenne

Les fouilles archéologiques menées en Champagne-Ardenne ces dernières années ont permis la découverte

[133] Aucune trace liée aux intempéries n'a été observée sur les couvercles des sarcophages. Il est donc probable que ces derniers devaient être protégés (terre, superstructure ?) tout en demeurant facile d'accès pour les nouvelles inhumations. Un marquage de surface devait également exister.

[134] On ne peut totalement exclure l'hypothèse que les tombes 2, 4, 6 et 24 aient contenu le mobilier le plus riche du cimetière et, ainsi, qu'elles aient été visées spécifiquement. Toutefois, cette théorie semble très peu probable.

de plusieurs nécropoles mérovingiennes. Sur les sites de Saint-Marcel « Village » (Ardennes) et de Saint-Parres-aux-Tertres « Champs Reigne » (Aube) ce sont respectivement 17 et 80 tombes qui ont été mises au jour (Desbrosse-Degobertière et Bonnabel 2010 : 21 ; Degobertière 2006 : 49).

Les aménagements funéraires observés à Saint-Marcel et à Saint-Parres-aux-Tertres présentent des similitudes. Les défunts sont inhumés dans des contenants en bois, parfois calés à l'aide de blocs de craie ou de pierres[135]. Les blocs n'encadrent jamais entièrement les fosses, se répartissant de manière plus ou moins lâche d'un côté ou d'un autre, voire parfois sur plusieurs côtés.

Sur le site de Saint-Marcel, parmi les quatre tombes réouvertes, une seule présente un aménagement de blocs de pierre. À Saint-Parres-Aux-Tertres, sept des neuf tombes perturbées offrent un aménagement interne similaire. La répartition des pierres autour des individus ou leur nombre ne semblent pas être un critère de sélection lors des réouvertures. Dans le petit ensemble funéraire de Saint-Marcel, les tombes 4 et 10 se distinguent par la taille des dalles de pierres utilisées dans l'élaboration de l'aménagement interne. La sépulture 4 a livré un scramasaxe, une plaque-boucle, une contre-plaque et un peigne. La sépulture 10 contenait une boucle de ceinture, un fragment de couteau et une céramique. Malgré une architecture funéraire plus imposante et probablement visible en partie en surface, ces deux tombes sont intactes. Dans la nécropole de Saint-Parres-aux-Tertres, sur les quatre tombes présentant l'aménagement le plus complet, seules deux sont perturbées.

Aucun sarcophage n'a été mis au jour sur ces deux sites funéraires. Dans les nécropoles d'Arrentières et de Buchères, le constat est identique (Desbrosse-Degobertière 2010 ; Seguin 2011). Un seul sarcophage a été fouillé sur le site de Savigny-sur-Ardres (Paresys 2010, vol. 1 : 24)[136]. Il contenait un individu en place et deux en réduction. Il est très largement daté du MA1-MA3 (470/480 – 600/610 après J.-C). La nécropole de Vitry-la-Ville a livré treize sarcophages en plâtre sur un ensemble de 127 tombes fouillées, ce qui constitue à peine 10 % des aménagements funéraires observés sur ce site (Tixier 2019). Sept de ces sarcophages présentent des indices de perturbation anthropique, sans qu'il soit toutefois possible de les attribuer à une période précise (Tixier et al. 2020).

En Champagne-Ardenne, les types d'aménagements funéraires ne semblent pas constituer un critère de sélection particulier pour les perturbateurs. Toutefois, ce constat doit être considéré avec prudence dans la mesure où le nombre de sites étudiés dans la région est faible.

5.3.5. L'Alsace

Les aménagements funéraires en Alsace sont majoritairement effectués en matériaux périssables. Une des structures qui caractérise le mieux la région est la chambre funéraire, et plus spécifiquement celle de type Morken. De grandes dimensions (environ 3 m × 2 m), elle comprend une partie réservée au défunt et à son mobilier (au nord) et une autre aux offrandes alimentaires. Typique des territoires sous domination franque au VIe siècle, elle est originaire du sud-ouest de l'Allemagne actuelle et a été introduite aux IVe-Ve siècles par les populations germaniques (Fischer, Soulat et Victor 2009 : 10 ; Schnitzler 2008 : 100).

Parmi la grande variété d'architectures existantes, des comparaisons ont pu être effectuées entre sept nécropoles alsaciennes[137]. Trois types d'aménagements ont été retenus : les chambres funéraires, les cercueils monoxyles et les contenants ou coffrages en bois. Dans cette dernière catégorie sont regroupés les contenants assemblés à l'aide de clous ou de chevilles en bois, mais aussi les simples coffrages sans système de fixations détectées au cours de la fouille[138]. Les cercueils et les contenants en bois chevillés décelés dans les chambres funéraires n'ont pas été comptabilisés. En effet, dans le cas présent, c'est bien la chambre en elle-même qui constitue l'enveloppe extérieure principale et que va rencontrer le perturbateur au cours de son intervention.

Sur un ensemble de sept nécropoles mérovingiennes, des contenants/coffrages en bois ont été relevés dans 207 sépultures dont 43,47 % ont été réouvertes. Les inhumations en cercueil monoxyle concernent onze sépultures, toutes intactes. Enfin, les chambres funéraires ont été identifiées dans 218 tombes dont la moitié a fait l'objet d'une perturbation (Figure 5.2).

Les inhumations en chambre funéraire sont particulièrement nombreuses en Alsace. Pour chaque site, elles représentent en moyenne la moitié des aménagements funéraires observés. Leur taux de réouverture est élevé et dépasse souvent les 50 %[139]. Sur le site d'Ichtratzheim (Haut-Rhin), la seule chambre funéraire découverte est intacte. Probable sépulture de fondation, elle est la plus ancienne. Autour d'elle se développent les inhumations ultérieures. Son intégrité est donc probablement à

135 Sur le site de Saint-Marcel, 11 contenants avec agencement de blocs de pierre ont été relevés. À Saint-Parres–aux-Tertres, la mauvaise conservation des vestiges osseux complique l'étude de l'architecture funéraire. Trente-six aménagements de bloc de craie ont pu être déterminés.

136 Il est intéressant de relever que sur un ensemble de 84 tombes mises au jour, aucune n'a livré de traces d'actes de réouverture. 62 % des sépultures contenaient du mobilier mérovingien (armes, parures, accessoires vestimentaires). La nécropole est datée du VIe siècle.

137 Pour le département du Haut-Rhin : Illfurth. Pour le département du Bas-Rhin: Didenheim, Ichtratzheim, Odratzheim, Reguisheim, Roeschwoog et Vendenheim.

138 Ce choix de rassembler différents types d'assemblages offre la possibilité d'effectuer des comparaisons entre les sites, mais aussi de pallier le vocabulaire parfois différent utilisé dans les rapports archéologiques pour évoquer des structures funéraires similaires.

139 À l'exception du site de Roeschwoog où seulement 25 % des chambres funéraires ont fait l'objet d'une réouverture. Ce taux est inférieur à celui d'Odratzheim (56,25 %) ou encore de Vendenheim (62,06 %).

Sites	Contenant/Coffrage en bois		Cercueil monoxyle		Chambre funéraire	
	Sép. intactes	Sép. réouv.	Sép. intactes	Sép. réouv.	Sép. intactes	Sép. réouv.
Didenheim	0	0	0	0	3	4
Ichtratzheim	22	9	0	0	1	0
Illfurth	40	41	1	0	53	44
Odratzheim	2	25	0	0	28	36
Réguisheim	2	5	2	0	1	3
Rœschwoog	32	2	0	0	12	4
Vendenheim	19	8	8	0	11	18
TOTAL	**117**	**90**	**11**	**0**	**109**	**109**

Figure 5.2. Nombre de sépultures réouvertes ou non selon le type d'architecture funéraire dans les nécropoles mérovingiennes d'Alsace.

rechercher dans sa place privilégiée au sein de ce petit ensemble funéraire.

Sur les sites d'Illfurth et de Réguisheim, les réouvertures concernent les contenants en bois et les chambres funéraires dans des proportions quasi égales[140]. En revanche, il est plus important dans les chambres des nécropoles de Rœschwoog (25 %) et de Vendenheim (62,06 %). Odratzheim est la seule nécropole qui se distingue avec un pourcentage de perturbation plus élevé dans les contenants périssables (92,59 %).

Le taux important de perturbation des chambres sépulcrales n'est pas systématiquement à associer au statut social du défunt. Si les chambres funéraires mises au jour dans le Nord-Pas-de-Calais peuvent être interprétées comme un signe de rang social élevé, cela n'est pas nécessairement le cas dans l'est de la France. Livrant un mobilier funéraire riche au début de leur développement au VIe siècle, elles cessent d'être l'apanage exclusif d'une élite sociale à partir du VIIe siècle (Georges, Guillaume et Rohmer 2008 : 376). La qualité des objets déposés dans la tombe, ainsi que la profondeur d'enfouissement de la chambre, sont des critères plus pertinents pour évaluer le rang social du défunt en Alsace[141].

L'étude des aménagements funéraires dans les nécropoles mérovingiennes de Réguisheim, d'Illfurth, d'Odratzheim, de Vendenheim, d'Osthouse et de Matzenheim a montré la présence de traces de fossés circulaires associés à des tombes (Figure 5.3).

L'état de préservation des sépultures associées à des fossés circulaires fait apparaître, de manière indéniable, un lien entre ce type d'aménagement et la réintervention sépulcrale (Figure 5.4).

Dans la nécropole d'Illfurth, les six tombes intactes ont livré un mobilier funéraire habituellement non recherché par les perturbateurs (flèches, peigne, céramique, collier de perle, paire de forces...)[142]. L'observation est identique à Odratzheim[143]. Sur le site de Vendenheim, la première tombe non perturbée entourée d'un fossé était vide d'ossements et de mobilier, la deuxième a livré un collier et une céramique[144]. Seule la troisième présentait un mobilier susceptible de faire l'objet d'un prélèvement : un scramasaxe, une plaque-boucle et une contre-plaque[145]. Toutefois, ce type d'artefact ne semble pas systématiquement recherché. Enfin, à Osthouse la sépulture à fossé demeurée intacte a livré un riche mobilier funéraire, ce qui constitue une exception au regard des cas déjà présentés[146]. À noter que sur ce site, les deux tombes surmontées d'un *tumulus* ont toutes deux été réouvertes[147]. Une situation proche est visible dans la nécropole d'Artzenheim (Haut-Rhin). Localisée à quelques kilomètres de Colmar, elle a livré les vestiges d'un enclos funéraire complet et de cinq enclos partiels. Toutes les sépultures positionnées à l'intérieur de ces enclos n'ont pas été réouvertes. À l'exception de la tombe 93, toutes les structures intactes ont livré un mobilier habituellement peu ou pas recherché par les perturbateurs tel que boucles d'oreille, perles, boucles de ceinture en fer, couteau, voire parfois aucun artefact. Dans ce sens, la nécropole d'Artzenheim est assez proche des sites d'Illfurth et d'Odratzheim. Il est ainsi possible d'envisager, pour cette nécropole, une connaissance du contenu des tombes avant leur réouverture. Cette hypothèse est renforcée par l'absence de perturbation de la sépulture 93 (Barrand-Emam 2013, vol. 2 : 220–235).

[140] À Illfurth, les contenants/coffrages sont réouverts à hauteur de 50,61 % et les chambres funéraires à 45.36 %. Au sein du petit ensemble funéraire de Reguisheim, la perturbation concerne 71,42 % des inhumations en contenant/coffrage et 75 % celui en chambre funéraire.

[141] Voir notamment l'étude menée sur la nécropole d'Erstein (Georges, Guillaume et Rohmer 2008 : 371–380).

[142] Sépultures 91, 221, 315, 330, 331, 349.

[143] Sépultures 1004 et 1085.

[144] Sépultures 125 et 534.

[145] Sépulture 124.

[146] Sépulture 3.

[147] Sépultures 5 et 42.

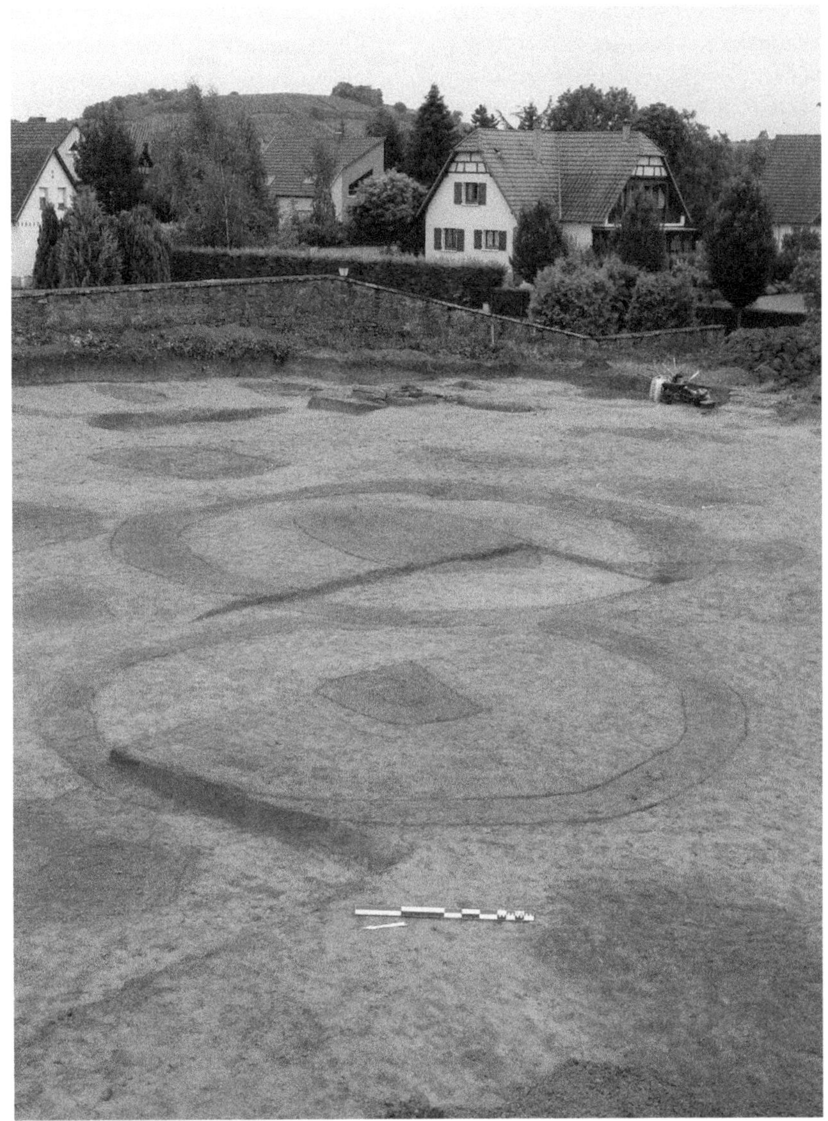

Figure 5.3. Vue d'ensemble des fossés circulaires 1021 et 1029 avant leur fouille, nécropole d'Odratzheim (Archéologie Alsace).

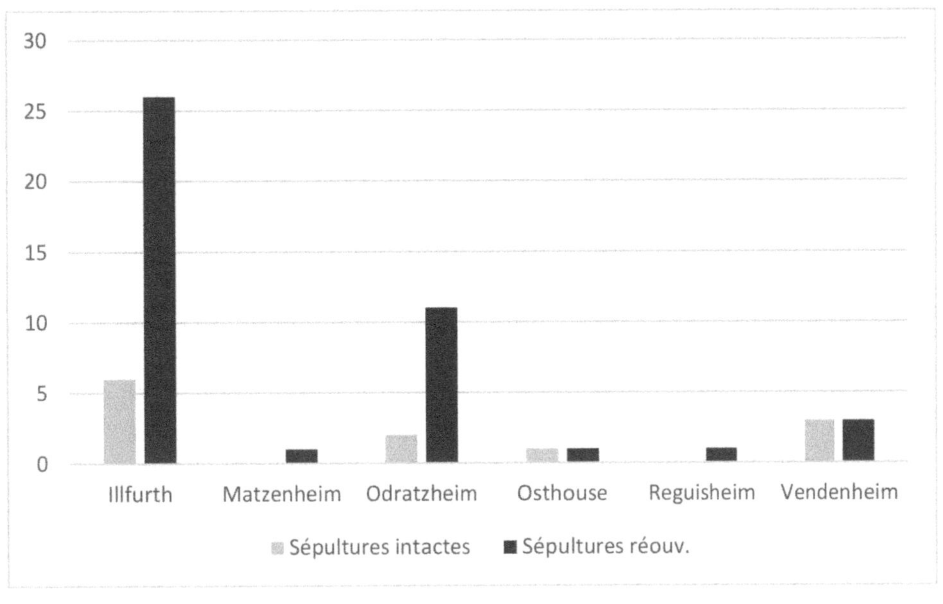

Figure 5.4. Sépultures intactes et réouvertes entourées d'un fossé circulaire.

À l'image de la sépulture 3 d'Osthouse, elle a livré un mobilier riche composé de plusieurs armes (épée, scramasaxe, fer de lance, flèches, umbo de bouclier), d'un éperon, d'une ceinture à garniture multiple, d'une aumônière, d'une lame de tisserand, d'un couteau ainsi que d'un peigne en bois de cervidé. Par son mobilier, sa position centrale dans l'enclos 13 et sa forte attractivité, la sépulture 93 peut être considérée comme privilégiée au sein de l'ensemble funéraire (tombe dite de fondateur ?). Son statut particulier pourrait ainsi l'avoir protégé d'une possible réouverture, comme cela semble être également le cas pour la tombe 3 d'Osthouse.

Au-delà du type d'architecture funéraire souterraine, les aménagements de surface semblent avoir un impact beaucoup plus significatif sur la sélection des sépultures au cours des réouvertures. Ce choix semble parfois primer en dépit du contenu de la tombe, comme l'atteste la sépulture 8 de Réguisheim. Seule à être pourvue d'un fossé circulaire, elle contenait la dépouille entière d'un cheval perturbé (Roth-Zehner 2004 : 82–86)[148]. Cette réouverture montre que le type de mobilier funéraire présent dans les tombes n'était pas systématiquement connu des perturbateurs. Pour eux, les marqueurs de surface imposants pouvaient signifier la promesse d'un mobilier intéressant à leurs yeux. Dans ce contexte, il est donc envisageable d'associer ce type de réintervention plutôt à une recherche cupide, dont la réalisation est à attribuer à des individus extérieurs à la communauté auxquelles se rattachent les sépultures remaniées[149]. En revanche, les exemples d'Osthouse et d'Artzenheim attestent que dans certaines situations, les sépultures accompagnées d'un aménagement de surface de type fossé circulaire pouvaient être épargnées en raison de leur statut particulier. L'identité des perturbateurs est alors plus complexe à cerner : s'agit-il d'individus appartenant à la communauté et témoignant une forme de respect pour ce type de sépulture ? Ou le statut privilégié de ces structures funéraires, parfois qualifiées de tombes de fondateurs, les préserve des réinterventions anthropiques au-delà de la communauté à laquelle elles appartiennent ?

5.3.6. La Lorraine

Les nécropoles mises au jour dans le nord du département de la Lorraine se caractérisent par deux modes d'inhumations : le dépôt dans des contenants en bois et l'usage de caissons en pierres. Sur le site d'Audun-le-Tiche (Moselle), près de 90 % des sépultures sont maçonnées en pierres sèches (Simmer 1988 : 15). L'utilisation de tombes en caissons se retrouve également à Cutry (Meurthe-et-Moselle) (Legoux 2005 : 41–42), à Kuntzig (Moselle) (Lefèbvre 2011 : 193–195) et à Vitry-sur-Orne (Moselle) (Guillotin et Mauduit 2012, vol. 1 : 73). En Lorraine, son usage est caractéristique du VIIe siècle.

Sur ces trois sites lorrains, les réouvertures interviennent majoritairement sur les caissons en pierres sèches. Ainsi, à Cutry, 51,51 % des caissons sont bouleversés. Le taux atteint 71,42 % à Kuntzig et 65,38 % à Vitry-sur-Orne. En ce qui concerne les coffrages en bois, 17,56 % sont réouverts à Cutry, 40,62 % à Kuntzig et enfin 61,11 % à Vitry-sur-Orne.

D'autres types d'aménagements caractéristiques de la période mérovingienne ont été relevés dans ces nécropoles. Des inhumations en cercueil monoxyle ont ainsi été découvertes à Cutry (douze) dont une seule est bouleversée. Six chambres funéraires intactes et neuf pillées ont pu également être observées à Kuntzig. Enfin, sept fossés circulaires encadrant huit sépultures ont été mis au jour à Vitry-sur-Orne, dont cinq avaient fait l'objet d'une réintervention anthropique (sépultures 15, 92, 110, 114 et 128). Parmi les tombes intactes, la sépulture 189 n'a pu être fouillée, il est donc impossible de connaître son état de préservation. La sépulture 111 ne contenait qu'un couteau et une languette en fer. Seule la sépulture 119 était bien pourvue avec, entre autres, un scramasaxe, une épée, une garniture de ceinture, une hache, un éperon et une coupe en verre.

La Lorraine présente quelques similitudes avec l'Alsace. D'une part, malgré le nombre restreint de sites présentant ce type d'aménagement (Kuntzig), les chambres funéraires présentent un taux de réouverture élevé. D'autre part, les sépultures accompagnées d'un enclos circulaire sont particulièrement concernées par les perturbations. Lorsqu'elles sont intactes, on remarque qu'il s'agit dans la majorité des cas de tombes au mobilier peu abondant ou précieux. L'absence de réouverture de certaines inhumations à enclos funéraire peut aussi s'expliquer par le statut du défunt (chef de la communauté, sépulture de fondation…).

Les caissons de pierres sèches, caractéristiques de la région, sont indéniablement plus visés que les autres structures funéraires. Leur visibilité en surface est attestée par les nombreux exemples de réemploi de ces fosses. Dans la nécropole de Vitry-sur-Orne, près de 53 % des caissons ont fait l'objet de plusieurs inhumations successives. Leur accessibilité les rendait donc particulièrement susceptible d'être réouvertures (gestion funéraire et/ou « pillage »). Aucun sarcophage n'a par ailleurs été mis au jour dans ces trois nécropoles[150].

5.4. Dimensions des sépultures réouvertes

Le rang social d'un défunt se manifeste autant par le mobilier funéraire qui l'accompagne que par les dimensions et la complexité de construction de sa tombe

[148] La tombe n'a livré aucun résidu de mobilier funéraire.

[149] Dans l'exemple de la sépulture 8 de Reguisheim, on peut supposer que le pilleur n'aurait pas fait l'erreur d'intervenir sur une sépulture de cheval sans objets s'il avait eu connaissance de son contenu exact.

[150] Ils ne sont pas pour autant absents de la région Lorraine, comme l'attestent les découvertes effectuées à Audun-le-Tiche. On peut aussi se reporter à l'inventaire établi par Pierre Cuvelier et Jacques Guillaume en 1988 à l'occasion des Xe journées internationales d'archéologie mérovingienne de Metz (Cuvelier et Guillaume 1989 : 87–96).

(Georges, Guillaume et Rohmer 2008 : 377–379 ; James 1989 : 29 ; Périn 1998 ; Young 1986 : 383–386). Dans la nécropole de Bossut-Gottechain (Belgique), Oliver Vrielynck a démontré le lien existant entre statut social et architecture funéraire. Les sépultures les plus riches en mobilier funéraire se distinguent toutes par la taille et la structure de leur architecture (Vanmechelen et Vrielynck 2009 : 40–41). Il est par ailleurs intéressant de relever que la majorité de ces tombes a fait l'objet d'une réouverture. La matérialisation en surface d'un élément hiérarchique tel qu'un enclos ou un tumulus semble parfois intervenir dans la sélection des sépultures. Il est donc possible de s'interroger sur le lien entre la perturbation anthropique et les dimensions de l'aménagement funéraire.

En Haute-Normandie, les dimensions des fosses sépulcrales relevées à Longroy sont variables. La longueur varie entre 1,80 m et 2,80 m et la largeur au chevet entre 0,65 m et 1,15 m (Mantel 1999). La profondeur des structures n'excède pas 0,78 m. Une nouvelle fois, les sépultures les plus imposantes par leur taille sont bouleversées. La tombe 125 mesure 2,70 m de longueur et 0,95 m de largeur au chevet. La tombe 188 mesure 2,65 m de longueur et 1,35 m de largeur au pied. Enfin, la tombe 201 mesure 2,80 m de longueur et 1,25 m de larguer au pied. Les sépultures réouvertes sont rarement inférieures à 2 m de longueur (trois exemples), ce qui n'est pas le cas des sépultures intactes[151]. Quant à la profondeur d'enfouissement, ce sont les tombes perturbées qui présentent les mesures les plus importantes[152].

Évaluer la profondeur initiale d'une sépulture est délicat dans la mesure où de nombreux facteurs modifient cet élément au cours des siècles. L'érosion et l'activité humaine (labours) sont les principales causes du changement de hauteur du comblement des structures funéraires. La profondeur relevée en cours de fouille n'est que rarement celle qui correspond à la période d'inhumation. Toutefois, dans certaines nécropoles, il est possible d'observer des variations de profondeurs significatives. À Matzenheim (Bas-Rhin), la profondeur du creusement des sépultures réouvertes est souvent supérieure à celui des tombes intactes (Châtelet 2009, vol. 1 : 42 et 47). Malgré le fait que ce taux demeure variable d'une tombe à une autre, on constate que les fosses les plus profondes sont toutes perturbées. C'est le cas notamment des tombes 29 et 38 dont la profondeur d'enfouissement se situe en moyenne à 1,30 m.

Les nécropoles de Longroy et Matzenheim attestent ainsi du lien entre la taille des structures funéraires et leur taux de réouverture. Toutefois, ce constat doit être tempéré. En effet, toutes les nécropoles mérovingiennes n'ont pas livré des résultats similaires. Sur le site de Vendenheim (Bas-Rhin), les tombes les plus profondes ou les plus longues sont réparties uniformément entre les catégories réouvertes et intactes (Barrand-Emam 2013, vol. 3, annexe 11 : 151–177). Aucun élément ne permet d'établir un rapprochement entre la taille des fosses sépulcrales et l'intensité des réinterventions anthropiques. Ce critère ne semble pas avoir été privilégié par les perturbateurs sur ce site au cours de la sélection des sépultures.

Le lien pouvant exister entre les dimensions de creusement des aménagements funéraires et la fréquence des réouvertures n'est pas étonnant. Le rang social du défunt pouvait s'exprimer à l'époque mérovingienne autant par la qualité et la quantité du mobilier funéraire, que par les efforts déployés dans la réalisation de sa tombe. La sélection des sépultures en fonction de leurs dimensions montre aussi que la profondeur d'enfouissement ne constituait pas une contrainte importante[153].

5.5. Le rôle de l'architecture funéraire dans la pratique

Le rôle de l'architecture funéraire dans la sélection des sépultures est attesté sur un certain nombre de sites mérovingiens, mais avec parfois des variations qui impliquent une prudence dans la généralisation des observations. Ainsi, pour prendre l'exemple des inhumations en chambre funéraire, les quelques cas mis au jour dans le Nord-Pas-de-Calais ne témoignent pas d'une perturbation systématique de ces structures en dépit parfois d'un mobilier funéraire de valeur. À l'inverse, les chambres funéraires sont majoritairement la cible des perturbateurs en Alsace et en Lorraine, en comparaison avec les simples dépôts en contenant en bois et les coffrages en pierre. L'Île-de-France présente une situation plus complexe en raison de la variété des pratiques funéraires et de l'intensité d'occupation du territoire. Dans la mesure où il est parfois difficile de dater une réouverture, dresser un bilan des remaniements selon le type d'architecture funéraire ne se révèle pertinent qu'à l'échelle d'un site et non d'une région. Si les inhumations en sarcophages en pierre semblent avoir largement été visées à Noisy-le-Grand, Magny-en-Vexin et Vicq, ce sont les contenants en matière périssable qui sont majoritairement réouverts dans la nécropole de Versailles.

L'étude réalisée sur l'impact des aménagements funéraires dans la fréquence des réinterventions a permis de questionner un fait largement admis dans la littérature archéologique des années 1960–1990 : la réouverture privilégiée des sarcophages. En effet, il apparait que ces derniers ne fassent pas l'objet d'un bouleversement plus intensif que les autres structures dans le cadre spécifique de la récupération du mobilier funéraire au haut Moyen Âge. La mention régulière de leur remaniement dans les publications passées tiendrait plus à leur constant réemploi

[151] 46,66 % des tombes intactes ont une longueur inférieure à 2 m.

[152] Profondeur maximum de la sépulture 188 : 0,78 m.

[153] La profondeur maximum de la sépulture perturbée 11 de Reguisheim est de 1,30 m. À Vendenheim, la tombe 121 atteint 1,60 m de profondeur. La sépulture 39 de Bulles est située à 1,30 m de profondeur. Dans la nécropole de Saint-Sauveur, la profondeur relevée de la sépulture 232 est de 1,22 m.

et aux pillages d'opportunité tardifs, qu'à une réelle préférence de la part des perturbateurs mérovingiens pour ce type de structure.

En ce qui concerne le témoignage des sources textuelles, un récit de Grégoire de Tours apporte des informations complémentaires sur la perturbation des sarcophages. Dans un cimetière de Touraine, un pauvre homme « emprunte » le couvercle d'une sépulture ancienne pour recouvrir le sarcophage de son fils récemment décédé. Sans le savoir, le malheureux vient en réalité de déranger la tombe d'un évêque. Au moment où le sarcophage de son enfant est scellé, l'homme devient sourd, muet, aveugle et paralysé. Au cours d'un songe, l'évêque lui apparait et lui promet la guérison s'il accepte de remettre à sa place d'origine le couvercle. Grâce à l'aide de ses gens, l'homme obéit et retrouve l'ensemble de ses facultés[154]. L'acte du père meurtri ne s'accompagne ici d'aucun pillage d'opportunité, mais d'un simple réemploi[155].

Le respect de l'intégrité de la sépulture se retrouve également dans une inscription de la fin du VIe siècle à Antigny (Vienne). Teodovaldo exprime le souhait que le couvercle de son sarcophage demeure en place.

> *Teodovaldo la bede non revolvatur*[156].

Une demande similaire est visible sur la petite plaque d'ardoise (VIIIe) découverte à Vertou :

> « Je supplie qu'aucune main ne viole les droits sacrés du tombeau jusqu'à ce que retentisse l'angélique voix de la cité d'en haut »[157]

Un lien semble exister entre les réouvertures, les dimensions des fosses sépulcrales et l'aménagement en surface des tombes. Ces éléments semblent être des critères de sélection des sépultures par les perturbateurs. En Normandie, ce sont les sépultures les plus imposantes par leur taille qui sont majoritairement réouvertes dans la nécropole de Longroy. À Matzenheim, en Alsace, la fréquence des bouleversements est supérieure dans les tombes les plus profondes. Les marqueurs de surface, lorsqu'ils sont conservés, semblent également jouer un rôle dans la pratique. Pour la région alsacienne, si les sépultures à enclos sont fréquemment réouvertes, en revanche les perturbateurs semblent aussi avoir parfois une connaissance de leur contenu leur permettant de sélectionner les plus pertinentes à leurs yeux. À Osthouse et Artzenheim, la situation se révèle plus intéressante dans la mesure où des tombes à enclos paraissent avoir été délibérément épargnées. La question du statut particulier des défunts se pose alors. En territoire burgonde, une autre approche est perceptible dans la nécropole de Saint-Vit. Divers aménagements extérieurs sont visibles à travers des trous de poteaux et des fossés. Neuf sépultures se distinguent par la présence à leur surface de vestiges de structures particulièrement imposants (fossés circulaires ou rectangulaires, élément en élévation de type bâtiment…) (Urlacher, Passard-Urlacher et Gizard 2008 : 63–71). Elles ont toutes fait l'objet d'une réouverture ancienne.

La signalisation en surface des tombes est d'un intérêt double à la période mérovingienne. Elle permet d'individualiser la sépulture au sein de la nécropole, mais également de manifester le statut social du mort. L'observation de ces marqueurs est difficile en contexte archéologique dans la mesure où la plupart d'entre eux se présentaient sous la forme d'aménagements en matériaux périssables. Il est donc probable que des aménagements aériens significatifs de sépultures bouleversées ne soient aujourd'hui plus perceptibles en raison de la nature du terrain ou de son arasement. Ces observations conduisent à s'interroger sur le rôle de ces marqueurs dans la stratégie d'intervention des perturbateurs, mais aussi sur les limites imposées par un vestige archéologique dont la conservation à travers le temps est très aléatoire. La sélection des sépultures lors des réouvertures est un fait qui semble être établie sur un certain nombre de sites étudiés. La possibilité d'un choix opéré sur la base du contenu des tombes est une première hypothèse qui semble se vérifier sur des sites comme Ichtratzheim, Niedernai ou encore Marquette-lez-Lille. En revanche, la réouverture des tombes en raison de leur visibilité en surface est aussi perceptible dans quelques nécropoles, même si ce fait paraît moins courant. À Quiéry-la-Motte, l'imposant marquage en surface des tombes a favorisé leur perturbation plusieurs siècles après l'abandon de la nécropole.

5.6. The container

The early medieval dead could be buried in a wooden container with nailed walls (i.e. coffin), in a wooden formwork made directly in the grave, in a chamber grave, in a simple pit closed by a covering system made up of planks, in a stone sarcophagus or in a dry-stone lined tomb. Among this diversity in burial practices, one aspect is constant: between the 6th and 8th centuries the body was placed in an empty space. The inhumation of a deceased in a pit without any fittings was a minority custom before the 7th century in France.

In order to understand any relationship between post-depositional interventions and types of burial architecture, the study carried out in this chapter focused first on the observation of the evidence left by the individuals during their re-entry into the graves (broken and/or missing sarcophagus lid, displaced cover slab, incomplete closing

[154] Grégoire De Tours, trad. R. Latouche, 1979 : 203–204.

[155] Ce qui n'en constitue pas moins un crime grave aux yeux de Grégoire de Tours dans la mesure où le corps de l'évêque est « mis à découvert » : *'tibi tuisque vim intuli, o vir, quia detexisti me, auferendo operturium tumuli mei ?* (c. 17, éd. *MGH*, *SRM* I, 2 : 307 ; trad. R. Latouche 1979 : 204).

[156] Teodovald demande plus précisément à ce que « sa pierre » ne soit pas retournée. L'inscription est gravée sur le couvercle du sarcophage (Treffort et Uberti 2010 : 205).

[157] *Obsecro ut nulla manus.' violet pia iu[ra s]epulchri : Donex p(er) so[net ange]lica.' vox ab arche [poli :] [Hic] requiescit bo[ne memorie.* L'inscription est conservée au musée Dobrée (n° inv. 900.7.1.) de Nantes (Treffort 2007 : 90).

system). Then, it opened the question around the frequency of the intrusion according the type of container. Which burial structures were most affected by the disturbances? Taking the example of sarcophagi, their reuse over several generations makes them easily accessible. Does this mean that they were reopened more often than wooden coffins? Similarly, were tombs with surface markers (mounds, posts, fences) more likely to be targeted?

The analysis is based on 36 sites, but the number of cemeteries per region is uneven due to the degree of preservation of the archaeological remains.

The impact of reopening on the structures that received the remains of the deceased can be divided into three categories. The first one concerns lids that were broken in a single instance (63%). The break usually corresponded with bone disturbances, as in grave 1007 from Cutry (Lorraine). Initially closed with three large slabs, the grave shows a post-depositional opening above the upper part of the body. At this point it is possible to observe a void, the bones having been pushed away from the aperture and towards the lower limbs. The second category includes incomplete covers (28%). Pieces damaged in the course of the intrusion are not systematically discovered by archaeologists. The relocation of the fragments in another sector of the cemetery by the reopeners could be an explanation, as well as their collection by someone that did not participate in the reopening (cemetery manager, opportunistic recovery of the stone, etc.). Alongside damage to the lid, there are examples of cover elements simply moved to get access into the tombs (8%). This technique is particularly linked with containers built from several large stone blocks. Grave 945 from Cutry (Lorraine) was closed with three large blocks of cut stone about 1.50 m long, 0.30 wide and 0.45 thick. Instead of breaking the cover, the individuals moved two blocks to reach the contents of the grave. The removal was selective and only the upper part of the male body was disturbed.

Damage to the container is not only visible on sarcophagi and stoned constructions. In exceptional cases of conservation, wooden burial structures can come to light and show evidence of re-entry, as in the case of grave chamber 522 in Vendenheim (Figure 5.1).

The reopening of a stone sarcophagus is often destructive in French early medieval cemeteries. Breaking or moved the lid required a great deal of effort. In graves made of several stoned blocks as in Bulles or Cutry, the participation of more than one person seems necessary to swing, slide or simply remove slabs weighing many kilos. It is unlikely that such activities were carried out quickly, completely out of sight and only in the dark or, as German archaeologists like to point out, bei Nacht und Nebel. The 19th century assumption of gangs raiding cemeteries after cemeteries cannot be applied based on the archaeological evidence of the re-entries. The equipment needed to reopen the tombs shows a minimum of preparation beforehand, and a good knowledge of the specificities of the sites.

The importance of burial architecture in the selection of graves is apparent in many sites, but uneven. To take the example of chamber graves, the few cases known in Nord-Pas-de-Calais region do not show systematic disturbance, even when they contained valuable grave-goods. Conversely, chamber graves represent the main type of burials reopened in Alsace and Lorraine, simple wooden containers and stone-lined tombs being significantly less frequently disturbed.

The situation is more complex in Île-de-France due to the variety of the burial practices and the intensity of occupancy of the area. Whereas stone sarcophagi seem to have been more frequently disturbed at Noisy-le-Grand, Magny-en-Vexin and Vicq, it was perishable structures that were mostly reopened in the cemetery of Versailles. Based on this evidence, drawing up a balance sheet of reopening according the type of burial architecture is in fact only relevant at the scale of a site and not of a region.

The study also questioned a common assumption from archaeological literature in the 1960–1990: that the reopening practice focused on sarcophagi. In fact, it appears that these structures were not more intensively disturbed than others during the early medieval period. The regular mention of their disturbance in previous publications may have more to do with their constant re-use and visibility through time, rather than any real preference.

A link between reopening, burial pit dimensions and grave markers has been noted in several sites. These elements seem to have been criteria for the selection of the graves. At Longroy (Normandy), it is the largest graves that were most frequently reopened. The deepest graves of the cemetery of Matzenheim (Alsace) show the higher rate of disturbance. Grave markers, when preserved, also seem to be part of the selection of the tombs. In Alsace, if graves surrounded by enclosures are frequently reopened, on the other hand it appears that the reopeners might have some knowledge of their contents, allowing them thus to select the most relevant ones according their criteria. At Osthouse and Artzenheim, the situation is rather different as graves with enclosures seem to have been deliberately spared – raising therefore the question of the status of the deceased. In Burgundian territory, the cemetery of Saint-Vit presents quite a high variety of external features through the remains of post holes and ditches. Nine graves stand out for the presence of particularly imposing structural remains on their surface, such as circular/rectangular ditches, or elevated building-like elements. They have all been reopened in the past.

The visibility of the tombs in a Merovingian cemetery had multiple meanings including identification of the grave within the site and social expression of the deceased and his/her family. From the general lack of intercutting, we can deduce that graves were originally marked, even though in many cases it is now longer possible to reconstruct how. Usually made of perishable materials, the preservation of grave markers through time is low and only a limited number of cemeteries still support evidence of their presence and design. It is therefore likely that significant overhead markers associated with reopened burials disappeared due to the nature of the terrain or its levelling. These observations lead to the question of the role of these markers in the intervention strategy of the reopeners. Were they actually used as elements of selection of graves, unless the archaeological data induce here a bias due to the very poor preservation?

6

Le squelette

Les facteurs à l'origine du bouleversement d'un squelette sont multiples, et parfois complexes à identifier avec précision (Noterman et al. 2020). Dans un premier temps, le corps du défunt lui-même, en se décomposant, engendre des perturbations. Les insectes nécrophages, et plus encore les animaux fouisseurs, sont également responsables du bouleversement d'une partie de la sépulture. Enfin, les hommes, par des actions volontaires (archéologues, fouilleurs clandestins) ou involontaires (labours, travaux) peuvent provoquer des remaniements aussi bien au niveau de la structure funéraire que de son contenu (squelette et mobilier funéraire). Ces facteurs endogènes et exogènes sont à prendre ici en considération, car l'un des risques principaux d'erreur dans l'analyse des sépultures est de surinterpréter les remaniements taphonomiques. En effet, perturbation n'est pas synonyme de pillage.

6.1. Une interprétation prudente des perturbations du squelette

Le déplacement des ossements constitue le principal critère retenu par les archéologues pour identifier la réouverture ancienne d'une sépulture. Les récents travaux menés sur la taphonomie des os dans la tombe conduisent à nuancer l'identification de l'acte à partir de ce seul indice[158]. Le désordre des ossements peut résulter de phénomènes divers dont la motivation n'est pas nécessairement la récupération du mobilier. Quatre catégories de perturbations peuvent ainsi être reconnues en contexte archéologique : la gestion de l'espace funéraire, l'architecture funéraire, la nature et les interventions modernes.

La gestion des espaces funéraires apparaît le plus souvent rigoureuse, avec un signalement en surface des tombes. Les recoupements accidentels sont peu nombreux, mais peuvent toutefois être observés sur certains sites. Si on ne peut exclure l'hypothèse d'un pillage d'opportunité lors de découvertes fortuites par les fossoyeurs, on ne peut toutefois qualifier systématiquement ces cas de sépultures pillées. Il en va de même en ce qui concerne les contenants pérennes. Le sarcophage est un contenant funéraire pouvant être employé pour de multiples inhumations. Les ossements de l'occupant précédent sont alors rassemblés ou repoussés pour laisser la place au nouveau défunt. Ce geste, qualifié de réduction en archéologie, ne peut être associé à un acte de pillage, car il s'apparente davantage à une forme d'organisation d'un espace qu'à un simple acte transgressif. Si ce fait peut sembler à première vue évident, il n'est pourtant pas rare de le voir qualifier de « violation ». À Goudelancourt-lès-Pierrepont (Aisne), les sépultures réemployées ont été « violées accidentellement » (Nice 2008 : 15). En Ile-de-France, l'utilisation répétée d'une même structure est définie comme une violation sur le site de Santeuil[159]. L'atteinte au squelette que suppose l'emploi du mot « violation » n'existe pas en réalité à l'époque médiévale, dans la mesure où la réduction est avant tout une forme de gestion funéraire (Gleize 2006).

Le contenant, par sa forme et parfois sa disposition au sein de la fosse sépulcrale, peut être responsable de remaniements taphonomiques comparables à ceux engendrés par une réintervention anthropique. En 1997, le GAAFIF réunit plusieurs chercheurs autour du thème de l'inhumation en cercueil[160]. Cette rencontre permis, entre autres, d'ouvrir une discussion sur le lien entre contenant et squelette. Plus récemment, une table ronde fut organisée en 2009 à Auxerre sur la problématique du bois dans l'architecture et l'aménagement de la sépulture (Carré et Henrion 2012)[161]. Les différents travaux menés sur le contenant funéraire montrent son implication dans l'évolution taphonomique du squelette, ce qui n'était pas nécessairement bien reconnu dans les études de la première moitié du XXe siècle. Ainsi, certains déplacements osseux ont été mal interprétés par le passé.

Fouillé entre 1989 et 1992, le site carolingien de Serris « Les Ruelles » (Seine-et-Marne) fournit de nombreux exemples de bouleversements osseux induits par des dispositifs funéraires (Blaizot 2017). Les dislocations provoquées par un contenant étroit à fond concave peuvent, dans une certaine mesure et pour un œil non expérimenté, être mal interprétées. La surélévation du contenant par rapport au fond de la fosse peut également être à l'origine de bouleversements osseux importants, comme cela est le cas sur la nécropole du « Champtier à Cailles » à Saint-Pierre-du-Perray (Essonne) (Buquet-Marcon 2009).

Au Moyen Âge, le corps du défunt pouvait reposer sur un dispositif surélevé par rapport au fond de la sépulture. L'impact de ce type d'aménagement funéraire sur la cohésion du squelette est parfois important et provoque des dislocations osseuses significatives. Il peut être de

---

[158] En archéologie funéraire, la taphonomie désigne « l'ensemble des processus qui ont affecté les restes humains depuis le dépôt funéraire, qu'il s'agisse de la conservation – ou non-conservation – de chaque pièce squelettique ou bien de leur agencement réciproque ». La taphonomie est également définie plus largement comme « la science des lois de l'enfouissement » d'après une définition proposée pour la première fois en 1940 par le paléontologue russe Ivan A. Efremov (Duday 2005 : 164 ; Efremov 1940 : 85).

[159] « Les violations pouvaient n'avoir été que le seul effet de la réutilisation des structures (ce qui n'excluait pas dans le même temps des pillages). » (Mazeau 2006 : 55).

[160] *Rencontre autour du Cercueil* 1998.

[161] La table ronde fut organisée du 15 au 17 octobre 2009 à Auxerre (Yonne) sous la direction de Florence Carré et de Fabrice Henrion.

deux types : dans le premier cas il s'agit d'un système de transport laissé pour une raison indéterminée dans la tombe ; dans le second cas ce dispositif peut être associé à un lit funéraire dont l'existence est démontrée par l'archéologie et par l'iconographie médiévale. Dans le manuscrit du *Pentateuque de Tours*[162], le défunt, enveloppé dans un linceul, est transporté vers une sépulture monumentale par trois personnes. Il laisse derrière lui un lit funéraire vide dont la représentation est assez proche de celui qui a été découvert au cours des fouilles menées dans la cathédrale de Cologne (Hauser 1996 : 444–446).

La lettrine G du folio 88v du *Missel à l'usage de l'abbaye de Villeloin*[163] représente les funérailles de la Vierge. Enveloppée dans un linceul et encadrée par cinq personnages, elle est transportée vers son lieu de sépulture sur un brancard. Ce procédé, de facture assez simple et muni de manches, est communément nommé « eschelle ». Selon Cécile Treffort, ce terme est utilisé dès le Moyen Âge pour désigner certains types de dispositifs de transport (Treffort 1993 : 212).

Les dispositifs de transports sont attestés en contexte archéologique, et plus particulièrement en Allemagne. Malgré un usage réservé en premier lieu au transport du cadavre, les fouilles révèlent qu'il peut être déposé dans la sépulture dans certaines circonstances. À l'occasion de ses travaux sur les dispositifs funéraires, Frédérique Blaizot a recensé plusieurs découvertes allemandes où l'existence d'une telle structure a pu être mise en évidence (Blaizot 2008 : 30)[164]. Les exemples français alto-médiévaux sont peu nombreux et restent à l'état d'hypothèses, comme dans la sépulture 3 du site « Le Poteau » à Richelieu (Indre-et-Loire) (Blanchard et Georges 2003). À l'abbaye de Landévennec (Finistère), la tombe 15262 a livré une structure en bois constituée de deux parois latérales d'une longueur d'1,93 m, reliées entre elles par de fines baguettes de bois formant un fond à claire-voie (Bardel et Perennec 2012 : 198–201). Le couvercle est constitué d'une planche de chêne unique. À l'intérieur de ce contenant, le squelette présente de multiples déconnexions engendrées par la rupture des baguettes (thorax disloqué, sacrum projeté entre les deux fémurs, migration du tibia droit...). La structure de ce cercueil à claire-voie est proche de l'exemplaire mis au jour en Allemagne à Spitalfriedhof (Prohaska-Gross 1992 : 31). L'iconographie médiévale atteste également de l'utilisation d'échelles pour le transport des corps[165].

Les dispositifs funéraires ne sont pas les seuls éléments responsables de la perturbation d'un squelette. Les animaux fouisseurs déplacent parfois des ossements sur plusieurs centimètres. En Haute-Normandie, leur présence sur le site funéraire de Louviers (Eure) oblige ainsi à une certaine prudence dans l'étude des bouleversements osseux (Jimenez et Carré 2008 : 167). L'individu féminin 121 présente plusieurs anomalies dont l'interprétation est délicate[166]. Si le passage d'un animal d'est en ouest au sein de la tombe est une hypothèse plausible, l'organisation des remblais dans la coupe suggère à l'inverse une intervention humaine. Est-on face à une perturbation animale ou anthropique, ou même les deux ? La discussion demeure ouverte.

La présence d'animaux fouisseurs n'est pas attestée seulement par les bouleversements osseux. En Alsace, sur la petite nécropole de Matzenheim (Bas-Rhin) un important réseau de galeries parcourt la surface fouillée (Châtelet 2009, vol. 1 : 17–18). Les creusements sont larges, en moyenne de 0,30 m, et leurs profondeurs peuvent atteindre 1 m à 1,20 m. Ils recoupent 48,5 % des sépultures. L'impact des galeries est clairement visible : ossements et mobilier déplacés, affaissement d'une partie de la structure funéraire et objets brisés. L'étude menée par Oliver Putelat a permis d'identifier l'auteur de ces terriers : le lapin. Les perturbations engendrées par l'activité de cet animal présentent parfois des similitudes avec celles produites par les hommes, notamment lorsqu'elles affectent des régions anatomiques pouvant recevoir des parures (sép. 24) ou une arme (sép. 8). La situation est d'autant plus complexe à Matzenheim que 45 % des sépultures fouillées ont été réouvertes. Parmi elle, près de la moitié sont traversées par une ou plusieurs galeries (46 %). La perturbation partielle et le déplacement sur une amplitude de plusieurs centimètres ne sont donc pas ici nécessairement des indices de réintervention sépulcrale.

Autre facteur naturel à prendre en considération : l'eau. Sa présence dans la sépulture peut avoir diverses répercussions sur l'état de conservation de la sépulture (mauvaise préservation et/ou déplacement des os, altération des limites de fosse, champ d'étude de la tombe limité...)[167]. Elle engendre parfois le déplacement de certains ossements sur une grande distance (Gleize 2020 : 117–118). Dans le cadre de sa thèse, Yves Gleize a exposé une expérience menée conjointement avec David Peressinotto sur le mouvement des os par l'intermédiaire de l'action de l'eau (Gleize 2006 : 90)[168]. Les premiers résultats montrent que la présence de micro-courants à l'intérieur d'une cuve peut provoquer le déplacement de petites pièces osseuses. La circulation de pièces plus

[162] Paris, Bibl. nat., ms. nouv. acq. lat. 2334, f° 50r (fin VIe ou début VIIe siècle). Le manuscrit est aussi désigné sous le nom de *Pentateuque Ashburnham*.

[163] Tours, B. M., ms. 0198, f° 88v (*Missel à l'usage de Villeloin*, XIIIe siècle). L'initial G débute la messe de l'Assomption.

[164] À Spitalfriedhof, à Heidelberg (Allemagne), un contenant en bois du XIVe siècle constitué de deux planches verticales reliées entre elles par des morceaux de bois, a été exhumé au cours des fouilles.

[165] Au folio 13v du *Miracles de Nostre-Dame* (XVe siècle), le corps d'un moine est transporté au cimetière à l'aide d'une échelle (Oxford, Bibliothèque bodléienne, ms. Douce 374, f° 13v.).

[166] La clavicule gauche a été retrouvée à l'extérieur du contenant, l'humérus gauche est détérioré, la patella droite repose sur l'ilium de l'os coxal gauche et un os du pied a migré entre les diaphyses des tibias

[167] Les principaux travaux menés en France sur l'action de l'eau sur les vestiges archéologiques sont ceux d'Henri Duday et d'Yves Gleize. D'autres chercheurs non francophones se sont aussi penchés sur cette question, mais en étudiant plus spécifiquement les déplacements osseux en contexte fluvial (Boaz et Behrensmeyer 1976 ; Coard et Dennell 1995 ; Stojanowski 2002).

[168] L'expérience a été menée au sein du Laboratoire d'Anthropologie des Populations du Passé (UMR 5809, Université de Bordeaux I).

volumineuses est certes plus rare, mais est aussi attestée par l'archéologie comme pour la sépulture 783 du site de Serris « Les Ruelles » (Seine-et-Marne) où la fluctuation de la nappe phréatique a provoqué le déplacement de plusieurs os (Duday 2011 : 37–38).

Les perturbations sépulcrales causées par les interventions anthropiques modernes sont relativement bien connues et identifiées par les archéologues. Les labours, les tranchées de guerre et le décapage archéologique occasionnent des bouleversements pouvant présenter des similitudes avec ceux résultant d'une réouverture. Sur le site de Goudelancourt-lès-Pierrepont (Aisne), les dommages causés par les sillons des labours sont visibles dans plus de la moitié des tombes de la nécropole. Ils se superposent à ceux provoqués par l'intervention anthropique au haut Moyen Âge. La situation est identique sur les sites de Kuntzig en Moselle et d'Artzenheim dans le Haut-Rhin. Labours et réouvertures s'observent conjointement dans les sépultures. Sur ces nécropoles, une étude précise des anomalies taphonomiques permet le plus souvent de différencier les deux perturbations. Les sarcophages sont particulièrement vulnérables au passage des engins agricoles comme en témoignent les sépultures de Jeoffrécourt (Aisne), de Gaillon-sur-Montcient (Yvelines) ou encore de Falaise (Calvados). Les couvercles peuvent être brisés ou déplacés par les socs des tracteurs et leurs bouleversements peuvent être confondus avec des actes de réouvertures.

L'étude de grands ensembles funéraires de la moitié nord-est de la France souligne que les vestiges de la Grande Guerre peuvent parfois rencontrer ceux des périodes anciennes. Deux sépultures de la nécropole mérovingienne de Jeoffrécourt (Aisne) sont ainsi traversées par une tranchée. Un individu (sépulture 471) est fortement endommagé au niveau de sa moitié supérieure. Un autre (sépulture 472) est recoupé de la ceinture scapulaire jusqu'au thorax. Les fémurs ont été repoussés (Martin 2011 : 362 et 366). Dans la nécropole de Nouvion-en-Ponthieu (Aisne), 31 sépultures ont été recoupées par des tranchées de la Première Guerre Mondiale (Piton 1985 : 24–195). Les bouleversements mentionnés semblent similaires à ceux évoqués sur le site de Jeoffrécourt.

Une dernière catégorie d'interventions modernes est à mentionner : le décapage archéologique. L'utilisation de la pelle mécanique peut provoquer quelques dommages sur le premier niveau de sépultures. Le volume des blocs crânio-faciaux les expose tout particulièrement au passage des engins mécaniques. Ils sont souvent fortement endommagés. Dans certains cas, les pièces osseuses peuvent être déplacées au cours de l'opération. C'est le cas notamment sur le site lorrain de Metzervisse (Moselle), où la pelle mécanique est responsable de plusieurs types de perturbations : destruction, déplacement des os et détérioration du mobilier (Lansival 2007). En Ile-de-France, la nécropole mérovingienne de Gaillon-sur-Montcient a également subi des dommages causés par des engins modernes avant l'intervention des archéologues. Dans le cas présent, les perturbations n'affectent pas uniquement les squelettes, mais également les sarcophages (fragmentés, morceaux dispersés...) (Regnard et Langlois 1997, vol. 1 : 4 ; Regnard 2001 : 17).

6.2. Constitution d'un corpus de référence

Les recherches archéologiques du début du XXe siècle se sont largement appuyées sur la perturbation des restes humains pour attester d'une intrusion anthropique (Noterman et Klevnäs, à paraître). Le bouleversement du corps du défunt s'explique aisément par la position du mobilier funéraire, en grande majorité porté ou déposé sur le cadavre. Au cours de l'entre-deux-guerres, de nouvelles réflexions autour de l'individu inhumé se développent, notamment parmi les chercheurs allemands. Dans une publication de 1939, Hermann Stoll fait un rapprochement entre le sexe du défunt et le type de perturbation (Stoll 1939 : 8). Ainsi, les sujets féminins seraient bouleversés du crâne jusqu'au bassin, tandis que chez les sujets masculins, la perturbation concernerait l'ensemble du squelette. Plus récemment, Bonnie Effros mentionne également le lien entre le sexe des individus inhumés et la réouverture des sépultures en faisant référence aux travaux d'Helmut Roth, Albert Genrich et Joachim H. Schleifring (Effros 2002 : 59). Il semblerait ainsi que certains perturbateurs concentraient leur recherche dans la région de la tête et du cou dans les sépultures féminines et élargiraient leur action à l'ensemble de la fosse sépulcrale dans les sépultures masculines.

Au-delà du simple constat, les recherches allemandes suggèrent également que les perturbateurs connaissaient l'identité des défunts, ou du moins qu'ils étaient familiers avec le site. La question se pose alors pour le cas des nécropoles mérovingiennes françaises. Est-il possible d'effectuer des observations similaires ? Que nous apprend l'étude biologique (sexe et âge) des individus bouleversés sur la pratique des réouvertures de tombes ?

42 sites archéologiques de la moitié nord de la France ont été analysés. La majorité de ces espaces funéraires a été fouillée entre 2005 et 2015. En raison de la fiabilité des données et de leur pertinence dans l'étude de la pratique des réouvertures de tombes, cinq sites explorés dans les années 1990 ont aussi été intégrés. Enfin, cinq vastes nécropoles mérovingiennes, publiées récemment, ont également été incluses en dépit de l'antériorité de leur fouille. La reprise de l'ensemble des données de terrain par les archéologues, à l'aune des méthodes et des recherches actuelles, permet d'utiliser les résultats présentés dans les publications.

Au total, l'étude comporte 746 adultes pour lesquels la diagnose sexuelle a pu être déterminée. L'approche biologique a été privilégiée pour déterminer le sexe des défunts perturbés[169]. Toutefois, lorsque la préservation

[169] La détermination du sexe par l'approche biologique s'appuie sur les caractères morphologiques et métriques discriminants entre les adultes de sexe féminin et ceux de sexe masculin. Le dimorphisme sexuel

osseuse n'était pas suffisante pour attribuer un sexe sur la base d'une analyse ostéologique, le « sexe archéologique » a été privilégié, avec toutes les contraintes et problématiques que cela suppose[170]. La méthode n'a été employée que de manière ponctuelle et uniquement pour les nécropoles où une étude rigoureuse a pu être effectuée dans les sépultures intactes afin de comparer le « sexe biologique » avec le « sexe archéologique » et ainsi établir la fiabilité de cette démarche. La diagnose sexuelle archéologique a été particulièrement utile dans le cas de sites funéraires présentant une conservation osseuse médiocre, voire quasi nulle (Marquette-lez-Lille, Lesquin). Seuls les objets considérés comme les plus discriminants sur chacune de ces nécropoles ont été pris en compte. Il est important de signaler que cette problématique du « sexe archéologique » fait actuellement l'objet d'une recherche approfondie dans le cadre d'un Projet Collectif de Recherche monté par une équipe pluridisciplinaire en Alsace (Barrand-Emam et Châtelet 2016 ; Barrand-Emam et al. 2014).

L'étude biologique des individus adultes découverts dans les sépultures réouvertes, et le recoupement effectué avec le mobilier funéraire présent dans chaque tombe, n'a pas toujours permis de déterminer le sexe de l'ensemble des sujets. Sur le site de Noisy-le-Grand en Seine-Saint-Denis, le sexe a pu être établi pour seulement neuf individus (cinq femmes et quatre hommes) pour un total de 26 sépultures réouvertes. Dix-sept individus restent de sexe indéterminé, soit 65,38 % de l'échantillon total des squelettes perturbés. Toutefois, ce taux relativement important de sujets de sexe indéterminé n'est pas une généralité. En effet, la diagnose sexuelle a parfois pu être déterminée pour plus de 50 % des individus, et dans un cas, pour l'ensemble des squelettes.

6.3. Identité biologique des squelettes perturbés

6.3.1. Sexualisation des sujets remaniés

Les sujets adultes perturbés de sexe masculin avéré, autrement dit dont la diagnose sexuelle a été établie à partir de l'étude biologique et/ou métrique des os coxaux, sont légèrement plus nombreux que les sujets féminins (52 % contre 48 %). La prise en compte des individus dont la diagnose sexuelle ne peut être qu'estimée n'induit pas de variation notable dans les résultats. Au total, les hommes adultes représentent 51 % de l'échantillon des individus perturbés et les femmes 49 %.

En dehors de la France, la pratique concerne différemment les individus selon qu'ils soient de sexe masculin ou féminin. Dans le comté du Kent (Royaume-Uni) le taux de réouvertures est en faveur des sépultures masculines (Klevnäs 2010). À partir d'un échantillon de huit sites[171] les résultats sont les suivants : 22 % d'individus masculins, 19 % d'individus féminins et 15 % d'individus de sexe indéterminé ont été bouleversés. L'écart entre le pourcentage d'adultes féminins et masculins est de l'ordre des 3 %.

Aux Pays-Bas, la fréquence des réouvertures selon le sexe des individus ne peut être établie sur la base de la diagnose sexuelle des sujets, dans la mesure où la conservation osseuse dans la majorité des nécropoles du territoire est médiocre, voire nulle. Martine van Haperen a par conséquent choisi de fonder son analyse sur le critère du genre – féminin, masculin, neutre - auquel il est possible de rattacher la majorité des objets mérovingiens. Les résultats de son étude montrent ainsi que ce sont les sépultures à mobilier masculin qui présente la plus grande fréquence de réouvertures en comparaison avec les tombes à mobilier féminin et neutre (van Haperen 2017 : 132–133).

Un constat similaire est émis par Stephanie Zintl concernant les nécropoles alto-médiévales de Bavière : 60 % des sépultures masculines sont réouvertes contre 51 % des tombes féminines (Zintl 2012 : 313–314).

L'approche régionale du phénomène en France montre des différences notables dans la distribution des individus en fonction de leur sexe. La répartition géographique indique que les tombes féminines sont légèrement plus visées par les actes de réouvertures en Picardie (53 %) et en Alsace (56 %). Région limitrophe, la Lorraine présente une fréquence de réintervention plus importante dans les tombes masculines (58 %) que féminines. L'atteinte aux sépultures masculines se concentre avant tout dans l'ouest et le nord (54 % en Île-de-France, 56 % en Normandie, 65 % dans le Nord-Pas-de-Calais).

D'un point de vue statistique, un test de Chi-2 (ou χ^2) a été effectué pour déterminer s'il existe une différence significative par sexe et par région parmi les sépultures réouvertes (Noterman 2016, vol. 2 : 260). Le test montre que la différence de distribution entre les sépultures féminines et masculines est très significative dans le Nord-Pas-de-Calais, peu significative en Alsace et non significative pour les autres régions.

L'approche régionale met en évidence l'absence d'un schéma unique sur le territoire franc. Malgré sa fréquence au cours de l'époque mérovingienne, on constate une variabilité dans la répartition des individus selon leur sexe en France, mais aussi à l'intérieur même de chaque région. Si la pratique affecte en majorité les sépultures masculines dans les nécropoles du Nord-Pas-de-Calais,

ne s'observe que chez les adultes et les grands adolescents. Ainsi, les méthodes actuelles de diagnose sexuelle ne peuvent être appliquées aux sujets immatures (Bruzek 2002 ; Murail et al. 2005).

170 Pour une discussion sur le sujet, on peut se référer aux publications suivantes : Effros 2000 et 2006 ; Halsall 2020 ; Härke 2003 ; Knüsel et Ripley 2000.

171 Les huit sites sont les suivants : Broadstairs I, *Bradstow School* (Thanet) ; Broadstairs III, *St Peter's Tip* (Thanet) ; Lyminge II (Shepway) ; Margate I, *Half Mile Ride* (Thanet) ; Monkton I, *Primrose Hill* (Thanet) ; Northbourne I, *Finglesham* (Dover) ; Ramsgate IV, *Ozengell* (Thanet) ; Sarre I (Thanet).

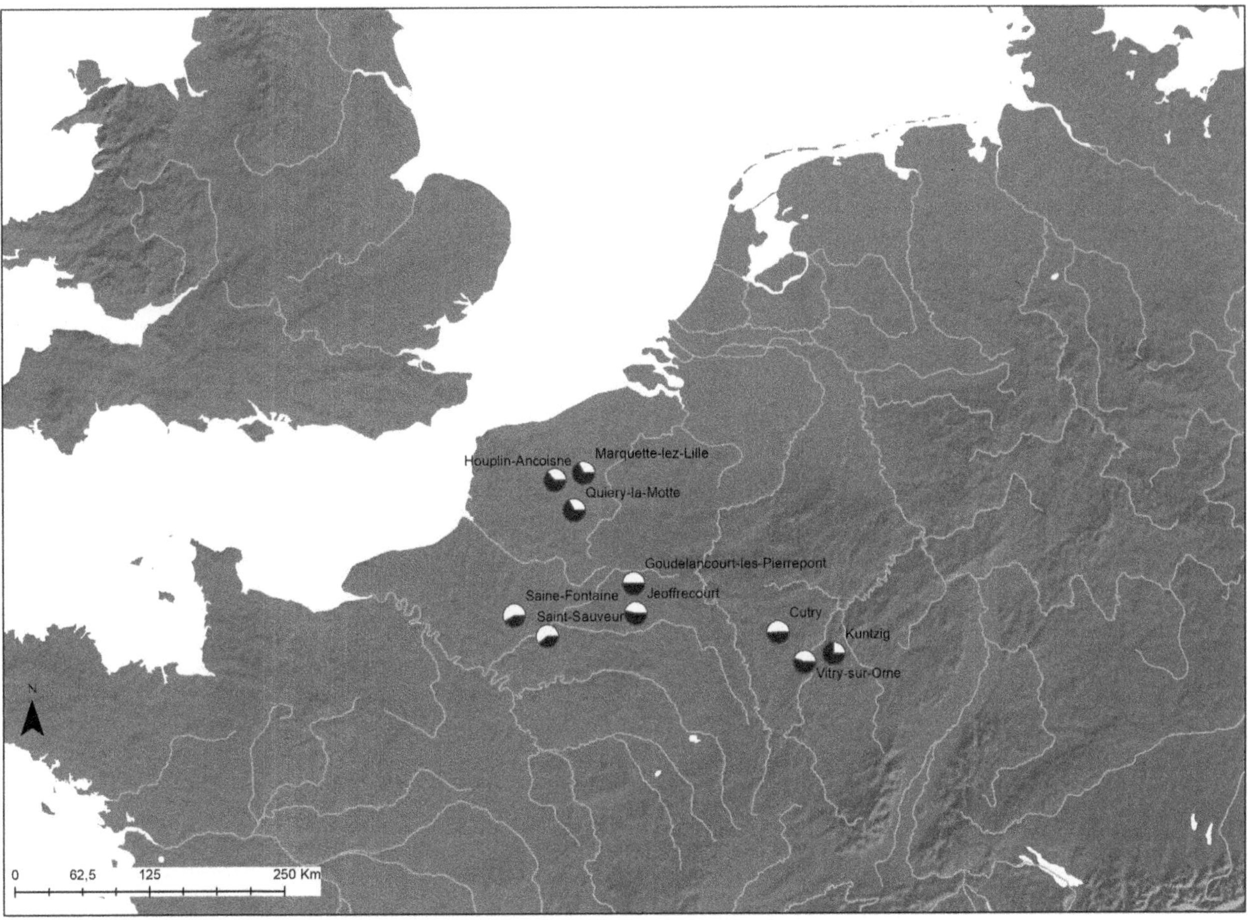

Figure 6.1. Répartition des individus bouleversés en fonction du sexe dans les régions Nord-Pas-de-Calais, Picardie et Lorraine (nb individus masculin en noir ; nb individus féminins en blanc).

le constat est plus nuancé pour les régions Picardie et Lorraines (Figure 6.1)[172].

Un cas particulier est à signaler en Alsace. Le petit ensemble funéraire de Rœschwoog (Bas-Rhin) a livré six sépultures réouvertes sur un ensemble de trente-neuf tombes (Koziol 2010). Les squelettes sont tous de sexe féminin. La répartition spatiale des tombes ne met pas en évidence de secteur de réouvertures privilégié. À l'exception de la sépulture 1073, tous les squelettes sont perturbés sur la moitié supérieure du corps[173]. Les sépultures masculines contemporaines contiennent un mobilier riche et varié. À l'inverse, les tombes féminines intactes ne renfermaient que des objets de peu de valeur rarement prélevés (céramique, colliers de perles en pâte de verre, couteau, boucles simples de ceinture et châtelaine). Une sélection des sépultures féminines est donc envisageable sur ce site. Le bouleversement de la partie supérieure des corps laisse envisager une recherche de parures plus riches que celles qui ont été délaissées.

[172] À l'exception du site de Kuntzig, où le pourcentage est en faveur des individus féminins. Toutefois, ce résultat doit être largement nuancé en raison du grand nombre de squelettes de sexe indéterminé.

[173] Dans la sépulture 1073, la réintervention anthropique est survenue relativement tôt dans le processus de décomposition du corps. Les perturbations sont donc différentes de celles observées sur les individus manipulés à l'état de squelette.

6.3.2. Quelle place pour les immatures dans la pratique ?

À l'image des adultes, les enfants sont également la cible des réouvertures. Les sépultures d'immatures réouvertes représentent 13,29 % de l'effectif total.

La proportion d'individus immatures bouleversés varie suivant les régions (Figure 6.2). Ils sont en faible nombre en Picardie malgré le large échantillon de sépultures fouillées[174]. À l'inverse, ils représentent plus d'un quart des sépultures réouvertes en Champagne-Ardenne et un cinquième dans le Nord-Pas-de-Calais[175]. Une variation existe au sein même de chaque région. Si leur nombre est à peu près constant sur les sites de l'ouest de la France, il n'en va pas de même dans le reste du territoire (Figure 6.3).

[174] Sur un ensemble de 685 individus, les immatures ne sont qu'au nombre de 43.

[175] Un test de Chi-2 (ou χ^2) a été effectué pour déterminer s'il existe une différence significative par catégories d'âges et par région parmi les sépultures réouvertes. Le test montre que la différence de distribution entre les sépultures d'adultes et celles des immatures est significative en Alsace, très significative dans le Nord-Pas-de-Calais, est hautement significative en Picardie et en Champagne-Ardenne. Une nuance est toutefois à signaler : l'échantillon utilisé pour le test du χ^2 est relativement faible, ce qui induit une certaine prudence dans l'interprétation du calcul statistique (Noterman 2016, vol. 2 : 260).

Normandie	Ile-de-France	Picardie	Nord-Pas-de-Calais	Champagne-Ardenne	Lorraine	Alsace
23,85 %	16,18 %	6,69 %	20,27 %	34,14 %	13,75 %	16,04 %

Figure 6.2. Pourcentage des tombes d'immatures perturbées par rapport à la population adulte.

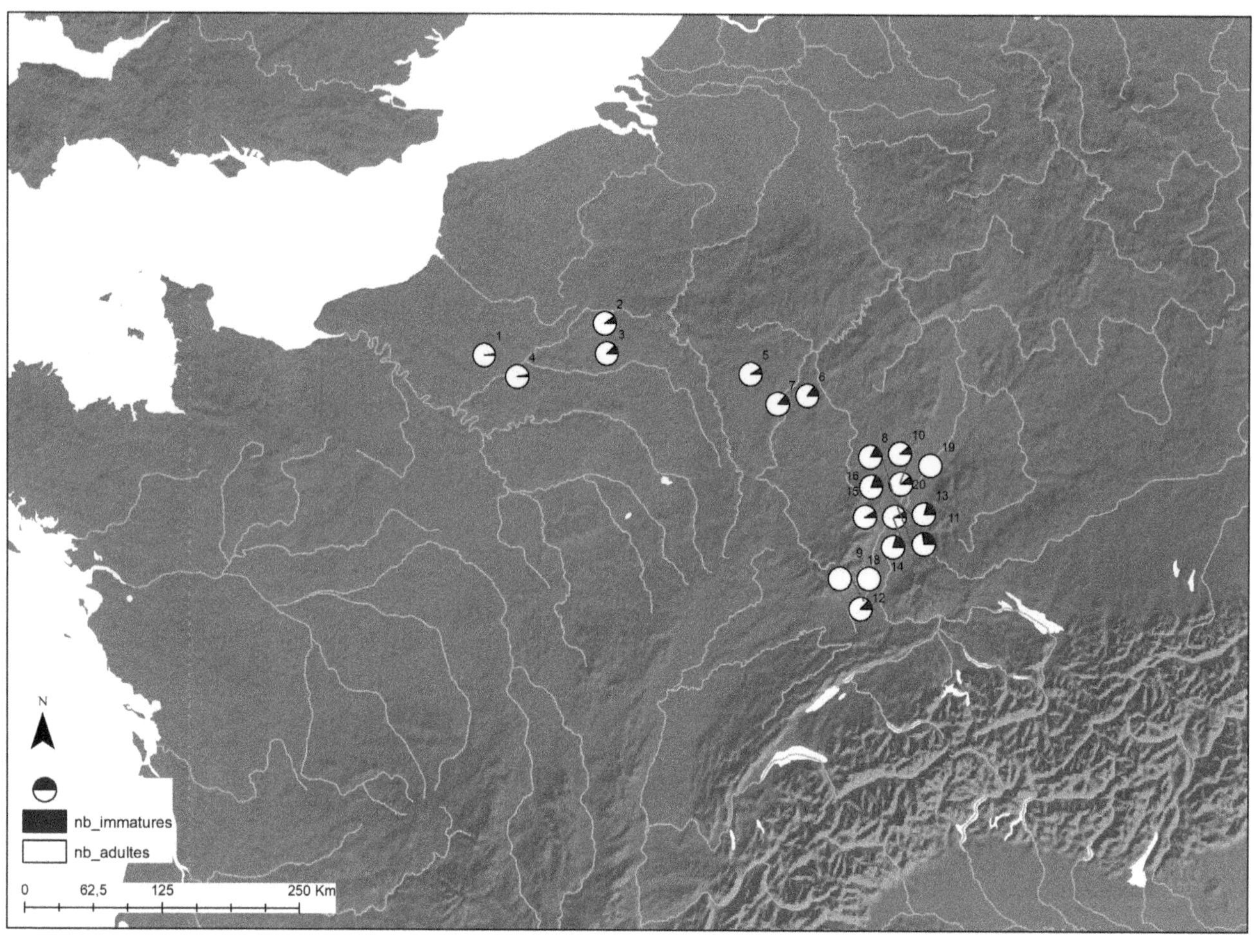

Figure 6.3. Proportion d'immatures perturbés dans les régions Picardie, Lorraine et Alsace (1. Saine-Fontaine, 2. Goudelancourt-lès-Pierrepont, 3. Jeoffrécourt, 4. Saint-Sauveur, 5. Cutry, 6. Kuntzig, 7. Vitry-sur-Orne, 8. Kolbsheim, 9. Didenheim, 10. Eckwersheim, 11. Ichtratzheim, 12. Illfurth, 13. Achenheim, 14. Matzenheim, 15. Niedernai, 16. Odratzheim, 17. Osthouse, 18. Reguisheim, 19. Roeschwoog, 20. Vendenheim).

Répartir les individus immatures en classes d'âges est une démarche complexe. En effet, selon les approches (paléodémographie, anthropologie, histoire) la division des âges n'est pas identique (Gowland 2006 ; Halsall 2010 : 383–412 ; Perez 2018 : 190). L'âge social n'est pas celui de l'âge biologique, et encore moins celui de l'âge civil (Figure 6.4).

Les classes d'âges définies par les démographes et adoptées par les anthropologues prennent en compte l'âge biologique des individus et non leur âge social. Comme le soulignent Isabelle Séguy et Luc Buchet en 2000, « tout âge de la vie se caractérise, d'un point de vue social, politique, économique ou juridique, par les pouvoirs qu'il apporte ou qu'il enlève, et qui le distinguent en cela des autres âges » (Seguy et Buchet 2006 : 79). Pour la période médiévale, l'âge correspond avant tout à un état (Halsall 2010 : 383–412 ; Seguy et Buchet 2011 : 42). Sa division s'appuie sur la tradition antique, diffusée par Grégoire de Tours, qui distingue sept âges (Figure 6.5).

La structure sociale au Moyen Âge suit une répartition correspondant à des étapes importantes du cycle de vie : l'apparition des premières dents, le sevrage, la puberté, l'entrée dans la majorité… Elle concorde aussi avec des stades de développement biologique, dont certains sont observables sur les ossements (éruption dentaire, fusion des épiphyses…). Les démographes, puis les paléodémographes se sont appuyés sur ces critères biologiques pour segmenter la vie des populations anciennes et définir des catégories d'âges qui parfois occultent des attitudes plus spécifiques. Isabelle Séguy et Luc Buchet ont constaté que « l'apparente continuité de l'âge biologique que suggère le découpage des démographes (…) masque en fait de

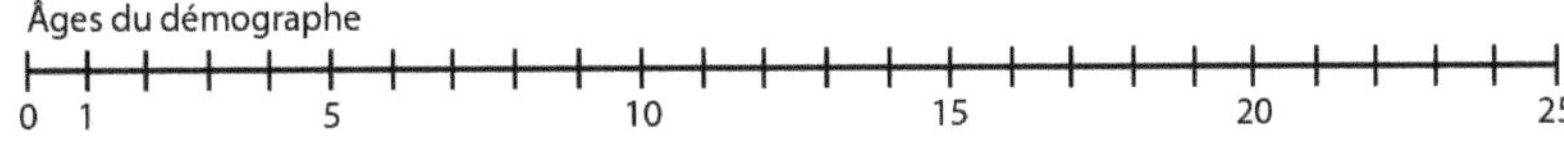

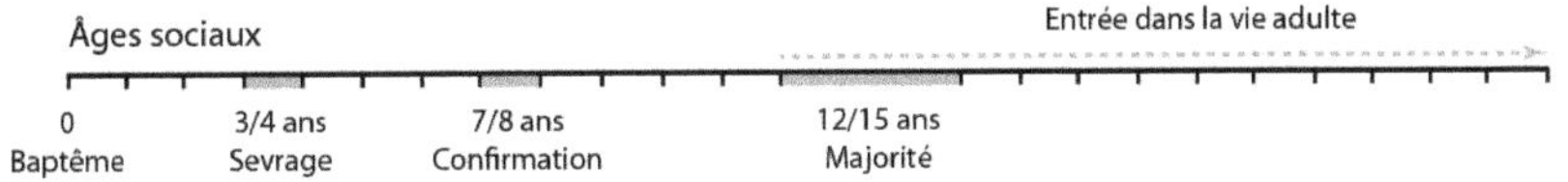

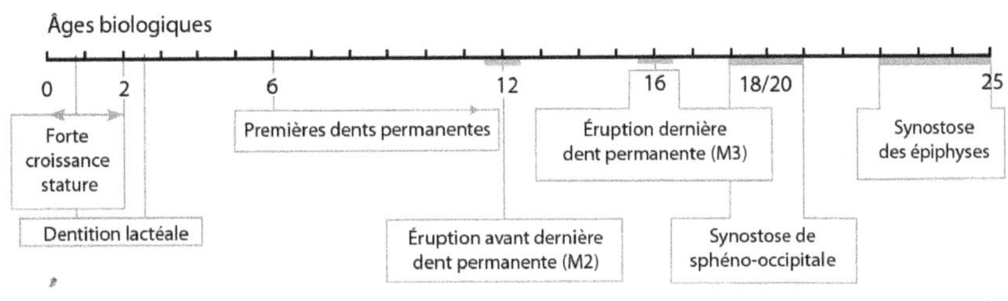

Figure 6.4. Rythmes biologiques et temps sociaux proposés par I. Séguy et L. Buchet (C. Perrot, Cépam).

Enfance		**Adulte**	
Infantia	0 à 7 ans	*Pueritia adolescens*	21 à 25/30 ans
Pueritia	7 à 14 ans	*Juventus*	25/30 vers 40/45 ans
Adolescentia	14 à 21 ans	*Senectus*	40/45 vers 60 ans
		Senium	Au-delà de 60 ans

Figure 6.5. Division des âges selon la tradition antique.

Groupes d'âges	**Nombre d'immatures**
0–3 ans	24
3/4 ans – 7/8 ans	45,5
7/8 ans – 14/15 ans	45,5
14/15 ans – 18/25 ans	18
Total	**133**

Figure 6.6. Répartition des individus immatures selon les groupes d'âges définis par I. Séguy et L. Buchet.

nombreuses discontinuités » (Seguy et Buchet 2006 : 82). Ainsi, le découpage d'une population d'après des critères sociobiologiques paraît être la méthode la plus pertinente dans le contexte de l'étude des réouvertures de sépultures, notamment en raison du profil de la société mérovingienne. Dans cette dernière, l'enfance est ponctuée de rites permettant au jeune individu d'accéder progressivement au monde des adultes (Le Jan 2003 : 264–265).

En se fondant sur les groupes d'âges définis par Isabelle Séguy et Luc Buchet pour la population française antique et médiévale (Figure 6.6), la répartition des immatures perturbés se présente comme suit :

La répartition par classes d'âges des immatures est à prendre avec précaution dans la mesure où 33,83 % des individus sont d'âge indéterminé.

Toutes les catégories d'âges sont représentées, y compris celle des très jeunes enfants (moins de 3 ans). Dans des proportions égales, les sépultures des groupes d'âge 3/4 ans – 7/8 ans et 7/8 ans – 14/15 ans sont le plus souvent remaniées. Les immatures de plus de 15 ans ne sont pas visés de manière préférentielle par les perturbateurs. La taille de leur fosse sépulcrale[176], ainsi que le mobilier avec lequel ils auraient pu être inhumés ne semblent pas avoir particulièrement attiré leur attention. La sous-représentation des adolescents dans ce contexte n'est pas totalement surprenante[177]. En effet, les très jeunes enfants et les adolescents sont largement sous-représentés dans les nécropoles du haut Moyen Âge (Alduc-Le Bagousse 1997 : 87–89 ; Bello et al. 2002 ; Buckberry 2000 ; Perez 2010 : 127–130). La faible proportion de sujets perturbés de plus de 15 ans est donc peut-être à mettre en lien avec ce fait archéologique et non pas avec une sélection lors de la réouverture.

La perturbation des sépultures d'enfant est attestée, mais semble moins attirer l'attention des chercheurs que

[176] Cette dernière pouvant être confondue avec celle d'un individu adulte, et donc potentiellement être susceptible de livrer du mobilier funéraire intéressant. Cette théorie est valable à partir du moment où les perturbateurs avaient une connaissance imparfaite du site (identité des individus inhumés, type d'objets déposés dans les tombes, etc.).

[177] Sur les 104 immatures répertoriés dans les sépultures perturbées, seulement 16 sont âgés de plus de 15 ans.

celle des tombes d'adultes. Les analyses portant sur la fréquence de la pratique parmi les immatures sont peu nombreuses, de même que celles concernant le type de perturbation observé sur leur squelette (perturbation totale ou partielle). Ainsi s'est développée l'idée que les enfants étaient faiblement concernés par le bouleversement sépulcral. Les données recueillies pour les nécropoles de la moitié nord de la France indiquent pourtant le contraire. Le pourcentage d'enfants perturbés sur les sites montre que le bouleversement de leur tombe ne peut être considéré comme une simple erreur d'appréciation de la part des perturbateurs. Sur le site de Vitry-la-Ville ils représentent 37 % des sujets bouleversés et à Ichtratzheim (Bas-Rhin) 37 %. Pour le sud-est de l'Angleterre, la majorité des sépultures d'enfants remaniées sont de taille assez proche de celles des adultes. À l'inverse, les tombes de petites dimensions, ajustées à la taille des immatures, semblent avoir été largement épargnées. En France, l'analyse des dimensions des sépultures des individus de moins 18 ans atteste que les perturbateurs avaient, dans la majorité des cas, parfaitement conscience de la catégorie d'âge des sujets inhumés. Sur le site d'Odratzheim, à une exception près (sép. 1059) les tombes d'enfants réouvertes mesurent toutes moins de 2 mètres de longueur, ce qui apparaît largement inférieure aux dimensions des tombes d'adultes (Koziol 2012). Quelques exceptions existent néanmoins, à l'image du site de Bulles en Picardie. Hormis la sépulture 371 (150 cm × 65 cm), les tombes perturbées d'enfants ont une longueur supérieure à 2m20. En Alsace, la nécropole d'Illfurth a livré de nombreuses inhumations en chambre funéraire, dont les dimensions n'attestent pas nécessaire de l'âge au décès de leurs occupants.

Les raisons conduisant à réintervenir volontairement sur des tombes d'enfants ne sont peut-être pas si différentes de celles des sépultures adultes. Il est ainsi possible de s'interroger sur la connaissance du contenu des tombes, et donc de leur sélection au cours de la perturbation. Toutefois, la composition des dépôts funéraires étant plus variable dans les sépultures d'enfants que dans celles des adultes, il est difficile d'établir ce qui a pu être prélevé ou pas dans les tombes des immatures.

Depuis les années 1990 et les travaux de Philippe Ariès, les recherches sur le sentiment de l'enfance au Moyen Âge se sont largement développées, venant repousser l'image d'une relative indifférence de la société médiévale à leur égard (Alduc-Le Bagousse 1997 : 81). Les traités d'éducation, les sermons de Léon le Grand au Ve siècle, les récits de Grégoire de Tours, les textes législatifs ou encore les pénitentiels montrent la place accordée à l'enfant dans la société selon son âge, son sexe et son rang social (Riché 2010). Les vestiges archéologiques témoignent également de leur importance dans les sociétés anciennes. Malgré une sous-représentation de leurs sépultures dans les cimetières fouillés, situation depuis longtemps reconnue en archéologie, le soin apporté à leurs sépultures démontre leur pleine intégration dans leur communauté (Alduc-Le Bagousse et Niel 2011 ; Halsall 2010 : 383–412 ; Seguy et Signoli 2008 : 504–508). Leurs corps sont déposés dans des fosses le plus souvent adaptées à leur taille. Une architecture funéraire élaborée peut avoir été mise en place (contenant en bois, chambre funéraire, coffrage de pierres ...). Sur le site de Saint-Vit, « Les Champs Traversains » dans le Doubs, les sépultures d'enfants sont individuelles et ils sont en majorité inhumés dans des chambres funéraires. À l'image des adultes, les immatures sont parfois enterrés habillés et avec du mobilier funéraire. Certains facteurs semblent influencer le choix des objets déposé tels que l'âge, le sexe, le statut social des parents ou encore les coutumes locales. Dans la nécropole de Cutry (Meurthe-et-Moselle), les enfants sont majoritairement accompagnés d'un mobilier parfois très abondant[178]. Il se compose d'accessoires vestimentaires (boucle de ceinture) mais aussi de parures (fibule, collier, bracelet), d'armes (hache, petit scramasaxe, pointe de flèche), d'objets du quotidien (couteau, peigne) ou encore de vaisselle (pichet, vaisselle en verre). L'âge des défunts ne correspond pas systématiquement aux types d'objets placés auprès d'eux. Ainsi, la sépulture 950 de Cutry a livré un peigne et un pendentif d'adulte associé à un immature âgé d'environ 18 mois.

6.4. Les différentes parties du corps concernées par la pratique

6.4.1. Adultes et immatures

Au cours de la réouverture, les ossements du défunt sont déplacés, repoussés, rassemblés, sortis de la tombe, parfois redéposés dans la fosse dite de pillage ou sur le couvercle encore existant du contenant funéraire. Ces gestes anthropiques peuvent être classés en trois catégories d'après leur degré d'impact sur le squelette :

- La perturbation totale (pillage total) : l'ensemble du squelette est bouleversé. La répartition des ossements dans la tombe ne permet pas de définir le type de mobilier recherché par les perturbateurs. Une certaine cohérence anatomique peut parfois persister. Elle est généralement liée à la préservation de certaines connexions osseuses lors de la réouverture (présence de vêtements, persistance des ligaments ou muscles ...).
- La perturbation partielle (pillage partiel) : elle affecte une région précise du corps qui est qui peut être la moitié supérieure du corps, la région du bassin (ce qui peut comprendre les avant-bras et les fémurs en plus des os coxaux) ou encore la moitié inférieure du corps. Ce découpage correspond à l'emplacement d'objets spécifiques. La moitié supérieure du corps reçoit généralement les objets de parures tels que les

[178] La sépulture 902 en est une parfaite illustration. L'enfant, d'âge indéterminé, a été inhumé avec un collier de onze perles, un pendentif en argent doré, une boucle en fer, deux bracelets massifs en bronze, une fibule gallo-romaine, un peigne en or, deux monnaies romaines, un plat de tradition gallo-romaine et un gobelet en verre (Legoux 2005 : 49 et 327).

colliers, les fibules, boucles d'oreilles et les pendentifs. Les éléments de ceinture se concentrent sur le bassin. Les éléments de suspension et les armes[179] sont placés le plus souvent au niveau de la moitié inférieure du corps.

- La perturbation ponctuelle (pillage ponctuel) : elle correspond à un bouleversement du squelette très ciblé n'ayant entraîné le déplacement que d'un nombre très restreint d'ossements (deux ou trois, voire moins), par exemple un avant-bras ou un fémur. Ce type de perturbation montre la précision de certaines réinterventions et la difficulté parfois de les identifier.

La répartition des tombes entre les trois catégories de perturbation, en fonction de l'étendue des déplacements osseux, permet de s'interroger sur le degré de connaissance des perturbateurs quant au contenu des tombes (identité des défunts et/ou contenu de leur tombe), à la période de leur intervention ou encore au type d'objets prélevé.

Le bouleversement de l'ensemble du squelette est parfois interprété comme un signe d'intervention tardive sur la tombe (marquage de surface effacé, nécropole abandonnée, absence de connaissance du mobilier présent dans la sépulture). Pour certains, il s'agirait même d'une offense volontaire portée à l'encontre du défunt ou une peur du mort (Codreanu-Windauer 1997 : 34 ; Young 1984 : 96)[180]. À l'inverse, la perturbation partielle serait le signe d'une réintervention contemporaine de l'utilisation de la nécropole (Lafferty 2014 : 271 ; Roth 1978 : 54). L'identité du défunt, l'emplacement de sa tombe et les objets enterrés avec lui seraient en partie ou totalement connus par les perturbateurs. Enfin, la localisation des déplacements osseux serait liée au sexe des défunts : pour les femmes les bouleversements concerneraient essentiellement la moitié supérieure du squelette, et pour les hommes la moitié inférieure du corps.

Les différentes théories développées par le passé sur une éventuelle corrélation entre l'identité biologique des défunts perturbés et le type de réouverture ont été évalué à partir d'un ensemble de 748 individus pour un total de 2 351 occurrences (certains individus présentaient deux types de perturbation simultanée comme par exemple au niveau de la région du cou (perturbation ponctuelle) et des membres inférieurs (perturbation partielle)).

Au total, 52 % des adultes subissent un remaniement localisé contre 48 % une perturbation totale. Parmi les immatures, 53 % sont bouleversés partiellement et 47 % totalement. Ces taux soulignent une approche assez similaire des sépultures quel que soit l'âge du défunt. Il est ainsi possible de constater que la perturbation des individus est préférentiellement ciblée. La moitié supérieure du corps (avec ou sans la région du bassin) est largement privilégiée lors de la perturbation partielle aussi bien chez les individus adultes que chez les immatures. Elle représente 75 % des remaniements localisés chez les adultes et 68 % chez les immatures (Figure 6.7).

Type de perturbation du squelette	Individus adultes	Individus immatures
Partie supérieure	287	35
Partie supérieure et bassin	270	29
Bassin	63	8
Partie inférieure et bassin	27	9
Partie inférieure	88	13
Totalité du squelette	680	84
	1415	178

Figure 6.7. Répartition des perturbations sur les squelettes des individus adultes et immatures.

On pourrait s'attendre à ce que les sujets les plus jeunes, et notamment les périnataux[181] et ceux âgés de moins de deux ans, soient préférentiellement bouleversés dans leur intégralité en raison de la petite taille de leur corps. Pourtant les études ne mettent pas en évidence une telle réalité. D'une manière générale, les individus âgés entre 0 et 15 ans présentent un pourcentage de perturbation totale inférieur à celui du bouleversement localisé, qui diminue avec l'âge[182]. Les squelettes des très jeunes enfants (0–3 ans) sont presque autant remaniés partiellement (51 %) que dans leur intégralité (49 %). Le schéma des perturbations apparaît assez identique à celui des adultes puisque que la partie supérieure reste la région anatomique la plus fréquemment bouleversée quelle que soit la classe d'âges considérée[183].

L'étude comparative régionale montre que la partie supérieure du corps est très largement perturbée au cours des bouleversements partiels (Figures 6.8 et 6.9).

La perturbation totale est majoritaire dans seulement une région, la Picardie. Elle est observée dans 59 % des sépultures. Par exemple, sur le site de Bulles 185 individus sont bouleversés dans leur intégralité, contre

[179] La place des armes est très variable dans les sépultures. Si l'épée est généralement placée le long du corps, elle peut être déposée le long d'un des membres supérieurs ou au contraire près d'un des membres inférieurs. La place du scramasaxe varie plus souvent : le long d'un des membres supérieurs ou inférieurs, sur le thorax, sur le bassin. L'emplacement du dépôt des armes ne peut donc être généralisé. Sur un site, seules les sépultures intactes permettent de connaître le schéma établi dans le dépôt des armes.

[180] En bouleversant l'ensemble du squelette, le mort ne peut revenir hanter les vivants et se venger.

[181] Le stade périnatal débute *in utero* aux alentours de sept mois (fœtus viable) jusqu'à 28 jours après la naissance. Ce stade inclut aussi la période néonatale (de la naissance à la fin du premier mois de vie) (Garcin 2009 : 26).

[182] La perturbation totale concerne 48,83 % des 0–3 ans, 38,29 % des 3/4 – 7/8 ans, 40,47 % des 7/8 – 14/15 ans.

[183] La perturbation de la partie supérieure du squelette concerne 30,23 % des 0–3 ans, 42,55 % des 3/4 – 7/8 ans, 42,85 % des 7/8 – 14/15 ans.

Régions	Partie sup.	Partie sup. et bassin	Bassin	Partie inf. et bassin	Partie inf.	Totalité du sq.
Normandie	45	12	8	4	7	43
Ile-de-France	22	63	3	2	1	76
Picardie	79	114	13	8	27	357
Nord-Pas-de-Calais	7	32	3	1	4	24
Champagne-Ardenne	14	5	2	1	1	11
Lorraine	40	19	9	6	21	78
Alsace	80	25	25	5	27	91

Figure 6.8. Répartition régionale des individus adultes selon la région anatomique perturbée.

Régions	Partie sup.	Partie sup. et bassin	Bassin	Partie inf. et bassin	Partie inf.	Totalité du sq.
Normandie	7	4	2	4	3	6
Ile-de-France	4	9	1	2	2	11
Picardie	8	6	2	1	3	22
Nord-Pas-de-Calais	0	2	0	1	1	9
Champagne-Ardenne	2	5	1	0	0	2
Lorraine	6	1	1	1	2	12
Alsace	8	2	1	0	2	22

Figure 6.9. Répartition régionale des individus immatures selon la région anatomique perturbée.

78 partiellement. Dans la nécropole de Goudelancourt-lès-Pierrepont, le rapport est de 144 sujets entièrement perturbés pour 110 en partie remaniés. Dans le Nord-Pas-de-Calais, en Normandie, en Champagne-Ardenne, en Lorraine et en Alsace, la situation inverse est observée avec une prédominance du bouleversement partiel. Si l'on compare les individus adultes et immatures, on constate quelques variations. Ainsi, en Picardie, dans le Nord-Pas-de-Calais et en Alsace, les squelettes des enfants sont plus largement perturbés dans leur totalité que partiellement.

6.4.2. Individus adultes féminins et masculins

Le mobilier funéraire des sépultures féminines peut se composer d'accessoires vestimentaires, d'objets usuels, de parures et de vaisselle. L'essentiel de ce mobilier se situe au niveau de la partie supérieure du corps, du crâne jusqu'au bassin inclus. Les tombes masculines contiennent en général du matériel appartenant à la catégorie des accessoires vestimentaires, de la vaisselle, des objets de la vie quotidienne et surtout – ce qui les distingue des inhumations féminines – des armes. La répartition de ce mobilier est habituellement localisée entre le bassin et les pieds.

En France, les perturbations ciblées se concentrent majoritairement sur la moitié supérieure du squelette chez les sujets féminins, ce qui est en adéquation avec l'emplacement du mobilier funéraire. Les individus masculins sont largement bouleversés au niveau du haut du corps, avec un degré plus élevé que les femmes si l'on tient compte de la région du bassin (Figure 6.10).

La perturbation de la partie inférieure des squelettes ne représente que 14 % de l'ensemble des réinterventions ciblées chez les sujets féminins et 19 % chez les sujets masculins. Si ce chiffre n'est pas surprenant pour les sépultures féminines, il n'est en revanche pas en adéquation avec les observations relevées dans la littérature archéologique pour les tombes masculines. De plus, en additionnant les chiffres de la perturbation de la « partie supérieure » avec ceux de la « partie supérieure et bassin », on constate que les individus masculins sont majoritaires, ce qui va à l'encontre de l'idée que chez ces sujets cette région du corps ait moins affecté par la réintervention que chez les femmes.

Comment interpréter le taux de perturbation de la moitié inférieure du squelette chez les sujets féminins ? Deux causes sont à envisager : la première serait liée à une méconnaissance de la part du perturbateur de l'identité biologique du défunt, ce qui tendrait à situer le bouleversement à une période assez longue après l'inhumation. La seconde au contraire s'expliquerait par la présence d'un dépôt particulier auprès de l'individu.

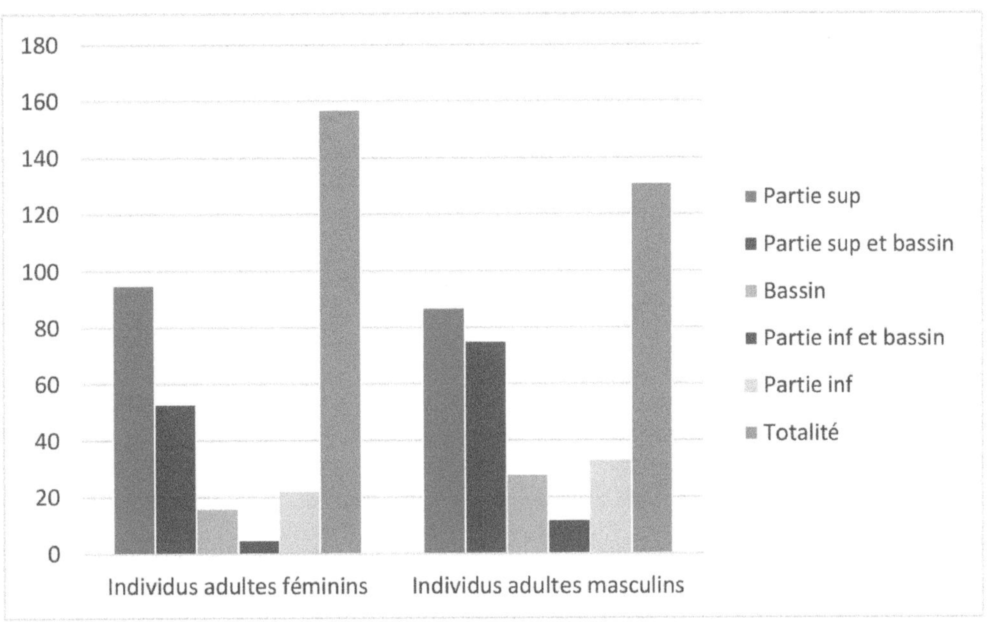

Figure 6.10. Répartition des différents types de perturbation selon le sexe des individus.

La femme de la sépulture 566 de Kolbsheim apparaît bouleversée à hauteur du bassin et du membre inférieur gauche : l'avant-bras gauche, les vertèbres lombaires et le fémur gauche ont été déplacés à proximité ou sur le fémur droit. Les os reposent sur le fond de fosse, à l'exception du radius et du fémur qui sont en contact direct avec le fémur en place. Les deux os coxaux sont localisés contre la paroi nord de la tombe, 10 cm au-dessus du fond de fosse. Le sacrum, les deux patellas et le tibia gauche sont situés à l'extrémité sud-est de la sépulture et sont en position instable à environ 20 cm au-dessus du squelette (Denaire 2013, vol. 2 : 373–376). Le mobilier funéraire découvert se compose d'une paire de boucles d'oreille en alliage cuivreux et d'un tesson de céramique mis au jour dans le comblement. L'absence de fracture des ossements remaniés, l'amplitude de déplacement des os et leur dépôt en partie sur le fond de la fosse tendent à prouver que la réintervention s'est déroulée dans un espace vide de sédiment. Les perturbations sont relativement ciblées. La première concerne la région du bassin et pourrait être associée au prélèvement d'une ceinture. La seconde se concentre sur le membre inférieur gauche. L'une des hypothèses à envisager est la soustraction d'un élément placé en suspension le long de la jambe. Sur le site d'Osthouse, le prélèvement d'éléments appartenant à une châtelaine avait été avancée pour expliquer le bouleversement du membre inférieur gauche du sujet féminin 6 (Châtelet 2009, vol. 2 : 207). Cette proposition est tout à fait envisageable dans l'exemple de Kolbsheim.

La situation est en revanche plus complexe pour la sépulture 879 de la nécropole de Cutry. Le membre supérieur gauche et les deux membres inférieurs de l'individu féminin sont perturbés. La notice du catalogue ne précise pas si les ossements ont été découverts sur le fond de la fosse ou dans le remplissage de la tombe. Le relevé de la structure permet toutefois de constater que certains os longs déplacés sont fragmentés tel que l'humérus et l'un des tibias. La perturbation a donc eu lieu sur un individu entièrement décomposé, et possiblement dans une sépulture en partie colmatée. Malgré la réouverture, la tombe est toujours richement dotée. Parmi les objets conservés, on peut noter la présence une paire de fibules aviforme en argent doré et grenats, une paire de fibules ansée digitée également en argent doré, une cuillère en argent ou encore un passe-courroie en argent niellé. L'une des hypothèses à envisager est l'interruption involontaire de la perturbation, obligeant les perturbateurs à abandonner l'opération. Il est également possible que l'ouverture de la sépulture dans sa moitié inférieure résulte d'une méconnaissance de son contenu exact et par conséquent que les individus n'aient pas eu accès aux objets situés au niveau du thorax et du bassin car non visibles. Enfin, l'éventualité d'une réouverture maîtrisée destinée à récupérer un ou plusieurs artefacts bien précis doit être envisagée. Dans ce cas, l'origine de la réintervention serait davantage à rapprocher d'un motif symbolique que vénal. Une telle situation est connue notamment pour les sépultures masculines à épée (Châtelet 2017 ; Somerville et McDonald 2010 : 171–173), et rien n'interdit de penser qu'une pratique similaire ait pu concerner les tombes féminines. Dans ce cas, la perturbation serait davantage liée au genre associé au défunt (masculin) qu'à son identité biologique (féminin) (Effros 2000 ; Halsall 2020). Dans l'état actuel des connaissances, il est difficile de privilégier l'une des hypothèses au dépend des autres pour expliquer les remaniements observés dans la tombe 879 de Cutry.

6.4.3. Perturbation ciblée ou totale : un indice chronologique ?

La période d'intervention des perturbateurs influe-t-elle sur le type de perturbation ? Il est parfois admis que les réouvertures précoces s'accompagnent d'un remaniement ciblé – l'absence de comblement des sépultures permettant de repérer aisément l'emplacement des objets et de les prélever sans grande difficulté. À l'inverse, les réouvertures tardives se plaçant à une période où les structures funéraires ont perdu leur marqueur de surface et sont entièrement colmatées engendreraient des remaniements osseux plus importants.

En tenant compte des biais qu'induit une telle étude[184], il apparaît que les perturbations partielles et totales sont présentes à toutes les époques, et quelles que soit les nécropoles considérées. Sur le site de Houplin-Ancoisne (Nord-Pas-de-Calais), la datation de l'ensemble des 31 tombes découvertes a permis d'observer que le nombre de perturbations partielles et totales est assez similaire tout au long de la période d'utilisation de l'espace funéraire. Ainsi, pour le VIe siècle on dénombre neuf tombes bouleversées partiellement et huit dans leur totalité. À Cutry (Meurthe-et-Moselle), les interventions ciblées sur les corps s'observent à toutes les périodes, depuis le MA1 (v. 470/480 – v. 520/530) jusqu'au MR2 (v. 630/640 – v. 660/670). Elles sont majoritaires jusqu'à la fin du VIe siècle (22 cas recensés contre 8 cas de perturbations complètes). À partir du VIIe siècle, le nombre de sépultures bouleversées dans leur intégralité augmente progressivement. Dans cette nécropole, ce sont les inhumations les plus tardives qui subissent de préférence une réintervention totale, ce qui amène à envisager une campagne de réouvertures sépulcrales postérieure à l'utilisation du site et qui aurait visé principalement les sépultures encore visibles dans le paysage (et donc les plus récentes).

Au-delà d'un lien possible entre le type de réouverture et la période d'intervention des perturbateurs, une autre interprétation est à envisager. En effet, l'ampleur des remaniements osseux ne serait pas à mettre en lien avec la période de réouverture, mais plutôt avec la motivation des intervenants. Dans le cadre d'un pillage, la volonté de dérober un maximum d'objets tendrait à conduire à une exploration étendue de la sépulture et par conséquent à une plus grande probabilité de perturber l'ensemble du squelette. À l'inverse, une réouverture dans un but plus symbolique, comme la récupération d'un artefact à la signification précise pour la communauté, n'induirait qu'un bouleversement limité de l'individu. Dans ce sens, le type de réouverture coïnciderait plus avec le profil des perturbateurs qu'avec la période de réalisation de ces actes.

La difficulté d'établir clairement un lien entre la forme de la perturbation et la chronologie des sites est également vraie pour les fouilles de la fin du XIXe siècle et du début du XXe siècle. Le bouleversement localisé, voir ponctuel du squelette lors de la réouverture s'observe également lors de certaines explorations archéologiques plus contemporaines. Élève de Jules Orblin, gardien du musée de la ville de Reims, Henri Gillet décrit la technique de fouille[185] utilisée par ce membre fondateur de la Société archéologique champenoise :

> « Nous sondions un cimetière repérant les fosses toute la journée, puis de midi à une heure, quand les cultivateurs étaient partis déjeuner, Orblin faisait un trou à l'emplacement de la tête. S'il y avait un torque et des fibules on faisait également un trou à chaque bras pour les bracelets. »

L'impact de la méthode de fouille de Orblin est clairement visible sur le site de la Croix-Chaudron à Reims (Marne): les sépultures explorées ont livré des squelettes partiellement bouleversés avec des remaniements osseux très localisés[186]. Ce type de perturbation est très similaire à ce qu'il est possible d'observer dans les nécropoles mérovingiennes. De nombreuses réouvertures alto-médiévale présentent des déplacements osseux limités, avec une attention particulière accordée à la partie supérieure du corps. La différence notable entre les réouvertures anciennes et celles contemporaines s'inscrit dans l'état de conservation des structures funéraires. Dans le premier cas, les réinterventions anthropiques se produisent avant le colmatage complet de la sépulture, permettant une manipulation des ossements dans un espace vide de sédiments. Dans le second cas, la sépulture est entièrement comblée, limitant l'amplitude de déplacement des ossements sur le plan horizontal.

Dans son ouvrage consacré à l'histoire de l'archéologie celtique en Champagne, Anne Vatan décrit deux techniques de fouille habituellement observées dans la région au début du XXe siècle : la fouille intégrale et la fouille en puits. Elle note que la seconde méthode « délaisse de nombreux objets et ne livre aucune observation valable sur les sujets inhumés » (Vatan 2004 : 91–102). Cette sélection (involontaire) du mobilier archéologique trouve des parallèles avec les réouvertures anciennes, à la différence que la sélection est cette fois-ci volontaire.

6.5. L'emplacement des accès

6.5.1. Des réouvertures en lien avec le sexe des inhumés ?

La réouverture d'une sépulture à une période ancienne interroge sur le degré de connaissance du contenu de

[184] Selon le degré de préservation des vestiges, la datation des structures funéraires peut être effectuée de manière plus ou moins précise. En outre, une telle étude nécessite de pouvoir effectuer des comparaisons entre sites, ce qui peut se révéler complexe lorsque la chronologie utilisée diffère entre certains sites. Enfin, s'il est aujourd'hui admis que la majorité des réouvertures surviennent pendant le temps d'utilisation de l'espace funéraire, il est aussi envisageable que d'autres perturbations anthropiques aient été réalisées bien après l'abandon de la nécropole. Dans ce cas, il est parfois difficile d'attribuer une datation précise aux bouleversements observés.

[185] Lettre d'Henri Gillet à l'abbé Favret du 5 août 1945 (archives du musée d'Epernay), citée par Vatan 2004 : 30.

[186] Son passage dans la nécropole est par ailleurs attesté par la découverte dans une sépulture d'une bouteille de bière datant de 1825–1887 et d'un tesson portant l'inscription « Jules Orblin 1904 ». (Zipper, Seguin et Chevalier 2009).

Régions	Partie supérieure	Centre	Partie inférieure	Latérale	Totalité
Normandie	2	3	3	1	5
Ile-de-France	3	1	0	0	0
Picardie	7	7	0	0	0
Nord-Pas-de-Calais	1	2	2	0	0
Champagne-Ardenne	0	1	0	0	0
Lorraine	5	3	3	1	0
Alsace	20	33	6	1	3
Total	**38**	**50**	**14**	**3**	**8**

Figure 6.11. Emplacement des réouvertures dans les sépultures adultes sexés.

la tombe et de son emplacement exact dans l'espace funéraire. L'identité biologique du défunt est parfois avancée pour expliquer l'emplacement de certaines fosses de réouvertures. Une situation qui n'est pas sans rappeler celle concernant la localisation des remaniements osseux sur les corps.

Dans les nécropoles du corpus, le centre des sépultures adultes est principalement visé au cours des réinterventions anthropiques, et cela concerne autant les individus masculins que féminins (Figure 6.11). Cette localisation semble permettre un accès optimal au mobilier funéraire et notamment aux éléments de ceinture. En fonction du diamètre de l'ouverture, les parures situées sur le thorax, mais également les armes qui sont déposées à proximité du bassin sont largement accessibles. La partie supérieure de la tombe est également fréquemment réouverte, probablement pour des raisons assez proches de celles évoquées précédemment. Pratiquer un accès à hauteur de la moitié supérieure d'un corps offre la possibilité d'accéder aisément aux parues et aux accessoires vestimentaires. En revanche, dans l'éventualité où une arme serait déposée le long d'un membre inférieur, cette approche ne permet pas d'y accéder (voire simplement de la voir ?).

La distribution de l'emplacement des ouvertures selon le sexe soulève d'autre part quelques remarques. La répartition par catégorie est similaire entre les sujets féminins et les sujets masculins (Figures 6.12 et 6.13). Si le milieu de la tombe est privilégié par les perturbateurs, cette préférence ne s'exprime pas de la même manière entre les deux groupes : 41 % des sépultures féminines et 47 % des tombes masculines. Sur les sites d'Houplin-Ancoisne (Nord-Pas-de-Calais) et de Réguisheim (Bas-Rhin), les ouvertures situées au centre de la fosse sépulcrale sont exclusivement observées dans les sépultures masculines. Il serait tentant de déceler un lien ici avec l'identité biologique des défunts. En effet, la majorité du mobilier de valeur déposé dans leur sépulture se situe au niveau du bassin. Ouvrir au centre peut donc se révéler stratégiquement « rentable ». Dans le cas où un pommeau d'arme apparaît à hauteur du membre inférieur, le perturbateur peut choisir d'élargir simplement la fosse dite de pillage.

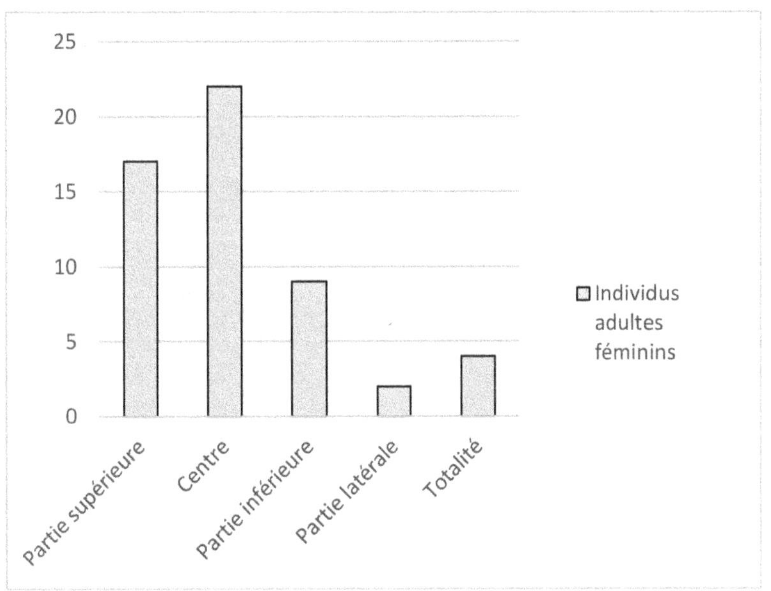

Figure 6.12. Emplacement des réouvertures dans les sépultures féminines adultes.

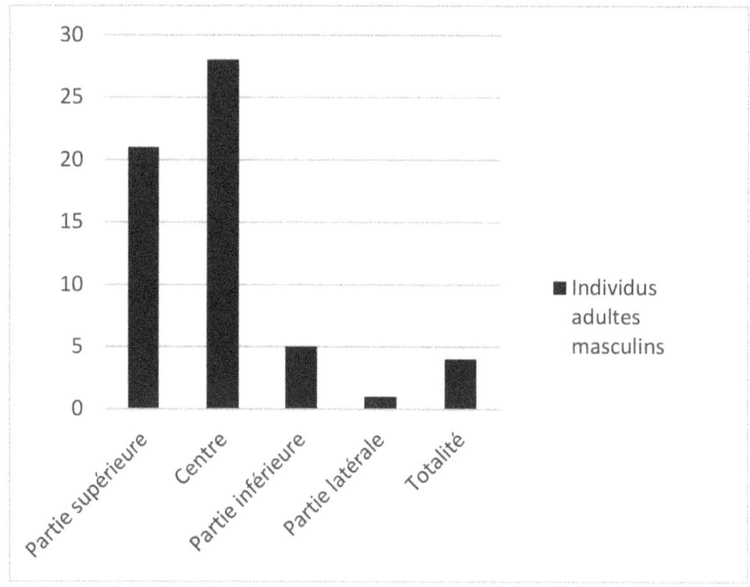

Figure 6.13. Emplacement des réouvertures dans les sépultures masculines adultes.

Individus	Partie supérieure	Centre	Partie inférieure	Latérale	Totalité	Total
Adultes	78	80	23	10	9	**200**
Immatures	7	10	5	0	0	**22**

Figure 6.14. Répartition par catégorie d'âge des individus selon l'emplacement de la réouverture.

La partie inférieure de la tombe est aussi visée, mais dans une proportion moindre. Les sépultures masculines ne sont pas les structures majoritairement concernées par cet emplacement. Sur certains sites, la pratique concerne même exclusivement les tombes féminines, comme à Matzenheim (Bas-Rhin), Odratzheim (Bas-Rhin), Vendenheim (Bas-Rhin) ou encore Quiéry-la-Motte (Pas-de-Calais). Les rites de dépôt de mobilier féminin ne permettent pas d'expliquer réellement cette situation, à l'exception peut-être de coutumes funéraires locales qui auraient modifié le schéma type de la distribution du mobilier dans les sépultures féminines. Une autre explication est à envisager : la méconnaissance de l'identité du mort et/ou des limites de fosses en partie effacées en surface. Dans ce sens, l'absence attestée de corrélation entre l'emplacement de la réouverture et l'identité biologique du défunt témoignerait d'une action réalisée soit par un individu extérieur à la communauté, soit à une période où la connaissance du contenu exact de la tombe (voire son emprise précise dans la terre) n'est plus connue. Une telle situation permet de catégoriser la réintervention et ainsi de la qualifier de pillage.

6.5.2. Des réouvertures en lien avec l'âge des inhumés ?

La présence d'indices de réouvertures est largement inférieure dans les sépultures d'immatures que dans celles des adultes. Toutefois, les quelques exemples qui nous sont parvenus permettent d'effectuer une première approche sur l'emplacement de ces réouvertures par rapport à l'âge des individus inhumés (Figure 6.14).

La localisation des zones de réouvertures est presque similaire entre les sépultures d'adultes et d'immatures. L'intrusion des perturbateurs s'effectue majoritairement dans la partie supérieure et au centre de la tombe. Les entrées latérales, comme cela est le cas à Louviers et à Didenheim, sont minoritaires. Leur réalisation est probablement dictée par des contraintes techniques liées au contenant, à l'aménagement en surface de la sépulture ou à son emplacement dans la nécropole. Enfin, l'ouverture de l'ensemble de la surface de la sépulture n'est relevée que dans neuf tombes adultes, soit à peine 4 % du corpus.

Une étude comparative entre l'âge au décès des immatures et la localisation de la réouvertes ne semble pas pertinente en raison du faible échantillon de squelettes d'enfants disponible. Pour diverses raisons liées à l'accessibilité des données, aux méthodes employées pour l'estimation de l'âge, à l'état de conservation des ossements ou encore au degré d'intérêt porté aux immatures bouleversés, l'apport des recherches étrangères n'est pas non plus concluant sur le sujet.

L'étude des ouvertures selon la catégorie d'âge des inhumés (adulte/immature) ne permet pas de mettre en avant un lien évident entre ces deux éléments. Les sépultures d'adultes et d'immatures présentent au contraire de grandes similitudes dans leur bouleversement. Sans apparente considération pour l'âge au décès des défunts, les perturbateurs semblent avant tout privilégier un accès par la partie supérieure des structures funéraires.

Face à ce constat, il est possible de s'interroger sur le critère sexe, dont l'incidence sur l'emplacement du dépôt funéraire est plus que significative. Malheureusement, l'analyse effectuée sur les individus adultes n'apporte pas de réelle réponse, les sépultures masculines présentant autant de réouvertures dans leur partie supérieure que les tombes féminines.

6.6. Les atteintes au corps du défunt : quels constats ?

L'atteinte au squelette constitue un fait marquant dans les sépultures réouvertes. L'étude anthropologique est un outil indispensable pour comprendre le profil des individus concernés par la pratique. Si les textes alto-médiévaux fournissent quelques pistes, on ne peut oublier qu'ils n'illustrent qu'une partie du phénomène atteignant uniquement les classes les plus élevées de la population (souverain, saints, personne d'un haut rang social). L'étude des nécropoles de plein champ montre qu'une large partie de la population était concernée par ces actes quels que soient l'âge ou le sexe.

L'analyse des bouleversements selon le sexe des individus met en évidence une légère prédominance des adultes masculins (51 %) par rapport aux femmes (49 %). Toutefois, cet écart est trop faible pour réellement déceler, à l'échelle de la moitié nord de la France, une sélection des sépultures adultes selon le sexe des inhumés. En revanche, l'approche régionale de la pratique souligne la variabilité du phénomène avec une différence notable selon l'espace géographique considéré. Les sépultures féminines bouleversées apparaissent majoritaires en Picardie et en Alsace. À l'inverse, ce sont les individus masculins qui présentent un taux de réouverture plus élevé en Normandie, en Lorraine et dans le Nord-Pas-de-Calais.

L'association généralement effectuée entre le sexe du défunt et la localisation de la perturbation osseuse n'est pas concluante. 52 % des sépultures adultes ont livré des individus partiellement bouleversés, contre 48 % avec une perturbation de l'ensemble du squelette. La situation est similaire parmi les immatures avec 53 % présentant des indices de remaniement partiel et 47 % un bouleversement complet. La moitié supérieure du corps (avec ou sans la région du bassin) est largement privilégiée lors de la perturbation partielle aussi bien chez les individus adultes (75 %) que chez les immatures (68 %). Dans une très large majorité, les individus, aussi bien féminins que masculins, sont bouleversés au niveau du bassin et/ou de la moitié supérieure du corps. La fréquence est même supérieure chez les hommes si l'on tient compte de la région du bassin. L'emplacement des ouvertures, et en particulier des fosses dites de pillage, coïncide avec ces observations. Dans 40 % des sépultures féminines, l'intervention des perturbateurs s'effectue depuis le centre de la structure. Ce pourcentage est légèrement plus élevé dans les tombes masculines avec 47 % des fosses creusées au centre des sépultures. La perturbation de la partie inférieure des squelettes ne représente que 14 % de l'ensemble des réinterventions ciblées chez les sujets féminins et 19 % chez les sujets masculins, permettant de rejeter l'hypothèse d'une association entre l'emplacement de la perturbation et le sexe des défunts.

Le choix de rouvrir la tombe dans sa partie supérieure répond à une certaine logique. En effet, la majorité du mobilier présent, aussi bien dans les sépultures féminines que masculines, est localisée sur la partie haute du corps entre le cou et le bassin. Que l'on ait connaissance de l'identité du défunt ou non, pratiquer une ouverture à cet emplacement permet ainsi d'accéder souvent à la majorité des objets. L'élargissement de la fosse en cas de découverte fortuite d'un mobilier situé plus bas dans la tombe est ensuite possible. Ce constat fait écho aux récentes études menées en Europe (Klevnäs et al. 2021) et qui remettent en question l'association avancée dans les publications antérieures entre le sexe des individus et l'emplacement de la fosse dite de pillage (ouverture à hauteur du cou et du thorax dans les sépultures féminines et au niveau des membres inférieurs dans leurs homologues masculines) (par ex. Effros 2006 : 189 ; Steuer et al. 1998 : 519).

Les diverses analyses menées sur les sépultures ont montré que les enfants n'étaient en rien épargnés par la pratique. Ici, ils représentent 13 % de l'effectif total. Leur plus faible représentativité est probablement à mettre en relation avec la conservation très variable de leurs ossements et de leur sépulture ainsi qu'un mobilier moins important, même s'il peut être parfois d'une richesse remarquable. La répartition géographique des sujets immatures montre des différences selon l'espace considéré. Peu nombreux en Picardie (7%) en dépit de plus de 600 sépultures analysées pour cette seule région, ils représentent 34 % des tombes remaniées en Champagne-Ardenne, 24 % en Normandie, 20 % dans le Nord-Pas-de-Calais, 16 % en Île-de-France et en Alsace, et enfin 14 % en Lorraine. Autre fait notable, toutes les catégories d'âges sont concernées par la pratique, y compris celles des très jeunes enfants.

La chronologie des réinterventions anthropiques est un sujet complexe qui s'appuie sur des indices dont la pertinence peut varier selon la formation de l'observateur et ses propres recherches. La préservation d'un espace vide au moment de l'intervention, généralement considérée comme un indice pertinent dans la datation du phénomène, est ainsi questionnée par certains chercheurs (Chenal et Barrand-Emam 2017 : 164–166). Autre argument régulièrement mentionné dans les publications scientifiques pour affiner la chronologie de la perturbation : l'ampleur des bouleversements osseux. Ainsi, un remaniement ciblé serait en faveur d'une réintervention précoce, à l'inverse du dérangement complet d'un individu. En réalité, il apparaît que les deux types de perturbations sont présents à toutes les époques, quelles que soit les nécropoles et les régions considérées. En outre, les fouilles de la fin du XIXe siècle et du début du XXe siècle soulignent à quel point il est difficile de considérer ce seul indice comme pertinent dans la datation d'une perturbation sépulcrale. Une autre approche de cette problématique pourrait être alors envisagée : celle du lien entre le degré de remaniement des squelettes et la motivation des perturbateurs. Dans cette perspective, le type de réouverture coïnciderait plus avec le profil des intervenants (pilleurs, membre de la communauté du défunt, explorateurs, fouilleurs) qu'avec la période de réalisation de ces actes.

6.7. The body

Osteological study of the human remains from disturbed burials provides information such as the sex and age profiles of the affected individuals. The analysis presented here draws on previous osteological assessments conducted on 746 adult skeletons in a variety of post-excavation contexts. Brought together, the overall picture is that, in the context of grave reopening in northern France, there is no statistical sex difference in re-entered adult burials (51% male vs 49% female). However, this varies by region. Female graves are thus predominant in Picardy and Alsace, whereas male graves were more likely to be reopened in Normandy, Lorraine and Nord-Pas-de-Calais. In Champagne-Ardenne and Île-de-France, female and male graves are disturbed in similar proportions.

Previous research stated that skeletons were handled differently depending on whether the deceased was a woman or a man. In France, adult skeletons appear partially disturbed in 52% and completely in 48%. Results are almost identical for children graves: 53% contained evidence of limited bone disturbance against 47% of total disorder. The upper part of the body (with or without the pelvic region) is largely targeted in both adult (75%) and immature (68%) individuals. More precisely, the disturbance of the pelvis girdle and/or the upper part of the skeleton is even more common for men than for women. The location of the intrusive pits is also consistent with these observations. Re-entry was carried out from the centre of the grave in 40% of the female burials and 47% of the male ones. The disturbance of the lower part of the skeletons is only visible in 14% of the female graves of the corpus and 19% of the male graves. The association usually made in the archaeological literature between the sex of the deceased and the location of the bone disturbances is therefore not relevant in the French case. The choice of reopening the upper part of a grave was certainly a practical matter and should be associated with the furnished rite. Female and male grave goods were mostly present in the upper part of the graves, from the neck to the pelvis, whether worn by the deceased or simply arranged around her/him. Whether the identity of the deceased was known or not, making an opening at this location often allowed access to the majority of objects. If additional items were expected lower down, a simple enlargement of the intrusive pit was then possible, as it seems to have been the case at Vitry-la-Ville (grave 92) (Tixier et al. 2020: 114–115). Recent studies carried out outside France tend to show a similar picture and question the previously mentioned assumption that the modus operandi of the reopeners relied on the gender of the dead (i.e. reopening between the neck and the thorax in female graves and at the level of the lower limbs in male graves) (Effros 2006: 189; Steuer 1998: 519).

Alongside adult burials, immature graves were also the objects of post-depositional entry. In this study, they represent 13% of the total number of early medieval reopened graves. Their low representation is probably related to the poorer preservation of the bones and the funerary structures. Children's graves were also less well furnished, and thus probably less likely to be reopened, even if some of them could sometimes contain remarkable grave goods. The distribution of disturbed immature burials in France shows variation according the area considered (Figure 6.2). There are few in Picardy (7%), despite more than 600 analysed graves, but they represent 34% of the re-entries in Champagne-Ardenne, 24% in Normandy, 20% in Nord-Pas-de-Calais, 16% in Île-de-France and Alsace, and finally 14% in Lorraine. All age categories were affected by the practice, including very young children.

The chronology of the early medieval reopenings has been broadly discussed in the archaeological literature (Dierkens 2011: 598; Effros 2002: 57–58; Roth 1978: 62). Among the different topics on the subject, the non-collapse of the container at the time of the intrusion is usually considered as relevant evidence in the dating of the practice. The preservation of the coffin is demonstrated by the position of the disturbed bones and objects, and the profile of the reopening pit. Archaeothanatological analysis can indicate if the body was moved in a space free of sediment or already filled. Similarly, a stratigraphic section of the intrusive pit can demonstrate that the reopeners encountered the lid of the container during their action (Figures 4.6 and 4.7). However, as wood conservation depends on several factors – type of wood used in the manufacture of the coffin, thickness of the container, type of sediment welcoming the inhumations, moisture content of the soil – it is not impossible that some graves kept their wholeness during decades, if not centuries. The preservation of the wooden container as evidence of early reopening has recently been questioned by some researchers (Chenal and Barrand-Emam 2017: 164–166). Considering the dataset of the study, the exceptional conservation of such funerary architecture must have only concerned a limited number of cases.

The extent of bone disorder as an argument in favour of an early or late reopening also comes up time to time in the chronology discussion. For instance, a focused body manipulation would evidence an early intrusion, whereas the disturbance of the whole skeleton would indicate a much later re-entry. However, the research carried out on the cemeteries north of the Loire river show that partial and full disturbance coexisted, whatever the period and the region considered. One of the best examples is probably the late 19th century archaeological investigation of large Merovingian cemeteries in eastern France. At La Croix-Blandin, the excavation methods show remarkable similarities with those used by early medieval people, such as limited intrusive pits and partial disturbance of the bodies (Seguin 2020). Another way to approach the issue might be to consider the degree of the bone disorder at the light of the motivations. From this perspective, the type of reopening would have depended of the profile of the reopeners (grave robbers, relatives of the deceased, explorers, archaeologists) and not on the timing of the re-entry.

7
Le mobilier funéraire

7.1. L'inhumation habillée à l'époque mérovingienne

Les rites funéraires mérovingiens ont fait l'objet de nombreuses études, soulignant pour les plus récentes la complexité d'interprétation de la pratique de l'inhumation habillée (Alduc-Le Bagousse 2009 ; Effros 2006 ; Georges, Guillaume et Rohmer 2008 ; Theuws et Nelson 2000 ; Williams 2006 et 2007). Le mort est généralement accompagné d'objets dont le rôle ne se résume pas à la seule expression de son statut social. La composition du dépôt funéraire est pensée en amont des funérailles et semble/peut parfois influer sur la pratique des réouvertures de sépultures. C'est principalement la présence d'objets spécifiques qui attire la main de l'homme, quelle que soit la valeur que l'on peut leur attribuer (symbolique, religieuse, ou encore puissance).

7.1.1. Le dépôt funéraire

L'inhumation habillée implique par définition la présence de vêtements et d'objets. Les tissus ne parviennent que rarement jusqu'à nous, sauf sous la forme de petits fragments ou par minéralisation après avoir été en contact avec un artefact métallique (une fibule ou une boucle de ceinture par exemple)[187]. En revanche, si les conditions d'enfouissement ont été optimales[188], les chances de découvrir du mobilier en métal, encore plus ou moins intact, sont grandes.

Le mobilier funéraire mérovingien est généralement classé en six grandes catégories[189] :

- Les accessoires vestimentaires : les boucles de ceinture, de jarretières et de chaussures.
- Les éléments de parures : les boucles d'oreilles, les bagues, les bracelets, les épingles à cheveux et les fibules (même si le rôle de ces dernières est double car en plus d'être décoratives, elles servaient principalement à fixer le vêtement).
- Les pièces d'armement : ce mobilier comprend principalement les scramasaxes, les épées, les pointes de lances, les pointes de flèches, les umbos de bouclier, les haches et les angons.
- Les objets usuels : pinces à épiler, peignes, briquets, forces et couteaux.
- La vaisselle : elle est majoritairement en céramique, mais peut aussi être en verre et en métal.
- Les dépôts alimentaires : cette pratique s'observe principalement dans l'est de la France.

La pratique de l'inhumation habillée n'est pas identique sur l'ensemble de la France. Elle est ainsi plus marquée entre la Seine et le Rhin où la présence franque est plus forte. Elle est en revanche moins fréquente au sud de la Seine, et notamment entre la Loire et les Pyrénées, zone qui conservera plus longtemps ses coutumes funéraires traditionnelles en raison d'une romanisation plus précoce et plus profonde (Périn et Feffer 1997 : 407–409 ; Stutz 2000).

Si les hommes et les femmes mérovingiens ont pu partager quelques pièces vestimentaires, certains objets semblent plus spécifiques à l'un ou à l'autre sexe. Le costume féminin se caractérise en effet par la présence d'éléments de parures, et notamment des fibules[190]. Leur nombre et leur forme variaient suivant l'origine de la défunte et la mode (Lorren 2001 : 19). Au début du VIe siècle, il était d'usage dans le nord de la Gaule de porter une paire de petites fibules circulaires, polylobées ou aviformes au niveau du cou. Près du bassin, il était possible de rencontrer une paire de grandes fibules ansées et digitées. Au cours du siècle suivant, les paires de petites fibules seront remplacées par une seule circulaire et cloisonnée (Verslype 1997 : 110). Parallèlement aux fibules, il est possible de trouver des épingles ayant servi à maintenir en place la coiffure. La ceinture féminine pouvait servir de support à diverses suspensions. Une grosse perle en verre, en ambre, ou plus rarement une boule en cristal de roche pouvaient ainsi pendre le long des membres inférieurs (Rajade 2009). Une châtelaine, supportant divers objets usuels ou de toilette (couteau, clé, forces ...) était parfois suspendue à la ceinture. De manière moins courante, des boucles d'oreilles, une bague et un bracelet métallique pouvaient compléter le costume funéraire. Le collier de perles en verre, en ambre ou en matériau plus précieux est

[187] La nécropole mérovingienne d'Erstein (Bas-Rhin) a livré plusieurs fragments de tissus conservés grâce à leur contact avec la matière métallique des objets (par ex. fibules, boucles de ceinture, scramasaxe) (Médard et al. 2006).

[188] La préservation des objets métalliques en contexte archéologique dépend de plusieurs facteurs comme le milieu d'enfouissement (le fer, par exemple, se conserve mieux en milieu alcalin que salin), celui environnant (degré d'oxygénation, ruissellement ...), ou encore des matériaux métalliques utilisés dans la fabrication de l'objet (Fluzin, Ploquin, Dabosi 2004 : 136).

[189] La variété des objets découverts dans les sépultures mérovingiennes nécessite de considérer ce classement comme un simple outil destiné à clarifier le discours. Certains objets, tels que la lame de tisserand ou encore la pièce de monnaie, ne peuvent entrer dans ces catégories. À l'inverse, les fibules appartiennent à deux catégories puisqu'elles sont à la fois des parures et des accessoires vestimentaires. Le classement est donc destiné à être modifié selon la teneur de la réflexion menée sur le mobilier funéraire.

[190] Les sépultures masculines peuvent livrer, dans de très rares occasions, des fibules ou des bijoux. Dans ce cas précis, leur présence est à rapprocher de considérations qui seraient plus symboliques ou liées au statut du défunt (Pion 2012 : 169).

probablement l'un des éléments de parure le plus répandu dans les sépultures féminines. Il est présent aussi bien chez les adultes que chez les enfants. Certains assemblages particulièrement élaborés formaient de véritables parures pectorales[191].

Le costume masculin contient un nombre relativement moins important d'objets. Les parures étaient rares et leur fonction est encore mal comprise. Dans une proportion moindre que les femmes, les hommes pouvaient être inhumés avec une bague (Hadjadj 2007 : 25). De grosses perles sont également retrouvées dans les sépultures masculines. Les hypothèses les plus répandues associent ces perles aux épées dont la fonction serait décorative, magique, ou encore symbolique (Rajade et Morlans 2011 : 14–16). L'essentiel du mobilier funéraire masculin est en réalité composé d'armes. La panoplie du « guerrier » mérovingien était constituée principalement d'armes offensives – épée, scramasaxe, hache, flèches, lance, angon – et défensives – boucliers (dont il ne reste généralement que l'élément central en fer, l'umbo et le manipule).

De nombreux autres objets aux fonctions diverses se rencontrent aussi bien dans les sépultures féminines que masculines. Il s'agit principalement d'accessoires vestimentaires (boucles de ceinture), d'objets usuels (couteau, peigne, aumônière), de vaisselle (pot en céramique, bassin en bronze, coupe en verre ...) et de dépôts alimentaires.

La composition du mobilier funéraire n'est pas identique d'une nécropole à une autre. Les sépultures de l'est de la France et du nord de la Bourgogne sont particulièrement bien dotées. Leur richesse permet d'étudier les combinaisons d'objets selon le sexe et d'établir ainsi une hiérarchie sociale au sein du site. La variété du mobilier métallique montre la grande dextérité des artisans et des forgerons mérovingiens. Les techniques de réalisation des épées sont particulièrement admirées, comme en témoigne une lettre du roi ostrogoth Théodoric adressée au roi des Varnes :

> « Votre fraternité Nous destina des épées longues, capables de trancher même les armures, plus précieuses par le travail du fer que par la valeur en or. Elles étincellent d'un poli très poussé au point de refléter fidèlement le visage qui les contemple. Leurs bords, parfaitement aigus, courent avec une telle régularité qu'on peut les croire fondus au feu de forge plutôt qu'œuvrés à la lime. Leurs parties médianes creusées d'élégants canaux se rident en vermisseaux ; là jouent tant d'ombres variées que l'on croirait plutôt le métal clair entrelacé d'éléments de diverses couleurs. Ce métal, votre pierre à aiguiser l'a nettoyé avec tant de soin, votre sable merveilleux l'a si habilement poli que ce fer lumineux devient un miroir pour les hommes. Votre patrie fut de la sorte si comblée par la nature qu'elle vous a assuré une renommée singulière : des épées que leur beauté ferait attribuer à Vulcain qui passait pour forger le fer avec tant d'élégance que l'ouvrage de ses mains paraissait l'œuvre, non de mortels, mais d'un dieu. »[192]

Certaines nécropoles témoignent de l'habilité des orfèvres mérovingiens et de la diversité des parures et armes (Cession-Louppe 1997 : 138–141). En Belgique, la richesse du mobilier funéraire mis au jour sur le site de Bossut-Gottechain permet de classer cette nécropole parmi les plus riches connues sur le territoire belge [193]. Plusieurs objets sont remarquables par leur matériau et leur finesse telle la paire de fibules aviformes en or et en alliage cuivreux, de la sépulture 146 ou encore la fibule ronde en or incrustée de grenats et de cabochons en verre et en argent découverte dans la tombe 413. En France, la nécropole d'Erstein a également livré un abondant mobilier funéraire composé de parures, de bijoux, d'armes mais aussi d'objets dits mixte (boucles de ceinture, céramique, bassins en bronze, verrerie, monnaies, couteaux et peignes) (Médard et al. 2006 : 310–313).

La richesse du dépôt funéraire des nécropoles de Bossut-Gottechain et d'Erstein ne doit pas être perçue comme une règle absolue pour l'ensemble des sites funéraires mérovingiens. La fréquence de dépôt des objets, la composition du mobilier et sa valeur sont très variables d'une nécropole à l'autre. Par ailleurs, le statut social d'un groupe d'individus ou d'une communauté ne se manifeste pas nécessairement par la présence d'un mobilier abondant et précieux. Dans le cimetière belge de Haillot (VIIe siècle), la « richesse » des sépultures ne se mesure pas à la qualité du mobilier funéraire, mais à travers l'aménagement des tombes. Les défunts privilégiés ont été inhumés dans des cercueils disposés au centre d'enclos de grand diamètre (Vanmechelen et Vrielynck 2009 : 27 et 29). Ainsi, de manière générale, le nombre relativement restreint d'objets déposés dans les tombes ne

[191] Voir le cas notamment de la sépulture féminine 12 de « La Tuilerie » à Saint-Dizier (Haute-Marne). Près de 70 perles et pendeloques ont été découvertes au niveau du thorax de la jeune femme (Paresys et al. 2009 : 81).

[192] Cassiodore, *Variae*, V, i : *Spathas nobis etiam arma desecantes vestra fraternitas destinavit, ferro magis quam auri pretio ditiores ; splendet illic claritas expoliata, ut intuentium facies fideli puritate restituant, quarum margines in acutum tali aequilitate descendunt, ut non limis compositae, sed igneis fornacibus credantur effusae : harum media pulchris alveis excavata quibusdam videntur crispare posse vermiculis : ubi tanta varietatis umbra conludit, ut intextum magis credas variis coloribus lucidum metallum. Hoc vestra cotis diligenter emundat, hoc vester splendidissimus pulvis ita industriose detergit, ut speculum quoddam virorum faciat ferrea lucem, qui ideo patriae vestrae natura largiente concessus est, ut huius rei opinionem vobis faceret singularem : enses qui pulchritudine sui putentur esse Vulcani, qui tanta elegantia fabrilia visus est excolere, ut quod eius manibus formabatur, non opus mortalium, sed crederetur esse divinum* (éd. *MGH*, *AA*, XII : 143 ; trad. C.-M. de La Roncière, R. Delort et M. Rouche 1969 : 94).

[193] L'une des spécificités de cette nécropole est également la bonne conservation des contenants en bois. L'étude des traces de bois a permis de discerner plusieurs types de cercueils (Vanmechelen et Vrielynck 2009 : 27 et 29).

devrait pas être interprété comme un signe de pauvreté de la communauté inhumée.

7.1.2. Fonctions du mobilier funéraire

Les pratiques funéraires mérovingiennes, malgré une apparente homogénéité, sont en réalité profondément hétérogènes dans leur expression. En 1986, Bailey K. Young avait déjà évoqué le fait que chaque site possède ses particularismes tout en conservant des éléments communs avec les autres nécropoles d'une même région (Young 1986 : 73). Cette situation rend complexe l'interprétation du contenu funéraire des sépultures.

L'un des premiers dangers dans l'étude des pratiques funéraires est de vouloir rattacher le mort à une religion ou à une croyance spécifique. La distinction entre tombe chrétienne et tombe païenne a longtemps prévalu dans la littérature archéologique et historique. La volonté de voir dans les pratiques la marque de la christianisation du défunt, ou au contraire son attache aux croyances païennes, a souvent conduit à la surinterprétation des motifs observés sur certaines pièces du mobilier funéraire (Dierkens 2004 : 145–148). Or, il reste bien difficile de déterminer si un motif « chrétien » sur un objet relève d'une tradition, d'une croyance ou d'un simple « effet de mode » (Dierkens 1991 : 119–121 et 2004 : 147). Les études actuelles en France ont intégré ce degré de prudence dans l'interprétation du mobilier funéraire. À l'étranger, en revanche, la situation est quelque peu différente. Le rapprochement entre les sépultures mérovingiennes et la religion chrétienne est effectué de manière plus systématique, et les sources hagiographiques et épigraphiques sont largement utilisées pour comprendre les rites funéraires mérovingiens. Toutefois, le biais qu'elles induisent en raison de l'identité de leur auteur n'est que peu pris en compte. Ces textes, écrits majoritairement par des membres du clergé, ne sont pas représentatifs des croyances et des pratiques funéraires de l'ensemble de la population du VIe–VIIIe siècle[194].

Les accessoires qui composent le vêtement médiéval peuvent donner un certain nombre d'information sur son porteur, et pas uniquement sur ses croyances.

En 1995 Michel Pastoureau (1995 : 5) écrivait :

> « Dans le vêtement médiéval (…) tout est signifiant : les tissus (…), les pièces et les formes, les couleurs (…), le travail de coupe et d'assemblages, les dimensions, les accessoires et, bien sûr, la façon de porter le vêtement. Il s'agit d'exprimer par des signes conventionnels, toujours fortement codés, un certain nombre de valeurs et d'en assurer les contrôles correspondants. Chacun doit porter le vêtement de son état et de son rang. »

[194] Le baptême de Clovis fait certes du royaume des Francs un état chrétien, mais cela ne signifie pas pour autant que l'ensemble de la population se convertit (Wood 1994 : 72).

Plus récemment, Toby F. Martin et Rosie Weetch ont montré l'apport significatif de l'archéologie sur l'histoire du vêtement, auparavant essentiellement entre les mains des historiens (Martin et Weetch 2017 : 1–12). Il s'agit ici du 'vêtement' dans sa définition la plus large[195], incluant les accessoires comme les ceintures ou les fibules, mais aussi les objets ornementatifs, ou encore ceux reflétant un genre, un statut, une fonction, une origine ou encore une croyance (Harland 2017 ; Knox 2017 ; Patrello 2020). La composition du mobilier funéraire résulte d'un choix aux multiples facettes qui relève autant de considérations personnelles que familiales et parfois même stratégiques (Effros 2006 : 195 ; Harland 2017 : 126–127). Le caractère social des funérailles mérovingiennes est fort et se manifeste aussi bien dans l'emplacement de la tombe que dans le choix du mobilier accompagnant et des vêtements portés par le défunt (Daim 1998 : 87–89). La complexité de compréhension du dépôt funéraire s'exprime également dans le fait que ce dernier n'est pas nécessairement le reflet exact du statut social du mort ou le résultat de sa volonté. Les exemples les plus éloquents concernent les sépultures d'immatures (James 1989 : 34). Les objets déposés auprès de ces petits corps sont autant un rappel du rang social de la famille que du sien. Ils peuvent aussi être le reflet de ce qu'aurait dû devenir l'enfant à l'âge adulte. En Lorraine, la nécropole d'Abainville (Meuse) a livré la sépulture d'un immature au mobilier funéraire exceptionnel. L'enfant, âgé entre 7 et 13 ans, a été inhumé avec une épée longue, une francisque, une lance, trois flèches, une boucle en fer, une céramique et trois deniers d'argent (Guillaume 1989 : 97). En Allemagne, la célèbre découverte de la tombe du jeune garçon dans la cathédrale de Cologne est encore aujourd'hui une référence par la richesse du mobilier funéraire (Doppelfeld et Weyres 1980 ; Hauser 1996).

L'entourage du défunt[196] sélectionne soigneusement le mobilier déposé dans la tombe. Les objets domestiques et personnels en côtoient d'autres dont la signification n'est pas toujours évidente à déterminer. Quel rôle doit-on donner à ces grosses perles en cristal de roche découvertes dans les sépultures les plus riches ? Symbole social, le cristal de roche est également perçu comme une pierre aux vertus prophylactiques (Berthelot 1995 : 12). Et que dire des objets d'époques antérieures découverts dans les sépultures mérovingiennes ? Une étude menée en Belgique par Constantin Pion a mis en avant la diversité du matériel issu des cultures protohistoriques et romaines dans les tombes du VIe–VIIe siècle (Pion 2009). Des céramiques et des petites anses en verre romaines détournées en pendentifs, des fibules du Ier–IVe siècle, des tessons de céramiques protohistoriques composent une partie du mobilier funéraire de certaines sépultures alto-médiévales (Pion 2012). La présence de ces objets ne semble pas

[195] Pour une approche de la terminologie du vêtement, on peut se référer à l'ouvrage de Nickals et Pollen (2015) qui, malgré sa rédaction en langue anglaise, constitue une bonne introduction au vocabulaire autour du vêtement et de ses compléments.

[196] Le choix du mobilier funéraire peut avoir été dicté du vivant de l'individu à ses proches, ou au contraire résulter d'une réflexion menée par la famille pour exprimer au mieux sa position sociale au moment des funérailles.

simplement due au hasard puisque les Mérovingiens opéraient une sélection dans ces pièces. Des objets romains pourtant courants sont ainsi totalement absents du catalogue. Aucun texte témoignant du sens que ces objets revêtaient aux yeux des Mérovingiens ne nous est parvenu[197]. La part symbolique des armes est en revanche un thème largement débattu par les chercheurs (par ex. Fischer et al. 2008 ; Lebedynsky 2001 ; Le Jan 2000 ; Oakeshott 1994). La composition de la panoplie dépend de l'autorité et du pouvoir de son porteur. Le discours qui s'y rattache s'exprime pleinement lors des funérailles. L'importance de certaines armes est telle qu'elle peut engendrer une réouverture illégale de la sépulture, comme en témoigne le passage célèbre de l'*Histoire des Lombards* de Paul Diacre à propos de la tombe du roi lombard Alboin[198]. La sélection des armes dans les sépultures ne reflète pas nécessairement la fonction du défunt au cours de sa vie, mais parfois davantage son statut dans la communauté des vivants ou, dans le cas des enfants, des espoirs perdus par leurs décès (Halsall 2010 : 400). Les pointes de flèches découvertes dans les sépultures masculines, pour ne citer qu'un exemple, ne signifient pas que l'occupant de la tombe était un chasseur ou un archer. Comme déjà évoqué précédemment, le but des pratiques funéraires mérovingiennes n'est pas tant de montrer le rang social du défunt que celui du groupe auquel il appartenait (Steuer 1989 : 140–107).

Le contexte politique et les ressources locales ont également une part d'influence dans la composition du mobilier funéraire. Une position fragilisée au sein de la communauté peut conduire la famille du défunt à réitérer sa puissance à travers les funérailles. La comparaison effectuée entre les nécropoles de Bourgogne et celles de Normandie avait conduit Bailey K. Young à prendre en considération dans sa réflexion la situation politique de ces deux régions (Young 1986 : 76–77). En effet, sous Clovis l'est de la France est souvent le théâtre d'affrontements entre le pouvoir franc et les peuples situés à sa frontière (Périn et Feffer 1997 : 143–183)[199]. Or, c'est dans cette partie du territoire franc que les sépultures à armes sont les plus nombreuses et les mieux fournies. Le caractère militaire de la périphérie est du royaume franc s'exprime par une certaine ostentation dans les pratiques funéraires destinée à matérialiser le pouvoir de l'élite guerrière et son rattachement au chef, et donc au roi (Verslype 2003 : 563). À l'inverse, la Normandie reste à l'écart de ces luttes avec toujours une présence de l'armement dans les sépultures, mais en quantité moindre.

Toutefois, toutes les tombes mérovingiennes ne contiennent pas du mobilier funéraire. L'absence d'objets dans une sépulture ne signifie pas nécessairement que le défunt n'avait pas les moyens d'emporter avec lui ces derniers. Au contraire, la « richesse » d'un individu peut aussi apparaître par le choix d'être inhumé sans mobilier funéraire, soit parce que sa position au sein de la communauté n'a pas besoin d'être rappelée au cours des funérailles, soit parce que les coutumes locales diffèrent[200].

La composition du mobilier funéraire résulte donc de choix complexes qu'il est parfois difficile de saisir. L'archéologie ne fournit que des vestiges matériels[201] et un contexte de dépôt. Le déroulement exact des funérailles, qui appartiennent à la sphère familiale, reste bien souvent inconnu. La difficulté d'interprétation des gestes anthropiques s'accroît lorsque l'on se penche sur les sépultures réouvertes. Un des premiers constats qu'il est d'ores et déjà possible de faire est celui de la sélection du mobilier par les perturbateurs[202]. À l'image de celui effectué au moment de l'inhumation, ce choix répond à un ou des besoins qu'il est nécessaire de comprendre si l'on souhaite saisir pleinement l'acte de réouverture. Le mobilier funéraire est à l'origine, sauf exception, de la perturbation des tombes mérovingiennes. Dans ce sens, il paraît indispensable de s'interroger sur ce qui a été prélevé, mais aussi ce qui a été laissé dans la sépulture.

7.2. Identifier l'absent

L'étude des réouvertures de sépultures mérovingiennes nécessite pour le chercheur d'être capable d'identifier l'absent. Les indices archéologiques permettant d'attester du prélèvement des objets sont variés, mais néanmoins soumis à plusieurs facteurs tels que l'état de conservation des vestiges au moment de la fouille archéologique ou lors de l'intrusion, le schéma de dépôt du mobilier funéraire dans chaque nécropole ou encore le type d'objet. Il faut également évoquer la possibilité que la soustraction n'ait laissé aucune trace, aussi bien au niveau du squelette que sur le sol ou dans la terre de remplissage de la tombe.

[197] Sur la présence d'objets romains dans les sépultures, on peut aussi se référer à la publication d'Eckardt et Williams (2003) pour le contexte anglo-saxon.

[198] La sépulture du souverain fut réouverte à la fin du VIIIe siècle par le duc de Vérone Giselpert dans l'objectif de s'approprier les symboles du pouvoir afin de légitimer sa position comme futur dirigeant du peuple lombard (éd. *MGH*, *RL*, c. II, 28 : 70 ; Salin 1952 : 265).

[199] Les principales batailles menées par Clovis l'ont opposé aux Burgondes, aux Alamans et aux Wisigoths. Si ces derniers sont localisés au sud de la Gaule, en revanche le territoire des Alamans est situé entre le Rhin et les Alpes, et celui des Burgondes au sud-est. Les conflits sont ainsi bien éloignés de la région normande.

[200] L'inhumation sans mobilier peut aussi résulter d'un choix religieux, comme cela est le cas de Disciola, religieuse au monastère de Sainte Radegonde. Grégoire de Tours rapporte au livre VI de l'*Histoire des Francs* que la jeune fille fut inhumée simplement dans un linceul (VI, c. 39 : *Post haec corpus aquis ablutum ita candore niveo refulgebat, ut nullum lenteum repperire abbatissa potuisset in prumptu quod corpore candidior cerneretur ; induta tamen lenteis mundis, sepulturae mandata est.* (éd. *MGH*, *SRM* I, 1 : 296). Le cas de l'abbesse de Nivelles, Gertrude, est un second exemple (Treffort 1996 : 73–74).

[201] Le mobilier funéraire parvenu jusqu'à nous est constitué d'objets en matériaux pérennes. Mais que dire des autres éléments déposés auprès du mort en matières périssables tels que la vaisselle en bois, les coffrets, ou les lanières de cuir ? Sur ce sujet, les connaissances demeurent très limitées en l'absence de conditions de conservation particulière de ce type d'objets.

[202] La sélection du mobilier lors des réouvertures de tombes a déjà été observée sur de nombreux sites alto-médiévaux aussi bien en France qu'à l'étranger : Aspöck 2011 ; Hincket et Mayer 2011 : 12–13 ; Urlacher, Passard-Urlacher et Gizard 2008 : 73–74.

Les principaux indices de l'absence peuvent être classés de la manière suivante :

- Les éléments résiduels laissés par les objets prélevés. Il peut s'agir d'un morceau de l'artefact comme un ardillon de fibule ou une bossette de plaque-boucle, ou des traces ferreuses sur le fond de la sépulture à l'emplacement initial de l'objet.
- La perturbation ciblée du squelette et qui peut être associée à un type de mobilier précis. Ce critère suppose de prendre en considération les sépultures non réouvertes de la nécropole étudiée, ainsi que les pratiques funéraires inhérente à chaque site.
- Les traces de décoloration sur les ossements qui sont demeurés en contact pendant un certain temps avec l'objet disparu.

L'armement représente la catégorie de mobilier la plus régulièrement mise en avant dans les publications traitant de la perturbation sépulcrale. Pourtant, les indices de leur prélèvement diffèrent selon le type d'arme considéré. Les épées et les scramasaxes sont le plus souvent identifiés par l'intermédiaire de fragments provenant de la lame, du pommeau ou encore du baudrier. Des traces de rouille sur le fond de la tombe indiquent parfois leur emplacement original. Une des particularités associée à ces deux armes est une forme de constance dans l'emplacement de leur dépôt sur de nombreux sites. Pour ne prendre que l'exemple de la nécropole d'Illfurth (Bas-Rhin), la grande majorité des scramasaxes est placée du côté gauche des individus (13 cas) et au niveau du bassin ou à proximité (23 cas). Seuls deux exemplaires ont été découverts du côté droit des corps, sur ou sous le membre supérieur droit. Les spathae sont positionnées le long des défunts avec un exemplaire près de la jambe droite et un second à hauteur de la hanche gauche de l'individu. En combinant l'étude du mobilier funéraire dans les sépultures intactes avec l'observation des déplacements osseux, la présence initiale d'une arme dans plusieurs tombes bouleversées d'Illfurth a pu être démontrée. La sépulture 101 a livré le squelette bien conservé d'un individu adulte masculin (Figure 7.1). La perturbation est extrêmement localisée puisque seulement trois os ont été déplacés : le radius, l'ulna et l'os coxal gauches. À hauteur des premières vertèbres lombaires, les restes d'une garniture de ceinture en bronze sont présents. Au regard des données archéologiques, l'hypothèse de la soustraction d'un scramasaxe peut être proposée dans cette tombe.

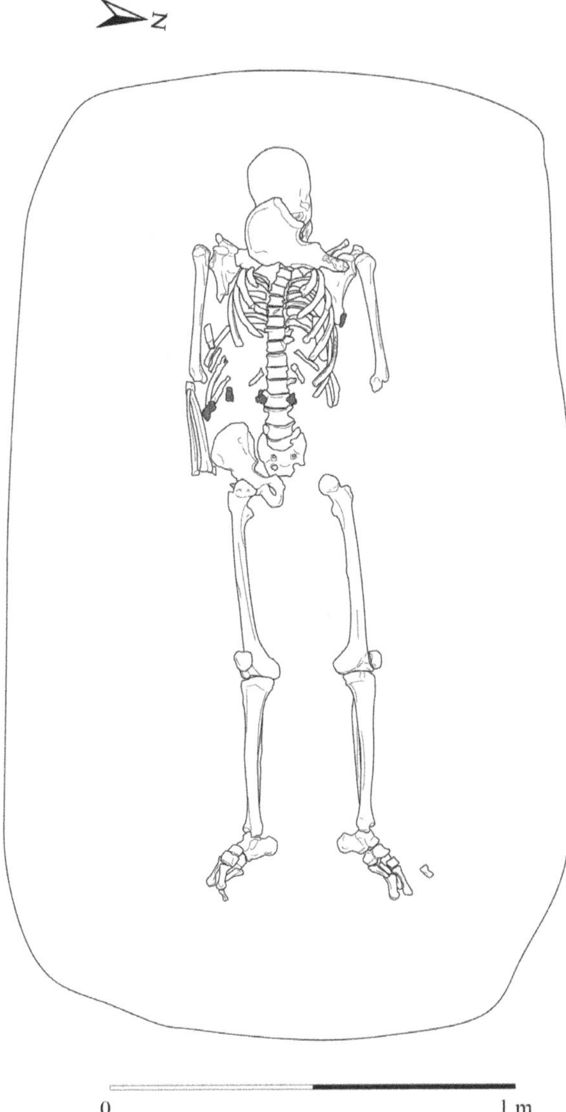

Figure 7.1. Sépulture 101, Illfurth (Haut-Rhin). Le bouleversement de l'individu se limite aux os de l'avant-bras gauche et à l'os coxal gauche. L'hypothèse d'une soustraction d'une arme peut ici être avancée (Antea Archéologie).

En dépit de la nature variée des indices à disposition, identifier la présence initiale d'une épée ou d'un scramasaxe dans une tombe n'est pas toujours possible. La situation est particulièrement vraie en ce qui concerne le scramasaxe. Son dépôt fréquent sur le bassin des défunts induit des bouleversements similaires à ceux occasionnés par le prélèvement d'une ceinture .

Les lances, flèches, haches et boucliers constituent également un défi, en particulier en raison de leur emplacement de dépôt. Les déplacements osseux comme critère d'identification ne s'appliquent que rarement pour ces armes non portées par les défunts, ni même déposées suffisamment proche du corps pour entraîner le bouleversement des os lors de leur soustraction (lance et bouclier). En outre, dans le cas particulier des flèches l'emplacement de dépôt est trop aléatoire pour y associer des ossements spécifiques. À l'inverse, les haches étant placées le plus souvent à proximité des membres inférieurs, la perturbation de cette région anatomique pourrait tout aussi bien correspondre à la soustraction d'un scramasaxe que d'une épée.

En réalité, le principal critère d'identification du prélèvement d'une lance, d'une hache, d'un bouclier ou encore de flèches réside dans la comparaison entre le nombre d'exemplaires découverts dans les sépultures réouvertes par rapport à celui des tombes intactes. Dans de rares cas, des éléments résiduels peuvent témoigner de leur présence initiale, mais ils constituent souvent une exception au regard de l'ensemble des sites étudiés.

Deuxième catégorie de mobilier funéraire régulièrement citée dans les études, les parures sont identifiées sur les mêmes critères que ceux appliqués aux armes : éléments résiduels, bouleversements osseux et comparaison du dépôt funéraire entre tombes remaniées et intactes. Une nouvelle fois, des différences existent selon le type de matériel. Ainsi, identifier une fibule manquante s'avère difficile si l'on ne tient pas compte des déplacements osseux. Le prélèvement de cet objet, souvent de taille modeste, ne laisse en effet que rarement de traces dans la fosse. La présence d'une paire incomplète peut être un premier indice, mais il faut pour cela bien connaître les coutumes funéraires de la région et s'assurer que l'on n'est pas face à un choix volontaire de la part du défunt. Dans la littérature archéologique, la perturbation de la partie supérieure des squelettes féminins, et plus spécifiquement de la région du thorax, est habituellement interprétée comme le résultat de la soustraction d'un ou plusieurs éléments de parure. Dans la majorité des cas, la fibule est désignée comme l'objet principal recherché. Dans les sépultures non remaniées, la fibule est généralement découverte en position fonctionnelle, soit au niveau du haut du corps de la défunte, soit plus bas au niveau des membres inférieurs. En l'absence d'éléments résiduels tels que des perles ou encore un pendentif, la perturbation de la moitié supérieure d'un squelette féminin laisse donc, généralement, peu de doutes sur le matériel recherché par les perturbateurs.

La situation est plus complexe en ce qui concernent les bagues, les boucles d'oreilles et les bracelets. Les os susceptibles d'être affectés lors de leur prélèvement peuvent également l'être lors de la soustraction d'autres objets. La comparaison entre les sépultures intactes et bouleversées constitue une autre méthode possible. Pour cela, il est nécessaire d'avoir une quantité de tombes non perturbées avec parures suffisamment importante pour s'assurer de la fiabilité des résultats, ce qui n'est pas toujours le cas. Sur le site d'Houplin-Ancoisne, quatre fibules en alliage cuivreux ont été recensées, dont trois proviennent de tombes réouvertes. Chacune de ces tombes n'a livré qu'une seule fibule (deux fibules carrées à angles bilobées et une fibule pseudo-discoïde), mais un dépôt unique n'est pas rare. La comparaison entre les tombes intactes et perturbées ne permet pas d'estimer dans quelle mesure les fibules ont pu constituer un matériel recherché sur ce site.

Le prélèvement de la ceinture est relativement bien attesté par les données archéologiques. L'emplacement des perturbations au niveau du squelette constitue un premier témoin de la disparition de l'objet. Il doit être associé aux modalités des dépôts funéraires qui peuvent varier d'un site à un autre. Les os du bassin ainsi que les dernières vertèbres lombaires sont en général les premiers éléments perturbés lors de la soustraction d'une ceinture. S'ajoutent ensuite, selon la position et le degré de décomposition du corps au moment de la réintervention, les os des avant-bras (ulna et radius) et les fémurs. Le déplacement de ces os en périphérie du bassin résulte bien souvent d'un « effet collatéral », soit parce que les avant-bras du défunt reposaient dans cette région anatomique, soit par ce que des connexions partielles existaient encore entre les différents ossements. Le rôle des tissus, qui peuvent maintenir en proximité anatomique plusieurs pièces osseuses, n'est pas à négliger non plus. Le prélèvement de la ceinture est suspecté dans la sépulture féminine 424 de la nécropole de Jeoffrécourt. La perturbation est ciblée et concerne les vertèbres lombaires, l'os coxal droit et l'avant-bras droit. Un anneau en bronze a été découvert à proximité de l'avant-bras gauche. L'emplacement du bouleversement laisse envisager la disparition d'une ceinture.

Comme de nombreux objets exposés à la corrosion, la soustraction d'une ceinture peut aussi occasionner sa fragmentation. Une plaque sans boucle, des rivets de boucle sans cette dernière ou encore une garniture incomplète sont autant de témoins d'un élément initialement déposé dans la tombe, mais disparu après la réouverture. La découverte de résidus provenant d'une ceinture est assez fréquente dans les nécropoles mérovingiennes françaises. Dans certaines situations, l'étude attentive de la composition du dépôt funéraire peut non seulement mettre en évidence un déficit des éléments de ceinture dans les tombes réouvertes, mais aussi leur prélèvement sur la base du matériau. Sur le site de Marquette-lez-Lille, une analyse comparative entre sépultures intactes et sépultures réouvertes tend à attester une sélection des objets selon leur matériau.

À côté des armes, des parures et des accessoires vestimentaires, les autres éléments pouvant composer le mobilier funéraire original sont plus complexes à identifier dans les tombes réouvertes. Les critères sont souvent à établir au cas par cas. Attester de la présence et non de l'absence peut s'avérer dans ces cas particuliers un élément plus pertinent pour l'étude, à l'image des objets qualifiés de tabous par certains chercheurs et qui auraient été volontairement délaissés dans les structures par les réintervenants (Koch 1974, Roth 1978 : 67–71).

7.3. Le prélèvement des objets dans les sépultures

Aborder la question du prélèvement des objets dans les sépultures réouvertes nécessite quelques précautions. En effet, la présence d'artefacts dans les tombes alto-médiévales varie en nombre et en qualité selon les nécropoles. Sur le site de Bulles (Oise), ce ne sont pas moins de 75 armes, 39 éléments de parures, 68 couteaux et 107 céramiques qui ont été mis au jour[203]. En comparaison, à Jeoffrécourt (Aisne) le mobilier se compose de cinq pièces

[203] Pour un total de 287 sépultures réouvertes.

d'armement, quatre éléments de parure, six couteaux ou encore huit céramiques[204].

La conservation du mobilier funéraire est également très variable d'un site à un autre. C'est le cas notamment dans la nécropole de Marquette-lez-Lille (Nord) où il est souvent difficile de savoir si les nombreux fragments métalliques découverts dans les sépultures et leurs remblais résultent du prélèvement d'un objet fragilisé par la corrosion, ou tout simplement de sa désagrégation lors de la perturbation. La réouverture et/ou la forte érosion du terrain peut avoir provoqué la fragmentation de l'ensemble du mobilier funéraire découvert dans les sépultures bouleversées. En Basse-Normandie, le site de Manerbe (Calvados) n'a livré que des objets incomplets dont l'identification reste souvent imprécise.

Le mobilier funéraire mérovingien présente une grande diversité. Même si les publications archéologiques tendent à accorder une plus grande importance aux pièces d'armements, garnitures de ceinture ou encore fibules, d'autres objets étaient déposés auprès du défunt tels que les pinces à épiler, les monnaies, les silex, les épingles à cheveux, les clés ou les pendentifs en bois. Des garnitures de chaussure sont parfois également en place (simple boucle, plaque-boucle). Devant une telle variété d'objets, un choix est souvent fait. Si les artefacts moins courants méritent une attention aussi grande que ceux considérés plus spectaculaires, comme les bijoux ou les armes, force est de constater que leur nombre relativement plus faible rend difficile leur analyse. En effet, la grande variabilité de leur présence dans les sépultures empêche de savoir dans quelle mesure ils pouvaient être recherchés par les « pilleurs ».

Les objets retenus proviennent de cinq catégories de mobilier (Figure 7.2). Ils ont été sélectionnés suivant leur fréquence dans les nécropoles mérovingiennes du nord de la France, leur capacité à être identifié lorsqu'ils se présentent sous la forme de fragments, et enfin, pour certains, le rôle symbolique qu'ils pouvaient avoir auprès de la communauté locale.

7.3.1. Les pièces d'armement

Les écrits contemporains et les vestiges archéologiques soulignent tous deux l'importance des armes dans la société mérovingienne (Le Jan 1987 : 97). Grégoire de Tours rapporte un rituel hérité de l'Empire romain et transmis au IVe siècle dans le monde barbare par les soldats romains : l'élévation du roi sur le pavois (Le Jan 2003 : 1222–1225). Aux environs de 511, Clovis se fait élire roi des Francs rhénans à la place de Chlodéric par l'intermédiaire de ce rituel guerrier[205]. La possession d'armes exprime une supériorité sociale donnant à celui qui la possède un rôle de protection, mais aussi de domination au sein du groupe auquel il appartient (Le Jan 2003 : 170). Même s'il convient de demeurer prudent dans l'interprétation du mobilier funéraire, il n'en demeure pas moins que la pratique du dépôt funéraire est une composante principale de la culture mérovingienne.

Catégorie de mobilier	Objets
Armement	Angon
	Épée
	Flèche
	Hache
	Lance
	Scramasaxe
	Umbo
Parures	Bague
	Boucle d'oreilles
	Bracelet
	Collier
	Fibule
Accessoires vestimentaires	Boucle simple de ceinture
	Plaque-boucle de ceinture
	Contre-plaque de ceinture
	Plaque-dorsale de ceinture
Objets usuels	Couteau
	Peigne
	Paire de forces
	Fiche à bélière
Vaisselle	Vaisselle en céramique
	Vaisselle en bronze
	Vaisselle en verre

Figure 7.2. Pièces du mobilier funéraire retenues dans l'étude.

Si les armes sont déposées majoritairement dans les sépultures masculines, quelques cas de sépultures féminines avec armes sont connus en France et au-delà (Gärtner et al. 2014). En Normandie, le site de Romilly-sur-Andelle a livré plusieurs exemples de femmes adultes inhumées avec une pièce d'armement (Colleter et al. 2014). Au Royaume-Uni, sur le site de West Heslerton (Yorkshire du Nord), deux tombes féminines (sépultures 144 et 164) contenaient un fer de lance, un couteau et une boucle (Haughton et Powlesland 1999 : 249–250). Une autre (sépulture 184) a livré les restes d'un bouclier, un fer de lance, des boucles de ceinture et un couteau. Dans les deux premiers exemples, la méthode de détermination du sexe des sujets n'est pas précisée dans la publication. Pour le cas de la tombe 184, l'état de conservation très médiocre des ossements amène à prendre avec précaution la diagnose sexuelle[206]. Une analyse ADN effectuée sur l'un

[204] Pour un total de 71 sépultures réouvertes.

[205] Grégoire de Tours, *Histoire des Francs*, II, c. 40 : … *eum clypeo evectum super se regem constituunt* (éd. *MGH*, *SRM* I, 1 : 91).

[206] Le sexe a été établi à partir de l'analyse du crâne (méthode utilisée non précisée dans la publication) par Margaret Cox (Inforce Foundation, Cranfield Forensic Centre, Cranfield University, Shrivenham). La détermination du sexe par l'intermédiaire des caractères sexuels

RÉGIONS	Angon	Épée	Flèche	Hache	Lance	Scramasaxe	Umbo	TOTAL
Alsace	0	3	38	1	23	3	13	**81**
Champagne-Ardenne	0	0	0	0	0	1	0	**1**
Ile-de-France	0	0	1	2	0	2	0	**5**
Lorraine	0	1	17	13	12	5	2	**50**
Nord-Pas-de-Calais	1	2	10	11	30	0	2	**56**
Normandie	0	0	1	2	7	6	0	**16**
Picardie	0	1	58	10	32	17	4	**122**
TOTAL	**1**	**7**	**125**	**39**	**104**	**34**	**21**	**331**

Figure 7.3. Répartition par région du nombre de pièces d'armement découvertes dans les sépultures réouvertes.

des individus atteste néanmoins qu'une de ces sépultures contenait bien une femme (Montgomery 2002 : 225).

Pour un corpus de 34 sites funéraires mérovingiens présentant des données suffisamment fiables pour effectuer une étude sur le mobilier funéraire, le nombre total d'armes découvertes dans les sépultures réouvertes est de 331 (Figure 7.3). L'arme la plus fréquemment retrouvée, toute région confondue, est la pointe de flèche (38 %), suivie du fer de lance (31 %), de la hache (12 %), du scramasaxe (10 %), de l'umbo de bouclier (6 %). Seul 2% des sépultures réouvertes avec dépôt d'armes contenait encore une épée. L'angon, arme rare, n'est conservé que dans une seule sépulture localisée à Marquette-lez-Lille dans le département du Nord.

Un test de Chi-2 (ou χ2) a été effectué pour déterminer s'il existe une différence significative entre les sépultures réouvertes et intactes dans la fréquence du prélèvement des armes (Noterman 2016, vol. 2 : 259). Le test montre que la différence de distribution des objets est hautement significative en ce qui concerne le scramasaxe ($p<0{,}001$). En revanche, les résultats ne sont pas probants pour l'épée en raison du faible nombre d'exemplaires découverts dans les tombes mérovingiennes des sites étudiés.

Les régions ayant fourni le plus de pièces d'armements sont l'Alsace, la Lorraine, le Nord-Pas-de-Calais et la Picardie. Il convient toutefois de préciser que dans ces régions la quantité de pièces de mobilier découverte peut être en partie rapprochée de la taille des ensembles funéraires. En Picardie, ce ne sont pas moins de 823 tombes qui ont été fouillées à Bulles (lieu-dit Saine-Fontaine). Plus à l'est, la nécropole de Jeoffrécourt à Sissonne (Aisne) a livré 500 sépultures. Si l'on se tourne vers le nord du pays, la fouille du site de Quiéry-la-Motte (Pas-de-Calais) a permis pour le moment la découverte de 126 tombes.

Il ne faut pas négliger l'importance des coutumes locales en matière de rites funéraires. Pour prendre l'exemple de l'Alsace, les découvertes archéologiques ont depuis de nombreuses années montrées la richesse des dépôts funéraires dans les inhumations de cette région. À l'inverse, les sépultures mérovingiennes de Normandie présentent un mobilier composé essentiellement d'éléments de parures (fibules et colliers) et d'accessoires vestimentaires (boucles de ceinture). Les armes y restent très minoritaires. À Banneville-la-Campagne (Calvados), neuf tombes ont livré une pièce d'armement sur un ensemble de 66 sépultures. Les fouilles anciennes corroborent ces observations : 5 % des sépultures de Saint-Martin-de-Fontenay (Calvados) comportaient une arme. Ce taux descend 3 % dans la nécropole de Giberville (Calvados), soit seulement six sépultures sur plus de 200 mises au jour.

La variation du nombre d'armes dans les sépultures est aussi à interpréter à la lumière des motivations des perturbateurs. Comme tout prélèvement, celui de l'arme répond à un besoin spécifique à un moment donné. Il n'y a peut-être aucun intérêt à emporter une arme si cette dernière ne peut pas être réutilisée, échangée ou revendue par la suite. L'instabilité politique d'une région peut ainsi être une cause potentielle de réouvertures de sépultures, les vivants cherchant alors à se procurer rapidement et à moindre frais des armes. Cette hypothèse suppose évidemment une réintervention anthropique peu de temps après l'inhumation du défunt, avant que l'arme n'ait eu le temps de trop se dégrader. Après sa récupération, elle peut être retravaillée par le forgeron pour lui permettre d'être réutilisée telle qu'elle ou avec quelques modifications.

Les épées et les scramasaxes

Armes offensives, les épées et les scramasaxes sont régulièrement découverts dans les nécropoles mérovingiennes. Ils constituent aussi le type d'arme le plus fréquemment emporté lors des réouvertures. Leur déficit dans les tombes perturbées – et en particulier le scramasaxe – suggère fortement qu'ils étaient particulièrement recherchés. Les indices de leur présence initiale viennent appuyer ce constat (fragments de fourreaux, morceaux de lames, perturbation ciblée du squelette). A Illfurth (Bas-Rhin), 20 % des sépultures non réouvertes contenait encore un scramasaxe et 2 % une épée. A l'inverse, aucune de ces armes n'a été découverte au sein des 93 tombes bouleversées. Des éléments de buffleterie attestent pourtant de leur dépôt dans plusieurs ces structures. L'étude des déplacements osseux vient appuyer ce constat. Autre

secondaires est à prendre avec quelques précautions. Elle doit être réalisée au sein d'une même population. Claude Masset soulignait en 1987 que « le pourcentage de succès, quand on apprécie le sexe par d'autres os que le bassin, dépasse rarement 80 % » (Masset 1986 : 116).

exemple avec la nécropole d'Odratzheim (Bas-Rhin) où 1 seul scramasaxe a été découvert en contexte perturbé contre 12 dans les sépultures intactes (soit 21% des tombes non bouleversées). L'épée est uniquement présente dans les sépultures intactes (9 %). A l'image d'Illfurth, des éléments de fourreaux et des fragments métalliques viennent attester de leur prélèvement au cours des réinterventions.

Si une image assez homogène de la disparition des épées et des scramasaxes se dessine dans les sépultures mérovingiennes, certaines nécropoles tempèrent cette observation. En Picardie, le site de Goudelancourt-lès-Pierrepont montre que le prélèvement des armes est loin d'avoir été systématique ou intensif. Le scramasaxe n'est présent que dans à peine 13 % des sépultures non réouvertes, mais toujours dans 4% de celles perturbées, soit 11 tombes. Ce chiffre peut paraître faible, mais si on le compare avec la fréquence de découverte de l'arme dans les autres nécropoles du nord de la France, il est relativement élevé.

Un constat similaire est fait par Alain Nice (1994 : 4) :

> « Cependant, à Goudelancourt comme ailleurs, il se confirme que certains types de mobilier n'intéressaient pas les pillards, notamment l'armement, la vaisselle funéraire ou divers objets ferreux, retrouvés en assez grande quantité. »

Les fragments d'objets découverts dans les sépultures remaniées attestent que les réinterventions anthropiques peuvent être réalisées après un long séjour en terre des défunts.

Dans la nécropole de Cutry, plusieurs structures funéraires ont conservé des fragments métalliques ou des éléments de fourreau qui témoignent du prélèvement probable d'une arme. Dans les tombes 937, 942 et 990, des rivets de fourreau de scramasaxe reposaient au centre de la fosse, ou avaient été repoussés au pied. Dans les sépultures 967 et 989, pommeau et appliques de lanière de fourreau attestent de la présence initiale d'une épée.

Sur le site de Saint-Vit, la découverte récurrente de morceaux de lames et de baudrier atteste également du mauvais état de conservation des armes offensives emportées. Le mobilier de la tombe 159 se compose de plusieurs armes toujours en place : un fer de lance, deux pointes de flèche, un umbo et manipule de bouclier. À hauteur du coude droit, un pommeau d'épée en alliage cuivreux *a priori* à son emplacement de dépôt. Des éléments en fer ayant appartenu à un baudrier d'arme ont été découverts dispersés dans la fosse.

Les lances

La lance apparaît en moyenne dans un tiers des « tombes à armes » mérovingiennes. Sur le site de Saint-Vit, elle est majoritairement déposée dans l'angle sud-ouest des chambres funéraires (Urlacher, Passard-Urlacher et Gizard 2008 : 110). À Marquette-lez-Lille, elle est généralement découverte à la droite du corps et à hauteur des pieds (Gubellini, Cense-Bacquet et Wilusz 2013, vol. 1 : 266). La nécropole d'Erstein a livré 38 fers de lance répartis en majorité soit le long du corps du défunt ou dans un angle de la tombe (Fischbach 2016 : 11).

L'arme est fréquemment découverte dans les sépultures réouvertes. Sur le site de Marquette-lez-Lille, 20 % des tombes remaniées contenait encore un exemplaire de fer de lance, contre seulement 8 % des sépultures intactes. Dans les nécropoles de Cutry et de Longroy, les taux sont quasi identiques entre les deux types de structures. Cette fréquence de la lance dans les sépultures bouleversées a souvent été associée à sa position excentrée dans les chambres funéraires (Zintl 2020 : 108). Son dépôt à l'extérieur du contenant funéraire, dans l'angle de la chambre et au sud lui permettait de demeurer à l'abri du regard des réintervenants. Une telle supposition pourrait être avancée dans certaines situations, à l'image de la sépulture 53 de la nécropole de Bulles (Legoux 2011, vol. 2 : 208). La partie supérieure du squelette est entièrement absente et ne demeurent en place que les os longs des membres inférieurs. Le mobilier funéraire se compose d'une boucle en fer déplacée découverte près de la paroi ouest de la tombe, d'une céramique à l'est et d'un fer de lance disposé entre la paroi sud et le tibia droit du défunt. La position de l'arme dans l'angle sud-est de la tombe, associée à la localisation de la perturbation, expliquerait sa présence dans la tombe malgré la réouverture.

L'absence de visibilité de la lance n'est pas toujours un argument pour expliquer sa découverte régulière dans les sépultures bouleversées. Toujours dans la nécropole de Bulles, plusieurs exemples attestent au contraire d'un rejet délibéré. L'individu de la sépulture 75 présente une importante perturbation de la moitié supérieure du corps ainsi que du bassin et des fémurs (Legoux 2011, vol. 2 : 215). Une partie des ossements déplacés a été regroupée en fagot contre la paroi sud de la tombe. À quelques centimètres à l'est de ce paquet, un fer de lance apparaît en place.

Flèches, haches et boucliers

Les pointes de flèches sont le plus souvent déposées en plusieurs exemplaires dans les sépultures et fréquemment associées à d'autres pièces d'armement comme le scramasaxe, l'épée ou la lance. Leur présence régulière dans les tombes réouvertes montre qu'elles ne constituent pas un objet particulièrement recherché. Sur le site de Goudelancourt-lès-Pierrepont, 18 pointes de flèches proviennent de structures perturbées (7 %), contre seulement 3 de tombes intactes (1,5 %). Dans la nécropole d'Illfurth, leur nombre est quasi identique entre les deux types de fosses avec 22 exemplaires dans les tombes non réouvertes (17,5 %) et 20 dans celles remaniées (24 %).

Le fer de hache est présent en quantité variable dans les nécropoles mérovingiennes. Il est rarement déposé seul et peut être accompagné d'une arme offensive. Dans la nécropole d'Erstein, sur les trois exemplaires mis au jour, deux sont associés à un scramasaxe. Ils sont tous placés à la droite des défunts, à hauteur des genoux. À Saint-Vit, les haches appartiennent systématiquement à un assemblage composé de plusieurs armes. À l'exception de la sépulture 147, elles proviennent toutes d'un contexte perturbé.

Le pourcentage de sépultures remaniée avec hache est équivalent, voire parfois supérieure à celui des tombes intactes. Dans la nécropole de Bulles, le taux d'inhumation avec un fer de hache est équivalent entre les deux types de structure (2 %). Il est en revanche plus élevé dans les sépultures bouleversées (14 %) que celles non réouvertes (9 %) sur le site de Cutry. Une observation identique est faite sur le site de Marquette-lez-Lille. La hache y est présente dans 8 % des tombes perturbées et 6 % des tombes intactes.

La majorité des situations rencontrées tendent à montrer le désintérêt des perturbateurs pour les flèches et les haches. Elles peuvent être laissée sur place, à leur emplacement initial de dépôt, ou au contraire être déplacées pendant la réintervention. Les deux pointes de flèches découvertes dans la sépulture 35 de la nécropole de Saint-Vit ont ainsi été rassemblées avec les os longs déplacés au pied de la fosse. Dans la tombe 105 de Marquette-lez-Lille, le mobilier est entièrement éparpillé sur le fond de la sépulture et dans le comblement de la fosse de réouverture. Un fer de hache est repoussé contre la paroi ouest avec différents fragments ferreux indéterminés.

Les umbos de bouclier sont découverts en quantité variable dans les nécropoles mérovingiennes. Leur nombre est largement inférieur à ceux des scramasaxes et des lances. Aucun exemplaire n'a été mis au jour sur les sites normands de Banneville-la-Campagne, Manerbe, Louviers et de Longroy. Près du Havre, la nécropole de Harfleur n'a livré qu'un seul bouclier. En Picardie, la situation est similaire avec une majorité de sites sans vestiges de l'arme. En revanche, son dépôt semble plus fréquent en Alsace avec 17 exemplaires trouvés à Erstein, 8 à Odratzheim, 5 à Vendenheim, 2 à Illfurth et uniquement 1 à Artzenheim et Didenheim.

Le bouclier ne semble pas appartenir à la catégorie des objets particulièrement recherché au cours des réinterventions. À l'image des fers de lance, il est le plus souvent ignoré et laissé en place. Lorsqu'il est disposé dans un angle de la tombe, son manque de visibilité pourrait l'avoir protégé du regard des perturbateurs. Néanmoins, le nombre de cas récurrents de boucliers découverts dans les tombes bouleversées en France, mais aussi à l'étranger, suggère plutôt son abandon volontaire dans beaucoup de situations. La sépulture masculine 945 de la nécropole de Cutry possède encore un important mobilier funéraire en dépit de sa perturbation (Legoux 2005 : 436). Les réintervenants semblent s'être concentrés sur l'épée, dont il ne reste que le pommeau. Le umbo et le manipule d'un bouclier sont toujours en place, le long du fémur gauche du défunt. L'accès dégagé par les perturbateurs atteste que l'arme défensive était bien visible au moment du bouleversement, de même que le scramasaxe et la lance.

La disparition du bouclier est envisagée dans quelques sépultures. Dans la tombe 29 de Matzenheim, plusieurs éléments résiduels découverts à la gauche du squelette attestent de la présence initiale de l'arme. Elle semble avoir été emportée en même temps que l'épée dont il ne reste que des traces de corrosion sur le sol (Châtelet 2017 : 178). En Bavière, des exemples de prélèvement de bouclier sont également attestés dans des tombes réouvertes (Zintl 2020).

Le mauvais état de conservation des armes

Le fer est un des matériaux les plus abondants sur Terre. La réduction des oxydes en métal ne présente pas une grande difficulté technique lors de la réalisation de l'arme, à condition de posséder suffisamment de combustible (ce qui est le cas au haut Moyen Âge)[207] et de savoir combiner les effets du feu avec ceux du marteau et de l'enclume (Serneels 2004 : 25–28). Toutefois, la refonte de ce matériau est complexe et nécessite un long travail. La récupération des objets pour leur composition en fer paraît ainsi peu probable.

L'un des faits marquants dans l'étude du prélèvement des armes est l'état de conservation médiocre de certains équipements. Comment expliquer ce phénomène aux VIe-VIIIe siècles ? Le métal ferreux a-t-il alors une valeur particulière qui nous échappe ? Est-il possible d'envisager que l'objet soit retravaillé pour lui donner une nouvelle forme[208] ? À moins que la récupération soit avant tout symbolique et non purement matérielle. Dans son étude portant sur le Kent, Alison Klevnäs émet un constat similaire concernant le mauvais état de conservation des objets au moment de la perturbation (Klevnäs 2013 : 74). Les fragments ferreux découverts dans plusieurs sépultures suggèrent que certaines armes étaient fragilisées suite à leur séjour en terre, comme cela est le cas dans la sépulture 22 du site de Finglesham.

7.3.2. Les parures

La parure mérovingienne regroupe divers objets aussi bien fonctionnels qu'ornementaux. Elle se compose pour l'essentiel de fibules, de colliers, de bagues, de bracelets et de boucles d'oreilles. À l'image des armes, elle est un reflet du statut social de son porteur et est souvent employée pour catégoriser les sépultures féminines.

[207] La crise du bois, combustible essentiel dans la transformation du minerai, ne s'installe qu'à la fin du XIIIe siècle, ce qui provoque l'inflation du prix du métal (Arnoux 1993 : 317–321).

[208] L'objet en fer usé ou détérioré est, au Moyen Âge, le plus souvent recyclé pour sa matière première, réparé ou encore transformé en un nouvel objet (Fluzin, Ploquin et Dabosi 2004 : 135).

Les colliers mérovingiens sont composés majoritairement de perles en pâte de verre et en ambre. D'autres matériaux peuvent être utilisés dans la composition des perles : or, alliage cuivreux, fer, os, terre cuite, quartz... Des pendentifs en métal ou des éléments en remploi (perles romaines, monnaie perforée, fragment de verrerie...) agrémentent parfois les colliers. Les sépultures féminines mérovingiennes ont fourni une quantité importante de perles, en grande majorité en verre. Elles concentrent l'essentiel des dépôts de ce type. Les sépultures masculines livrent parfois des grosses perles qui peuvent être associées à une épée, ou encore des perles plus petites rassemblées au sein d'une sacoche ou simplement déposées auprès du défunt.

La fibule est caractéristique du costume féminin mérovingien. La décoration qu'elle peut recevoir et la variété des matériaux pouvant servir à son élaboration (par ex. fer, bronze, argent, feuille d'or) en font un objet évocateur du statut social de son détenteur, et pas uniquement fonctionnel (fixer deux pans d'un habit).

Les bagues mérovingiennes sont communes aux sépultures masculines et féminines, même si elles demeurent plus nombreuses dans ces dernières. L'usage des bagues mérovingiennes ne se résume pas uniquement à celui d'objets de parure. Elles peuvent avoir une fonction sigillaire, comme c'est le cas de la bague de Childéric Ier, sceller une union ou encore être représentatives d'une activité professionnelle (Kazanski et Périn 1988 ; Salaün, McGregor et Périn 2008). À l'image des fibules, le métal utilisé pour leur confection peut témoigner du rang social de leur propriétaire.

Les boucles d'oreilles sont réalisées en métal (alliage cuivreux, argent, or). De la même manière que les fibules et les bagues, leur style évolue selon les modes et les influences.

En quantité moindre dans les tombes, les bracelets sont aussi présents dans les sépultures féminines. Majoritairement en métal (bronze, argent), ils peuvent aussi être réalisés en perles (Chopelain et Watel 2004 : 136).

Les colliers

Les colliers de perles constituent une des parures les mieux représentée dans les sépultures féminines mérovingiennes. Sur le site de Cutry (Meurthe-et-Moselle), 76 % des tombes féminines ont livré des perles formant un collier (Legoux 2005 : 113). En Basse-Normandie, à Banneville-la-Campagne (Calvados), quatre immatures portaient autour du cou un collier allant d'une vingtaine de perles pour le plus jeune (1–3 ans) à près de 200 pour le plus âgé (12 ans) (Hincker et Mayer 2011 : 19–20). À Marquette-lez-Lille (Nord), 1048 perles ont été recensées dans seulement 33 tombes (Gubellini, Cense-Bacquet et Wilusz 2013, vol. 1 : 299).

La variété des objets élaborés à partir de perles nécessite de prendre quelques précautions. La reconstitution d'un collier de perles ne pose pas de difficultés majeures dans les sépultures intactes. En revanche, la situation est plus complexe dans les tombes réouvertes. La perturbation sépulcrale a en effet souvent entraîné la dispersion des éléments constituants les colliers. En outre, il est très probable qu'un certain nombre de colliers aient été détruits au cours des intrusions. Le nombre de perles découvertes dans les sépultures remaniées est ainsi variable et peut aller d'un seul exemplaire à plus d'une centaine. Afin de limiter toute surinterprétation, il est impératif d'appuyer sa recherche sur les sépultures où une étude détaillée des perles a été effectuée, permettant ainsi de faire la part entre les différentes utilisations de ces éléments (collier, bracelet, motif décoratif cousu sur un vêtement). Dans le cas d'absence d'analyse précise et avec toutes les précautions qui s'y rattachent, le choix peut être fait de prendre en considération les tombes ayant livré plus d'une dizaine de perles. L'étude typologique des perles ainsi que leur emplacement dans la tombe sont aussi à prendre en compte pour éviter, si possible, toute confusion entre les différents types de parures en perles.

Les trois régions ayant livré le plus d'éléments de parure dans les sépultures réouvertes sont l'Alsace, la Picardie et la Lorraine (Figure 7.4). À l'exception de la Lorraine et de la Normandie, les colliers de perles représentent les pièces le plus souvent rencontrées dans les sépultures remaniées.

RÉGIONS	Collier	Fibule	Bague	Boucle d'oreilles	Bracelet	TOTAL
Alsace	56	4	8	16	0	**84**
Champagne-Ardenne	1	2	0	1	0	**4**
Ile-de-France	0	1	2	0	0	**3**
Lorraine	20	27	11	8	1	**67**
Nord-Pas-de-Calais	13	7	6	1	0	**27**
Normandie	3	9	3	9	0	**24**
Picardie	32	17	19	14	4	**86**
TOTAL	**125**	**67**	**49**	**49**	**5**	**295**

Figure 7.4. Répartition par région des différents types de parures découverts dans les sépultures réouvertes.

Dans le Nord-Pas-de-Calais, ils constituent parfois la seule parure découverte dans les tombes perturbées (Osthouse, Réguisheim, Rœschwoog).

Le nombre de perles découvertes en contexte funéraire est très variable d'un site à un autre au sein d'une région[209]. Elles sont souvent découvertes en quantité plus ou moins importante dans les sépultures réouvertes, éparpillées en fond de fosse ou dans le remplissage, mais parfois aussi simplement laissées en position autour du cou du défunt. À Odratzheim (Bas-Rhin), par exemple, les sépultures bouleversées ont livré près de 36 % des perles mises au jour sur l'ensemble du site (Koziol 2012, vol. 1 : 106). Parmi ces dernières, plus de 300 perles forment quinze colliers et une vingtaine ont été découvertes dispersées dans le remplissage des tombes ou sur le fond de fosse. 92,94 % des perles de la nécropole sont en verre, 5,26 % en ambre et les 2 % restants en améthyste, en plomb, en calcaire, en cristal de roche ou encore en nacre. Aucune perle en or ou en argent n'a été découverte.

Dans les sépultures réouvertes, la majorité des perles ont été découvertes dans le remplissage des sépultures ou, lorsque le terrain encaissant permettait une telle observation, directement dans la fosse dite de pillage. Ce sont parfois de véritables parures qui ont été rejetées dans le comblement de la structure funéraire : la sépulture 1074 a livré une trentaine de perles en verre et en ambre et la tombe 1130, une cinquantaine en verre.

Les colliers de perles ne semblent donc pas faire l'objet d'un prélèvement au cours des réouvertures, du moins pas systématiquement. Récupérer cette parure devait impliquer de manipuler la tête du défunt. Opération parfaitement réalisable, mais qui sous-entend une intervention relativement précoce dans le processus de décomposition : le fil reliant les perles entre elles devait être en matière périssable, donc sensible à un séjour en terre et aux jus de décomposition du cadavre[210]. Une récupération plus tardive dans la chronologie de la perturbation, est évidemment possible et pourrait avoir concerner les perles en matières précieuses. Toutefois, leur présence en faible quantité dans les parures ne peut qu'inscrire ce type de vol dans le cadre de l'anecdote. Parmi les perles « précieuses », on peut citer l'ambre. Utilisée dans la parure depuis le Néolithique, il est importé en Gaule *via* le nord de l'Italie à partir du Ve siècle. De tout temps, de multiples propriétés ont été associées à l'ambre (vertus curatives et magiques...) et son coût en fait un matériau recherché par les classes sociales les plus élevées (Berthelot 1995 : 9–10). Malgré tout, les perles en ambre sont retrouvées fréquemment dans les sépultures bouleversées, à l'image de la sépulture 1074 d'Odratzheim mentionnée précédemment.

Les fibules

A l'échelle du nord de la France, la fréquence du prélèvement des fibules ne semble pas identique d'une nécropole à une autre. Sur les sites de Houplin-Ancoisne, de Vitry-sur-Orne ou encore de Longroy, les fibules sont aussi nombreuses dans les sépultures intactes que dans les sépultures réouvertes. Dans certains cas, elles sont parfois même plus abondantes dans les tombes bouleversées. En revanche, dans d'autres nécropoles l'écart entre la quantité de pièces recensées dans les tombes est en faveur des sépultures demeurées intactes (Marquette-lez-Lille, Noisy-le-Grand, Bulles, Saint-Sauveur, Vendenheim). La répartition par région géographique des fibules souligne leur faible nombre dans les sépultures réouvertes, à l'exception toutefois de la Lorraine et de la Picardie. En Normandie, les huit fibules découvertes dans des tombes bouleversées proviennent pour moitié d'une unique sépulture (Louviers) dont l'acte de pillage semble avoir été interrompu. La présence des fibules dans cette tombe ne résulte donc pas d'un choix de la part des perturbateurs. Ainsi, si l'on fait exception de la sépulture 118 de Louviers, ce sont seulement quatre fibules qui ont été découvertes en contexte perturbé en Normandie au sein de quatre sites[211]. Si l'on réduit la perspective à l'échelle de chaque région, la situation diffère selon les nécropoles. En Lorraine, à Vitry-sur-Orne, la quantité de fibules recueillies est plus importante dans les sépultures réouvertes que celles intactes. En revanche, la situation est inverse sur le site de Kuntzig.

Les nécropoles étudiées montrent que les dimensions assez modestes des fibules peuvent permettre leur prélèvement au cours des réinterventions sans laisser de résidus dans les fosses sépulcrales. La localisation des déplacements osseux associée à la détermination du sexe du sujet constitue à l'heure actuelle la meilleure méthode pour déterminer le prélèvement d'une parure. La composition du mobilier funéraire est également à prendre en considération dans la mesure où plusieurs types de fibules sont portés par paire. Dans la nécropole de Vendenheim, 13 fibules ont été mises au jour dans seulement cinq tombes sur un ensemble de 73 fouillées. Aucun ardillon ou fragment métallique appartenant à ce type de parure n'a été découvert dans les sépultures remaniée, ce qui peut résulter autant d'un acte de réouverture que du simple hasard. Toutefois, les déplacements osseux observés sur plusieurs sépultures féminines semblent indiquer une recherche de parure. La perturbation du squelette 33 est très ciblée (Figure 7.5) : une partie des vertèbres thoraciques, les lombaires et les côtes associées sont déplacées. Les avant-bras, les os du bassin et les fémurs[212] ne sont également plus en position. Le mobilier se compose essentiellement de clous, d'un anneau et d'un rivet. Dans la nécropole de

[209] À titre de comparaison pour la région Nord-Pas-de-Calais, à Marquette-lez-Lille 1048 perles ont été recensées, 200 à Hordain, et 45 à Houplin-Ancoisne. En Picardie, 1670 perles ont été inventoriées à Nouvion-en-Ponthieu, 930 à Goudelancourt-les-Pierrepont, et 217 à Saint-Sauveur.

[210] Le perturbateur a aussi la possibilité d'arracher le collier en tirant dessus, mais il prend alors le risque d'éparpiller les perles dans la sépulture et de passer du temps à les ramasser.

[211] Les sépultures intactes ont livré 15 fibules (six à Louviers, quatre à Falaise « Vâton », trois à Banneville-la-Campagne et deux à Longroy).

[212] À noter que la tête fémorale gauche est toujours engagée dans l'acétabulum de l'os coxal gauche en dépit du déplacement du membre inférieur gauche.

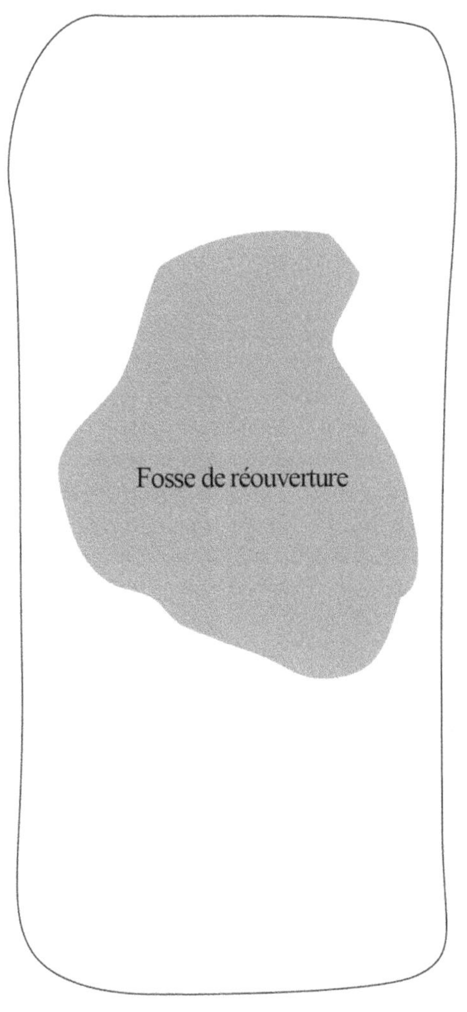

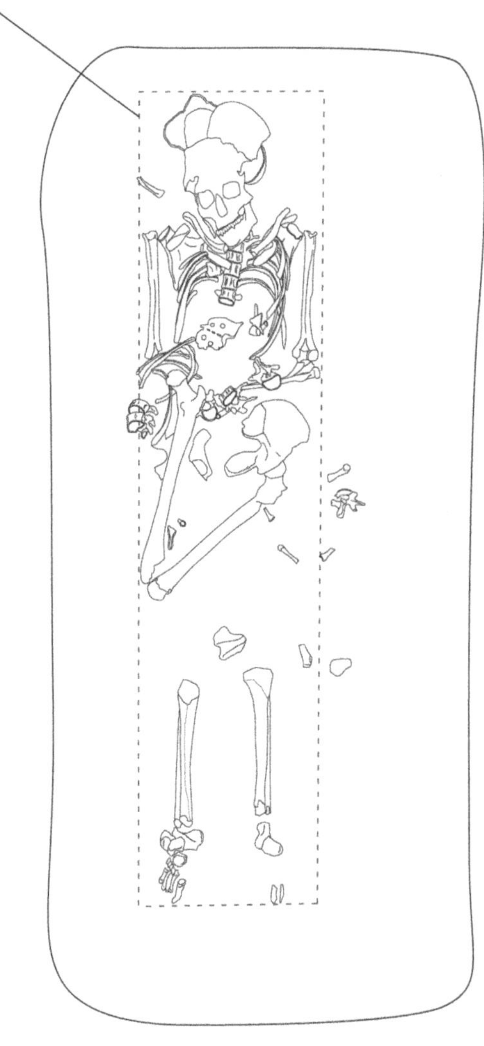

Figure 7.5. Sépulture 33 de Vendenheim (Bas-Rhin). Perturbation ciblée de l'individu féminin avec un déplacement du rachis thoracique et lombaire, des deux avant-bras, du bassin et des fémurs. Ces bouleversements viennent faire écho à la fosse de réouverture relevée au cours de la fouille archéologique (Antea Archéologie).

Cutry, la sépulture bouleversée 919 a livré une seule fibule ansée digitée asymétrique alors que ce type de matériel se présente généralement par paire, comme l'attestent les tombes intactes du même site[213].

Ainsi, si l'analyse taphonomique permet d'avancer l'hypothèse d'un prélèvement des fibules au cours des réinterventions anthropiques, leur substitution n'est pas systématique dans toutes les nécropoles étudiées. En ce sens, la soustraction des fibules ne peut être considérée comme un acte généralisé à la période mérovingienne.

[213] Elles sont également présentes par paires à Vendenheim (Bas-Rhin), à Saint-Dizier (Haute-Marne) ou encore à Chasseneuil-sur-Bonnieure (Charente).

Bagues, boucles d'oreilles et bracelets

L'étude des bagues, boucles d'oreilles et bracelets au sein de la pratique des réouvertures de sépultures représente quelques difficultés. La première réside dans la conservation des boucles d'oreilles. Bien qu'elles soient réalisées en métal, leur petite taille et leur finesse les rendent particulièrement vulnérables à l'action des animaux fouisseurs, à la composition du terrain encaissant ou encore à la réintervention anthropique.

Également sensibles à l'environnement immédiat et aux gestes anthropiques, les bagues sont toutefois plus résistantes. Pour ce matériel, le défi principal est celui de leur identification lorsqu'elles prennent la forme de simples anneaux en argent ou en bronze. Si l'argent est

Régions	Bague		Boucle d'oreilles		Bracelet	
	Sép. int.	Sép. réouv.	Sép. int.	Sép. réouv.	Sép. int.	Sép. réouv.
Alsace	9	8	40	16	3	0
Champagne-Ardenne	3	0	2	1	0	0
Ile-de-France	5	2	2	0	2	0
Lorraine	11	11	25	8	11	1
Nord-Pas-de-Calais	3	6	14	1	2	0
Normandie	22	3	22	9	2	0
Picardie	40	19	32	14	10	4
TOTAL	83	45	123	47	27	5

Figure 7.6. Nombre de bagues, de boucles d'oreilles et de bracelet découverts dans les sépultures intactes et réouvertes dans les régions du nord de la France.

habituellement utilisé dans la réalisation de pièces de parure, en revanche l'usage du bronze est plus fréquent pour les bagues. Il est parfois difficile de faire la différence entre une bague et un anneau entrant dans la composition d'une chaîne ou de tout autre accessoire vestimentaire lorsque ce dernier est situé à proximité de la main. De plus, les publications archéologiques ne précisent pas nécessairement la nature des anneaux découverts (en raison souvent de l'absence d'indices suffisamment discriminants pour permettre leur rattachement à un objet de parure).

Les bagues, les boucles d'oreilles et les bracelets sont peu nombreux dans les nécropoles mérovingiennes. Un inventaire effectué dans les nécropoles du Nord de la France souligne une répartition hétérogène selon le type d'objet et sa provenance. En tenant compte uniquement des sépultures non réouvertes (Figure 7.6), les boucles d'oreilles sont majoritaires, puis viennent les bagues et enfin les bracelets. Ces derniers peuvent être de deux sortes : en métal ou en perles.

Les régions Champagne-Ardenne et l'Ile-de-France sont celles ayant fourni la quantité la moins importante de parure. A l'inverse, la région Picardie est celle ayant livré le plus de bagues, de boucles d'oreilles et de bracelets (119 pièces). La fouille de grands ensembles funéraires explique probablement ce classement. Les nécropoles d'Alsace et de Lorraine ont fourni un nombre de pièces proche. Les colliers et les fibules constituent les éléments de parure les plus recueillis dans les sépultures du Nord-Pas-de-Calais. Si les bagues et les bracelets demeurent rares, en revanche les boucles d'oreilles sont mieux représentées avec quinze exemplaires. La situation diffère dans l'ouest de la France. Le nombre de bagues et de boucles d'oreilles mis au jour à Longroy, Louviers, Harfleur et Banneville-la-Campagne est très proche de celui des fibules.

Le recensement des bagues, des boucles d'oreilles et des bracelets dans les sépultures réouvertes met en évidence une constante. En Alsace, en Lorraine et dans le Nord-Pas-de-Calais, le type de parure le moins représenté dans les tombes bouleversées est la boucle d'oreille. En Lorraine, seules huit boucles d'oreilles ont ainsi été reconnues, contre 25 dans les tombes intactes[214]. Un écart significatif dans le nombre de bagues découvertes entre les sépultures intactes et perturbées est visible en Normandie. Par ailleurs, elles sont plus nombreuses dans les tombes réouvertes que dans celles intactes dans la région Nord-Pas-de-Calais. Enfin, la Picardie est singulière dans la mesure où les structures funéraires perturbées ont conservé un matériel deux fois moins important que les sépultures non bouleversées. Ces observations ne doivent pas néanmoins permettre de conclure à un prélèvement ou non de ces objets, à l'exception peut-être de l'exemple du Nord-Pas-de-Calais. Le pourcentage de bagues découvertes dans les sépultures perturbées alsaciennes, lorraines et picardes se révèle supérieur à celui des bagues mises au jour dans celles remaniées. En revanche, les pourcentages sont similaires en ce qui concerne les boucles d'oreilles.

Le prélèvement des objets de parures en Normandie, en Ile-de-France et en Champagne-Ardenne ne peut être attesté dans la mesure où la quantité recueillie est faible et ne constitue donc pas une base suffisante pour une étude statistique et comparative. L'Alsace, dont les tombes mérovingiennes livrent pourtant régulièrement un mobilier riche et varié, est également une région où une telle étude statistique est limitée, sauf au cas par cas. Le site de Didenheim n'a fourni que deux boucles d'oreilles pour tout élément de parure. À Matzenheim, n'ont été découverts qu'une bague, deux boucles d'oreilles, trois colliers et cinq fibules. À Osthouse et à Rœschwoog, seuls des colliers ont été mis au jour. Le seul site ayant fourni une quantité plus importante de parures est Illfurth avec 9 bagues, 24 boucles d'oreilles, 17 colliers et 4 fibules pour un total de 207 tombes.

Les découvertes effectuées en Picardie en font une région propice à l'étude des parures dans les tombes

[214] Six à Vitry-sur-Orne, deux à Cutry et aucune à Kuntzig.

Mobilier	Bulles		Saint-Sauveur		Goudelancourt		Jeoffrécourt	
	Sép. int.	Sép. réouv.	Sép. int.	Sép. réouv.	Sép. int.	Sép. réouv.	Sép. int.	Sép. réouv.
Bague	14	8	11	2	12	10	3	2
Boucles d'oreilles	17	11	13	2	0	1	2	0
Bracelet	8	2	0	0	0	1	2	0

Figure 7.7. Nombre de bagues, de boucles d'oreilles et de bracelets recueillis dans quatre nécropoles de Picardie.

perturbées. Sur les sites de Goudelancourt-lès-Pierrepont et de Jeoffrécourt, situés à 20 kilomètres l'un de l'autre, la quantité de pièces mise au jour est proche entre les sépultures réouvertes et les tombes intactes (Figure 7.7). Avec plus de 450 tombes, la nécropole de Goudelancourt-lès-Pierrepont a livré un nombre limité d'objets. Aucun écart significatif n'apparaît, y compris lorsque l'on tient compte des colliers et des fibules. Il est intéressant de relever que les boucles d'oreilles, à l'inverse de beaucoup de sites, sont presque totalement absentes. Dans les nécropoles de Bulles et de Saint-Sauveur, implantées au centre de la région, la situation est différente. À l'exception des boucles d'oreilles à Bulles, les parures sont largement moins nombreuses dans les sépultures perturbées. Néanmoins, ce constat est contrebalancé par les pourcentages. À Bulles, 3% des sépultures remaniées ont livré des bagues, contre moins de 2 % des structures intactes. Sur le site de Saint-Sauveur, 5 % des tombes perturbées ont livré une bague, contre 3 % pour celles non réouvertes.

Une étude limitée des parures

L'étude des parures dans les sépultures bouleversées souligne parfois la difficulté d'aborder la pratique de réouverture à travers elles. Le dépôt de fibules et de colliers est couramment observé dans tout le nord de la France. La quantité mise au jour, alliée parfois à l'observation des déplacements osseux permettent bien souvent d'attester de leur prélèvement au cours d'une réintervention anthropique ou au contraire de leur abandon volontaire. Cette situation n'est pas inhabituelle comme l'attestent les travaux d'Alison Klevnäs, Martine van Haperen et Stephanie Zintl. Les fibules, et dans des proportions plus variables, les colliers sont découverts en quantité moindre dans les sépultures réouvertes du Kent, du sud des Pays-Bas et de Bavière (Klevnäs 2013 : 68–69 ; van Haperen 2017 : 145; Zintl 2019 : 309–317). Les bagues et les boucles d'oreilles apparaissent dans des quantités variables suivant les régions. Ainsi, leur faible nombre dans les nécropoles d'Ile-de-France et de Champagne-Ardenne limite l'étude. Le prélèvement de ces objets au cours des réouvertures est possible. En effet, les matériaux servant à leur fabrication pouvaient être facilement récupérés pour concevoir d'autres objets. Toutefois, aucun site n'a livré d'éléments permettant d'attester cette pratique. Même lorsqu'elles sont retrouvées isolées dans une sépulture perturbée, les boucles d'oreilles ne peuvent servir de preuves d'un prélèvement des parures.

La situation est plus complexe pour les bracelets. Ils sont présents en quantité très limitée dans les sépultures mérovingiennes. Leur absence sur un site ne peut donc constituer une preuve de leur prélèvement. 62 % des sites du corpus ne contenaient aucun bracelet en métal ou en perles, et 20 % n'en n'ont livré qu'un seul exemplaire. La preuve la plus fiable de leur prélèvement réside sans doute dans les traces d'oxydation laissées par ces derniers sur le radius et l'ulna d'un individu. Le déplacement de ces os est un indice à considérer avec précaution. Alors que le prélèvement des armes, des boucles de ceinture ou encore des fibules peut être attesté par l'observation des déplacements osseux, malheureusement cela ne peut être toujours le cas pour les bagues, les boucles d'oreilles et les bracelets. Les os susceptibles d'être affectés lors de leur prélèvement peuvent également l'être lors de la soustraction d'autres objets. De plus, la décomposition du cadavre peut aussi engendrer des mouvements taphonomiques des os de l'avant-bras.

Les boucles d'oreilles peuvent être portées par paire ou seules à l'époque mérovingienne. Sur le site d'Hordain, l'individu masculin de la sépulture 391 (intacte) portait à droite une boucle d'oreille en argent de type « hunnique » (Demolon 2006, vol. 2 : 260–261). Ce modèle est autant porté en exemplaire unique que par paire, aussi bien par les femmes que par les hommes. Ainsi, la présence d'une seule boucle d'oreille dans une tombe remaniée ne signifie pas nécessairement que son pendant a été emporté.

À l'image de l'étude menée sur les armes, la problématique du prélèvement des parures ne peut être abordée sans la prise en compte du profil biologique de l'individu perturbé, de l'ensemble du mobilier présent dans la tombe et de la restitution de cette dernière au sein de l'espace funéraire.

7.3.3. Les accessoires vestimentaires

Sous l'appellation « accessoire vestimentaire » sont regroupés essentiellement les éléments constitutifs de la ceinture (boucle, plaque-boucle, contre-plaque, plaque-dorsale). La variété de forme et d'ornementation des boucles et des plaque-boucles[215] a permis l'établissement

[215] Selon la définition proposée par Claude Lorren, une plaque-boucle se caractérise par « l'association de deux éléments, une plaque et une

Régions	Boucle simple	Plaque-boucle	Plaque-dorsale	Contre-plaque	TOTAL
Alsace	52	29	5	5	**91**
Champagne-Ardenne	1	4	2	0	**7**
Île-de-France	1	6	0	0	**7**
Lorraine	21	23	9	5	**58**
Nord-Pas-de-Calais	19	18	3	3	**43**
Normandie	6	15	4	6	**31**
Picardie	43	41	11	17	**112**

Figure 7.8. Répartition par région du nombre d'éléments de ceinture découverts dans les sépultures réouvertes.

d'une chronologie assez précise de leur évolution. Les garnitures de ceinture sont majoritairement réalisées en métal. Les plaques-boucles peuvent recevoir un décor plus ou moins élaboré constitué de motifs géométriques ou de symboles. Les arts du métal connaissent un développement florissant à la période mérovingienne. La fonte du métal à la cire perdue est la technique de fabrication de base de la majorité des objets en métal (fibules, plaque-boucles, boucles de chaussures, garniture d'aumônière ...)[216]. Le décor obtenu par ce procédé est parfois rehaussé par les artisans au burin ou au pointeau (Lombard 2002 : 100–101). De même, la damasquinure offre à l'objet un éclat supplémentaire. Originaire de l'Orient, cette technique consiste à plaquer des feuilles de métal et/ou à insérer des fils d'argent, de laiton et parfois d'or sur un support en fer (Salin 1951). Elle se développe en Gaule mérovingienne entre le VIe et le VIIIe siècle. Les plaques-boucles et les boucles découvertes en contexte funéraire sont le plus souvent en bronze ou en fer. L'utilisation d'un métal précieux dans leur réalisation est très rare, les artisans préférant incruster à la place des fils en or ou en argent sur une base en fer (Lorren 2001 : 188).

Le prélèvement de la ceinture est attesté dans les nécropoles mérovingiennes. À l'inverse des armes et des parures, la pratique n'a pas fait l'objet d'études poussées permettant d'évaluer sa réelle étendue. La variété des modèles de ceinture représente une première difficulté. Elle peut se composer d'une simple boucle ou consister en un assemblage de plusieurs pièces.

La seconde difficulté réside dans la capacité à identifier clairement la fonction des boucles simples. Si les plaques-boucles de ceinture et de chausses présentent suffisamment de différences, notamment au niveau de leur taille, pour éviter toute confusion, cela n'est pas toujours le cas pour les boucles. Elles peuvent appartenir à une ceinture, à une chaussure, à une jarretière, à un baudrier ou encore à une aumônière. Si la taille permet parfois de les différencier, cela devient plus complexe lorsque le type de boucle ou ses dimensions ne sont pas connus. La fragmentation de l'objet peut également complexifier son identification précise. La position de la boucle n'est pas non plus nécessairement un indice fiable dans la mesure où elle peut avoir été déplacée au cours de la perturbation.

Les garnitures de ceinture bi ou tripartite constituent de bons indicateurs pour évaluer la fréquence de prélèvement de cet accessoire vestimentaire. Leur composition multiple permet aussi d'estimer si elles ont été prélevées dans leur ensemble ou pas, même si les dépôts incomplets de garnitures sont connus dans la littérature (Patrello 2020 : 917–919).

Le taux de sépultures bouleversées ayant livré une pièce d'accessoire de type plaque-boucle, contre-plaque ou plaque-dorsale est relativement peu élevé (Figure 7.8) : 15 % en Lorraine, 12 % en Champagne-Ardenne et en Alsace, 10 % dans le Nord-Pas-de-Calais, 8 % en Picardie et seulement 4 % en Île-de-France et 2 % en Normandie[217]. La région Picardie est celle qui a fourni le plus de plaques-boucles, contre-plaques et plaques-dorsales (69). Toutefois, ce chiffre ne signifie pas que ce type d'objet est pour autant délaissé par les perturbateurs. Le nombre de sépultures bouleversées comportant ce mobilier est inférieur à 10 %, ce qui est peu. Au total, sur un ensemble de 669 tombes perturbées, seules 54 ont conservé des éléments de ceinture. Au contraire, le taux est relativement élevé pour la Normandie avec 25 plaques-boucles, contre-plaques et plaques-dorsales découvertes dans 53 sépultures réouvertes.

En comparant les différentes régions, le pourcentage de sépultures perturbées ayant conservé un élément de ceinture est inférieur à 10 % en Picardie et en l'Île-de-France, et seulement de 10 % dans le Nord-Pas-de-Calais. Faut-il voir dans ces régions une préférence pour ce type de mobilier de la part des perturbateurs ? Le nombre de ces objets dans les nécropoles du Bassin parisien et des plaines du Nord aurait-il pu engendrer un « pillage » plus important ?

boucle, qui sont liés entre eux soit par un système d'articulation, soit par un coulage d'une seule pièce » (Lorren 2001 : 203).

[216] *Les Francs, précurseurs de l'Europe* 1997 : 25.

[217] Le pourcentage de sépultures réouvertes contenant un élément de ceinture est à prendre avec précaution en Normandie dans la mesure où le site d'Harfleur, avec 650 tombes découvertes, constitue un site d'envergure beaucoup plus important que les nécropoles de Louviers (52 tombes), de Banneville-la-Campagne (11 tombes) et de Falaise (6 tombes).

Une fréquence de prélèvement variable

L'absence de la ceinture dans les sépultures réouvertes semble être un fait largement admis en archéologie. Les nouvelles études tendent en revanche à nuancer cette observation. Il existe une disparité entre les sites, et encore plus entre les régions.

Plusieurs contextes attestent de son rejet volontaire lors de la perturbation. Dans la nécropole alsacienne d'Illfurth, les perturbateurs se sont concentrés sur l'armement dans les sépultures 101 et 186. Les garnitures de ceinture composées pour la première d'une plaque-boucle et de plaques en bronze, et pour la seconde d'une plaque-boucle, d'une contre-plaque et d'une plaque-dorsale toutes en fer ont été découvertes en place. En Basse-Normandie, le site de Falaise « Vâton » (Calvados) a livré 15 plaques-boucles, dont deux provenant de sépultures réouvertes (1049 et 1053) (Hincker 2008 : 58). La garniture de ceinture (plaque-boucle, contre-plaque et plaque-dorsale) de la tombe 1049 est en place en dépit du remaniement anthropique. La perturbation est concentrée principalement au niveau du crâne dont plusieurs éléments sont éparpillés dans la tombe. Des fragments de vertèbres lombaires déplacés sont également visibles au niveau de l'humérus gauche. Deux actions sont visibles dans la sépulture 1053 : le prélèvement de la plaque-boucle, puis son rejet dans la partie haute du comblement. La contre-plaque et la boucle initialement attachées à la plaque ont été retrouvées en fond de fosse. L'avant-bras gauche n'est plus en place. Dans les deux cas, les éléments de ceinture ont été volontairement délaissés par les perturbateurs.

L'Alsace et la Normandie attestent d'attitudes différentes en lien avec la motivation des perturbateurs. À Illfurth « Buergelen » (Haut-Rhin), 49 plaques-boucles ont été mises au jour, dont onze proviennent de sépultures réouvertes (Roth-Zehner et Cartier 2007, vol. 1 : 154–155). Ce recensement ne prend en compte que les plaques-boucles complètes. Plusieurs tombes bouleversées contenaient des fragments de plaques-boucles dispersés en fond de fosse ou dans le remplissage. La présence de ce matériel lacunaire peut résulter de deux facteurs : soit il a été rejeté en raison de sa dégradation due à son séjour en terre, soit il n'était d'aucun intérêt pour les perturbateurs.

Lorsque l'on compare les découvertes effectuées à Illfurth avec celles des autres nécropoles de la région, la situation apparaît variable d'un site à un autre (Figure 7.9). Le site d'Osthouse a livré très peu de plaques-boucles et elles se situent en majorité dans les sépultures réouvertes. Le constat est identique pour le petit ensemble fouillé à Achenheim. À l'inverse, elles sont deux fois moins nombreuses dans les sépultures perturbées d'Odratzheim et de Vendenheim, voire totalement absentes à Didenheim et Niedernai. Eckwersheim et Rœschwoog sont les sites qui présentent le plus grand écart de quantité entre les deux types de tombes.

Sites	Sépultures intactes	Sépultures réouvertes
Achenheim	0	1
Didenheim (Bas-Rhin)	3	0
Eckwersheim (Bas-Rhin)	12	3
Ichtratzheim (Bas-Rhin)	0	0
Matzenheim (Bas-Rhin)	0	0
Niedernai (Bas-Rhin)	1	0
Odratzheim (Bas-Rhin)	8	4
Osthouse (Bas-Rhin)	1	2
Réguisheim (Haut-Rhin)	0	0
Rœschwoog (Bas-Rhin)	9	1
Vendenheim (Bas-Rhin)	7	3

Figure 7.9. Nombre de plaques-boucles découvertes dans les sépultures intactes et réouvertes en Alsace.

À travers ces exemples, il apparaît que le prélèvement de la ceinture est une pratique certes attestée en Alsace, mais qui n'est pas systématique. Un constat similaire peut être effectué pour la région voisine. Aucun schéma fixe n'est observé en Lorraine, chaque site présentant ses particularités sur le prélèvement de la ceinture.

En Normandie, les garnitures de ceinture sont largement déficitaires dans les tombes réouvertes de Falaise. À l'inverse, la fouille de la rue du Mûrier à Louviers (Eure) a permis la découverte de dix plaques-boucles dont six proviennent de sépultures remaniées (Jimenez et Carré 2008 : 130–146). L'équilibre entre les sépultures intactes et non-intactes est à tempérer dans la mesure où la réouverture est simplement supposée dans deux tombes (trois plaques-boucles). À la limite nord du département de la Seine-Maritime, la nécropole d'Haudricourt offre quelques exemples de garnitures incomplètes, déplacées ou de résidus de plaques-boucles (Mantel 1994 : 213–261). Huit plaques-boucles ont été recensées dans des sépultures intactes et trois dans des sépultures réouvertes. Des bossettes provenant d'une plaque de ceinture ont été découvertes dans deux tombes perturbées (25 et 29). Les garnitures de ceinture semblent incomplètes dans les tombes 86, 87 et 88 au regard des éléments découverts, de leur position et en comparaison avec les sépultures intactes. Quatorze plaques-boucles ont été recensées dans la nécropole de Longroy (Seine-Maritime), dont quatre sont issues de sépultures remaniées. Un écart significatif est une nouvelle fois relevé entre la quantité mise au jour dans les tombes intactes et celle des sépultures perturbées. Dans la nécropole d'Harfleur (Seine-Maritime), aucune garniture composée d'une plaque-boucle et d'une contre-plaque n'a été découverte. En revanche, 120 boucles de ceinture ont été mises au jour et seulement deux provenaient de sépultures réouvertes. Si les sites analysés appartiennent aujourd'hui à une même région, il semblerait bien que la fréquence du prélèvement de plaques-boucles ne soit pas égale sur l'ensemble de ce territoire. La pratique est en effet davantage observée en Haute-Normandie qu'en Basse-Normandie.

L'absence de schéma clair dans le prélèvement des accessoires vestimentaires en France se retrouve également au-delà des frontières, notamment aux Pays-Bas et en Allemagne. Si les ceintures semblent effectivement avoir été ciblées sur le site de Bergijk, elles sont en revanche plus nombreuses dans les sépultures réouvertes des nécropoles de Broechem (Belgique) et Posterholt-Achterste Voorst (Pays-Bas-) (van Haperen 2017 : 56, 93 et 145). La situation est également très variable en Bavière et dépend largement du site étudié (Zintl 2019 : 309–317). De l'autre côté de la Manche, à l'exception de quelques cas, les ceintures sont largement délaissées dans les nécropoles du Kent (Klevnäs 2013 : 68–69).

7.3.4. Les objets usuels

Les sépultures mérovingiennes partagent une catégorie de mobilier commune aux deux sexes : les objets usuels. Ces derniers peuvent être présents chez les femmes comme chez les hommes (peigne, couteau) ou être spécifiques d'un sexe selon le site (fiche à bélière, pince à épiler). Les plus fréquents sont les couteaux, les peignes, les paires de forces et les fiches à bélière, mais leur dépôt est très variable et dépend du contexte de leur découverte. Tous les sites n'ont pas livré ces objets, ni même en quantité équivalente. À Banneville-la-Campagne, outre les couteaux et les fiches à bélières, des pinces à épiler et des éclats de silex ont été trouvés associés aux aumônières (Hincker et Mayer 2011 : 25–27). Suspendues aux châtelaines, deux clefs ont été mises au jour à Hordain dans des sépultures féminines (Demolon 2006 : 199).

Selon les nécropoles, les objets usuels peuvent être placés à proximité ou au contact du corps des défunts, mais aussi être déposés à l'écart de ces derniers, contre une paroi du coffrage ou à l'extérieur du contenant dans le cas des chambres funéraires. L'observation des déplacements osseux ne constitue pas une base suffisamment fiable pour attester ou non de leur prélèvement. La présence initiale de ce matériel est parfois révélée par des fragments ferreux, à l'image des morceaux de lames de couteau. Une comparaison entre les sépultures intactes et celles bouleversées permet aussi d'estimer la fréquence de leur prélèvement.

Les nécropoles d'Alsace et de Picardie sont celles ayant le plus livré d'objets usuels dans les sépultures réouvertes (Figure 7.10). Les couteaux sont largement majoritaires en Picardie, alors qu'en Alsace ils sont presque aussi nombreux que les peignes en os. Les régions Lorraine et Nord-Pas-de-Calais, avec une prédominance des couteaux, viennent en seconde position. En Ile-de-France et en Champagne-Ardenne le mobilier funéraire est une nouvelle fois peu présent dans les tombes perturbées. Le faible nombre de couteaux, et plus largement d'objets usuels, mis au jour en Champagne-Ardenne et en Île-de-France ne doit pas être imputé aux perturbations, mais plutôt aux pratiques funéraires. En effet, ce type de mobilier est faiblement présent dans les tombes de ces régions. Sur le site de Saint-Marcel (Ardennes), trois sépultures intactes contenaient un couteau, contre deux réouvertes. À Saint-Parres-aux-Tertres (Aube), seuls deux couteaux ont été découverts : un dans une tombe non perturbée et un autre dans une tombe bouleversée. Aucun peigne, fiche à bélière ou paire de forces n'a été recueilli sur ces deux sites. C'est le cas également sur le site de Sarcelles (Val-d'Oise) où la catégorie « objets usuels » n'est représentée que par les couteaux (quatre en contexte perturbé et trois en contexte intact) (André et Wermuth 2018).

Le nombre de couteaux, de peignes, de paires de forces et de fiches à bélières découverts dans les sépultures réouvertes de cinq nécropoles est très proche de celui observé dans les sépultures intactes (Figure 7.11). En comparant chaque taux avec le nombre de sépultures fouillées, il s'avère que le pourcentage d'objets usuels est souvent égal, voire supérieur dans les tombes remaniées. La seule exception semble être le site de Cutry.

Sur le site de Louviers, les peignes sont plus nombreux dans les tombes non perturbées. Néanmoins, les quelques exemplaires conservés et leur mauvais état de conservation amènent à la prudence sur les causes de leur faible nombre. En outre, ces objets se conservant mal, certains ont pu disparaître naturellement en se décomposant ou en étant fragilisés à la suite d'une réouverture.

RÉGIONS	Couteau	Peigne	Forces	Fiche à bélière	TOTAL
Alsace	72	75	11	2	160
Champagne-Ardenne	3	0	0	0	3
Île-de-France	8	0	0	1	9
Lorraine	46	21	3	1	71
Nord-Pas-de-Calais	39	1	7	8	55
Normandie	19	1	2	5	27
Picardie	109	11	5	25	150

Figure 7.10. Répartition par région des différents types d'objets usuels découverts dans les sépultures réouvertes.

SITES	Couteau		Peigne		Forces		Fiche à bélière	
	Sép. int.	**Sép. réouv.**	**Sép. int.**	**Sép. réouv.**	**Sép. int.**	**Sép. réouv.**	**Sép. int.**	**Sép. réouv.**
Louviers (Eure)	9	6	4	1	0	0	0	1
Harfleur (Seine-Maritime)	87	4	3	0	7	1	53	0
Quiéry-la-Motte (Pas-de-Calais)	10	23	0	1	2	6	0	6
Goudelancourt-lès-Pierrepont (Aisne)	35	26	1	4	0	3	7	14
Odratzheim (Bas-Rhin)	29	16	10	12	2	2	4	2
Cutry (Meurthe-et-Moselle)	89	16	43	10	23	3	20	1

Figure 7.11. Répartition des objets usuels dans les sépultures intactes et réouvertes de cinq nécropoles mérovingiennes.

De l'autre côté de la Seine, à environ 90 km de Louviers, la nécropole de Harfleur présente des écarts plus importants. Les couteaux et les fiches à bélière apparaissent largement majoritaires dans les sépultures intactes. Le prélèvement de ces objets est donc une éventualité sur ce site. Toutefois, en considérant le nombre total de structures funéraires mises au jour à Harfleur, il apparaît que les couteaux ne sont recensés que dans 13 % des tombes et les fiches à bélières dans 5 % des sépultures. Il est donc probable que la différence de quantité de ces objets entre les structures intactes et celles perturbées relève plus d'un effet de perspective que d'un prélèvement systématique.

En Picardie, l'étude de l'importante nécropole de Goudelancourt-lès-Pierrepont ne met pas en évidence un prélèvement récurrent du mobilier usuel. Toutefois, cette hypothèse ne peut totalement être écartée dans la mesure où des fragments ferreux ont été recueillis dans près de 10 % des sépultures réouvertes. L'absence d'identification de ces résidus ne permet pas de les attribuer à des armes, des éléments de ceinture ou des objets usuels.

La petite nécropole d'Odratzheim montre une légère surreprésentation des couteaux dans les sépultures intactes. L'étude de l'emplacement de ce matériel dans les tombes réouvertes semble souligner qu'ils avaient peu d'intérêt pour les perturbateurs. Huit ont été découverts en place ou à proximité (deux cas) et neuf dans le comblement des fosses dites de pillage. Les peignes, nombreux sur ce site, ne semblent également pas faire l'objet d'un prélèvement lors des réouvertures. Les peignes incomplets, dont la fragmentation pourrait être le résultat d'une tentative de prélèvement, ont tous été découverts dans le remplissage des fosses dites de pillage avec d'autre objets partiels.

Sur le site de Cutry, la répartition du mobilier usuel entre les sépultures intactes et les sépultures remaniées diffère des autres sites étudiés. Les couteaux, les peignes, les paires de forces et les fiches à bélières sont largement moins nombreux dans les tombes bouleversées. Lorsque l'on rapporte ces chiffres au nombre total de sépultures fouillées, on s'aperçoit que les couteaux, et encore plus les paires de forces et les fiches à bélières sont déficitaires dans les tombes réouvertes. Comment expliquer un tel écart entre les deux types de tombes ? Le rang social du défunt est une première explication à envisager. Ces objets pourraient avoir été mis au jour dans des sépultures au mobilier modeste, et donc peu susceptibles d'attirer l'attention des perturbateurs. Cependant, il s'avère que les fiches à bélières et les paires de forces ont été découvertes en majorité dans des sépultures au riche mobilier funéraire (épée, scramasaxe, fibules) à Cutry. La datation de ces tombes n'apporte pas d'éclaircissements dans la mesure où elles appartiennent aux mêmes phases chronologiques que la majorité des tombes réouvertes (de la seconde moitié du VIe à la première moitié du VIIe siècle). Leur répartition spatiale n'est pas non plus convaincante. L'échelle de production des couteaux et le matériau constituant ces derniers, ainsi que les fiches à bélières et les forces, en font des objets de la vie quotidienne peu onéreux et communs. Leur présence dans les sépultures mérovingiennes atteste qu'ils devaient néanmoins revêtir une certaine importance, au moins au niveau symbolique. Dans la région, les sites de Vitry-sur-Orne et de Kuntzig présentent des résultats différents qui correspondent aux observations effectuées à Goudelancourt-lès-Pierrepont et à Quiéry-la-Motte. En revanche, des résultats proches sont observés en Picardie, et plus spécifiquement dans les nécropoles de Saint-Sauveur (Somme) et de Jeoffrécourt (Aisne). Ces comparaisons éloignées soulignent que le phénomène observé à Cutry n'est pas circonscrit à une seule région, mais affecte une grande partie du territoire du Nord de la Gaule.

Il est difficile d'avancer des arguments pertinents pour expliquer les observations effectuées à Cutry.

La détermination du prélèvement du mobilier usuel n'est fondée que sur un seul élément (sa quantité dans les sépultures réouvertes), ce qui présente de nombreuses limites. Une conservation différentielle liée à la réouverture des tombes ne peut être une explication satisfaisante. Un mode opératoire spécifique qui aurait entraîné la sortie de ces objets lors de la réintervention pour faciliter l'opération ou le tri peut être envisagé. Toutefois, dans ce cas, comment expliquer sa présence en Lorraine, mais aussi en Picardie, deux régions éloignées géographiquement ?

Martine van Haperen propose de voir dans le prélèvement des objets usuels le reflet de motivations différentes, conduisant à une grande variabilité dans la fréquence des « vols » selon les nécropoles considérées. Les raisons poussant certains groupes d'individus à privilégier un type de mobilier pourraient ainsi être rapprochées d'intentions propres à chaque communauté impliquée dans la réouverture des sépultures (van Haperen 2017 : 146). La surreprésentation des couteaux dans les sépultures anglo-saxonnes remaniées conduit Alison Klevnäs à envisager la possibilité que cet objet pouvait avoir une résonnance culturelle particulière, sans pour autant que cette dernière puisse être associée à une forme de tabou (Klevnäs 2013 : 67).

7.3.5. La vaisselle

À partir de la fin du IIIe siècle, l'inhumation habillée remplace progressivement la crémation (Blaizot 2009 : 155 ; Morris 1992 : 52–69). Le dépôt funéraire se compose pour l'essentiel de pièces de vaisselle. Les parures et les accessoires vestimentaires sont présents, mais dans des proportions moindres. La vaisselle varie en quantité et en type en fonction des sépultures. Il est courant de trouver plusieurs pièces empruntées à la vaisselle quotidienne (Mathiaut-Legros 2007 : 113). Le dépôt est majoritairement composé d'objets en céramique, complété à certaines occasions par des verreries ou des récipients métalliques. Dans cet assemblage, il est difficile d'estimer la part occupée par la vaisselle en bois. Pour ne prendre qu'un exemple parmi tant d'autres, l'ensemble funéraire d'Uckange, en Moselle, a livré huit sépultures à inhumation du IVe–Ve siècle après J.-C (Lefèvbre et al. 2013). 23 céramiques, sept verreries et une coupelle en plomb ont été dénombrées. La quantité de vaisselle est largement supérieure à ce qu'il sera possible de trouver à la période suivante. Ainsi, la tombe 4 a livré pas moins de sept récipients. Huit pièces en céramique et en verre accompagnaient le défunt de la sépulture 16.

L'évolution des pratiques funéraires à partir de la seconde moitié du Ve siècle marque un changement dans la composition des dépôts funéraires. Le nombre de pièces de vaisselle diminue dans les sépultures mérovingiennes, se limitant souvent à un seul récipient. C'est le cas notamment sur le site de Hordain (Nord) où trois tombes uniquement contenaient plus d'une céramique (Demolon 2006 : 203). Le constat est identique pour la nécropole de Marquette-lez-Lille (Nord). À l'exception de quatre sépultures, le dépôt de vaisselle n'est composé que d'une unique pièce.

L'importance accordée au dépôt de vaisselle au cours de la période gallo-romaine est en corrélation avec le statut social du défunt. La richesse de la tombe se manifeste autant par le nombre de pièces déposées que par la variété des matières (céramique et verre en majorité). Avec l'évolution des pratiques funéraires dans le cadre des royaumes barbares, le statut social du mort et de son entourage se manifeste davantage par l'armement, la parure et l'architecture funéraire. La vaisselle, du moins en ce qui concerne la céramique, perd alors de son prestige et une partie de son rôle symbolique. Les défunts les plus modestes comme les plus fortunés sont inhumés avec des récipients en céramique. De ce fait, le prélèvement volontaire de la céramique semble très peu probable. Par ailleurs, Agathe Mathiaut-Legros a constaté, lors d'une étude portant sur les nécropoles de Franche-Comté et de Bourgogne, qu'une majorité de vases étaient peu cuits par rapport à ceux découverts en contexte d'habitat, donc poreux et peu fonctionnels (Mathiaut-Legros 2007 : 117). La céramique de la nécropole d'Erstein (Bas-Rhin) comporte des caractéristiques identiques. Sur le modèle de la vaisselle utilisée dans la vie quotidienne, elle n'en épouse que les formes puisque sa mauvaise cuisson en limite l'usage[218].

Peu d'attention est habituellement accordée aux récipients dans les sépultures réouvertes. Pourtant, certains contenants pouvaient être réalisés en bronze ou en verre, deux matières recherchées au haut Moyen Âge et dont la récupération ne posait pas de difficultés majeures[219]. Si la vaisselle, et plus spécifiquement la céramique, peut apparaître comme un matériau peu noble et donc d'un intérêt limité pour le perturbateur, qu'en est-il pour les autres types de récipients ? Dans les années 1970, Helmut Roth avait constaté une forme de délaissement de la vaisselle de bronze dans les sépultures réouvertes (Roth 1978 : 70). À l'ouest et au sud de la Suisse, sur 200 pièces en bronze découvertes en contexte funéraire, 154 étaient issues de tombes bouleversées, contre seulement 46 provenant de tombes intactes (Christlein 1973 : 153).

Le nombre de pièces de vaisselle découvertes dans les nécropoles du corpus s'élève à 1 388, dont plus d'un tiers est issu de sépultures remaniées.

Ce chiffre ne prend en compte que les pièces complètes. Les nombreux tessons éparpillés en fond de fosse ou dans les remblais sont exclus du comptage, l'origine de ces derniers n'étant pas toujours aisée à déterminer avec précision (résidus d'une sépulture antérieure, recoupement

[218] *Trésors mérovingiens d'Alsace* 2005 : 59.

[219] Sur la production d'objets en bronze et en verre à la fin de l'Antiquité tardive et au haut Moyen Âge, il est possible de se référer aux ouvrages suivants : Foy 1995 et Lombard 2002.

RÉGIONS	Vaisselle en céramique	Vaisselle de bronze	Vaisselle en verre	TOTAL
Alsace	100	0	10	**110**
Champagne-Ardenne	0	0	0	**0**
Île-de-France	5	0	0	**5**
Lorraine	34	2	7	**43**
Nord-Pas-de-Calais	58	1	4	**63**
Normandie	13	0	2	**15**
Picardie	244	1	11	**256**

Figure 7.12. Répartition par région du nombre de pièces de vaisselle découvertes dans les sépultures réouvertes.

RÉGIONS	Vaisselle en céramique		Vaisselle de bronze		Vaisselle en verre		TOTAL
	Sép. intactes	Sép. réouv.	Sép. intactes	Sép. réouv.	Sép. intactes	Sép. réouv.	
Alsace	133	100	5	0	10	10	**258**
Champagne-Ardenne	6	0	0	0	1	0	**7**
Île-de-France	4	5	0	0	0	0	**9**
Lorraine	107	34	0	2	13	8	**163**
Nord-Pas-de-Calais	56	58	1	1	3	4	**123**
Normandie	15	13	0	0	4	2	**34**
Picardie	522	244	1	3	13	11	**794**

Figure 7.13. Nombre de récipients contenus dans les sépultures intactes et les sépultures réouvertes selon les régions.

avec une autre tombe, intrusion exogène postérieure à l'utilisation du site, témoignages d'une occupation antérieure à la nécropole ...).

Sur les 492 récipients découverts dans les sépultures réouvertes, 454 sont des céramiques soit 92 % de l'échantillon total. Les verreries sont présentes à hauteur de 7 % et la vaisselle de bronze à seulement 1 %.

La représentativité de la vaisselle dans le dépôt funéraire diffère d'une région à une autre (Figure 7.12). Les régions Picardie et Alsace fournissent le plus de pièces, à l'inverse de la Champagne-Ardenne et de l'Île-de-France. Dans cette dernière région, les résultats doivent être relativisés en raison de l'étude non achevée de l'importante nécropole de Vicq (Yvelines). Sur ce site, des récipients ont été mis au jour dans une partie des 582 tombes perturbées, comme dans le cas de la sépulture 294 avec une céramique déposée au niveau des pieds du squelette, ou encore de la tombe 429 qui a livré pas moins de trois récipients en place. La présence d'un dépôt de vaisselle toujours intact après le passage des perturbateurs atteste que ce type de mobilier pouvait être sciemment délaissé à Vicq.

Afin d'évaluer la « perte » de vaisselle dans les sépultures réouvertes, une comparaison a été effectuée entre le nombre de récipients contenus dans ces dernières et celui noté dans les tombes intactes (Figure 7.13).

La quantité de vaisselle est presque égale entre les sépultures non perturbées et celles bouleversées dans trois régions (Île-de-France, Nord-Pas-de-Calais et Normandie), et quelle que soit la matière considérée. Ainsi, en Normandie, les deux types de tombes ont révélé des quantités très proches de verrerie. Dans le Nord-Pas-de- Calais, le nombre de céramique est même supérieur dans les sépultures réouvertes (17 % dans les sépultures intactes et 34 % dans celles perturbées). L'Alsace, la Lorraine et la Picardie sont les trois régions où les écarts sont les plus notables entre les deux catégories de tombes. Néanmoins, l'étude attentive de ces ensembles montre qu'à l'exception de la Lorraine, le pourcentage de céramique est systématiquement supérieur dans les tombes remaniées par rapport aux non perturbées. En Lorraine, 23 % des sépultures intactes ont livré au moins un récipient en céramique contre 22 % des tombes réouvertes. Par ailleurs, dans la région, la présence de récipients en bronze est uniquement attestée dans les sépultures remaniées. Ces derniers sont très peu présents dans les nécropoles étudiées. Sur les sites analysés, seulement neuf ont livré de la vaisselle de bronze[220]. À l'exception de la nécropole de Bulles (Oise) avec trois pièces, un seul exemplaire était présent sur chacune de ces aires funéraires.

La prise en compte du dépôt funéraire des sépultures intactes en Champagne-Ardenne et en Île-de-France indique que la vaisselle est peu présente dans ces départements sans pour autant être totalement absente.

[220] Les récipients intacts ont été découverts à Bulles (Oise), Houplin-Ancoisne (Nord), Saint-Sauveur (Oise), Marquette-lez-Lille (Nord), Ichtratzheim (Bas-Rhin), Niedernai (Bas-Rhin), Vendenheim (Bas-Rhin), Cutry (Meurthe-et-Moselle) et Kuntzig (Moselle).

Sa faible quantité dans les sépultures réouvertes doit être rapprochée davantage des spécificités des nécropoles et des pratiques funéraires que de l'action des perturbateurs.

La vaisselle en céramique

Les sépultures réouvertes ont livré de nombreux exemplaires complets de pièces en céramique. Leur localisation dans la tombe les a probablement soustraits au regard des perturbateurs. Toutefois, des centaines de tessons découverts dans ces sépultures témoignent du peu d'attention accordé par ces derniers à ce mobilier. Sur le site de Cutry (Meurthe-et-Moselle), la tombe 937 est entièrement bouleversée (Legoux 2005 : 433). Aucune connexion anatomique n'est préservée et les ossements se répartissent dans l'ensemble de la fosse. Le mobilier, lacunaire, a été rejeté en direction des pieds. Les fragments d'une céramique biconique sont éparpillés sur près de 30 cm. Dans le département de l'Oise, une observation similaire peut être effectuée pour la tombe 70 de la nécropole de Bulles (Legoux 2011, vol. 2 : 214). Le vase est fragmenté et incomplet. Un premier groupe de tessons apparaît à hauteur de la diaphyse du tibia droit, et un second près de l'os coxal droit. La localisation des fragments semble être en lien avec la perturbation des pieds du défunt.

La présence régulière des céramiques dans les contextes bouleversés ne doit pas exclure ce matériel des études. L'observation attentive des céramiques, et plus spécifiquement leur fragmentation, constitue un outil dans la compréhension du mode opératoire des perturbateurs. Sur les sites de Bulles (Oise), de Matzenheim (Bas-Rhin) et de Saint-Sauveur (Oise), des fragments d'une même céramique ont été découverts dans deux sépultures perturbées, témoignant de la réouverture simultanée de ces tombes. Une situation identique est signalée sur les sites de Gaillon-sur-Montcient (Yvelines), de Saint-Vit (Doubs) ou encore d'Haudricourt (Seine-Maritime).

Outre l'analyse de tessons de céramique, la contemporanéité de certaines réinterventions anthropiques pourrait être attestée par d'autres matériaux. La présence d'ossements surnuméraires dans le remplissage ou sur le fond de fosse des sépultures est un fait attesté. Leur analyse permettrait de les rapprocher des squelettes incomplets découverts dans les structures remaniées. L'origine des manques osseux constatés dans un grand nombre de fosses sépulcrales trouverait ici peut-être un début de réponse.

La vaisselle de bronze

La vaisselle de bronze dans les tombes remaniées a fait l'objet d'une première recherche par Helmut Roth dans les années 1970, qui a permis de souligner le grand nombre de ce type de récipient dans ces sépultures (Roth 1978 : 70). Dans la moitié Nord de la France, seulement cinq exemplaires de contenant en bronze ont été mis au jour dans des sépultures intactes et six dans des sépultures réouvertes. La rareté du dépôt s'exprime également par leur quantité sur chacun des sites étudiés. Un seul exemplaire a été découvert à Houplin-Ancoisne (sép. 85), Marquette-lez-Lille (sép. 105), Saint-Sauveur (sép. 170), Ichtratzheim (sép. 109), Niedernai (sép. 33), Vendenheim (sép. 159), Cutry (sép. 879) et Kuntzig (sép. 1083). La nécropole de Bulles est le site ayant fourni le plus de pièces avec trois récipients en bronze[221].

La répartition des objets est inégale selon le sexe des défunts : huit ont été découverts dans des sépultures féminines, deux dans des sépultures masculines et un dans la sépulture d'un adulte de sexe indéterminé. La vaisselle de bronze de ces sites est classée en deux catégories : les bassins, au nombre de dix, et une casserole[222]. Le catalogue d'exposition consacré à la nécropole alsacienne d'Erstein qualifie les bassins de bronze de « vaisselle de luxe »[223]. Généralement identifiés comme un marqueur de richesse, ils ne sont présents que dans les tombes les mieux dotées. Les exemplaires mis au jour dans les sites du corpus attestent de ce dépôt particulier. Les structures funéraires intactes ont toutes fourni un mobilier varié et riche, témoignant du rang social élevé des défunts.

La quantité de récipients en bronze livrée par les sépultures réouvertes est surprenante étant donné le coût du matériau et sa production limitée. Plusieurs raisons peuvent expliquer cette situation. Premièrement, leur localisation dans les sépultures leur offrait la possibilité d'échapper aux perturbateurs. Déposés pour une large part au niveau des pieds, voire plus loin, ils ont pu se trouver hors de portée visuelle. Les réouvertures étant majoritairement réalisées sur la partie occidentale de la fosse sépulcrale, ces objets n'étaient donc pas visibles. Cela sous-entend par ailleurs que, pour ces cas précis, les perturbateurs ne connaissaient pas la composition exacte du mobilier funéraire. La sépulture 282 de Bulles semblerait correspondre à ce schéma. La casserole est située à l'écart, dans l'angle nord-ouest. Selon toute vraisemblance, elle a été déposée en dehors du cercueil. Deuxième raison possible : le délaissement volontaire des récipients en raison d'un manque de temps ou d'un choix volontaire. Une telle hypothèse est à envisager pour la sépulture 879 de Cutry. Malgré sa perturbation, elle demeure une des tombes les plus riches de la nécropole avec, entre autres, deux paires de fibules en argent doré, une cuillère en argent, une bouteille et une coupe en verre (Legoux 2005 : 398). La perturbation concerne uniquement les membres inférieurs. La vaisselle est regroupée dans une excroissance à gauche des membres inférieurs. L'emplacement des bouleversements osseux rend peu probable l'absence de visibilité du dépôt par les perturbateurs. Autre exemple avec la chambre funéraire 105 de Marquette-lez-Lille. Dans cette sépulture, le mobilier a entièrement été dispersé lors de la

[221] Sépultures 126, 282 et 291.
[222] La casserole a été découverte à Bulles dans la sépulture remaniée 282.
[223] *Trésors mérovingiens d'Alsace* 2005 : 69.

réintervention (Figure 4.10) (Gubellini, Cense-Bacquet et Wilusz 2013, vol. 2 : 202–207). La corrosion avancée de certains objets a entraîné leur fragmentation au cours de l'action. En revanche, le bassin en bronze et la céramique situés à proximité sont intacts. Les intervenants ont volontairement délaissé ces récipients.

Si la persistance de la vaisselle de bronze dans les sépultures réouvertes résulte d'un choix, quelles en sont les raisons ? La majorité de ce mobilier ne reçoit qu'un décor limité qui se manifeste sous la forme d'une bordure perlée. Aucun symbole particulier ne peut avoir classé ces récipients dans la catégorie des objets « tabous », comme cela est souvent avancé pour les images dites chrétiennes[224]. L'absence de prélèvement de l'objet est peut-être liée à ses caractéristiques de fabrication. Le bronze est un matériau qu'il est possible de récupérer pour produire de nouveaux objets. Il faut donc observer de plus près la forme des récipients, et plus spécifiquement leur épaisseur. L'élément central qui transparaît dans les publications archéologiques est la grande finesse de ce mobilier. Dans un grand nombre de cas, la feuille constituant le bassin n'est épaisse que de quelques millimètres. Sur le site de Bulles, Yves et René Legoux évoquent un feuillard d'une « grande minceur », ne dépassant pas « quelques dixièmes de millimètres d'épaisseur » (Legoux et Legoux 1978 : 233). Un seul bassin en alliage cuivreux a été découvert sur la vaste nécropole de Harfleur, en Normandie. D'un diamètre d'environ 26 cm pour 7 cm de haut, il ne mesure que 0,2 cm d'épaisseur. La nécropole de Saint-Vit (Doubs) a livré deux récipients au « feuillard extrêmement mince » (Urlacher, Passard-Urlacher et Gizard 2008 : 207). La finesse rend ces objets délicats à la manipulation. Lorsque la corrosion a débuté son œuvre, ils deviennent encore plus fragiles. Le prélèvement de la vaisselle de bronze présenterait donc plus d'inconvénients que de bénéfices. Le choix de certains perturbateurs de le laisser en place serait alors compréhensible de ce point de vue.

Des tentatives de récupération sont toutefois perceptibles dans quelques sépultures. Il est possible d'imaginer que la tôle devait être plus épaisse, comme dans le cas du bassin 291 de Bulles. Sur ce même site, des fragments de bord perlé provenant d'un récipient en bronze ont été découverts dans quatre sépultures féminines[225]. Sur le site de Réguisheim (Haut-Rhin), des restes d'un bassin en bronze ont également été mis au jour dans la sépulture 5. Dans la nécropole de Nouvion-en-Ponthieu, la tombe 406 a livré des fragments similaires d'une épaisseur de 3 mm seulement.

En dépit de ces quelques observations, le faible nombre d'exemplaires mis au jour dans la moitié nord de la France ne permet pas d'esquisser un tableau satisfaisant du prélèvement des récipients en bronze. Un élargissement géographique[226] et un recensement plus systématique pourraient permettre de mieux comprendre leur place parmi les différents types de mobilier emportés lors des réouvertures sépulcrales.

La verrerie

À l'image de la vaisselle de bronze, les récipients en verre apparaissent dans des sépultures relativement riches (Feyeux 2003 : 239). Ils accompagnent aussi bien les individus adultes féminins et masculins que les immatures. La verrerie mérovingienne n'atteint pas la qualité de la production de l'Antiquité tardive (Cabart et Feyeux 1995 : 9 ; Berthelot 1992 : 167). La pâte est chargée de bulles et comporte des impuretés nuisant à la transparence de la matière. En outre, la mauvaise combustion produit des objets de qualité moyenne, les rendant particulièrement fragiles aux manipulations anthropiques et aux gestes peu délicats. La gamme de couleur est restreinte et se compose principalement de teintes jaunes, verdâtres ou bleutées. Les récipients apodes dominent la production. Les formes deviennent de plus en plus simples au fil du temps. Près de 70 % des verres sont soufflés à la volée. Le second type est le soufflé fixe que l'on rencontre lors de la réalisation de pièces à décor moulé. De rares moules en pierre ou en bronze ont été mis au jour à Autun et à La-Croix-aux-Bois. La verrerie mérovingienne est connue presque exclusivement à travers les sépultures, l'habitat ayant principalement fourni des récipients fragmentés.

La verrerie est assez bien représentée dans les sépultures réouvertes avec 35 pièces, soit 44 % du corpus. Ce pourcentage ne prend pas en compte les nombreux fragments découverts en fond de fosse ou dans le comblement. Les tessons de verre peuvent avoir trois origines : un dépôt volontaire au moment de l'inhumation dans une aumônière ou dans un autre réceptacle, le résultat de l'action des réintervenants, ou une introduction accidentelle lors du creusement de la sépulture ou de sa perturbation.

Une étude réalisée par Constantin Pion en Belgique montre que le dépôt volontaire de fragments de verre anciens dans les sépultures est une pratique connue à l'époque mérovingienne. En Belgique, 42 morceaux de bracelets en verre romains et laténiens ont été mis au jour dans douze nécropoles (Pion 2012 : 51). Ainsi, les tessons découverts peuvent aussi bien être contemporains de la période d'inhumation qu'antérieurs. En France, la sépulture 396 du site de Jeoffrécourt à Sissonne (Aisne) a livré un fragment de bracelet en verre romain. Dans le Nord-Pas-de-Calais,

[224] Une grande prudence est à observer dans l'identification et la signification des motifs présents sur les objets découverts dans les sépultures. Il est extrêmement difficile de connaître l'opinion du défunt sur le sujet, tout comme sa croyance (païenne ou chrétienne). De plus, la composition du mobilier funéraire peut résulter non pas du choix exclusif du défunt, mais également de sa famille. Dans ce sens, les motivations guidant le dépôt de tel ou tel objet peuvent différer selon les acteurs.

[225] Sépultures 325, 377, 386 et 388.

[226] Un élargissement à l'ensemble du territoire français pourrait fournir une quantité suffisante de pièces de vaisselle pour entamer une étude comparative entre les conclusions d'Helmut Roth et les observations effectuées en France.

la tombe réouverte 54 de Quiéry-la-Motte contenait le fragment d'une anse en verre d'un aryballe gallo-romain. La localisation du fragment ainsi que les objets retrouvés à proximité suggèrent que l'ensemble était à l'origine contenu dans une aumônière.

En France, la présence de fragments de verrerie a été observée dans les sépultures réouvertes de sept nécropoles[227]. Sur les sites de Goudelancourt et d'Illfurth, les tessons ne semblent pas provenir du mobilier funéraire en place. Leur présence semble plutôt à rapprocher des conséquences d'un recoupement avec des inhumations plus anciennes, ou de l'activité passée des sites[228]. Au total, seules dix sépultures peuvent répondre aux critères de la présente étude. Dans ces structures funéraires, le mobilier et les ossements sont très fragmentés, et les squelettes apparaissent lacunaires dans leur représentativité. Les verreries semblent donc avoir été endommagées au cours de la réintervention, même si leur prélèvement (partiel) reste toutefois une possibilité.

Malgré une certaine capacité du matériau à être recyclé, il ne semble pas être d'un grand intérêt aux yeux des perturbateurs. Les 34 verreries mises au jour dans les sépultures réouvertes sont demeurées en place. Dans un grand nombre de cas, leur emplacement les rendait parfaitement visibles. Sur le site de Vitry-sur-Orne (Moselle), la disposition des verreries dans les tombes, les ossements mobilisés ainsi que l'amplitude de déplacement des objets et du squelette attestent de leur parfaite visibilité lors de la réintervention (Guillotin et Mauduit 2012)[229]. Les deux coupes en verre mises au jour respectivement dans les tombes 4048 et 4054 à Banneville-la-Campagne (Calvados) n'ont pu échapper au regard des perturbateurs (Hincker 2009). Elles ont été déposées, de manière assez inhabituelle, près du crâne, à sa droite. Les deux squelettes présentent une perturbation au niveau de leur moitié supérieure, ce qui confirme leur visibilité au cours du bouleversement anthropique.

Les données recueillies dans les sépultures réouvertes ne permettent pas de classer les récipients en verre dans la catégorie des objets particulièrement recherchés, à l'inverse des armes ou des parures. Les sépultures mérovingiennes présentent une grande variété dans leur aménagement et dans la composition du mobilier funéraire. Ainsi, rien n'interdit d'imaginer que certaines pièces de verre ont pu être emportées. Toutefois, cela semble être une pratique ponctuelle et qu'on ne peut généraliser à l'ensemble de la moitié nord de la France. Par ailleurs, dans les sources écrites, aucune ne mentionne le prélèvement d'un récipient en verre. Les objets en métal semblent avoir la préférence des perturbateurs.

L'analyse statistique (test de Chi-2) des sépultures renforce cette impression de délaissement des récipients au cours des réouvertures (Noterman 2016, vol. 2 : 259). Que ce soit la vaisselle en terre cuite, en verre ou en bronze, la distribution des objets n'est jamais significative (céramique : $0{,}750<p<0{,}500$; verrerie : $0{,}750<p<0{,}500$; récipients en bronze : $0{,}250<p<0{,}100$).

De l'autre côté de la Manche, la situation est tout autre avec un déficit important de la vaisselle, aussi bien en verre qu'en terre, dans les sépultures remaniées. Dans le Kent, seulement 0,5 % des tombes contenait un récipient après leur réouverture (Klevnäs 2013 : 67).

7.3.6. Monnaies et objets particuliers

Le mobilier recueilli dans les sépultures réouvertes est semblable en de nombreux points à celui des sépultures intactes. Toutes les catégories d'objets apparaissent, depuis les plus communes (armes, parures, boucles de ceinture) jusqu'aux plus rares (vaisselle de bronze). La variété du mobilier des tombes bouleversées s'exprime aussi par la découverte de pièces plus particulières : les monnaies, les objets antérieurs à l'époque mérovingienne et les artefacts à décor « chrétien ». Nonobstant leur nombre limité dans les sépultures perturbées, ils font néanmoins partie du mobilier toujours présent après le passage des perturbateurs. 36 nécropoles ont livré des monnaies, allant de l'exemplaire unique à une dizaine de pièces. Des objets antérieurs aux Mérovingiens ont été découverts dans dix sites. Enfin, cinq ensembles funéraires ont révélé la présence d'objets arborant un motif religieux.

Les monnaies

La présence de monnaies dans les sépultures mérovingiennes est une pratique funéraire répandue dans tout le nord de la Gaule, notamment dans les nécropoles situées à proximité de vestiges gallo-romains. Elles sont majoritairement romaines, même si quelques pièces contemporaines de l'inhumation du défunt sont parfois découvertes. Elles peuvent être rassemblées dans une aumônière, utilisées en pendeloque[230] ou encore déposées dans le remplissage des fosses (Dumont et al. 2011 : 58–59).

Leur nombre varie en fonction des nécropoles. En Picardie, le site de Bulles a livré 39 monnaies datées pour l'essentiel des IIIe et IVe siècles. Treize monnaies ont été découvertes à Louviers dans l'Eure (Normandie) dont plus de la moitié appartient aux IIIe et IVe siècles. La nécropole

[227] Il s'agit des sites d'Odratzheim (Bas-Rhin), Osthouse (Bas-Rhin), Illfurth (Haut-Rhin), Vitry-sur-Orne (Moselle), Goudelancourt-lès-Pierrepont (Aisne), Bulles (Oise) et Quiéry-la-Motte (Pas-de-Calais).

[228] C'est le cas notamment sur le site d'Illfurth. Une occupation hallstattienne est localisée sur la bande nord de la nécropole. De nombreux résidus de cette période ont été découverts dans le remblai des fosses sépulcrales, mais également en fond de fosse. Dans la sépulture 21, un fragment de bracelet en lignite hallstattien a été mis au jour près de la mandibule de l'individu (sépulture perturbée) (Roth-Zehner et Cartier 2007, vol. 1 : 23–24 et vol. 2 : 23–24).

[229] Sépultures 17, 131 et 173.

[230] Dans la sépulture 949 de Cutry, une monnaie romaine en argent était montée en pendentif sur un collier composé d'une trentaine de perles en verre et en argent.

d'Odratzheim (Bas-Rhin) a fourni 24 monnaies, toutes romaines. De manière beaucoup moins importante, le site de Santeuil (Val-d'Oise) ne contenait que quatre monnaies dont une gauloise, une romaine et deux de datation indéterminée.

Les monnaies sont présentes dans près de 56 % des sépultures réouvertes du corpus. La majorité est en alliage cuivreux ou en bronze. Quelques exemplaires en or et en argent ont été découverts à Marquette-lez-Lille (sép. 105), à Quiéry-la-Motte (sép. 52), à Bulles (sép. 91, 319) ou encore à Cutry (sép. 874, 900, 949).

Les monnaies mises au jour en contexte remanié ne révèlent pas un prélèvement spécifique de cet objet. Leur faible nombre, leur matière, leur fragilité liée à la corrosion et parfois à leur finesse, ainsi que leur récupération comme parure pourraient en faire un mobilier souvent délaissé. Dans certains cas, leur dépôt au sein d'une aumônière les rendrait également inaccessibles car non visibles aux yeux des perturbateurs.

Le mobilier antérieur aux Mérovingiens

Dix nécropoles mérovingiennes ont livré du mobilier funéraire antérieur au haut Moyen Âge. Ce dernier se compose de huit fibules gallo-romaines, de deux fragments de bracelets (protohistorique et romain), d'une cruche du IIIe siècle, d'un percuteur néolithique ou romain, d'une applique gallo-romaine. La sépulture 43 de Bulles contenait un mobilier uniquement composé de pièces gallo-romaines (sép. 43).

La pratique du remploi d'objets gallo-romains ou plus anciens est bien attestée dans les sépultures mérovingiennes aussi bien en Gaule qu'en Belgique. Dans la tombe, les objets peuvent être simplement déposés dans une aumônière (tesson de verre, fragment de fibule ou de bracelet) ou au contraire intégrer pleinement le mobilier funéraire (céramique placée au pied du défunt, fibule en position fonctionnelle). Les différents cas de figures permettent d'envisager une éventuelle récupération de ce type d'artefact.

Si les fragments de bracelets ne peuvent représenter qu'un intérêt limité voire nul aux yeux des perturbateurs, à l'exception évidemment d'une éventuelle valeur symbolique, la question peut être soulevée pour les fibules. Sur le site de Goudelancourt-lès-Pierrepont (Aisne), la tombe 298 a livré une fibule polylobée en bronze et décorée d'émaux rouges et bleus. Elle était en position fonctionnelle au niveau du thorax de l'individu (Nice 2008 : 138)[231]. La sépulture d'immature 334 de Bulles (Oise) contenait une fibule zoomorphe en bronze représentant un chien. Datée de la période gallo-romaine, elle était placée à la droite du crâne de l'enfant (Legoux 2011, vol. 1 : 77). Enfin, en Lorraine, la tombe 191 de Vitry-sur-Orne a livré en position fonctionnelle une fibule aviforme en alliage cuivreux datée entre 150 et 250–300 après J.-C (Guillotin et Mauduit 2012, vol. 1 : 129). Le parfait état de conservation de ces fibules ainsi que leur matière en font des objets aussi susceptibles d'être prélevés au cours des réinterventions anthropiques que les fibules mérovingiennes. Toutefois, leur prélèvement ne peut se placer qu'au sein d'une action ponctuelle, dont il est impossible d'évaluer la fréquence. Leur faible nombre limite les observations.

[231] La fibule est datée entre la fin du IIe siècle et le début du IIIe siècle.

Les objets à motifs « chrétiens »

La découverte d'objets décorés de motifs « chrétiens » est faible dans les sépultures bouleversées[232]. Ils sont recensés dans seulement sept tombes réouvertes réparties sur l'ensemble du territoire au nord de la Loire[233]. Dans deux cas, les objets ont été repoussés ou éparpillés au cours de la perturbation, et dans cinq cas sont toujours en place.

Certaines études associent ces objets à une forme de tabou qui aurait conduit les perturbateurs à les délaisser volontairement. Pourtant, peu de précautions particulières semblent avoir été prises dans le maintien en position de ce type de mobilier. Sur le site de Bulles, la croix de la tombe 619 apparaît brisée et rejetée dans l'angle nord-est de la tombe. À Saint-Parres-aux-Tertres, la fibule estampée a été volontairement laissée sur le thorax de la femme. Dans la sépulture 28 d'Illfurth, l'amulette faisait probablement partie de la décoration de la châtelaine placée le long du membre inférieur gauche. La perturbation de la défunte s'est concentrée au niveau du thorax, des membres supérieurs et du crâne. Il est probable que les perturbateurs n'aient pas vu cet objet. Une observation identique peut être émise pour la coupe en verre de la tombe 331 à Bulles, placée dans une céramique au pied du défunt. Le fond présente un décor composé d'un chrisme central (X et I), flanqué de l'alpha et de l'oméga, ainsi que de deux globules. L'ensemble est inscrit dans un cercle surmonté d'une torsade. Encadrant ce premier niveau, deux panneaux quadrillés alternent avec deux panneaux contenant chacun un oiseau et un arbre stylisé[234].

D'une manière générale, les récipients en verre et les fibules décorés d'un motif « chrétien » ne semblent pas

[232] Dans le cadre de cette étude, ne sont pris en considération que les objets où la nature religieuse du motif représenté semble être établie après étude. En effet, une certaine prudence est à observer devant des formes dont la signification réelle peut porter à confusion en raison de l'étendue de son usage. C'est le cas notamment du motif de la croix qui peut être autant la marque d'un artisan qu'un symbole religieux (Dierkens 1991 : 110–112).

[233] Longroy (Seine-Maritime), Bulles (Oise), Goudelancourt-lès-Pierrepont (Aisne), Saint-Parres-aux-Tertres (Aube), et Illfurth (Haut-Rhin).

[234] La coupe est datée du PM-MA1. Près de cent exemplaires sont connus dans l'ouest de l'Europe, la majorité provenant de France et de Belgique. La découverte de ce type de coupe est essentiellement effectuée en contexte funéraire, offrant ainsi la possibilité de les dater avec précision. Ainsi, les coupes à décor chrétien se développent entre la seconde moitié du Ve siècle et la première moitié du VIe siècle (Foy et al. 2010 : 269–270).

susciter un intérêt particulier auprès des réintervenants. Un constat similaire est effectué par Martine van Haperen et Stephanie Zintl aux Pays-Bas et en Bavière. Leurs travaux contredisent l'hypothèse d'Helmut Roth concernant les précautions prises par les perturbateurs face à certains objets, dont ceux arborant un motif dit chrétien (van Haperen 2017 : 144 ; Zintl 2012 : 342–344).

Les sources textuelles alto-médiévales ne fournissent aucun indice complémentaire sur le sujet. Au contraire, comme l'attestent les récits de Grégoire de Tours, les chrétiens sont autant susceptibles de rouvrir les tombes de leurs contemporains que les païens. La peur du mort, et surtout d'une punition divine, n'intervient qu'après le forfait commis. Et le vol d'ornements chrétiens ne semble pas arrêter les voleurs. Au chapitre XX du second livre des martyrs, *De la passion, des vertus et de la gloire de saint Julien*, Grégoire de Tours relate ainsi le vol des reliques de saint Julien par un *quidam*, saisi par la magnificence des ornements décorant le lieu[235]. Profitant de la sortie des croyants après la prière du soir, il se glisse dans un coin de la basilique et reste caché jusqu'à ce que le silence ait envahi le lieu. Puis, « comme s'il avait eu Satan auprès de lui »[236], il se précipite sur le sépulcre du saint et attrape une croix recouverte de pierres précieuses. Son butin en main, il ne peut sortir de l'édifice car un sommeil soudain le saisit et il s'assoupit[237]. Ce récit n'est pas unique et la cupidité peut aussi se retrouver chez des hommes d'Église, comme évoqué au chapitre 4.2.1 avec un autre récit de Grégoire de Tours et le canon 10 du concile de Paris (614).

7.4. Sélection et mauvaise conservation

Attester du prélèvement d'un objet est complexe dans la mesure où aucun schéma unique ne régit la pratique de l'inhumation habillée. Le type de mobilier présent dans la sépulture est variable d'un site à un autre, d'une communauté à une autre. Afin de déterminer le mieux possible quelle catégorie d'objet a été emportée, il s'avère primordial de prendre en considération l'ensemble des tombes d'une nécropole et non uniquement celles bouleversées. En combinant les informations issues des tombes intactes, avec celles provenant de l'analyse taphonomique des squelettes remaniés (identification des os bouleversés, traces d'oxydation sur les os, etc.) et l'étude des éléments incomplets laissés dans la structure (bossettes, pommeau d'arme, garnitures incomplètes, ou encore vestiges de fourreau), il paraît alors envisageable d'ouvrir la discussion sur le matériel emporté par les perturbateurs. C'est bien une combinaison d'éléments qui permet aujourd'hui de déterminer l'absence d'une arme, d'une ceinture ou d'une fibule dans une sépulture remaniée.

L'impression d'uniformité qui tend à caractériser la pratique de réouverture des sépultures mérovingiennes en France trouve ses limites lors de l'analyse du contenu funéraire. La sélection du mobilier funéraire au cours de la perturbation est un premier constat. Un test de Chi-2 (ou χ^2) a été effectué pour déterminer s'il existe une différence significative régionale entre les diverses catégories d'objets découverts dans les sépultures perturbées (Noterman 2016, vol. 2 : 259). Le test montre que la différence de distribution des objets est hautement significative en Alsace, en Lorraine et en Picardie ($p<0{,}001$). En Champagne-Ardenne ($0{,}020<p<0{,}010$), dans le Nord-Pas-de-Calais ($0{,}050<p<0{,}025$) et en Normandie ($0{,}020<p<0{,}010$), le test se révèle également significatif, ce qui en revanche ne semble pas être le cas pour l'Île-de-France ($0{,}1<p<0{,}50$). Ces résultats statistiques montrent non seulement que le prélèvement sélectif des objets est une caractéristique de la pratique, mais aussi qu'il concerne la grande majorité du territoire situé au nord de la Loire, avec une prédominance dans l'est du pays.

La sélection est particulièrement forte en ce qui concerne les armes et les parures. Le scramasaxe est largement déficitaire dans les sépultures réouvertes, et ce, quelle que soit la région considérée. Il n'est présent que dans 10 % des structures remaniées. Les pointes de flèche et les fers de lance sont en revanche largement représentés avec plus de 30 % des tombes perturbées ayant livré au moins un exemplaire. Une sélection est également perceptible dans la catégorie des parures. S'il demeure difficile d'établir avec certitude la proportion de colliers prélevés au cours des réinterventions, celle des fibules paraît en revanche plus aisée. Déficitaires dans les sépultures alsaciennes, les fibules ont été retrouvées en quantités relativement importantes dans les tombes remaniées de Lorraine. Sur le site de Vitry-sur-Orne, elles sont ainsi plus nombreuses dans les sépultures réouvertes que celles intactes. Toutefois, à l'exception de la Lorraine et de la Picardie, les fibules ont été découvertes en faible quantité dans les tombes bouleversées, attestant du prélèvement régulier, mais non systématique, de cette catégorie d'objets. Le recensement des bagues, des boucles d'oreilles et des bracelets dans les sépultures remaniées met en avant des différences régionales qu'il convient d'interpréter avec prudence. La quantité recueillie demeure faible en comparaison avec les armes et les fibules, et ne permet pas de mener une étude statistique satisfaisante. Il est simplement possible de remarquer que le Nord-Pas-de-Calais est la seule la région où les écarts de quantité de matériel découvert dans les deux catégories de sépultures sont les plus significatifs. Les boucles d'oreilles sont ainsi moins représentées dans les structures perturbées, à l'inverse des bagues qui y sont plus nombreuses.

Le prélèvement de la ceinture est un fait attesté sur de nombreux sites mérovingiens. Le pourcentage de

[235] Grégoire de Tours, *De la passion, des vertus et de la gloire de saint Julien, martyr*, c. 20 (éd. *MGH, SRM* I, 2 : 123).

[236] Grégoire de Tours, *De la passion, des vertus et de la gloire de saint Julien, martyr*, c. 20 : *utique quia satellite Satanan inpellebatur* (éd. *MGH, SRM* I, 2 : 123).

[237] Grégoire de Tours, *De la passion, des vertus et de la gloire de saint Julien, martyr*, c. 20 : *Denique, sub, custodia eum illa nocte detentum, mane facto cuncta quae fecerat patefecit, adserens se lassum obdormisse, eo quod diutissime circuiens cum fasce basilicam, ostium unde egrederetur repperire non poterat* (éd. *MGH, SRM* I, 2 : 123).

sépultures bouleversées ayant livré une pièce d'accessoire de type plaque-boucle, contre-plaque ou plaque-dorsale est inférieur à 15 %, quelle que soit la région considérée. Les fréquents résidus ferreux et fragments découverts dans les tombes réouvertes soulignent par ailleurs la mauvaise conservation de ce matériel lors de la perturbation. Un parallèle peut ici être effectué avec le prélèvement des scramasaxes et des épées, dont les éléments de baudriers et à certaines occasions les poignées sont parfois découverts *in situ* après le passage des perturbateurs.

Matériel peu abordé dans les études concernant les réouvertures de sépultures, la vaisselle est le plus souvent délaissée au cours des perturbations. Elle est habituellement découverte en quantité similaire entre les sépultures intactes et celles bouleversées.

L'étude réalisée souligne que chaque catégorie d'objet peut être concernée par les prélèvements, dans des proportions plus ou moins importantes. Ce choix, même s'il présente certaines similitudes entre tous les sites, varie pour des raisons dont il est souvent difficile de retracer l'origine. Ainsi, pour citer l'exemple des armes, des différences notables existent entre les nécropoles. Par exemple, sur le site de Longroy (Seine-Maritime), la proportion d'armes découvertes dans les sépultures intactes est sensiblement identique à celle des tombes réouvertes[238]. À l'inverse, un écart important est observé à Cutry (Meurthe-et-Moselle)[239]. Le scramasaxe paraît avoir été l'arme privilégiée par les perturbateurs sur le site d'Illfurth où seules les structures intactes ont livré des scramasaxes. En revanche, tous les types d'arme sont concernés par les réinterventions sépulcrales à Cutry, aussi bien les lances que les épées, les haches et les scramasaxes

Un deuxième constat est possible : l'intérêt des perturbateurs semble différer selon le type de matériel. Les objets de parure et les accessoires vestimentaires paraissent essentiellement récupérés pour leur matériau (bronze, or, argent) facilement recyclable. Au contraire, les armes pourraient avoir été prélevées avant tout pour leur fonction utilitaire et/ou leur rôle dans la communauté.

Enfin, il apparaît que de nombreux objets sont emportés en dépit de leur mauvais état de conservation. Cette situation soulève évidemment de nombreuses interrogations sur l'intérêt d'un tel prélèvement et le devenir de ces objets.

7.5. Grave goods

Studies on Merovingian mortuary practices highlight the complexity of the furnished burial custom (Alduc-Le Bagousse 2009; Effros 2006; Georges, Guillaume et Rohmer 2008; Theuws and Nelson 2000; Williams 2006 et 2007). Bodies were buried dressed, with objects expressing more than the simple social status of the deceased. Indeed, the choice of grave goods results from a long process of reflection connected to the wishes of the dead person, but also his/her family. The grave good assemblage was undoubtedly thought out before the inhumation, and one might expect that it sometimes had an impact on the secondary intrusions. Individuals were not interested in all the contents of the graves, but rather in specific artefacts, the meaning of which could cover a wide spectrum of possibilities such as symbolic, religious or power.

Archaeological evidence for the removal of objects depends on several factors, including local burial customs. Variation in grave contents is significant between cemeteries, even when they belong to the same region. In order to determine which category of artefact was taken away, it is important to base the research on a set of data which includes study of the non-reopened graves and taphonomical analysis of the disturbed human remains (identification of the bones moved during the intrusion, traces of oxidation on the bones, etc.). Simultaneously, residual elements coming from the missing objects will be considered. Evidence of absence raises many methodological issues, making necessary to base the argument on a combination of relatively reliable data.

The grave goods selected for the study come from five categories of objects (Figure 7.2). They were selected according to their frequency in the Merovingian cemeteries of northern France, the capacity to identify them based on fragments, and finally, for some of them, the symbolic role they appear to have had in the local community.

Previous studies on the reopening practice tend to present the phenomenon as an uniform custom in Merovingian Gaul, with a form of constancy in the type of objects extracted from the graves. The new research shows a different picture, and in the first place a selection of the grave goods during the intrusion process. A Chi-2 (or $\chi 2$) test was performed to investigate whether there is a significant regional difference between the various categories of objects found in the disturbed burials. The test shows that the difference in the distribution of objects is highly significant in Alsace, Lorraine and Picardie ($p<0.001$). In Champagne-Ardenne ($0.020<p<0.010$), Nord-Pas-de-Calais ($0.050<p<0.025$) and Normandy ($0.020<p<0.010$), the test is also significant, but this does not seem to be the case for Ile-de-France ($0.1<p<0.50$) (Noterman 2016, vol. 2 : 259). These statistical results show not only that the selective removal of artefacts is a characteristic of the reopening practice, but also that it concerns the vast majority of the area north of the Loire river, with a predominance in the east of the country.

The first category particularly impacted by selective removal is weapons (Figure 7.3). For instance, seax appears to be largely missing in reopened graves, being found in only 10%. On the other hand, arrows and spears are widely represent, with more than 30% of the disturbed

[238] 14 armes ont été mises au jour dans les sépultures intactes et 12 dans les sépultures réouvertes.

[239] 130 armes ont été mises au jour dans les sépultures intactes et 28 dans les sépultures réouvertes.

graves containing at least one example. In a similar way, jewellery was also selectively collected. While it remains difficult to establish with certainty the proportion of bead necklaces removed, the proportion of brooches seems easier to determine based on the location of bone disturbances and the fragmented pieces discovered inside the graves. In Alsace, only a few of fibulae have been discovered in disturbed burial structures, whereas they are largely present in the reopened graves in the neighbouring region of Lorraine. At Vitry-sur-Orne, brooches have been found in a higher number in reopened tombs than in intact ones. However, with the exception of the Lorraine and Picardy regions, brooches are usually discovered only in small quantities in disturbed graves, attesting to the regular, but not comprehensive, removal of this category of artefacts.

The census of rings, earrings and bracelets in reopened graves reveals regional differences that must be interpreted with caution (Figures 7.4, 7.6 and 7.7). The quantity collected remains small in comparison with weapons and fibulae, and does not allow for a satisfactory statistical study. It is simply possible to note that Nord-Pas-de-Calais is the only region where the differences between the quantity of material discovered in the two categories of burials are the most significant. Earrings are less represented in the disturbed structures, while rings are more numerous.

The removal of the belt is recorded at many Merovingian sites (Figure 7.8). The percentage of reopened graves that still contained a buckle-plate or back-plate (plaque-boucle, contre-plaque, plaque-dorsale) is less than 15%, whatever the region considered (Figure 7.9 with the example of Alsace). The regular discovery of rust fragments and broken pieces shows the poor condition of the object at the time of the disturbance. A parallel can be drawn here with the removal of seaxes and swords, from which parts of baldrics, scabbards or handle were sometimes left behind.

Little attention is usually given to vessels in publications mentioning the reopening practice. The study showed that this category of grave goods was not of particular interest for the reopeners, as it is commonly found in similar quantities between undisturbed and disturbed graves (Figure 7.13).

The diversity of the contents of early medieval graves is also expressed by the discovery of more singular artefacts : coins, heirlooms, and objects with Christian symbolism. Found in limited numbers in both intact and reopened graves, they do not seem to have received particular attention from reopeners.

Coins were found in twenty cemeteries in the dataset, and 55% of disturbed graves contained a least one coin. They were mainly made of copper alloy or bronze. A few gold and silver examples are also known. There is thus no archaeological evidence that this artefact was particularly of interest during the reopening.

Objects from eras preceding the Merovingian period ('heirlooms') were discovered in ten cemeteries : eight Gallo-Roman brooches, two fragments of bracelet – one Protohistoric and one Roman, a 3rd century A.D. jug, a Neolithic or Roman percussor and a Gallo-Roman wall lamp. Grave 43 from the cemetery of Bulles (Picardy) had only Gallo-Roman grave goods. The very limited number of these objects in early medieval tombs do not allow an in-depth study on the frequency of their removal. On the other hand, there is no indication that they were particularly removed from the re-entered graves.

Only seven graves contained an object with Christian iconography[240]. In two cases, they were pushed away or scattered during the disturbance, and in five cases they were left in position. Once again, there is no archaeological evidence suggested that this type of artefact was removed during the reopening process. The 'taboo' meaning previously linked by some researchers to objects with Christian symbolism could not be attested in the French early medieval cemeteries.

The selection of grave goods is a practice observed in the majority of early medieval cemeteries, and almost all the categories of dress accessories are affected by it. This selection, even if some similarities are visible between the sites, actually varies. The reason behind this lack of complete homogeneity in the removal of artefacts is difficult to assess and probably has to do with local considerations. For instance, the number of weapons discovered in reopened graves is more or less identical to that of undisturbed structures at Longroy (Normandy)[241]. By contrast, a significant difference is observed in the cemetery of Cutry (Lorraine). The seax appears to have been largely preferred at Illfurth (Alsace), where only un-reopened graves contained the weapon. On the other hand, all types of weapons were concerned in the post-depositional interventions at Cutry (Lorraine), including spear, sword, axe and seax.

The present study carried out on grave goods revealed that the interest of the reopeners differed according to the type of material. Jewellery and dressed accessories seem to have been taken away mainly for their components (bronze, gold, silver), which were easily reusable. Weapons, conversely, might have been collected primarily for their functional purpose and/or their importance to the dynamic of the community.

Finally, the research showed that a lot of objects were removed despite their poor condition of preservation – opening the discussion of the value of such removals and the fate of these objects.

[240] *Only objects where it was possible to establish their religious nature have been taken into consideration in this study. Some precautions should be applied regarding shape and pattern usually qualified as "Christian" symbol. Cross pattern, for instance, can be both a craftsman's mark and a religious symbol (Dierkens 1991 : 110–112).*

[241] *14 weapons were found in undisturbed graves and 12 in reopened graves.*

8

Les raisons

La réouverture des sépultures mérovingiennes est une pratique largement répandue au nord de la Loire. Les données archéologiques tendent à attester de sa réalité durant la période d'utilisation des nécropoles, mais aussi de sa fréquence inégale en Neustrie, soulevant indéniablement la question de l'origine de cette disparité entre les sites. L'ensemble funéraire fouillé aux abords de la clinique Sainte-Barbe à Strasbourg n'a révélé aucun indice de réinterventions sépulcrales au haut Moyen-Âge (Flotté 1998). À l'inverse, les nécropoles d'Entzheim, de Kolbsheim et de Vendenheim, toutes situées dans un rayon de 10 km autour de Strasbourg, présentent des indices de réouvertures contemporaines de l'utilisation des sites. Le pourcentage de perturbations est variable entre les nécropoles d'une même région. Pour la partie orientale de la France, le taux de réouvertures s'échelonne entre 15 % et 80 %. Au-delà de la répétition du geste tout au long de la période mérovingienne, il existe donc une multitude de situations qui conduisent inévitablement à se pencher sur la raison de ces réouvertures anciennes. La diversité des cas étudiés en France, mais aussi en Angleterre, en Belgique, aux Pays-Bas ou encore en Allemagne tendent ainsi à envisager plusieurs motivations autour de ces réinterventions, dont la cupidité n'en constituerait qu'une partie. Le regard posé sur le phénomène au cours de ces dernières décennies a permis d'appréhender les perturbations sépulcrales sous une nouvelle perspective : celle d'une pratique et non d'un simple acte transgressif. Ce changement d'approche est sans doute à associer à l'évolution des techniques de fouille et d'interprétation des sépultures, mais également à une meilleure connaissance de la période alto-médiévale.

8.1. Le prélèvement par cupidité et par nécessité

Attester d'une réouverture avec pour motivation le vol d'objets ou la récupération de métaux est complexe dans la mesure où la déduction s'appuie sur des éléments ayant disparu. Pourtant, c'est cette absence qui permet d'esquisser un début de compréhension. Outre l'importance de préciser quel type de mobilier a été prélevé, la remise en contexte de ce dernier est nécessaire car la valeur d'un objet n'est pas identique d'une époque à une autre.

L'intérêt d'un objet pour les contemporains des inhumés s'évalue de plusieurs manières : rareté de la production de l'objet, matériaux de fabrication, qualité de réalisation, utilisation par une classe sociale privilégiée, pouvoir symbolique et tarif de la peine encourue en cas de vol de l'objet.

Selon le contexte, un simple objet en fer ou en bronze peut prendre de la valeur. En période de conflits, les armes même les plus basiques acquièrent de l'importance[242]. On ne peut donc exclure l'hypothèse que des vols cupides commis dans les nécropoles mérovingiennes concernent du mobilier de la vie quotidienne, des objets de première nécessité dont la population cherchait à s'approvisionner à moindre frais. Les textes législatifs mérovingiens, et plus spécifiquement la loi Salique et la loi des Ripuaires, contiennent toute une série d'amendes pour le vol d'objets et d'animaux. Les textes hagiographiques évoquent aussi la valeur du mobilier[243].

8.1.1. Le témoignage des textes

Le prélèvement vénal du mobilier comme raison principale des réouvertures sépulcrales est régulièrement cité dans la littérature ancienne et les premières publications archéologiques. Ce mobile n'est pas réservé exclusivement aux tombes mérovingiennes et se retrouve à diverses époques et différents lieux. En Égypte, un document exceptionnel relate le procès de pilleurs opérant sous le règne de Ramsès IX (XXe dynastie) (Dunand et Lichtenberg 1991 : 72 et 104–105). Leurs motivations ne font aucun doute : le vol du mobilier, et plus précisément des objets de parure et en métal précieux[244]. Autre archive exceptionnelle : un papyrus grec daté du IIe siècle avant notre ère contient une plainte contre le pillage d'un tombeau égyptien (Letronne 1827 : 1–15). La scène se déroule à Alexandrie en 127 avant J.-C. Les voleurs sont cités et le propriétaire demande à ce qu'ils soient jugés pour leurs actes[245]. Le but du vol est là aussi très clair : dérober les objets de valeur.

La documentation textuelle est rare pour la Gaule mérovingienne, mais elle existe et témoigne de la cupidité de certaines réinterventions, argument qui sera largement

[242] Au Moyen Âge, l'économie se caractérise par la thésaurisation. Il n'est donc pas étonnant de constater que l'armement n'était pas toujours acquis via le négoce, et qu'il conserve une valeur de rachat élevée même après son usage (Gaier 1973 : 104).

[243] À deux reprises, Grégoire de Tours évoque la valeur des plats en argent en mettant en scène leur donation. Dans le livre I de l'*Histoire des Francs*, à la suite du don d'une maison par un sénateur pour la transformer en église, des prêtres remercient ce dernier en lui offrant trois cent pièces d'or et un plat en argent. Dans le troisième livre, le roi Thierry tente d'apaiser la colère de son frère Clotaire après une tentative d'assassinat en lui remettant un plat en argent (Grégoire de Tours, *Histoire des Francs*, I, c. 31 et III, c.7 ; éd. *MGH*, *SRM* I, *1* : 24 et 105).

[244] « On trouva que tous avaient été violés par les voleurs ; ceux-ci avaient arraché leurs maîtres (c'est-à-dire les cadavres) de leurs bandelettes et cercueils, les avaient jetés sur le sol et avaient volé le mobilier dont on les avait munis, ainsi que l'or, l'argent les objets de parures qui se trouvaient dans leurs bandelettes. » (Erman et Ranke 1952 : 174).

[245] Les voleurs ont profité de l'absence du propriétaire pour rouvrir le tombeau et dépouiller plusieurs des corps contenus à l'intérieur. N'ayant pas refermé la porte après leur forfait, les momies ont été exposées aux attaques des loups qui en ont dévoré une partie.

repris par les historiens et les archéologues et appliqué à l'ensemble des sépultures mérovingiennes perturbées ou lacunaires. En tout état de cause, le contenu lucratif des tombes justifie souvent à lui seul la raison de ces réouvertures[246].

L'épisode le plus souvent mentionné par les chercheurs est celui de Gontran Boson (VIe siècle)[247]. Grégoire de Tours dans ses *Dix Livres d'histoire* décrit comment le duc organisa le vol des objets contenus dans la tombe d'une parente de sa femme, après avoir assisté à ses funérailles dans la basilique de Metz. L'appât du gain ne fait ici aucun doute. Après l'ouverture de la tombe, les serviteurs de Gontran Boson ôtèrent du cadavre « tous les joyaux qu'ils purent trouver »[248]. Grégoire de Tours fut sans doute l'auteur le plus prolifique sur la question de la perturbation des sépultures. Bien que ses récits n'aient pas pour vocation première de dénoncer le phénomène, ils permettent d'esquisser une représentation plus ou moins fidèle du pillage. En effet, Grégoire de Tours devient rapidement une référence incontournable pour les historiens dès le XIXe siècle (Lièvre 1894 : 7 ; Marignan 1899 : 341). Outre le récit de Gontran Boson, le pillage de la tombe de l'évêque Hélius est aussi régulièrement cité comme preuve de la rapacité des voleurs mérovingiens (Wood 1996 : 17)[249]. Si la cupidité reste le motif principal des vols évoqués par Grégoire de Tours, d'autres sont perceptibles dans *À la gloire des martyrs* et *À la gloire des confesseurs*, comme l'appropriation opportuniste d'un couvercle de sarcophage[250] ou le prélèvement de cendres de saints[251] (Noterman 2016 : 223–224 et 477–478).

La cupidité peut également être à l'origine du vol de tissu. Ce cas très particulier est mentionné par Jean Moschus dans le *Pratum Spirituale* à travers le récit de deux pillages de sépultures [252]. Dans le premier, un malfaiteur, après avoir réalisé de multiples forfaits, assiste par hasard à l'inhumation d'un défunt richement paré. Après le départ des proches, il s'introduit dans le sépulcre et dépouille le cadavre de ses vêtements, à l'exception d'une toile (linceul ?). Au moment de quitter les lieux, il retourne sur ses pas et ôte le tissu qui recouvrait le corps nu du cadavre. À ce moment précis, le mort se redresse et griffe au visage le voleur[253]. Pris de panique ce dernier abandonne son butin et s'enfuit à toutes jambes[254]. Dans le second récit, la victime de la cupidité des hommes est une jeune fille inhumée dans la cité d'Antioche. Après avoir prélevé tout le mobilier précieux contenu dans la tombe ainsi que les vêtements de la morte, le voleur est saisi par le cadavre. La défunte fait appel à sa pitié, à sa compassion en tant que chrétien mais aussi en tant que fils. Elle refuse de le lâcher[255] et seules les supplications du voleur la font fléchir. Avant de repartir, il rhabille le corps de la jeune fille.

Dans ces deux récits de Jean Moschus apparaît une forme de vol non perçu en contexte archéologique : celui des textiles. Par leur composition, ils peuvent en certaines circonstances constituer un motif de pillage[256]. Malheureusement, le prélèvement d'une partie des vêtements semble aujourd'hui très difficile à attester, d'autant plus si l'action est survenue peu de temps après l'inhumation[257]. Il ne peut alors subsister aucune trace de cet acte, hormis peut-être quelques déplacements osseux particuliers et difficiles à interpréter *a posteriori*.

Parallèlement à la littérature hagiographique et religieuse, le vol du mobilier funéraire est également attesté par les textes législatifs. Plusieurs passages de la loi salique prévoient des sanctions à l'égard de ceux qui perturbent une sépulture. Contrairement à la législation romaine, c'est véritablement le dépouillement du cadavre ainsi que le prélèvement d'objets qui sont punis[258]. Ici il n'est

[246] « *The lucrative nature of grave robbery must have accounted for the popularity of the practice despite the risks and penalties it involved.* » (Effros 2002: 56).

[247] Grégoire de Tours, *Histoire des Francs*, VIII, c. 21 (éd. *MGH, SRM* I, 1 : 387–388).

[248] Grégoire de Tours, *Histoire des Francs*, VIII, c. 21 : *(...) tollentes omnia ornamenta corporis defuncti, quae reperire potuerant* (éd. *MGH, SRM* I, 1 : 388).

[249] Pour une description du pillage de la tombe de saint Hélius, cf. chapitre 8.4.1.

[250] C. 17, éd. MGH, SRM I, 2 : 307.

[251] C. 43, éd. *MGH, SRM* I, 2 : 67.

[252] Au cours de sa vie, ce moine visita de nombreux monastères de l'Empire byzantin pour recueillir les traditions monastiques et les souvenirs des moines. Il rassemble ces témoignages dans le *Pratum Spirituale* (Pré Spirituel) à la fin du VIe siècle. Les histoires concernent majoritairement des faits survenus avant la conversion des moines. Les circonstances ayant conduit ces hommes à prendre l'habit sont diverses et parfois bien loin de la vie pieuse qu'ils observent dans leur monastère (Moschus, trad. M. J. Rouët de Journel, 1946).

[253] Dans le récit de Jean Moschus, ce n'est pas le vol qui est l'objet de la colère du défunt, mais l'exposition de son corps nu à la vue de tous. Le lien avec les préceptes tardo-antiques est présent. Grégoire de Nysse, deux siècles plus tôt, rappelle que la nudité d'un cadavre ne doit pas être exposée aux rayons du soleil (Joannou 1963 : 224–225).

[254] Jean Moschus, *Le Pré Spirituel*, c. 77: *Die vero quadam cum mala multa perpetrassem, stabam in quodam loco, vidensque mortuum efferri optime indutum, secutus sum funus, ut viderem ubi poneretur. Venerunt autem retro sanctum Joannem, et ibi posuerunt illum in monumento, peractisque officiis recesserunt. Ego mox ut illos recessisse vidi, ingressus monumentum, exui ipsum, nihil ei relinquens praeter unum linteamen. Cum ergo progredi inciperem de monumento, multis onustus pannis, dicit mihi improba mea cogitatio : Accipe et linteum, qui bonum est. Redii autem infelix ego ut sumpto etiam linteo, nudum illum relinquerem. Tune resedit coram me mortuus, extendensque super me manus suas, digitis suis eruit oculos meos. Ego igitur miserabilis, dimissis omnibus, cum magna tribulatione et periculo exivi de monumento. Ecce et ego dixi vobis quomodo caecus factus sum.* (*PG* LXXXVII, col. 2931).

[255] « En vérité tu es venu comme tu l'as voulu ; tu ne partiras pas d'ici comme tu le veux : ce sépulcre sera commun à nous deux. Et ne crois pas que tu vas mourir tout de suite, mais après plusieurs jours de tourment tu rendras misérablement ton âme misérable. » (trad. M. J. Rouët de Journel 1946 : 123–124).

[256] Sur la découverte de restes de tissus remarquables en contexte archéologique, on peut se référer par exemple à la fouille de la basilique de Saint-Denis en 1957 et en 2003 : Salin 1958 : 13 ; Gallien et Périn 2009 : 211.

[257] En effet, il paraît plus vraisemblable que ce type de vol ait eu lieu avant une décomposition avancée des corps (jus de décomposition du cadavre).

[258] Les lois civiles romaines, les constitutions impériales et le droit pontifical romain ne mentionnent jamais le vol des objets accompagnant le défunt. La loi protège, entre autres, le vol des matériaux précieux, des colonnes ou encore des statues pouvant orner une tombe. Mais, à l'exception de l'Édit du préteur, rien n'est dit concernant le dépouillement du cadavre. Cette absence est récurrente tout au long de l'Antiquité tardive (Rebillard 2003 et 2002).

question ni de souillure ni de *res religiosa* (de Visscher 1963 ; Ducos 1995 : 136–138 ; Pigeaud 1999). Le corps et la sépulture ne font qu'un et leur perturbation constitue un crime grave.

La législation franque fait preuve d'une grande précision dans le détail des délits et des crimes. Les différents aspects de la perturbation sépulcrale y sont répertoriés dans leur totalité. Ainsi, au chapitre 14 la loi prévoit une peine de 200 *solidi* pour tout individu ayant exhumé et volé un mort (*effoderit vel expoliaverit*)[259]. Ce dernier devra vivre à l'écart de la société (*wargus*) jusqu'à ce que la famille du défunt ait intercédé en sa faveur[260]. Toute personne offrant l'hospitalité au voleur avant que les proches du mort aient consenti à sa réhabilitation devra payer une amende de 15 *solidi*[261]. Si le délit est commis avant le dépôt en terre du corps, l'amende est fixée à 100 *solidi*[262]. Dans le cas d'un homicide, le meurtrier est condamné à 62 ½ *solidi* si son geste s'accompagne du dépouillement de la victime[263]. Dans les versions tardives de la loi, les bouleversements engendrés sur une tombe lors de la construction d'une église sont également punis[264].

Il est intéressant de noter que la gravité principale du délit se situe avant tout dans le vol et non dans la perturbation du corps. Le prélèvement des objets dans une tombe entraîne une plus grande amende qu'un simple vol commis à l'égard d'un vivant. La loi salique montre ainsi un aspect bien particulier de la société franque : un tiers des lois concerne exclusivement le vol. Tous les types y sont répertoriés, du vol d'un vase de miel à celui de la clochette d'une truie, en passant par celui d'un troupeau, d'une jument, d'un filet à anguille ou encore d'un esclave[265].

La législation franque n'apporte pas de précisions sur le devenir des biens volés, et ce constat peut être fait pour à peu près l'ensemble des lois barbares. Une exception toutefois dans le sud-ouest de la Gaule où les Wisigoths mettent en place des mesures particulièrement sévères vis-à-vis des pilleurs. Le code d'Euric prévoit une amende et la restitution des biens dérobés aux héritiers du défunt si les coupables sont des individus libres[266]. En revanche, s'il s'agit d'un esclave la peine prévue est le fouet (200 coups) et la mort par le feu[267]. Il semblerait ainsi que le mobilier n'appartienne pas légalement au mort. Malgré la forte individualisation du défunt, qui s'exprime entre autres par l'intermédiaire de la composition de son mobilier funéraire, il n'en détient pas l'usage exclusif et pérenne. Le caractère patrimonial des objets est ici souligné. Rien d'étonnant alors à ce que ces derniers soient restitués à la famille après un vol (Young 1997).

8.1.2. La pénurie des métaux précieux

La volonté de prélever du mobilier peut être guidée par l'objet en tant que tel ou par le métal qui le compose. La valeur de ce dernier s'évalue soit par la rareté de sa production, soit par un épisode de pénurie momentané. Dans ce second cas de figure, le métal est recherché là où il est disponible, ce qui peut parfois engendrer des actions illégales.

Au cours de la première moitié du XXe siècle émergea l'idée que les réouvertures mérovingiennes étaient une réponse à une pénurie de métal qui frappa la Gaule à cette époque (Roth 1978 : 55–57). Les chercheurs allemands développèrent tout particulièrement cette hypothèse avant de la remettre en question dans les années 1990 (Codreanu-Windaeur 1997 : 13). En 1953, Joachim Werner établit un lien entre le phénomène et la rareté du métal précieux au cours du VIIe siècle dans sa publication du site suisse de Bülach (Zurich) (Werner 1953 : 7). La raréfaction de l'or, du bronze et de l'argent aurait provoqué la recherche de ces métaux précieux dans les tombes. Cette idée fut reprise par Gerhard Fingerlin en 1971, qui nuança ses propos en s'interrogeant sur l'éventualité d'autres facteurs parallèles potentiellement responsables des réouvertures (Fingerlin 1971 : 50 ; Roth 1978 : 56–57). La récupération des objets en raison de leur composition métallique, peu évoquée dans la littérature française, est en effet probable. Des matériaux tels que le cuivre, le bronze ou l'or peuvent être facilement refondus et ainsi réintégrer le marché commerçant sous une nouvelle forme.

Les découvertes archéologiques tendent à remettre en question la théorie développée par Joachim Werner. Deux raisons majeures sont évoquées par les chercheurs. Dans un premier temps, la sélection du mobilier au cours de la réouverture semble contredire l'idée d'une recherche

[259] c. 6, 14, 9 : *Si quis hominem mortuum effoderit vel expoliaverit, malb. tornechallis sive odacarina sunt, den. viiim qui fac. sol. cc culp. iud.* (éd. *MGH, Leg.* I, *Leg. Nat. Germ.*, IV : 68–69).

[260] Le statut de *wargus* doit être compris dans les lois saliques et ripuaires comme un exil hors de la communauté (Effros 2006 : 194). Pour plus d'informations sur l'interprétation du *wargus*, on peut se reporter aux publications suivantes de Jacoby (1974) et Nehlsen (1978).

[261] c. 6, 55, 5: *Si quis corpus iam sepultum effoderit et expoliaverit, malb. tornechale wargo sit usque de illa quae cum parentibus illius defuncti convenerit ut ad ipso pro eo rogent ut ei inter homines liceat accedere. Et quaecumque antea aut panem aut hospitalitatem dederit sive uxor sua propria, dc den. qui fac. sol. xv culp. iud. Si tamen auctor sceleris se admisisse aut effodisse probatur, malb. thornechale sunt den. viim qui f. sol. cc cul. id. Pactus legis salicae* (éd. *MGH, Leg.* I, *Leg. Nat. Germ.*, IV : 206–207).

[262] c. 6, 14, 11: *Si quis hominem dormientem [in furtum] expoliauerit et ei fuerit adprobatum, mallobergo friomosido sunt, ivm denarius qui faciunt solidos c culpabilis iudicetur excepto capital et dilatura (*éd. *MGH, Leg.* I, *Leg. Nat. Germ.*, IV : 69).

[263] c. 6, 55, 1: *Si quis corpus occisi hominis, antequam in terra mittatur, in furtum expoliauerit [cui fuerit adprobatum], mallobergo* chremosido *hoc est, mmd denarios qui faciunt solidos lxii semis culpabilis iudicetur* (éd. *MGH, Leg.* I, *Leg. Nat. Germ.*, IV : 205).

[264] c. 6, 55, 6: *Si quis basilicas expoliaverit desuper hominem mortuum, malb. Chereotasino sol. xxx culp.iud.* (éd. *MGH, Leg.* I, *Leg. Nat. Germ.*, IV : 209).

[265] Dans l'ouvrage *Histoire de la vie privée*, les auteurs désignent la loi salique comme un texte de lois « rédig[é] visiblement par de vieux sages obsédés par le vol. » (Ariès et Duby 1985 : 474).

[266] En cas d'absence d'héritier, le voleur paye une amende au fisc et reçoit 100 coups de fouet (Lafferty 2014 : 257).

[267] c. XI, 2, 1 : *Si quis sepulcri violator extiterit aut mortuum expoliaverit et ei aut ornamenta vel vestimenta abstulerit, si liber hoc fecerit, libram auri coactus exolvat heredibus et que abstulit reddat. Quod si heredes non fuerint, fisco nostro cogatur inferre et preterea c flagella suscipiat. Servus vero, si hoc crimen admiserit, cc flagella suscipiat et insuper flammis ardentibus exuratur, reddistis nihilhominus cunctis, que visus est abstulisse* (éd. *MGH, Leg. Nat. Germ.* I, 1 : 403).

guidée principalement par la collecte d'objets en métaux précieux. En effet, il n'est pas rare de découvrir dans les sépultures réouvertes du nord de la France des objets en argent ou en bronze *a priori* volontairement abandonnés. C'est le cas notamment dans la sépulture féminine 68 de Saint-Vit (Doubs) datée du derniers tier du VIe-début VIIe siècle (Urlacher, Passard-Urlacher et Gizard 2008 : 296). Après sa réouverture, elle contenait encore une fibule discoïde en or, quatre barrettes de châtelaine en argent et deux pendentifs en feuille d'or filigranée. D'autre part, les interventions post-dépositionnelles ne débutent pas au VIIe siècle, mais bien avant l'effondrement supposé des ressources en métaux précieux[268]. Les exemples sont évidemment nombreux en France et outre-Rhin. On peut ainsi citer les sites de Cutry (Meurthe-et-Moselle), de Louviers (Eure), de Réguisheim (Bas-Rhin) ou encore de Saint-Sauveur (Somme). Helmut Roth observe une situation identique dans les cimetières situés à l'est de la Gaule mérovingienne, notamment en Allemagne et en Autriche (Roth 1978 : 73).

L'interprétation des réouvertures au regard d'une éventuelle pénurie de métaux précieux est également réfutée par Stephanie Zintl dans son étude régionale (Zintl 2019). L'analyse de près de 600 sépultures découvertes dans le voisinage de la ville de Ratisbonne (Bavière) a permis de démontrer l'absence de sélection du mobilier selon le critère exclusif du métal. Au contraire, des objets qui pourraient apparaître intéressants du point de vue de leur composition (argent, or, alliage cuivreux) ont été volontairement délaissés par les perturbateurs. La répétition de cette situation dans différentes nécropoles bavaroises permet ainsi d'écarter l'hypothèse d'un oubli ou d'un manque de temps. Par ailleurs, dans son interprétation du phénomène, Stephanie Zintl soulève un point intéressant : la diminution des réserves en métaux précieux devrait avoir une répercussion sur les pratiques funéraires. En effet, pourquoi inhumer les défunts avec des objets en alliage cuivreux, en or ou encore en argent s'il y a à la même période un manque important de ces matériaux ?

En France, la théorie développée par Joachim Werner ne paraît pas non plus faire l'unanimité. Toutefois, il semblerait que certaines nécropoles présentent des indices de réouvertures tournées vers la récupération préférentielle d'objets en alliage cuivreux. Sur le site de Marquette-lez-Lille, les objets en argent et en alliage cuivreux semblent avoir été largement récupérés dans les fosses par les réintervenants, ces derniers délaissant alors le mobilier en fer. Une sélection des objets selon leur composition est également possible à Odratzheim (Bas-Rhin) où les pièces métalliques en alliage cuivreux recensées dans les fosses perturbées proviennent presque exclusivement d'objets disparus (bossettes, rivets, clous, fragment de plaque). Peu d'artefacts en alliage cuivreux intacts ont été laissés (bague, monnaie, boucles d'oreilles, anneaux). Il semble donc tout à fait plausible que, à l'image de la nécropole de Marquette-lez-Lille, le mobilier en alliage cuivreux ait été particulièrement recherché à Odratzheim.

L'acte cupide est parfois décelable à travers les données archéologiques, mais l'interprétation reste sujette à notre perception de la valeur des métaux. Face à la diversité des contextes, la démarche la plus fiable pour mettre en avant un éventuel pillage cupide est peut-être à rechercher dans l'étude des nécropoles au cas par cas en prenant en compte les matières composant le mobilier des sépultures, la qualité de réalisation de ce dernier, la fréquence du prélèvement de certaines pièces et la dynamique de répartition des réouvertures dans la nécropole. La nécropole de Marquette-lez-Lille semble correspondre à cette définition du pillage. Si les interventions paraissent cibler un groupe spécifique de sépultures, en revanche le profil des objets emportés et leur important degré d'altération suggèrent un acte tardif, vraisemblablement cupide ou du moins dans l'intention de soustraire aux défunts le mobilier le plus précieux. Toutefois, l'identification de ce type de motivation sur un site n'indique en rien que les populations mérovingiennes elles-mêmes étaient à l'origine de cette forme de réintervention, mais seulement que leurs sépultures pouvaient l'être. Dans ce sens, la datation du remaniement est un élément indispensable pour en comprendre la raison, mais également pour mieux cerner le profil des perturbateurs. De plus, l'absence de dépôt systématique de ces artefacts particuliers suppose une connaissance préalable du contenu des tombes. La sélection des sépultures en fonction de ce critère, qui constitue par ailleurs une pratique régulièrement observée en France, pourrait induire d'autres motivations que celle unique de l'appât du gain. En s'appuyant sur les récentes réflexions autour de l'inscription de la pratique au sein de la communauté du défunt, le prélèvement d'objets en alliages cuivreux, en or ou en argent aurait pu être dicté par des considérations plus familiales (dans son sens médiéval) que vénales. Un tel sentiment transparaît dans l'étude de la nécropole d'Odratzheim où certaines réinterventions se placent relativement tôt après l'inhumation des défunts (sép. 1096, 1119 et 1137). La stratégie d'intervention des perturbateurs soulève également quelques interrogations, comme cela est le cas pour la tombe 1103. Ces derniers se sont concentrés sur la zone des offrandes, délaissant volontairement le défunt et son mobilier (fibule ansée dissymétrique en alliage cuivreux, collier de perles, boucle en fer, fusaïole en os, pot en terre cuite). Visible en plan et en coupe, la fosse de réouverture s'interrompt à hauteur du couvercle du contenant, démontrant ainsi la parfaite visibilité de ce dernier au moment de la perturbation. Pourtant, aucun élément ne suggère de tentative en direction du défunt. Il semblerait donc que l'objectif principal de cette réouverture ait été un ou plusieurs objets spécifiques déposés à l'est du mort.

[268] Les auteurs ne s'accordent pas sur la question d'une éventuelle pénurie des métaux précieux au VIIe siècle. L'Europe demeure un centre important de ressources en métaux comme l'atteste l'équipement des chevaliers médiévaux. Même au Ve siècle, lors du déclin de la production d'or pour des raisons diverses (insécurité, troubles civils et invasions fréquentes de l'Occident, épuisement de l'or dans les laveries, réorganisation de l'Empire romain), les réserves de plomb, de cuivre et de fer restent importantes (Lombard 2002).

8.2. Le prélèvement symbolique

8.2.1. Symbole et pouvoir des armes

L'épée

Dans *Histoire des Lombards*, le duc de Vérone Giselpert entreprend à la fin du VIIIe siècle de rouvrir la tombe du roi Alboin afin d'y dérober son épée ainsi que plusieurs objets[269]. Le but de la démarche du duc n'est pas de s'enrichir, mais de s'approprier les symboles du pouvoir. Le rôle des armes dans les classes dirigeantes de la société du haut Moyen Âge a été souligné à plusieurs reprises par Régine Le Jan (Le Jan 2003 et 2001). Ici, le vol est loin d'être anodin. À l'image du roi, le duc de Vérone proclame le droit de conduire le peuple lombard, traversant alors une période de crise, comme le fit deux siècles plus tôt Alboin (Geary 1994 : 64–65). Cet épisode laisse entrevoir que certaines réouvertures de tombes pouvaient être dictées par d'autres motifs que la cupidité, et notamment liés au pouvoir, notamment symbolique incarné par l'épée du défunt. Il souligne également la place de certains morts dans la communauté des vivants, figurés dans l'exemple du roi Alboin par l'intermédiaire d'un objet.

Le rôle symbolique des épées n'est plus à démontrer (par ex. Brunning 2019 ; Sarti 2013 ; Theuws et Alkemande 2009). Dans le monde romain, les armes étaient les instruments du soldat, sans valeur spécifique autre que celles de protéger et de défendre son porteur[270]. À l'inverse, les peuples germaniques leur accordaient une fonction particulière : chaque homme libre est détenteur d'une arme. La raison de son port est très claire : selon Iaroslav Lebedynsky (2001 : 25) « seul était pleinement libre, seul était pleinement homme, qui portait les armes ». Au cours de la période des grandes migrations, l'épée est chargée de prestige et de symbole. Les peuples de la steppe ajoutent une autre dimension à l'objet en lui insufflant un rôle de réceptacle pour une divinité guerrière (Lebedynsky 2001 :28). Cette multiplicité des fonctions se retrouve dans les sources écrites où l'épée est tantôt simple arme guerrière, tantôt considérée comme divinité, tantôt assimilée à un symbole de pouvoir. Les pays scandinaves ont produit une littérature particulièrement abondante sur le sujet. Une saga islandaise raconte les hauts faits de Hrólf Kraki, roi légendaire danois du VIe siècle (Somerville et McDonald 2010 : 171–173). Ce dernier mourut au cours d'une bataille et fut inhumé sous un tertre funéraire. Son épée, Sköfnung, fut déposée auprès de lui. Quelques siècles après, un homme nommé Skeggi se rendit dans l'ancienne capitale royale danoise dans le but de voler Sköfnung ainsi que d'autres armes légendaires ayant appartenu à des personnages héroïques du Danemark. Sköfnung avait la réputation d'être la meilleure épée venue d'Islande. Le récit est explicite, Skeggi s'arrête volontairement à Saeland dans le but de récupérer des objets à la portée symbolique extrêmement forte. L'épée du roi Hrólf n'est pas une simple pièce d'armement. À l'image de celle de Roland, d'Arthur ou encore de Tristan[271], elle reçoit un nom et possède presque une entité propre (Bouzy 1994 : 194). Dans la *Reykdœla saga ok Víga-Skútu*, le héros Thorkel vole l'épée de Skefil déposée auprès de lui dans son tombeau. Cependant, au cours d'une vision, le propriétaire de l'arme exige qu'elle lui soit rendue, en échange de quoi, il propose de donner lui-même l'objet dérobé sans son accord. Le mort fait ainsi don de son arme la plus précieuse à un vivant.

La littérature du haut Moyen Âge s'inscrit dans la lignée de la tradition orale germanique. Il n'est donc pas improbable que le prélèvement de l'épée dans les sépultures mérovingiennes s'inscrive dans un système de croyances qui nous échappe en partie aujourd'hui. Comme l'a souligné Patrick J. Geary, l'épée n'est pas un simple instrument de combat : originaire d'un autre monde, elle reçoit un nom à connotation magique et des pouvoirs. Sa transmission peut être assurée par le mort lui-même et son acquisition prouve la prouesse et l'autorité de son propriétaire (Geary 1994 : 67).

Au-delà des textes, le prélèvement de l'épée dans les sépultures mérovingiennes est attesté sur un grand nombre de sites en France, mais également à l'étranger (Klevnäs et al. 2021 : 1017). La signification de cette soustraction est en revanche complexe à identifier dans la mesure où l'arme ne constitue pas toujours l'unique élément absent de la tombe. Leur récupération parfois ciblée dans les sépultures mérovingiennes, tout en laissant une grande partie du mobilier funéraire intacte, permet de s'interroger sur la motivation de ces réinterventions[272]. Des chercheurs tels que Heinrich Härke et Franz Theuws soulignent le caractère inaliénable des épées, qui peuvent circuler de génération en génération (Härke 2000 : 395 ; Theuws 2004). Toutefois, comme le souligne Alison Klevnäs, les sources écrites attestent également du fait qu'elles pouvaient passer d'un propriétaire à un autre sous la forme d'un don, d'un héritage, mais aussi parfois d'un vol (Klevnäs 2015 : 172–174). L'épée pouvait être transmise entre les vivants, mais aussi d'un mort à un vivant. Pour Régine Le Jan, les armes découvertes dans les sépultures mérovingiennes renvoient au statut social du défunt, mais aussi à sa position dans la communauté et, dans certains cas, au pouvoir dont il a pu être investi de son vivant (Le Jan 2000 : 284–285). Symbole de force, leur prélèvement pourrait également être dicté par une volonté d'atteindre le défunt, et plus spécifiquement la puissance qu'il détenait (ou détient encore par l'intermédiaire de ses proches encore vivants).

[269] Paul Diacre, *Historia Langobardorum*, II, c. 28 (éd. *MGH, RLI* : 89 ; Salin 1952 : 265).

[270] Les soldats romains n'étaient pas propriétaires de leurs armes. À la fin de leur service, ils devaient les restituer. C'est ainsi que trois, quatre ou cinq noms différents ont parfois été relevés sur des casques et des épées en référence à leurs usagers successifs. Lorsque l'arme devenait hors d'usage, elle était simplement jetée (Cosme 2007 : 135–137 ; Feugère 1996 : 165 ; Lebedynsky 2001 : 25).

[271] Respectivement Durandal, Excalibur et Curtaine.

[272] Par exemple dans les nécropoles de Bulles (Oise) et Saint-Vit (Doubs).

Le prélèvement symbolique peut être perçu de diverses manières. L'approche proposée par le récit de Paul Diacre n'est pas nécessairement représentative de tous les prélèvements d'épées constatés. S'il est possible d'imaginer qu'un vol soit commis dans le but de légitimer une position au sein d'une communauté, il est également tout à fait plausible d'admettre l'inverse. Mentionnée précédemment, la volonté d'atteindre un individu de position sociale élevée peut aussi passer par l'outrage à son sépulcre ou à celui d'un parent (Klevnäs 2010 : 162). C'est sous cet angle que Madeleine Châtelet ouvre la discussion concernant la découverte d'épées fragmentaires dans plusieurs sépultures remaniées de la nécropole de Matzenheim (Haut-Rhin) (Châtelet 2017). La nécropole de Saint-Vit (Doubs) livre des cas similaires avec un prélèvement partiel et ciblé de l'épée dans plusieurs tombes, ne laissant sur place qu'un morceau de l'arme et le reste du mobilier funéraire intact (Urlacher, Passard-Urlacher et Gizard 2008 : 277). Dans ces contextes, l'hypothèse d'une destruction symbolique est envisagée par Madeleine Châtelet et fait écho aux travaux de Heiko Steuer mentionnés précédemment (Steuer 1997 : 284–285)[273]. Parmi les hypothèses d'interprétation proposées, ce dernier envisage que certaines réouvertures auraient été commises dans le but d'atteindre les anciennes familles puissantes de la communauté. Un acte de destruction volontaire par une nouvelle famille dirigeante souhaitant asseoir son autorité ou par un groupe d'individus nouvellement installés est ainsi évoqué pour expliquer l'état fragmentaire et incomplet de certaines épées.

L'étude menée sur les nécropoles au nord de la Loire montre également que certaines épées pouvaient être récupérées dans un état d'oxydation avancée. Leur utilisation en l'état était donc impossible. Quelle est alors la motivation des perturbateurs ? La récupération d'une arme inutilisable est-elle la preuve d'un prélèvement symbolique ? Il est envisageable aussi que seul le pommeau (ce dernier étant composé à partir de matières pouvant être refondues) ait constitué le véritable motif de son prélèvement.

Les données archéologiques pourraient offrir un début de pistes de réflexions. Lorsque le bouleversement est ciblé et que seule l'épée paraît avoir été prise, il semble possible d'associer la réouverture à un acte détaché de la simple valeur monétaire de l'objet. L'état de conservation importe alors peu face à la valeur symbolique attribuée à l'arme. En revanche, si la perturbation a engendré le prélèvement d'une grande partie du mobilier, sans préférence marquée pour l'épée, un pillage par appât du gain pourrait alors être envisagé.

La lance et le bouclier

La lance revêt une importance toute particulière au haut Moyen Âge. Largement répandue chez les peuples germaniques, son utilisation polyvalente en fait une arme dangereuse[274]. Au IIe siècle après J.-C., Tacite l'intègre dans l'équipement privilégié du combattant, mais aussi dans la dot du jeune marié[275]. Selon l'auteur antique, « que nul [Germain] ne prenne les armes » sans que la cité « ne l'[en] ait reconnu capable »[276]. Pour cela, le jeune homme est pourvu de la *framée* (lance en fer très longue) et du bouclier au cours d'une cérémonie présidée par son père ou un chef.

La lance est également chargée d'une fonction symbolique. L'anneau sigillaire du roi Franc Childéric, dont la tombe fut découverte en 1653 à Tournai, atteste du rôle emblématique de cette dernière parmi les souverains mérovingiens. Héritée de l'iconographie impériale contemporaine de l'époque, la lance est représentée dans la main droite du roi, la lame reposant sur son épaule (Salaün, McGregor et Périn 2008 : 220). Les Francs confèrent également un rôle solennel à l'arme. Dans son *Histoire des Francs*, Grégoire de Tours relate comment le roi Gontran désigna son neveu Childebert comme héritier en lui remettant une lance[277]. Édouard Salin rappelle aussi que la fin des hostilités chez les Mérovingiens se traduisait en abaissant une lance[278].

La fonction symbolique conférée à la lance par les Francs se retrouve aussi dans le royaume de Lombardie, où le roi est élu par une assemblée militaire nommée *gairthinx* – « assemblée des lances » (Gasparri 2000 : 98–99). Lors de cette élection, le souverain reçoit une lance, symbole de son autorité et de son nouveau pouvoir [279].

[273] Heiko Steuer suggère que certains pillages sont commis dans le but d'atteindre les anciennes familles puissantes de la communauté.

[274] La lance peut être utilisée aussi bien à pied qu'à cheval. Elle peut être employée pour frapper un ennemi ou être jetée sur lui. Sa longueur permet à l'attaquant de garder une certaine distance avec son adversaire, et donc de s'en protéger (Lebedynsky 2001 : 164).

[275] Tacite, *La Germanie*, c. XVIII : *Dotem non uxor marito, sed uxori maritus offert; intersunt parentes et propinqui ac munera probant, munera non ad delicias muliebres quaesita nec quibus noua nupta comatur, sed boues et frenatum equum et scutum cum framae gladioque.* Traduction : « La dot n'est pas apportée au mari par l'épouse, mais par le mari à l'épouse. Le père et la mère, ainsi que les proches, assistent à la cérémonie et apprécient les cadeaux, cadeaux non pas choisis pour l'agrément d'une femme ni destinés à parer la nouvelle mariée, mais des bœufs, un cheval bridé, un bouclier avec une framée et un glaive. » (trad. J. Perret 1949 : 81).

[276] Tacite, *La Germanie*, c. XIII : *Nihil autem neque publicae neque privatae rei nisi armati agunt; sed arma sumera non ante cuiquam moris quam ciuitas suffecturum probauerit. Tum in ipso concilio uel principum aliquis uel pater uel propinqui scuto frameaque iuuenem ornant : haec apud illos toga, hic primus iuuentae honos ; ante hoc domus pars uidentur, mox rei publicae.* Traduction : « Affaires publiques ou affaires privées, ils ne font rien sans être en armes. Mais la coutume veut que nul ne prenne les armes avant que la cité ne l'ait reconnu capable. Alors, dans l'assemblée même, un des chefs ou le père ou ses proches décorent le jeune homme du bouclier ou de la framée : c'est là leur toge, ce sont là les premiers honneurs de leur jeunesse ; auparavant ils sont censés appartenir à une maison, ensuite à l'État. » (trad. J. Perret 1949 : 78.)

[277] Grégoire de Tours, *Histoire des Francs,* VII, c. 33 (éd. *MGH, SRM* I, 1 : 353).

[278] « Chez les Francs, la puissance royale est conférée par la tradition de cette arme et le fait de mettre bas la lance, *scaftlegi*, signifie la cessation des hostilités. » (Salin et France-Lanord 1943 : 106–107).

[279] Paul Diacre, *Histoire des Lombards*, VI, c. 55 : *Quem Langobardi vita excedere existimantes, eius nepotem Hildeprandum foras muros civitatis ad basilicam sanctae Dei genetricis, quae ad Perticas dicitur, regem levaverunt. Cui dum contum, sicut moris est, traderent, in eius conti summitate cuculus avis volitando veniens insedit* (éd. *MGH, RLI* : 184). Traduction : « Les Lombards, croyant qu'il était en train de passer de vie à trépas, élevèrent à la royauté son neveu Hildeprand, hors les murs de la cité, dans la basilique de la sainte mère de Dieu dite « aux Perches ».

Si l'objet occupe ainsi une fonction royale, en revanche rien n'indique qu'il pouvait être utilisé au cours de cérémonies solennelles réservées à l'aristocratie. Dans les sources écrites, cette arme semble être exclusivement rattachée au pouvoir royal. L'absence d'études détaillées sur la pratique des réouvertures de tombes en Italie empêche d'obtenir des informations complémentaires sur le sujet.

Le bouclier appartient sans conteste à l'équipement militaire des élites mérovingiennes. Le faible nombre d'umbo[280] trouvé dans les sépultures témoigne de sa valeur, trop élevée pour être accessible à l'ensemble de la population. Utilisé comme protection lors des combats, son usage peut aussi revêtir une fonction plus symbolique. Après leur arrivée sur le territoire gaulois, les Francs reprirent un rituel impérial transmis depuis l'Orient vers l'Occident à partir du IVe siècle : celui de l'élévation du roi sur le pavois (Le Jan 2003 : 122). Le choix opéré par les Mérovingiens de perpétuer ce rituel souligne indéniablement le caractère guerrier du pouvoir royal franc. Grégoire de Tours associe l'élévation sur le bouclier à des élections improvisées ou des successions illégitimes (Ewig 1988 : 78 ; Schneider 2001 : 143–144 ; Le Jan 2003 : 1223). Trois souverains mérovingiens sont cités par l'historien : Clovis, Sigebert Ier et Gundovald[281]. À partir du VIIe siècle, ce rituel guerrier disparaît face au développement de l'intronisation (Le Jan 2003 : 1225 ; Nelson 1996 : 100–101). Son utilisation comme symbole semble ainsi réservée à un usage très spécifique.

Les études menées sur le mobilier funéraire découvert dans les nécropoles mérovingiennes mentionnent parfois la charge symbolique conférée à la lance. Frans Theuws et Monica Alkemande perçoivent ainsi dans ce dépôt le signe de la position dominante du défunt (Theuws et Alkemande 2000 : 457–458). Synonyme d'autorité, mais aussi d'activité aristocratique selon certains chercheurs[282], la lance est un instrument à la signification complexe et variée.

Les découvertes archéologiques montrent, en outre, que la lance mérovingienne pouvait recevoir un décor. Dans la sépulture masculine 1004 de Cutry (Meurthe-et-Moselle) datée du VIe siècle, une lance d'apparat ornée de damasquinures trichromes a ainsi été mise au jour (Legoux 2005 : 30). Sur sa flamme apparaît l'inscription latine[283] suivante :

> *HAEC INT[E]R V[ASTAS] STRINGAT VENABVLA SI[L]VAS QVI GAUDET RABID[IS] OBUIU[S I] REFERIS*

La splendeur de la lance, son décor et la qualité de son inscription permettent de la rattacher à un personnage au statut social privilégié. Sa datation, par analogie avec d'autres armes du même type, la situe au Ve siècle, ce qui pourrait en faire un objet hérité ou transmis à l'individu inhumé.

Des études sur la composition de lances alto-médiévales découvertes en contexte funéraire en Angleterre ont également mis en avant des gestes particuliers associés à cet objet. Sur le site de Wasperton (Warwickshire), par exemple, les fers de lance et les couteaux semblent avoir été volontairement retravaillés avant d'être déposés dans les sépultures, de telle manière qu'ils apparaissent aujourd'hui de médiocre qualité malgré leur production à une période où le travail des matériaux ferreux se révèle généralement d'une grande qualité (Starley 2006). Andrew Welton y perçoit une forme de destruction symbolique de ces objets, les rendant inaptes à être de nouveau utilisés. Dans ce contexte, le prélèvement d'une lance volontairement altérée ne peut se concevoir sans une approche symbolique de la récupération (Welton 2016 : 239).

Le bouclier et la lance sont retrouvés en grande quantité dans les sépultures mérovingiennes réouvertes et les exemples de ces deux armes volontairement laissées dans les tombes sont multiples. Si la présence de la lance dans les tombes remaniées est parfois justifiée par son absence de visibilité au moment de la réouverture[284], la récurrence de sa découverte en contexte perturbé, quels que soient l'époque et le lieu, démontre que la valeur de cet objet était soit suffisamment faible après l'inhumation pour ne pas inciter à son prélèvement, soit au contraire suffisamment prégnante pour la préserver d'une éventuelle soustraction. Dans l'éventualité où la lance aurait fait l'objet d'un abandon volontaire en raison de sa signification, il serait tentant d'y percevoir une forme de tabou. Cette notion, sous-entendue par Helmut Roth dans son article de 1978, est difficile à percevoir à travers le corpus étudié. Aucun élément ne permet de penser que la faible fréquence de prélèvement de la lance, ni même celle du bouclier, ait en

Au moment où ils lui donnaient la lance, comme le veut la coutume, un coucou vint se poser sur la pointe. » (trad. F. Bougard 1994 : 150–151).

[280] Le bouclier mérovingien était souvent réalisé à partir de planches en bois, avec une bordure de métal ou de cuir, un umbo central en fer et une poignée. Au cours de la fouille, seuls les pièces métalliques sont généralement découvertes, et notamment l'umbo (Lebedynsky 2001 : 182).

[281] Clovis est élu par ce rituel roi des Francs rhénan à la place de Chlodéric vers 511. Sigebert Ier, quant à lui, est nommé à la place de son frère Chilpéric en 575. Enfin, Gundovald, prétendant être le fils de Clotaire Ier, réussit à se faire élire roi dans le Limousin (Grégoire de Tours, *Histoire des Francs*, II, c. 40 ; IV, c. 51 ; VII, c. 10).

[282] Frans Theuws et Monica Alkemande associent la lance à la pratique de la chasse. Il est vrai que les aristocrates mérovingiens n'hésitaient pas à chasser avec leurs armes comme le roi Théodoric II (l'arc et les flèches) ou encore Charlemagne (une épée), mais la lance ne semble pas réellement faire partie de la panoplie du chasseur au haut Moyen Âge. L'épieu, qui lui est très proche, est largement préféré. Toutefois, ceci n'exclut en rien une utilisation occasionnelle de la lance au cours d'une partie de chasse. Sur la chasse au haut Moyen Âge, on peut se référer à l'article de Jean Verdon (1978) très complet sur le sujet.

[283] La transcription latine de l'inscription est celle proposée par Krzysztof Rzepkowski en 2007. Elle peut être traduite par : « Que tire cette lance dans de vastes forêts / Celui qui se plaît à aller contre les bêtes féroces. » (Rzepkowski 2007 : 368).

[284] Dans les chambres funéraires, la lance est souvent déposée à l'extérieur du contenant funéraire abritant le défunt. Si la perturbation s'est concentrée sur la partie où repose le squelette, alors la lance a pu être hors de portée visuelle du perturbateur.

effet un lien quelconque avec une forme de tabou ou de crainte liée à ces armes.

La possibilité d'un oubli de la lance ou du bouclier en raison de leur position dans la sépulture ne peut être exclue, mais cela ne peut concerner qu'un nombre de cas limité. Sur le site de Goudelancourt-lès-Pierrepont, la localisation des perturbations du squelette de la sépulture 197I rend peu probable l'absence de détection de la lance lors de la réintervention. Un constat identique peut être fait pour l'umbo et le manipule du bouclier de la sépulture 414 de la nécropole de Bulles.

8.2.2. Le rôle multiple des accessoires vestimentaires et des parures

La ceinture

Le vêtement mérovingien, et plus spécifiquement les accessoires qui le composent, est aujourd'hui largement connu grâce aux découvertes archéologiques. Lorsque les conditions de conservation le permettent, les sépultures alto-médiévales livrent des objets ayant permis de ceinturer, d'épingler, de fermer ou encore de parer l'habit. Comme le souligne certaines sources écrites, le vêtement médiéval n'a pas pour seule vocation de couvrir le corps et de le protéger du climat. Extrêmement codé, il exprime également la position sociale de celui qui le porte que ce soit par la couleur du tissu, par sa forme ou encore par les accessoires qui l'agrémentent (Harland 2019 ; Knox 2017 ; Pastoureau 1995 ; Périn 2018).

La ceinture est l'un de ces éléments à la signification double : à la fois ornement utilisé pour maintenir l'habit en place et y suspendre des objets, elle revêt également une fonction sociale, mais aussi symbolique lors de cérémonie (Cartron 2015 ; Patrello 2020 :926–929). Le prélèvement de cette dernière dans les sépultures mérovingiennes est un fait établi. Les nombreux bouleversements observés au niveau de la ceinture pelvienne ainsi que les fragments métalliques retrouvés attestent de l'attrait qu'elle pouvait susciter. Il est généralement admis que le vol cupide constitue la principale motivation de son prélèvement dans les sépultures. Les textes médiévaux et quelques découvertes archéologiques (Cartron et Castex 2018) laissent toutefois entrevoir une autre possibilité : la récupération symbolique.

La documentation relative au rôle de la ceinture au haut Moyen Âge est malheureusement restreinte et les quelques textes mérovingiens abordant ce sujet insistent non pas sur la ceinture, mais sur les éléments qui la constitue, et plus particulièrement la boucle. Grâce à la *Vie des pères du Jura*, nous savons que cet accessoire vestimentaire est une pièce hautement symbolique dès le VIe siècle. Au cours d'une vision, saint Oyend apprend sa future accession à l'abbatiat de Condat (Franche-Comté) :

> « Il voit entrer cet abbé béni, celui qui bientôt serait devenu en vérité son prédécesseur : il voit que le long du dos et des épaules de cet abbé tombe un pallium blanc chargé de bandes de pourpres. Le bienheureux Romain dénoue la ceinture du saint homme et la passe immédiatement autour des reins d'Oyend. Puis il lui enlève le pallium qu'il portait, avons-nous dit, sur ses autres vêtements, et, le mettant de même sur les épaules de celui-ci, il dit : "Apprends que ces insignes te sont dès maintenant attribués, en attendant le reste". Ensuite, pinçant des doigts la dalmatique de ce même prédécesseur, il ajoute : "Cet ornement aussi, sache-le, doit t'être attribué, quand tu auras fait bon usage de ce que tu as déjà reçu" »[285]

Le geste de Romain, qui ceint la taille de saint Oyend avec la ceinture de l'abbé encore en vie, est évidemment hautement symbolique. Ce rituel n'est pas attesté systématiquement dans les cérémonies de succession abbatiale, mais démontre néanmoins la fonction emblématique de la boucle (Treffort 2002 : 40). Venance Fortunat et Grégoire de Tours font également référence au rôle tenu par certaines ceintures dans la formation de nouvelles alliances, à l'image de Clovis cherchant à retourner à son avantage la loyauté des seigneurs fidèles au roi Ragnacaire (Patrello 2020 : 928).

Les découvertes archéologiques attestent de la valeur autre que fonctionnelle de la ceinture. Le décor figuratif que reçoivent certaines plaques-boucles montre que leur rôle ne se résumait pas à une simple ornementation. Selon la scène représentée et les inscriptions, l'accessoire peut être le signe d'une appartenance religieuse ou revêtir une valeur prophylactique et eschatologique. Il est également le témoin d'actes structurants de la vie quotidienne. Sur le site de Largillay-Marsonnay (Jura), la plaque-boucle découverte en 2001 pourrait figurer un couple, ce qui ferait de l'objet un bien commémorant une bénédiction nuptiale (Gaillard de Semainville 2008 : 2)[286]. Malgré leur forte présence dans les inhumations mérovingiennes, on ne peut totalement exclure l'hypothèse que certaines boucles étaient plus que de simples éléments permettant de maintenir en place un vêtement. Le déplacement de la famille du défunt ou le transfert des morts vers le cimetière de l'église peuvent avoir entraîné un épisode de récupération d'objets dont la valeur sentimentale, religieuse ou communautaire nous échappe.

La fibule

La fibule a de multiples fonctions au cours de la période mérovingienne. Accessoire vestimentaire servant à

[285] C. 135–136 : *(...) conspicit intromitti, ac super dorsum ipsius vel scapulas, rigentibus clavis purpureis, pallium album adspicit dependere. Soluto namque beatus Romanus sancti illius cingulo, constringit ilico lumnos Eugendi. Dehinc,, excuso quod desuper, ut diximus, gestabat pallio, huius adaeque humeris superinponens, ait : « Haec tibi ad praesens nosce interim adsignari* (Martine 1968 : 384–387).

[286] Une seconde plaque-boucle similaire a été mise au jour sur le site d'Yvoire (Haute-Savoie). L'inscription accompagnant le motif permet clairement d'identifier une union matrimoniale (*« Alius, prêtre de Dieu, a fait l'homme et la femme. Qu'il vive en Dieu »*). Une étude complète de la garniture a été réalisée par Cécile Treffort et Joël Serralongue en 1997.

fermer un tissu ou à maintenir en place un voile, elle est également un élément d'ornementation et d'ostentation de la hiérarchie sociale. Les fibules ont fait l'objet de nombreuses recherches concernant l'évolution de leur forme, de leur décor ou encore de leur position sur le vêtement (par ex. pour la France Lorren 2001 ou encore Truc 1998). Elles constituent un des meilleurs marqueurs chronologiques pour dater une structure. Leurs spécificités permettent de suivre l'avancée des Francs en Gaule, et plus particulièrement au sud de la Loire (Stutz 2000).

Les matériaux à partir desquels sont constitués ces objets sont à eux seuls un argument suffisant pour expliquer leur prélèvement dans les sépultures. Toutefois, une nouvelle hypothèse a été récemment soulevée en Angleterre : dans des cas bien précis, le prélèvement des fibules pourrait s'inscrire dans une démarche plus complexe que le seul appât du gain. Alison Klevnäs établit un rapprochement entre l'épée masculine et la « broche » féminine[287]. Son propos est fondé sur les recherches menées par Zoe Devlin sur la notion de « souvenir du mort » dans la société médiévale anglo-saxonne et sur la signification des objets au sein des familles (Devlin 2007). Ainsi, dans un testament anglo-saxon du XIe siècle, Wulfric Spot lègue à sa filleule une broche[288], ou pendentif, hérité de sa grand-mère. La filiation de cet objet ne semble s'opérer qu'entre les individus de sexe féminin de la famille. Un second testament anglais mentionne une fibule comme héritage : à la fin du Xe siècle, Wynflaed, mère de deux futurs rois d'Angleterre, lègue à l'une de ses filles son bracelet ouvragé, sa broche ainsi que le domaine d'Ebbesborne (Wiltshire) (Whitelock 1930 : 11). À son autre fille, elle lègue plusieurs vêtements somptueux (tunique, manteau ...) et une vieille broche en filigrane d'une valeur de six *mancus*. On observe une nouvelle fois dans ce document une transmission féminine de la broche. Nous ne disposons malheureusement pas de textes identiques pour la période mérovingienne en France, mais l'hypothèse d'une transmission générationnelle des fibules est une possibilité à envisager. Des exemples de circulation d'armes sur plusieurs générations sont connus à travers les textes et l'archéologie. L'impact symbolique et émotionnel de ces biens découverts en contexte funéraire a été discuté à plusieurs reprises (par ex. Härke 2006 et 2014 ou encore Williams 2006 et 2007). H. Williams rappelle ainsi les multiples lectures associées aux objets déposés dans les sépultures, et notamment leur rôle de mémoire sociale (Williams 2006 : 40). En ce qui concerne le cas spécifique des fibules, ce legs ne devait pas aller au-delà de deux ou trois générations comme semblent l'attester les découvertes archéologiques. Grâce à de nombreux travaux, la datation des fibules mérovingiennes est bien établie, et la présence d'un objet discordant au niveau de sa date par rapport au reste du mobilier aurait été perçue par les archéologues.

En raison de l'ornementation que les fibules pouvaient recevoir, les chercheurs se sont interrogés sur la possibilité que ces accessoires puissent avoir une valeur spirituelle et dépasser ainsi le simple rôle d'objet fonctionnel et esthétique. En présence de motifs animaliers ou « chrétiens », la question se pose en effet. Une recherche menée en 1997 sur les fibules ansées symétriques découvertes en Normandie a permis de mettre en avant la fonction potentiellement prophylactique de cette parure (Truc 1997 : 39–40). Selon Jean-Pierre Caillet, ce mobilier pouvait prendre la forme d'une amulette au cours de la période mérovingienne (Caillet 1995 : 69). Si l'idée d'un usage magique de la fibule au haut Moyen Âge est une possibilité, cela signifie-t-il pour autant que cet objet puisse être récupéré dans les sépultures pour ensuite être utilisé au cours de cérémonies magiques ? La question devient plus complexe si l'on prend en considération la transmission héréditaire développée par Zoe Devlin. La valeur de la fibule est alors significative, mais dans ce cas quel sens peut-on lui donner : strictement sentimental et privé ? Économique ? Représentatif d'une certaine autorité, à l'instar du mobilier masculin ? Le caractère transmissible de l'objet n'a d'importance que pour un nombre restreint de personnes. La transmission d'un objet entre les femmes d'une même famille est attestée par les testaments anglo-saxons. La valeur attachée à ce bien paraît alors être surtout de l'ordre sentimental. Si une signification symbolique est attachée à la fibule, elle ne semble pas être équivalente à celle observée chez les objets détenus par les hommes. La présence d'une fibule en tant que bien transmissible, et par conséquent important, dans une sépulture mérovingienne est une possibilité. En revanche, son prélèvement en raison de qualités particulières qui lui ont été attribuées par les vivants reste encore à démontrer.

L'attention qui est portée aux ceintures et aux fibules au cours des réouvertures est indéniable. Les comparaisons effectuées entre le contenu des sépultures réouvertes et celui des tombes restées intactes l'attestent, même si la quantité d'objets découverts n'est pas toujours identique.

Les recherches menées en France, mais également aux Pays-Bas et en Allemagne vont dans le sens d'une récupération régulière de certains accessoires vestimentaires. La motivation symbolique dans la récupération de la fibule est une possibilité et a sans doute concerné quelques cas spécifiques. Malheureusement, elle reste difficile à attester à travers les seules données archéologiques.

Le collier

Les colliers paraissent revêtir un intérêt limité aux yeux des perturbateurs en France. Pourtant, ils sont parfois composés de perles et de pendeloques d'une grande valeur qui se

[287] En 2003, Edeltraud Aspöck avait déjà soulevé l'hypothèse que la fibule pouvait également être un objet symbolique. Ainsi, contrairement à une idée répandue, les réouvertures de sépultures féminines ne seraient pas uniquement guidées par la cupidité. De manière identique à la perturbation des tombes masculines, celles des femmes pourraient être recherchées pour certains objets symboliques qu'elles contenaient (Aspöck 2005 ; Klevnäs 2010 : 160).

[288] Par le mot « broche » (*brooch*), il faut comprendre ici « fibule » qui semble être plus approprié au contexte.

définit autant par leur matériau que par leur réalisation. Si les perles en pâte de verre constituent l'essentiel de l'ornementation, elles sont parfois accompagnées de perles en ambre, en or ou en argent (Berthelot 1995 : 9 ; Salin 1959 : 80)[289]. Des pièces d'orfèvrerie peuvent également agrémenter les colliers. En Bourgogne, la tombe féminine 281 de la nécropole de la Grande Oye (Doubs) contenait six pendentifs en tôle d'or filigranée (Urlacher, Passard-Urlacher et Manfredi 1998 : 129). Des verroteries de couleur et des fils doubles forment un décor de volutes sur chacun des objets. La fragilité des colliers ne devait pas leur permettre d'être prélevé aisément, d'où leur éventuel abandon dans les sépultures. En revanche, il est possible d'imaginer qu'à certaines occasions les perles en or ou les pendentifs étaient emportés, peut-être par simple opportunisme[290].

Les sources textuelles médiévales évoquent parfois les objets dérobés dans les sépultures. Ainsi, dans une version du XIIe siècle de la vie de sainte Gudule[291], les biens volés dans sa tombe sont énumérés avec précision :

> « Après avoir ôté la terre qui la recouvrait, il prit tout ce qu'il trouva comme ornement précieux, à savoir les colliers de son cou, les pendentifs de sa poitrine, les boucles d'oreilles de ses oreilles, les anneaux de ses mains, les bracelets de ses bras, et tout ce qui était en or et en argent ; en outre il prit des vêtements de pourpre brodés sur trame d'or, un voile d'une blancheur de neige, des ceintures aux boutons brillants. »[292]

Depuis le début du XIe siècle, la vie de la sainte belge a connu différentes versions, conduisant à une certaine prudence concernant l'authenticité des faits relatés. La description de l'acte de pillage présente toutefois de nombreuses similitudes avec les faits observés en contexte archéologique mérovingien. Ainsi, le type de mobilier prélevé et les moyens mis en œuvre pour évaluer la richesse de la tombe (le voleur a assisté aux funérailles) et y accéder (creusement d'une fosse et rebouchage de cette dernière à la fin de la perturbation) sont visibles dans plusieurs nécropoles du nord de la France (Marquette-lez-Lille, Vendenheim, etc.). En partant du principe que la liste des objets dérobés est exacte, il apparaît plausible que les colliers pouvaient parfois être volés dans les sépultures mérovingiennes, notamment lorsque le pillage avait lieu quelques siècles après l'inhumation. Une condition détermine toutefois son prélèvement : qu'il soit composé de perles et/ou pendentifs en matière précieuse.

La récupération d'un objet attaché autour du cou d'un individu se révèle complexe à attester archéologiquement dans les sépultures féminines. Les fibules portées par les femmes mérovingiennes peuvent être parfois fixées haut sur le costume, entraînant une confusion dans l'interprétation des bouleversements osseux. En revanche, les données archéologiques montrent que le port d'un élément en suspension autour du cou constitue une pratique moins courante dans les sépultures masculines, permettant ainsi d'identifier leur absence de manière plus aisée.

Dans la sépulture masculine 24 d'Illfurth, deux zones de remaniements sont visibles sur le squelette (Figure 4.6) (Roth-Zehner et Cartier 2007, vol. 2 : 28–29). La première concerne essentiellement la partie inférieure du corps et résulte probablement du prélèvement d'une arme. La seconde perturbation se concentre au niveau du crâne, de la mandibule et des premières vertèbres cervicales. Elle témoigne de la présence initiale d'un objet situé près ou autour du cou et dont l'arrachement a provoqué la projection de la mandibule et des vertèbres légèrement vers l'avant du squelette. Ce type de bouleversement dans la région du cou est peu répandu dans les tombes masculines. L'étude du costume masculin mérovingien ne montre pas d'objet spécifique que l'on pourrait retrouver de manière récurrente dans les sépultures. La localisation des perturbations suggère néanmoins l'existence probable d'un collier ou d'un pendentif porté par le défunt. À travers cet exemple, il est à la fois possible de s'interroger sur la motivation de certaines réouvertures, mais également sur nos connaissances du costume masculin mérovingien et de la portée de ses accessoires. La question de la valeur de l'objet placé autour ou à proximité du cou du défunt se pose ici, et en particulier celle de sa signification particulière.

D'une manière plus générale, la découverte de perles entièrement dispersées dans les sépultures mérovingiennes est assez courante en France. La reconstitution des colliers ne permet pas d'évaluer si des perles ou des pendentifs en matière précieuse ou au rôle prophylactique (l'ambre) ont été emportés. Par ailleurs, le prélèvement d'objets prophylactiques suppose qu'il soit possible aujourd'hui d'identifier cette fonction sur le mobilier mis au jour. Tout comme les boucles à motifs « chrétiens », l'interprétation de ces objets demande une grande prudence, la signification de ces artefacts pour leur propriétaire restant difficile à connaître (vertus prophylactiques ou objets purement décoratifs).

8.3. Le prélèvement d'ossements

Les données archéologiques attestent de la disparition d'ossements dans les sépultures réouvertes. Ce phénomène

---

[289] Édouard Salin mentionne l'utilisation, durant la première moitié du XXe siècle, de l'ambre sous forme de colliers pour protéger les enfants de maladies. La croyance en la vertu tutélaire de cette résine a donc perduré jusqu'à une période très récente (Berthelot 1995 : 9 ; Salin 1959 : 80).

[290] Il est difficile d'imaginer, étant donné la composition des colliers mérovingiens, qu'ils aient constitué un motif suffisamment fort pour entraîner la réouverture d'une tombe. En revanche, il est possible que les perturbateurs au cours de leur forfait aient saisi l'occasion pour emporter les perles les plus précieuses. Dans ce cas précis, le vol pourrait être qualifié d'opportuniste.

[291] À propos de la *Vita sanctae Gudilae prima* dont est issu le récit étudié, se reporter à l'article très complet d'Alain Dierkens (2011).

[292] *Vita Gudilae prima*, c. 22 : *Quo effosso, quidquid pretiosissimi ornatus invenit, diripit, id est, muraenulas a collo, lunulas a pectore, inaures ab auribus, annulos a manibus, armillas a brachiis, et haec omnia aurea et argentea* (*BHL* 3684, vol. 1 : 519 ; trad. A. Dierkens 2011 : 596).

s'observe sur le continent[293], mais également en Grande-Bretagne. Dans le comté du Kent, la majorité des tombes remaniées contient un squelette partiel (Klevnäs 2010 : 112). En France, les lacunes osseuses dans les sépultures perturbées ne sont pas systématiques, mais suffisamment fréquentes pour être mentionnées dans les rapports de fouille. Pour ne prendre qu'un exemple parmi tant d'autres, la sépulture 571 de Kolbsheim a livré un squelette présentant une bonne conservation osseuse. La majorité des ossements ont été déplacés et regroupés au pied du coffrage. Les scapulas, les côtes, les vertèbres, le bassin et la main gauche sont absents[294]. La conservation différentielle de ces os ne peut expliquer à elle seule leur disparition de la fosse. Se pose alors la question du devenir de ces ossements. Les sources textuelles et les publications archéologiques évoquent généralement trois raisons principales à l'origine des manques osseux :

- une tradition funéraire impliquant des gestes post-dépositionnels. Le rite s'inscrit alors dans la durée et est jalonné de plusieurs étapes parmi lesquelles la réouverture et le prélèvement des os (van Haperen 2013) ;
- un culte des morts ou une vénération des ancêtres (van Haperen 2010) ;
- l'atteinte au mort ou à la communauté préexistante. La réouverture d'une tombe et la manipulation du défunt peuvent constituer un acte agressif envers ce dernier et/ou sa parentèle. Le refus d'accorder la paix promise au défunt après son trépas peut aussi être envisagé (Klevnäs 2013 : 74).

L'association entre la disparition d'os dans les sépultures et l'émergence de nouvelles pratiques cultuelles est avancée par Yves Gleize et Dominique Castex (Gleize et Castex 2012 : 117), mais aussi par Bonnie Effros (Effros 2003 : 90–91). Guy Halsall émet l'hypothèse que les os prélevés puissent avoir été transférés et honorés dans un autre lieu (Halsall 1995 : 272). Cette éventualité est à rapprocher de la notion du culte des ancêtres, et par conséquent de celui de reliques, notion employée ici dans son sens le plus large[295]. Sur la base des travaux de Martine van Haperen, le matériel provenant d'une tombe pourrait alors se voir investir d'une dimension cultuelle.

L'usage des ossements humains comme source de protection pour les vivants ou comme objet de culte est attesté dans de nombreuses civilisations. Les expéditions ethnologiques du XXe siècle en Amérique du Sud, en Océanie et en Afrique ont consigné de nombreux témoignages mettant en scène des restes humains (Kerner 2018). Les vocations de ces parties de corps sont multiples. S'il est d'usage de les associer au culte des morts[296], on les retrouve également comme porte-bonheur[297] ou objets de consommation rituelle[298]. En Europe, les légendes nordiques content l'histoire du dieu forgeron Wieland créant des gobelets avec des crânes, des parures avec des yeux et des broches avec des dents (van Haperen 2010 : 23).

Si l'on recentre le regard sur la Gaule mérovingienne et sa périphérie immédiate, l'importance de l'ancêtre est visible aussi bien dans les textes qu'à travers les données archéologiques. Ainsi, on peut rappeler le récit de Paul Diacre sur le bouleversement de la tombe du roi Alboin par le duc Giselpert[299]. La récupération de l'épée montre que même mort, le défunt peut avoir sa place dans la communauté des vivants par l'intermédiaire d'un objet. À une période où les restes corporels de saints ou de martyrs peuvent faire l'objet d'une vénération, on peut se demander si une dévotion similaire peut être associée aux ossements récupérés dans les sépultures mérovingiennes. Le prélèvement d'ossements dans une perspective symbolique a notamment été suggéré par Alain Simmer dans l'est de la France (Simmer 1982). Un culte du crâne, héritage lointain de pratiques remontant aux époques pré- et protohistoriques, aurait pu persister sous les Mérovingiens. Une observation similaire semble se dessiner dans la nécropole de Jeoffrécourt où le crane est absent dans 12 tombes. Aucun recoupement postérieur ou perturbation moderne ne semblent être la cause de ces manques. Dans six cas, la réintervention anthropique aurait pu entraîner leur prélèvement. En revanche, dans les six autres exemples, rien ne permet d'expliquer ces absences. Quelques cas ponctuels sont également signalés à l'étranger. Sur le site de Lent, aux Pays-Bas, le crâne de l'individu de la sépulture 46 a été déplacé au cours de la réintervention et déposé sur le bassin du défunt. Dans la tombe 39, il est tout simplement absent. L'hypothèse d'une décollation *ante mortem* ou *peri mortem* a été écartée en raison de l'absence de marques caractéristiques de ce type d'action sur les vertèbres et le crâne conservé (van Haperen 2017 : 152). Aucune interprétation n'est proposée par l'auteure qui rappelle simplement que ce type de découverte est souvent assimilé à une forme de protection à l'encontre de revenants ou de criminels. En Autriche, le site lombard de Brunn am Gebirge comporte 42 sépultures réouvertes (Aspöck 2011). Dans 38 % de ces tombes, le crâne est absent. En l'état actuel de

[293] Sur le site de Brunn am Gebirge (Autriche), l'étude menée par Edeltraud Aspöck sur les sépultures remaniées montre que le crâne et les os de la moitié supérieure du corps sont fréquemment absents (cité par Alison Klevnäs en 2010 : 112).

[294] L'hypothèse privilégiée dans le rapport est la sortie volontaire de ces os (Denaire et al. 2013, vol. 2 : 377).

[295] Le Robert propose trois définitions : 1) reste d'un saint, 2) objet auquel on rend un culte, 3) objet du passé auquel on attache du prix (Morvan et Laporte 2012 : 616).

[296] En Polynésie, de nombreux peuples récupèrent les ossements de leurs morts pour les transformer en objets de culte. Chez les Maori, environ quatre ans après l'inhumation, les os sont sortis de terre, rassemblés, nettoyés, peints et décorés de plumes avant d'être exposés. À Tahiti, après un séjour en terre de quelques mois, le corps est exhumé, le crâne et les os longs sont prélevés, traités et déposés dans un site funéraire ou un lieu difficile d'accès (Babadzan 1983 : 94).

[297] Chez les Siriono de Bolivie, au cours de périodes de nomadisme, les os des morts accompagnaient les déplacements. Ils étaient réputés porter chance à la chasse. Les crânes des personnages importants du groupe guérissaient les maladies (Chaumel 1997 : 97).

[298] Les Guayaki d'Amérique du Sud avaient coutume de manger leurs morts. Les ossements et le crâne brisés étaient ensuite jetés (Clastres 1968 : 68–69).

[299] Paul Diacre, *Histoire des Lombards*, II, 28.

la recherche, l'étude sur le culte des ancêtres au haut Moyen Âge est encore difficile. Toutefois, l'utilisation d'ossements et de biens ayant appartenu au défunt est une hypothèse envisageable. Si certaines sépultures ont pu faire l'objet d'une réouverture en lien avec un culte des ancêtres, il apparaît possible que la réintervention ait été réalisée avec l'aide ou le soutien de la famille du défunt. Ainsi, le faible impact de la perturbation, que l'on observe parfois dans les tombes mérovingiennes, s'inscrirait dans cette démarche.

Une dernière éventualité peut être évoquée : le transfert des défunts dans un autre lieu funéraire. Les fouilles archéologiques ont révélé l'absence de pérennité des habitats ruraux mérovingiens (Bonin 1998 : 99–102 ; Châtelet 2009 : 98–100). Si certains s'implantent sur des sites déjà occupés à la période gallo-romaine, il semblerait qu'ils se déplacent régulièrement, de quelques mètres à plusieurs centaines de mètres. Une seconde rupture de l'occupation émerge au début de l'époque carolingienne avec la restructuration des territoires et l'attraction de nouveaux pôles d'habitat. Au moment de son départ, la communauté aurait pu faire le choix d'emporter avec elle ses ancêtres en allant prélever dans le cimetière quelques ossements et objets. La réouverture de tombes au mobilier funéraire fortement oxydé et fragilisé trouverait peut-être ici une première explication. Le regroupement des inhumations autour des églises à partir du VIIIe siècle aurait occasionné la récupération d'une partie des défunts inhumés dans les anciennes nécropoles. Joël Serralongue et Cécile Treffort proposent une réflexion similaire pour le site des Combes, à Yvoire (Haute-Savoie) (Serralongue et Treffort 1995 : 112). En raison du grand nombre d'inhumations secondaires dans cette nécropole, ne serait-il pas envisageable que les Burgondes, au moment de leur migration vers l'ouest, aient pu choisir d'emporter avec eux les ossements de leurs ancêtres, pour ensuite les déposer dans la terre où ils décidèrent de se fixer ?

La problématique du prélèvement de pièces osseuses volumineuses et parfois symboliques amène indéniablement à s'interroger sur le devenir de ces os. Aux Pays-Bas, le site d'habitat d'Oegstgeest-Rhijngeest a livré des ossements humains hors contexte funéraire (Noterman et al. 2020 ; van Haperen 2017 : 122–123). Il s'agit pour l'essentiel d'os longs et de fragments de crânes. Ces dépôts se distinguent de ceux d'animaux par la sélection des os et leur agencement au sein des structures. L'un des exemples les plus intéressants concerne la structure 2011–03, dont la fouille a livré une composition en étoile de quatre os longs (fémurs et tibias) provenant de deux adultes masculins. Situé à proximité, un second dépôt d'os longs et de fragments de crânes a été mis au jour. L'étude anthropologique a permis d'attribuer ces ossements à des sujets adultes masculins[300]. L'origine des ossements est inconnue, bien qu'ils ne semblent pas provenir des huit inhumations découvertes éparpillées sur le site. En tenant compte du contexte de la région[301], Martine van Haperen émet l'hypothèse d'une récupération dans l'une ou plusieurs des nécropoles environnantes. Une telle théorie est malheureusement difficile à attester aux Pays-Bas dans la mesure où les études concernant les os manquants dans les sépultures perturbées sont encore peu nombreuses dans le pays. En outre, la conservation des squelettes est souvent très médiocre aux Pays-Bas, ajoutant une difficulté supplémentaire à l'étude.

8.4. L'atteinte au mort

8.4.1. La peur du mort et la destruction de l'ennemi

Au cours du XXe siècle, les chercheurs ont tenté de clarifier les raisons qui poussèrent les populations mérovingiennes à « piller » leurs morts. À partir d'une relecture des textes anciens, des fouilles archéologiques ou d'une simple « intuition », ces motivations qui ne peuvent être classées ni dans la catégorie du vol cupide, ni dans celle du prélèvement symbolique ont été théorisées. En 1920, Max Weber, dans une approche sociologique de la relation entre les vivants et les morts, évoque le besoin des sociétés de déposer des objets dans la tombe pour apaiser l'âme du mort. Selon les circonstances, une communauté doit parfois s'assurer du repos du défunt afin que ce dernier n'ait pas la volonté de revenir parmi les vivants (Weber 1963 : 6). En 1977, dans son article consacré au pillage des sépultures mérovingiennes, Helmut Roth évoque une possibilité similaire (Roth 1977). Selon lui, la recherche du profit ne peut expliquer l'ensemble des bouleversements et les croyances spirituelles de l'époque doivent être prises en considération dans certains cas. Ainsi, les tombes explorées auraient livré des traces de tentative de destruction du mort, probablement pour empêcher ce dernier de venir hanter les pilleurs. L'attaque du mort lui-même, en parallèle de la perturbation de sa tombe, est également mentionné par Silvia Codreanu-Windauer. La répartition des réouvertures dans la nécropole de Pliening (Allemagne) l'amène à envisager une explication différente du simple appât du gain (Codreanu-Windauer 1997 : 28–34). Non seulement les perturbateurs sont à rechercher parmi la population locale (peut-être la famille elle-même), mais le traitement infligé aux corps des défunts lors de ces interventions témoigne de considérations plus spirituelles et personnelles. Des luttes de pouvoir pourraient ainsi être à l'origine des réouvertures. En s'attaquant à des morts précis, en leur ôtant leur mobilier funéraire, c'est toute une famille, au sens large du terme, qui serait ainsi visée. Cette atteinte portée aux morts dans les sépultures perturbées est une hypothèse peu reprise dans la communauté archéologique française, peut-être en raison de la difficulté à pouvoir facilement l'attester par les faits archéologiques.

[300] Le NMI est de six individus.

[301] Des ossements humains datés du haut Moyen Âge ont également été mis au jour en contexte funéraire près de la ville de Kessel. Ces dépôts présentent quelques similitudes avec le site d'Oegstgeest, notamment en ce qui concerne la détermination sexuelle des ossements (en majorité provenant d'individus de sexe masculin et adultes) (van Haperen 2017 : 143).

Les recherches historiques témoignent des croyances liées aux morts au Moyen Âge, et plus particulièrement à leur retour parmi les vivants[302]. Les textes sont suffisamment explicites sur le sujet, et il est intéressant de relever que l'Église chrétienne n'a jamais réussi à éradiquer pleinement ces croyances populaires[303]. Quelques auteurs chrétiens du très haut Moyen Âge relatent ainsi l'apparition de revenants, dont la privation de sépulture est généralement à l'origine de la manifestation[304]. Certains récits font état de réouvertures de tombes dans le but de mettre fin aux errances du défunt, mais ils sont pour la plupart postérieurs à la période médiévale (Martin 1979 : 631–633). Si certaines sources écrites témoignent d'une peur des morts, il est toutefois nécessaire de tempérer cette croyance pour la période alto-médiévale. Les recherches effectuées par Jean-Claude Schmitt sur les relations entre les vivants et les morts témoignent d'une quasi absence de la mention de la peur du mort dans les textes du haut Moyen Âge. Les démons représentent à l'inverse les entités les plus craintes, au moins jusqu'au IXe siècle (Effros 2006 : 172). Ce n'est qu'à partir de la période carolingienne que les descriptions des « morts dangereux » se développent véritablement (Caciola 1996 : 15–37).

L'interaction entre les vivants et les morts n'est néanmoins pas inexistante à la période mérovingienne. Les défunts apparaissent généralement au cours d'un songe, et plus rarement dans le monde des vivants. C'est le cas notamment dans *À la gloire des confesseurs* de Grégoire de Tours. Après le vol d'un couvercle sur une ancienne sépulture, qui se révéla être celle d'un évêque, le mort intervient auprès du voleur au cours d'un rêve afin que sa sépulture retrouve sa pleine intégrité[305]. Un autre récit de l'évêque de Tours relate un contact direct entre le pilleur et le mort. Au cours d'une visite à Lyon, Grégoire de Tours prend connaissance du pillage de la tombe de saint Hélius[306] par l'intermédiaire d'une inscription. Cette dernière relate qu'au cours de la nuit succédant l'inhumation de l'évêque, un individu tenta de dépouiller le corps de l'ecclésiastique, mais que celui-ci agrippa fermement le voleur. Le saint ne le lâcha seulement qu'après que son délit fût visible de tous et qu'aucune charge ne fût retenue contre lui[307].

L'intervention du saint peut également être indirecte et se révéler fatale pour le pilleur. Au chapitre LXXI de *À la gloire des martyrs*, un individu décède brutalement en tentant de voler une colombe en or suspendue au-dessus du tombeau de Saint-Denis :

> « Un autre, qui n'avait pas craint de marcher sur le saint tombeau en cherchant à détacher avec sa lance la colombe d'or qui y était suspendue, les pieds venant à lui manquer de chaque côté de la petite tour qui surmontait le sépulcre, il tomba et se blessa aux testicules : sa lance lui traversa le flanc, et on le releva mort. » [308]

L'atteinte au cadavre est donc attestée dans les sources textuelles médiévales, là où l'archéologie peine à en voir les traces. Toutefois, si on ne peut exclure que les défunts de certaines sépultures réouvertes aient été volontairement bouleversés par crainte de leur vengeance, rien ne permet d'attester que cette pratique était généralisée. Les exemples de pillage relatés par Grégoire de Tours ne font d'ailleurs aucune mention d'une peur liée au mort ; peur qui aurait entraîné la destruction partielle du cadavre.

Enfin, en ce qui concerne les préjudices causés au mort en raison de conflits internes à la communauté, ils sont difficiles à attester sans une connaissance précise de l'histoire locale, histoire qui nous est le plus souvent totalement inconnue.

8.4.2. L'exemple archéologique français

Identifier une atteinte au mort en contexte archéologique nécessite quelques précautions. Dans un premier temps, il est primordial de déterminer la période d'intervention afin d'écarter la possibilité d'un geste commis des siècles après l'abandon. Lors d'intrusion tardive, la sépulture est le plus souvent comblée et les ossements sont plus ou moins fragilisés par leur séjour en terre. Le perturbateur peut alors occasionner des dommages en voulant récupérer le mobilier, sans pour autant chercher à porter atteinte au mort. La fragmentation du squelette ne constitue alors qu'un effet secondaire de l'acte. En revanche, si la réintervention est contemporaine de l'utilisation du site, le morcellement des ossements et leur dispersion sont alors des indices à prendre en considération.

L'intensité des réouvertures sur un site peut être le témoin d'une vaste campagne de « destruction » commise par un nouvel occupant à l'égard de la précédente communauté, théorie que l'on retrouve notamment associée aux nécropoles lombardes en Hongrie actuelle (Barbiera 2005 : 146–147). Le contexte historique constitue alors la principale difficulté dans ce type d'étude. En effet, l'archéologue et l'historien des textes doivent pouvoir collecter des informations suffisamment explicites pour attester ce type de perturbation. Sur le territoire français,

[302] La croyance aux revenants et aux fantômes n'est pas propre au Moyen Âge et puise ses origines dans le monde romain. Comme le souligne Claude Lecouteux, les « traditions romaines s'amalgament aux croyances autochtones, les modifient ou bien les effacent. L'Église, tributaire du monde romain, contribue aussi à répandre les superstitions des Romains païens, ne serait-ce que pour les combattre » (Lecouteux 1996 : 19–20).

[303] Sur la peur des morts et des revenants au Moyen Âge, se reporter notamment à Lecouteux (1996), Lecouteux et Marcq (1990) et de Schmitt (1994).

[304] La sépulture comme condition au repos de l'âme est évoquée dans un récit déjà cité de la vie de saint Germain, rédigée vers 475–480 par Constance de Lyon. Cet épisode présente par ailleurs de grandes similitudes avec un récit de Pline le Jeune (*Epistolae* VII, 25, 5 sq. ; Lecouteux 1996 : 21).

[305] Grégoire de Tours, À la gloire des *confesseurs*, c. 17.

[306] Évêque de Lyon au IIIe siècle.

[307] Grégoire de Tours, À la gloire des *confesseurs*· c. 61.

[308] Grégoire de Tours, À la gloire des *martyrs*, c. 71 : Ali*us autem super sepulchrum sanctum calcare non metuens, dum columbam auream lancea quaerit elidere, elapsisque pedibus ab utraque parte, quia turritum erat tumulum, conpressis testiculis, lancea in latere defixa, exanimis est inventus* (éd. *MGH*, *SRM* I, 2 : 86 ; trad. H. L. Bordier, revue par N. Desgrugillers, 2003 : 120).

les principaux mouvements de populations et les conflits au cours de la période mérovingienne se déroulent entre la fin du Ve siècle et la première moitié du VIIe siècle. Le règne de Clovis est tout particulièrement ponctué de nombreuses guerres pour étendre et stabiliser le royaume (Rouche 1997). Après sa mort, les principales contestations auront lieu au sein du territoire entre ses successeurs. Évidemment, des conflits localisés ont pu avoir lieu, mais sans d'autres données permettant d'étayer davantage cette interprétation, l'historien et l'archéologue sont limités dans leurs recherches.

Un autre indice pouvant appuyer l'hypothèse d'un outrage fait aux morts est celui de l'absence de sélection des tombes en fonction des objets qu'elles contiennent. En effet, en récupérant le mobilier funéraire des morts d'une communauté dominée par un nouvel arrivant, les perturbateurs pourraient signifier leur emprise sur la population d'origine en s'attaquant à ses « ancêtres ». Dans le cas présent, la difficulté majeure pour l'archéologue est d'arriver à discerner ce qui peut résulter d'une découverte fortuite de la nécropole de ce qui découle d'une volonté d'affirmation d'une autorité nouvelle en s'attaquant aux sépultures de la communauté précédente.

L'atteinte au mort peut aussi passer par une destruction volontaire de son mobilier funéraire, en plus de son squelette. Dans cette situation, l'état de conservation des objets les plus symboliques ou précieux, comme les armes ou les parures, constituerait un indice en faveur de cette interprétation.

Les recherches effectuées sur le territoire français n'ont pour l'heure pas permis de mettre en évidence d'atteintes en lien avec une destruction volontaire des squelettes. La majorité des perturbations est ciblée, et les os sont peu fragmentés. Lorsque le bouleversement est plus destructeur, il intervient généralement dans un espace colmaté, donc après l'effondrement d'une partie du contenant funéraire. Les ossements apparaissent à diverses altitudes depuis le fond de fosse jusqu'au sommet de la sépulture. L'état de conservation du squelette est alors souvent moyen, voire médiocre. Le site de Réguisheim présente ainsi des différences de conservation en fonction du moment de l'intervention anthropique (Roth-Zehner 2004 : 31–126). Lorsque cette dernière a eu lieu en espace vide, les ossements sont très peu fragmentés, y compris les pièces les plus fragiles telles que les vertèbres. À l'inverse, les manipulations survenues en espace colmaté ont engendré une importante fragmentation des os et leur dispersion sur toute la hauteur du comblement. À Réguisheim, les remaniements se sont déroulés alors qu'un système de marquage des sépultures subsistait encore en surface et ont concerné en priorité les chambres funéraires. La majorité des interventions a eu lieu après la disparition du contenant, ce qui appuierait l'hypothèse d'une intervention après l'utilisation du site. La récupération du mobilier funéraire semble être la principale motivation, mais il n'est pas exclu que d'autres raisons aient pu exister, comme une volonté de porter atteinte aux défunts. Toutefois, à partir des données de terrain, il n'est pas possible d'aller au-delà de ces quelques constatations.

8.5. La récupération des biens par la communauté des vivants

8.5.1. La récupération pour les vivants

La récupération du mobilier dans les sépultures est parfois admise, voire encouragée par les autorités. Au VIe siècle, parmi les lettres officielles qui composent les *Variae*, Cassiodore écrit qu' « il est juste que l'on arrache l'or des sépultures où il n'a pas de possesseur (*dominus*). C'est même une véritable faute que de laisser à l'abandon dans la solitude où reposent les morts des biens qui peuvent servir à l'entretien des vivants »[309] . La récupération des objets dans les sépultures semblait donc parfaitement autorisée dans le royaume ostrogoth, d'autant plus si ces dernières étaient anciennes et que le souvenir des défunts inhumés était perdu. Cette situation a néanmoins soulevé plusieurs commentaires de la part des historiens, en particulier sur les véritables motivations du roi Théodoric. En tenant compte du contexte particulier de l'Italie de la fin du Ve siècle, Bruno Dumézil propose une lecture du texte de Cassiodore sous l'angle de la religion et du rapport de domination entre Théodoric et Rome. Le souverain aurait ainsi cherché à limiter la perte des métaux précieux dans son royaume, mais également à interdire le dépôt funéraire dans les tombes. En promulguant cette loi, le roi affirmait ainsi que le mobilier n'était d'aucune utilité aux morts, et par conséquent que son vol ne pouvait être puni par le droit (Dumézil 2005 : 328). Pour Bonnie Effros, Théodoric aurait cherché à limiter l'appropriation de l'or des sépultures dont l'absence de « gardiens » aurait pu conduire le clergé local à réclamer les biens du défunt (Effros 2002 : 52). En revanche, Édouard Salin paraît plutôt y percevoir la réponse des hommes à une période difficile où « nécessité n'a point de loi » (Salin 1952 : 387 ; Vogel 1969 : 263).

Un autre témoignage peut être rapproché des propos de Théodoric. Au IXe siècle, Notker le Bègue relate comment les basiliques de Francfort et de Ratisbonne furent décorées par Louis le Pieux grâce à l'or récupéré dans des sépultures détruites lors de l'édification de ces édifices. Une partie des bénéfices extraits de ces « trésors » est consacrée à la production de livres en lettres d'or (Noble 2009 : 103 ; Treffort 1994 : 137).

> « Il construisit à Francfort et à Ratisbonne des oratoires, chapelles et églises neuves et d'un admirable travail. Les pierres qu'on avait amassées ne suffisant pas en

[309] *Variae* IV, xxxiv : *Aurum enim sepulcris iuste detrahitur, ubi dominus non habetur : immo culpae genus est inutiliter abditis relinquere mortuorum, unde se vita potest sustentare viventium* (éd. *MGH, AA*, XII : 129 ; trad. É. Salin 1952 : 263).

raison de l'immensité des bâtiments, il fit abattre les murs de ces villes, et trouva dans leurs cavités, autour des cadavres des anciens, une si grande quantité d'or que non seulement il en orna les basiliques de ces cités, mais qu'il enferma des livres écrits dans des coffres de même métal de l'épaisseur d'un doigt. »[310]

Cet exemple fait écho à un épisode survenu entre 1645 et 1656 lors de la découverte de sépultures mérovingiennes dans l'abbaye de Saint-Germain-des-Prés par des ouvriers. Un des religieux de l'abbaye confessa sur son lit de mort avoir récupéré et négocié au poids du métal précieux des objets provenant de ces tombes. L'argent collecté servit à la construction des orgues de l'abbatiale en 1664 (de Montfaucon 1729 : 174 ; *Les Francs, précuseurs de l'Europe* 1997 : 89).

Si le prélèvement des richesses contenues dans les sépultures pour l'utilité des vivants est attesté dans les sources écrites lombardes et celles postérieures au VIIe siècle, peu d'éléments nous permettent de transposer la pratique en Gaule mérovingienne. La persistance régulière d'objets en matière recyclable (or, alliages cuivreux) dans les sépultures réouvertes pendant le temps d'utilisation des nécropoles, ainsi que l'absence d'intervention systématique sur l'ensemble des structures funéraires d'un site tendent plutôt à rejeter cette pratique pour la période mérovingienne. Si une telle action a eu lieu dans une nécropole franque, elle est davantage à rattacher à une époque postérieure.

8.5.2. La famille du défunt

L'étude des réouvertures de tombes en Allemagne à partir de la seconde moitié du XXe siècle conduisit à l'hypothèse d'une implication des proches des défunts dans ces actes. Cette éventualité est par ailleurs largement reprise et diffusée par les chercheurs anglophones.

Heiko Steuer inscrit la pratique dans une période de profonds changements sociétaux au cours du VIIe siècle. Forcées par les élites à quitter leur habitat d'origine, certaines communautés n'auraient pas eu d'autre choix que d'abandonner derrière elles leurs cimetières. Sans protection, ces derniers auraient été alors largement pillés par les seigneurs et leurs proches (Steuer 1982 : 499 ; Steuer 2001 : 285–286). Heiko Steuer propose également de voir dans certaines réouvertures les limites de la pratique de l'inhumation habillée. Ne pouvant faire face continuellement aux coûts des funérailles, certaines familles auraient alors pris l'initiative de réutiliser une partie du mobilier funéraire à disposition dans des sépultures plus anciennes (Steuer 1998 : 520).

L'implication de la famille dans la pratique est aussi évoquée par Bonnie Effros : les perturbations ont été réalisées par l'entourage du défunt qui ne pouvait se permettre de perdre à jamais des objets de valeur ou d'abandonner ce qui lui appartenait (ou plutôt ce qui lui avait appartenu) (Effros 2002 : 55). Silvia Codreanu-Windauer s'interroge également sur la part d'implication des proches des défunts dans la réalisation des actes de réouvertures sur le site de Pliening (Allemagne) (Codreanu-Windauer 1997 : 33). En Suisse, Katharina Müller avance une idée similaire pour la nécropole du haut Moyen Âge de Baar. En effet, selon elle, l'intensité des réinterventions sur le site va à l'encontre de l'idée d'actions uniquement nocturnes et implique une tolérance tacite de la communauté (Müller 2010 : 59). La famille elle-même pourrait être à l'origine des réouvertures en intervenant après un laps de temps de deuil convenu de façon à récupérer un objet précis ou pour ne pas perdre un mobilier onéreux.

Bien que régulièrement mentionnée dans les récentes recherches universitaires, la possibilité de l'implication de la famille du défunt dans les réouvertures est parfois nuancée par certains chercheurs étrangers. Ainsi, Martine van Haperen souligne que les théories de Heiko Steuer trouvent rapidement leurs limites. Dans le cadre de ses propres recherches menées aux Pays-Bas, elle note que les remaniements de tombes n'interviennent pas après l'abandon des nécropoles, mais bien durant leur usage. En outre, l'hypothèse que la communauté des vivants récupérait le mobilier funéraire en raison des difficultés qu'elle éprouvait à pourvoir en objets certains défunts ne semble pas s'appliquer aux nécropoles néerlandaises. Le bouleversement des tombes est une pratique particulièrement intense tout au long du VIIe siècle, période où le dépôt de mobilier devient moins régulier (van Haperen 2010 : 16). La pression économique induite par le rite funéraire est donc peu probable, tout particulièrement à la fin du VIIe siècle où la coutume d'inhumer les défunts avec un riche mobilier s'est largement estompée aux Pays-Bas. Néanmoins, il est peu probable que la pratique ait été entièrement ignorée par la communauté à laquelle appartenaient les morts. Les fouilles archéologiques attestent que certaines nécropoles néerlandaises bouleversées étaient implantées au sein ou à proximité d'un habitat. Il est donc envisageable, d'après les observations effectuées par Martine van Haperen, que les réouvertures sépulcrales étaient considérées comme une pratique socialement acceptable par les vivants. En France, l'implication de la famille dans les perturbations sépulcrales ne fait également pas l'unanimité. En effet, n'était-il pas plus aisé pour la famille d'exposer le mobilier au cours de la veillée et du transport du corps jusqu'au lieu d'inhumation, puis de le récupérer juste avant l'enfouissement[311] ?

[310] Notker le Bègue, *Gesta Karoli* (884–887), *Gesta Karoli*, c. II, 11 : *Oratoria nova ad Franconovurt et Reganesburg admirabili opera construxit. Cumque propter magnitudinem fabricae alii lapides non sufficerent, muros urbis destrui fecit. In quorum cavitatibus tantum auri circa antiquorum ossa repperit, ut non solum eandem basilicam eodem adornaret, set et libros integros exinde conscriptos, thecis eius materiae grossitudine prope digiti cooperit* (éd. *MGH*, *SS*, II : 754 ; trad. F. Guizot et R. Fougères 2001 : 100–101).

[311] Je remercie ici Cécile Chapelain de Seréville-Niel (Craham) pour les échanges sur le sujet.

L'hypothèse de la participation de la communauté et/ou de la famille dans les réouvertures sépulcrales est complexe à mettre en avant par le biais des vestiges archéologiques. D'une manière générale, les archéologues s'appuient non pas sur des indices matériels découverts en cours de fouille, mais sur des rapprochements effectués entre la fréquence du phénomène, la précision des interventions, la sélection des sépultures ou encore le laps de temps compris entre l'inhumation et la réouverture de la structure funéraire. Une telle approche a été envisagée dans trois nécropoles de l'est de la France (Rœschwoog, Ichtratzheim et Vitry-sur-Orne).

La nécropole alsacienne de Rœschwoog (Bas-Rhin) présente la particularité d'avoir livré des sépultures réouvertes uniquement féminines (6) (Koziol 2010, vol. 1 : 166). Le taux de remaniement est faible sur le site (15,38 %). L'analyse des tombes masculines[312] a montré que leur mobilier funéraire est varié, composé principalement d'armes et d'accessoires vestimentaires[313]. Le site n'a livré aucune fibule, bague ni boucle d'oreille. Les éléments de parures sont uniquement composés de perles et d'une épingle. Cette situation est inhabituelle en comparaison avec les autres nécropoles des environs. À Vendenheim, localisé à moins de 40 km, 13 fibules et une paire de boucles d'oreilles ont été découvertes. À Ichtratzheim et à Odratzheim, ce sont respectivement trois et sept fibules qui ont été mises au jour. Autre fait notable à Rœschwoog, l'ensemble des plaques-boucles et des garnitures a été recensé uniquement dans les sépultures masculines. Une exception toutefois avec la plaque-boucle de la tombe féminine 1088 (réouverte) située sous le bassin de l'individu. Les réinterventions sur les six femmes dont les squelettes sont bouleversés sont toutes ciblées. Dans cinq cas, il semblerait que la décomposition des corps ne soit pas totalement achevée au moment des remaniements, ou du moins que des vêtements maintenaient encore en connexion des segments anatomiques.

La répartition des tombes bouleversées sur le site, le sexe des défunts, l'absence de parures et d'éléments de ceintures caractéristiques de la période dans les sépultures féminines intactes, ainsi que la précision des manipulations dans les tombes bouleversées permettent d'avancer l'hypothèse d'une sélection des tombes. Ainsi, il apparaît que les perturbateurs connaissaient sans doute non seulement le contenu des tombes, mais également leur emplacement dans la nécropole. Il est alors possible d'envisager deux éventualités. Dans un premier temps, les perturbateurs ont assisté aux funérailles de ces femmes, leur permettant de connaître le contenu de leur tombe. Ce schéma est attesté dans la littérature médiévale, notamment dans la vie de sainte Gudule et les écrits de Jean Moschus (Dierkens 2010 ; Moschus 1946). Seconde possibilité : le recours à la complicité d'un membre de la communauté qui aurait guidé les perturbateurs dans leur sélection des sépultures. Il peut s'agir soit du responsable/fossoyeur du site, soit d'un témoin des inhumations. L'implication de la famille ne peut être attestée dans le cas présent.

Les réinterventions dans la nécropole d'Ichtratzheim (Bas-Rhin) se concentrent essentiellement sur les sépultures du VIIe siècle (Fossurier 2013 : 108). Sur l'ensemble des tombes fouillées, seules trois avec du mobilier ne sont pas bouleversées (sép. 64, 89 et 108). Dans les sépultures 64 et 89, une boucle de ceinture a été découverte. Le mobilier est en revanche plus important et riche dans la sépulture 108. Construite à la fin du VIe siècle, la chambre funéraire est demeurée intacte malgré la présence de trois tombes réouvertes à proximité. La nécropole se développe autour de la tombe 108, ce qui permet de l'identifier comme la possible sépulture de fondation. La superposition et le recoupement postérieur des sépultures, notamment aux VIIIe et IXe siècles, ne sont pas la cause des réouvertures à Ichtratzheim. Le nombre de structures recoupées ayant fait l'objet d'un remaniement est faible sur le site. La moitié des bouleversements est ciblée et le mobilier découvert dans les tombes intactes montre la sélection des sépultures au cours des perturbations. Ainsi, il apparaît que les perturbateurs se sont concentrés uniquement sur les tombes du VIIe siècle contenant des objets funéraires de valeur. La tombe de fondation paraît avoir été volontairement épargnée. Toutes ces attitudes sembleraient démontrer non seulement une connaissance approfondie du contenu des structures funéraires et de leur localisation dans la nécropole, mais aussi une volonté spécifique de laisser la chambre funéraire 108 intacte. L'identité des perturbateurs ne serait alors pas à rechercher parmi des étrangers, mais plus certainement au sein de la communauté rattachée à cette nécropole.

Sur le site de Vitry-sur-Orne (Moselle), la réutilisation multiple d'une même structure funéraire a permis de mettre en évidence des perturbations anthropiques entre plusieurs périodes d'inhumation. Composée d'un coffrage en pierres sèches et encadrée d'un enclos funéraire, la structure 92 a livré trois phases successives de dépôt (Figure 8.1) (Guillotin et Mauduit 2012, vol. 2 : 201–203).

Le premier, un sujet masculin, a été réduit contre les parois nord et est. Le second, également masculin, présente une perturbation du crâne, de la mandibule, de la partie inférieure du thorax, du bassin et des fémurs. Les os déplacés reposent tous en fond de fosse. Le dernier inhumé est une femme. Les bouleversements osseux se concentrent au niveau du crâne, de la mandibule et des membres inférieurs. Le dépôt du corps est décalé vers l'ouest par rapport au précédent défunt. L'emplacement des perturbations, et notamment celle du crâne du second

[312] La diagnose sexuelle n'a pu être réalisée que pour 30 individus à Roeschwoog en raison de la mauvaise conservation de la matière osseuse, et notamment des os coxaux. Au total, 16 hommes et 14 femmes ont été identifiés.

[313] Les sépultures à armes sont au nombre de dix, soit 62,50 % de l'échantillon fouillé. Sept ont livré des garnitures composées au moins de deux éléments (plaque-boucles, contre-plaque et/ou plaque-dorsale). Seules quatre sépultures tardives étaient dépourvues de mobilier.

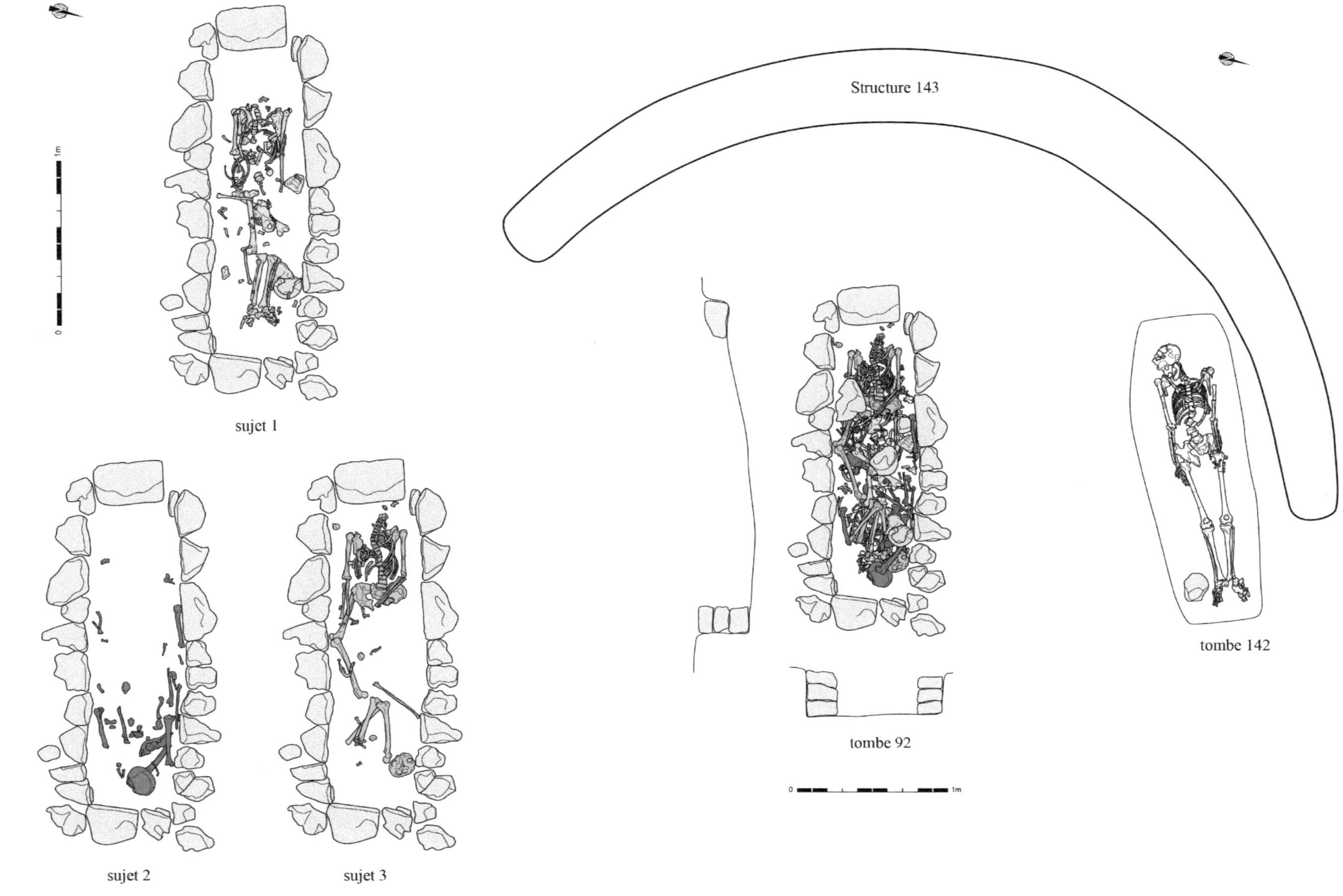

Figure 8.1. Sépulture 92, Vitry-sur-Orne (Moselle). Les trois individus inhumés successivement dans ce coffrage en pierres sèches ont subi des perturbations réparties dans le temps. Si la première intervention doit être rattachée à une gestion de l'espace d'inhumation (sujet 2), sans doute réalisée en prévision du dépôt d'un nouveau défunt, les suivantes semblent davantage s'apparenter à des réouvertures avec prélèvement d'objets (S. Guillotin, E. Cartier-Mamie, Antea Archéologie).

individu, atteste de la non simultanéité des remaniements sur les deux corps. Toutes les interventions ont été réalisées sur des sujets décomposés ou aux attaches ligamentaires fragilisées. L'amplitude des déplacements des os et leur positionnement en fond de fosse indiquent un remaniement avant le comblement du coffrage. De plus, le contact direct entre les ossements des différents inhumés montre que la structure a conservé un espace vide tout au long de son utilisation. Il apparaît donc peu probable que les bouleversements aient été ignorés des vivants.

En France, les faits archéologiques tendent à montrer que la communauté environnante avait très probablement connaissance de ces actes, mais il est impossible d'évaluer le degré d'implication des proches dans les évènements. Les perturbateurs peuvent avoir aussi bien fait partie de la communauté, avoir assisté aux funérailles ou encore bénéficier de l'aide du fossoyeur ou d'un membre du village.

8.5.3. Les réouvertures au service de la communauté

L'une des spécificités des récentes recherches menées en Europe sur les réouvertures de tombes réside dans la mise en regard de la pratique avec l'environnement communautaire auquel appartenaient les défunts. Deux tendances se détachent : la première y perçoit une réponse socio-politique de la part d'un groupe d'individus à un conflit intercommunautaire. À l'inverse, la seconde appréhende la pratique plutôt du point de vue de la cohésion sociale.

Dans le contexte spécifique de la région du Kent, en Angleterre, Alison Klevnäs rejette l'hypothèse d'une pratique socialement condamnée par la majorité ou faisant partie intégrante des rites funéraires. Si elle ne peut déterminer le degré de proximité entre les défunts bouleversés et les perturbateurs, elle émet en revanche l'hypothèse que les réinterventions ont été pratiquées par un groupe d'individus appartenant à la même sphère culturelle régionale que celle des défunts perturbés (Klevnäs 2013 : 83). La sélection du mobilier funéraire et son état de conservation parfois médiocre lors du remaniement lui permettent de rejeter l'interprétation communément admise d'actes vénaux. Le prélèvement des objets s'appuierait sur des critères individuels en lien avec la personnalité du mort. Dans ce sens, la réouverture d'une sépulture constituerait un acte transgressif, possiblement malintentionné, mais effectué dans les limites et selon les règles sociales en vigueur dans l'environnement immédiat de la nécropole. L'absence de schéma unique dans la fréquence des réouvertures entre les différents sites du Kent pourrait ainsi être interprétée comme le résultat de conflits locaux qui auraient nécessité la perturbation de sépultures spécifiques – ou plus exactement de défunts soigneusement sélectionnés – en raison de leur appartenance à telle ou telle famille en désaccord. Plus largement, Alison Klevnäs replace ces conflits dans le contexte de l'Angleterre du VIIe siècle où les élites et la royauté cherchent à consolider leur pouvoir.

Dans une autre perspective, le remaniement des sépultures s'inscrirait dans le maintien d'une certaine cohérence sociale. Dans le cadre de son travail universitaire, Martine van Haperen suggère que la pratique pourrait avoir eu pour objectif de rassembler la communauté des vivants avec leurs ancêtres décédés (van Haperen 2013 : 89–93). L'auteur fait notamment références aux précédentes études menées sur les stratégies mises en place par les vivants pour gérer la mort et les morts[314]. Chaque communauté aurait alors développé une approche qui lui aurait été propre selon ses traditions et besoins. La sélection du mobilier funéraire et la variation d'intensité dans la pratique des réouvertures en seraient la conséquence visible.

L'inscription des réinterventions sépulcrales dans le fonctionnement des communautés écarte la théorie développée par certains chercheurs d'actions menées par des bandes guerrières. Si la pratique, telle qu'elle est suggérée par Alison Klevnäs et Martine van Haperen, était effectivement socialement acceptée, notre interprétation du mobilier funéraire s'en trouve modifiée et transportée vers de nouvelles perspectives d'études. L'approche classique du mobilier funéraire en tant qu'élément représentatif de l'identité sociale et du niveau de vie d'un défunt pourrait alors être complétée par un questionnement autour de sa perception par les vivants, et de sa signification au sein de la communauté ayant procédé aux inhumations et aux réinterventions.

8.6. Une pratique sélective et des motivations multiples

Lorsque l'on porte son regard sur la littérature européenne, les raisons proposées par les chercheurs pour expliquer les réouvertures se révèlent particulièrement variées en comparaison avec le quasi-monopole de la cupidité dans les publications françaises. Le schéma de construction du passé historique permet parfois de comprendre les mécanismes d'émergence de certaines motivations. En Autriche, par exemple, la présence lombarde a fortement imprégné la manière de considérer la pratique de réintervention sépulcrale, l'attribuant à l'arrivée de nouveaux groupes dominants (Adler 1970). Le vol vénal, première cause de perturbation proposée par les chercheurs allemands dans le premier tiers du XXe siècle, est nuancé à partir des années 1950 face à l'émergence de nouvelles théories rattachant la pratique à un acte de nécessité (pénurie des métaux précieux), mais aussi d'atteinte au mort. De ces théories développées depuis près d'un siècle dans les pays ayant vu se manifester le phénomène émerge un constat : l'absence de réflexion approfondie sur les causes des

[314] Martine van Haperen cite notamment les travaux de G. Halsall (1995), H. Williams (2005 et 2006), F. Theuws (2009), S. Tarlow (2000 et 2012).

réouvertures en France jusqu'à une période récente. Mentionné à plusieurs reprises, l'essentiel des références scientifiques dans les publications françaises s'est résumé aux travaux d'Édouard Salin et d'Helmut Roth pendant de nombreuses décennies, privilégiant l'hypothèse de perturbations cupides. Cette approche s'explique en grande partie par l'histoire nationale et la construction de la figure du Mérovingien sur notre territoire (Noterman et Klevnäs, à paraître). La fréquence de la pratique, liée aux coutumes funéraires, a également joué en défaveur d'une autre interprétation. Le renouvellement du regard posé sur la pratique de réouverture doit beaucoup au développement de l'archéologie funéraire et à une meilleure connaissance de la période mérovingienne en Europe. Le remaniement des sépultures au regard d'une éventuelle pénurie de métaux précieux a ainsi pu être réfuté par Stephanie Zintl dans son étude sur la Bavière. Toutefois, la récupération préférentielle d'objets sur la base de leur composition semble néanmoins attestée sur quelques nécropoles en France (Marquette-lez-Lille, Odratzheim), mais cette observation ne peut en rien être reliée à un besoin en métaux. La motivation des réouvertures sur ces sites est complexe à interpréter tant les attitudes semblent différentes en fonction du critère étudié (sélection des sépultures, réinterventions à la fois ciblées et étendues, sélection du mobilier, interventions parfois après la disparition du marquage en surface…).

Bien qu'attesté par les sources écrites et sans doute à l'origine de certains bouleversements, le vol cupide est aujourd'hui largement questionné par la communauté scientifique comme cause principale de la pratique. Les chercheurs semblent de plus en plus s'orienter vers une interprétation plus symbolique, en raison notamment du statut très particulier des objets parfois emportés. Ainsi, pour prendre l'exemple des armes, les données archéologiques attestent de la disparition des épées à travers les vestiges d'un fourreau, les fragments d'un pommeau ou encore une empreinte ferreuse sur le fond de la sépulture. En revanche, elles ne montrent pas de prélèvement régulier de la lance ou du bouclier, deux équipements du guerrier franc au caractère pourtant symbolique. La ceinture et la fibule appartiennent à la catégorie des accessoires vestimentaires à l'interprétation complexe. Objets utilitaires, ils peuvent revêtir une fonction symbolique selon les circonstances. Leur absence régulière dans les sépultures bouleversées est un fait établi. Pourtant, le mauvais état de conservation d'un grand nombre de ceintures au moment de la réouverture et le prélèvement partiel des fibules ont conduit certains chercheurs à s'interroger sur les raisons de leur disparition des tombes mérovingiennes.

Plus complexe à mettre en évidence, la récupération d'un objet attaché autour du cou d'un individu est parfois visible dans les sépultures masculines. Dans les quelques cas recensés en France, il paraît bien difficile d'identifier l'élément en suspension disparu. La localisation inhabituelle de la perturbation et la rareté d'un tel dépôt plaident néanmoins en faveur d'un prélèvement symbolique.

Les nouvelles recherches portées sur les motivations des réouvertures ne peuvent être dissociées d'une tendance apparue outre-Rhin à la fin des années 1990 : celle de l'implication de la communauté des vivants dans la pratique. L'intensité des remaniements sur les sites est un premier argument discuté par plusieurs chercheurs et mis en opposition avec la théorie d'actes réalisés de nuits, à l'insu de l'habitat situé à proximité. L'absence d'ouverture systématique des sépultures, la sélection du mobilier emporté et son état de conservation parfois médiocre, ainsi que la chronologie des remaniements viennent appuyer l'hypothèse d'un investissement des proches du défunt. Les raisons de cette implication sont de natures différentes selon l'angle d'approche du phénomène : culte des ancêtres, tensions entre communautés, refus de perdre des objets de valeurs. En France, l'implication de la famille dans les perturbations sépulcrales n'est que peu mentionnée, probablement en raison de la complexité à attester une telle hypothèse à travers les vestiges archéologiques. En outre, parmi les responsables des réouvertures, comment distinguer un membre de la communauté d'un membre de la famille du défunt ? Leur proximité avec les morts est identique puisqu'ils peuvent tous deux être témoins des inhumations, donc capables de connaître l'identité des morts, le mobilier funéraire déposé et l'emplacement des tombes dans la nécropole. Bien qu'il soit difficile de déterminer la nature exacte du lien entre le perturbateur et le mort, il apparaît en revanche probable que les proches des défunts inhumés avaient connaissance des bouleversements sépulcraux, ce qui ne signifie pas nécessairement leur implication directe dans ces actes.

Soulignées tout au long de ce chapitre à travers différents exemples européens, les motivations à l'origine des réouvertures des sépultures mérovingiennes sont multiples et il est souvent difficile de les identifier. Pour chaque nécropole, diverses intentions ont pu coexister sur une période plus ou moins longue, engendrant alors une accumulation de causes possibles de bouleversements dans un espace restreint. Sur le site de Vitry-la-Ville (Marne), les réouvertures alto-médiévales se confondent avec celles des explorations archéologiques de la première moitié du XXe siècle. En Lorraine, à Audun-le-Tiche (Moselle), les périodes de perturbations se succèdent : une première intervention à l'époque mérovingienne, une deuxième à la fin du Moyen Âge ou au XVIe comme semble l'attester le mobilier découvert à proximité des sépultures, une troisième au XIXe siècle, une quatrième dans la seconde moitié du XXe siècle, certifiée par la découverte de mégots et d'ustensiles, et une dernière au cours de la fouille dans les années 1980 (Simmer 1988 : 97). On perçoit, à travers cet exemple lorrain, toute la difficulté, non seulement à replacer les réinterventions sépulcrales dans une chronologie d'évènements, mais également à distinguer les motivations inévitablement diverses des protagonistes successifs.

8.7. Reasons

Discussions about the reason(s) behind the post-depositional practice are particularly diverse in Western Europe, whereas they seem to mainly focus on the robber-for-gain motivation in France. The way in which a country approaches its historical past, how it uses it to build a common history, sometimes influences the way early medieval burials are addressed, and with it the motivation for their disturbance. In Austria, for instance, the reopening practice has long been studied in connection with the presence of dominant groups and their eventful history within the territory, as the Langobards (Adler 1970; Aspöck 2005). Although greed was largely argued by German researchers to explain the frequent intrusions in early medieval graves, new theories progressively emerged from the 1950s with the possibility that burials may have been reopened to answer a shortage of precious metal or to act against the deceased. The stimulating discussions about the meaning of the post-depositional intrusions in Austria, Germany and Hungary – to mention just a few ones - do not seem to have had a resonance in French research. The majority of scientific references in French publications dealing with the reopening practice have been Édouard Salin and Helmut Roth's work for many decades, giving priority to the greedy purpose. This approach can be explained by national history, the relationship of France with its Frankish past and the construction of the Merovingian character (Noterman and Klevnäs, in press). The frequency of the practice also had an impact in the negative interpretation of the reopenings. However, the development of the burial archaeology discipline, and in particular the creation of a new research field putting the dead body at the centre of the discussion, recently contributed to change the perception of Merovingian disturbed graves, and more broadly of the early medieval society. The shortage metal theory is thus refuted by Stephanie Zintl in her study of the re-entry practice in Bavaria (Zintl 2019). In France, the removal of the objects based on their composition is visible in some sites (Marquette-lez-Lille, Odratzheim), but this observation cannot be linked to a need for metals. The reason behind the intrusions is complex to assess at Marquette-lez-Lille and Odratzheim as the archaeological data draw a different picture of the events according to the criteria studied (selection of the graves, both targeted and extensive re-entries, selection of the artefacts, intrusions after the disappearance of the grave markers, etc.). Although written sources testify to the reality of materialistic reopenings during ancient times, recent studies widely questioned it as the main cause of the practice (Klevnäs et al. 2021). The actual research tends to move towards a more symbolic interpretation, in particular if we take into consideration the nature of the artefacts carried away. To take the example of the weapons, the removal of swords is archaeologically documented through the remains of a scabbard, fragments of a pommel or rusty prints on the floor of a grave. On the other hand, the spear and the shield were almost systematically left inside the funerary structure after the intrusion, and thus despite their symbolic significance in the Frankish warrior equipment. The complexity of interpretation can also be associated with belts and brooches (Klevnäs 2010: 160). Everyday objects, they may have a symbolic function depending on the circumstances. Their regular absence in the disturbed graves is a known fact. Nonetheless, the poor preservation of the buckles at the time of the intrusion and the partial removal of the brooches open the discussion on the actual reasons of their withdrawal. A similar comment can be made when the bone disturbances show the initial presence of pendant or a necklace – a usually female accessory - in a male grave. In the few cases recorded in France, it seems very difficult to identify the missing pendant (Tixier 2020: 113–114). The unexpected location of the disturbance and the rarity of such a deposit nevertheless pleads in favour of a symbolic collection.

The timing of the re-entries during the use of the cemeteries, associated with the selection of the graves and the intensity of the practice, speak against the assumption of events carried out at night, without the knowledge of the nearby settlement. Moreover, the removal of specific objects, sometimes in an advanced stage of corrosion and the chronology of the reopenings support the hypothesis of an investment by the relatives of the deceased. This association between the disturbed dead and the living community appeared at the end of the 1990s across the Rhine and is still an ongoing discussion among scholars (Codreanu-Windauer 1997: 33; Effros 2002: 55 ; Müller 2010: 59). Different reasons have been put forward to explain the involvement of relatives in the post-depositional intrusions: ancestor worship, tension between communities, reluctance to lose valuable objects. In France, little attention has been paid to this theory, mainly because of the high investment involved in the action of reopening a closed grave, and the difficulty to find out clear archaeological evidence. Another issue relies on the capacity to make the distinction between a member of the community and a relative. Their proximity to the dead is identical, since they can both witness the burials, and therefore know the identity of the deceased, how his/her grave was furnished and its precise location inside the cemetery. Although it remains difficult to understand what kind of relationship a reopener had with a disturbed body, the present study conducted in northern France tends to show that the deceased's relatives were aware of the practice of reopening. However, this observation does not necessarily mean that they were directly involved in the re-entries.

The recent European studies on the practice of grave disturbance highlight a particular aspect which can have an impact in the identification of the reopeners and their motivations. The reason behind the intrusions in a cemetery may have been various and different through time. At Vitry-la-Ville (Marne), for instance, early medieval reopenings merge with the first-half-20th century archaeological explorations of the site. The disturbances at the cemetery of Audun-le-Tiche, in Lorraine, can be tracked from the Merovingian period to the 1980s, including re-entries during the 16th century and beginning of 20th with the discovery of cigarette butts and modern utensils (Simmer 1988: 97). These two examples show the difficulty of dating reopenings on some sites, bringing therefore a new level of complexity regarding the protagonists of the practice and their motivations.

9
Conclusion

La réouverture des sépultures a longtemps été associée par les chercheurs à un acte répréhensible commis à l'encontre de la loi en vigueur. La perturbation sépulcrale n'était que l'un des signes supplémentaires attestant de la barbarie des Mérovingiens, en opposition avec les mœurs plus civilisées des Gallo-romains. Les nouvelles recherches effectuées sur les nécropoles mérovingiennes localisées au nord de la Loire offrent une autre vision de la pratique. Les réouvertures de tombes semblent en réalité répondre à des motivations diverses que l'on ne peut systématiquement associer à des actes de pillage. Au-delà de la gestion de l'espace funéraire et des perturbations accidentelles, relativement communes sur les sites funéraires médiévaux, d'autres motifs s'ajoutent qu'il est parfois possible d'attester par les données archéologiques. Le prélèvement symbolique d'une pièce du mobilier funéraire est sans doute l'élément le plus évident à certifier. Toutefois, seuls les objets dont la portée symbolique est parvenue jusqu'à nous sont à même d'être identifiés par l'archéologue. L'épée en est le meilleur exemple. Après l'identification de l'objet, reste néanmoins à comprendre la portée du prélèvement : (re)affirmation d'un pouvoir, succession, contestation du mort, etc. Il est aisé d'apercevoir ici les limites de l'étude. Les multiples interprétations circulant autour de la pratique en sont les témoins, et il est probable que le regard posé sur ces sépultures par les chercheurs évolue encore au cours des prochaines décennies avec la multiplication des découvertes et des études conduites sur le sujet.

L'accès à différents types de sources permet d'aborder la pratique des réouvertures de sépultures sous différents angles. Les textes antiques reflètent la lente évolution du statut du corps au cours des premiers siècles du christianisme. La protection du tombeau romain a fait l'objet de nombreuses études par le passé. Plus récemment, Éric Rebillard s'est penché sur la question de la violation des sépultures au cours de l'Antiquité tardive. Par son approche, il est possible de retracer le changement des lois et des peines édictées par les empereurs successifs à partir du IVe siècle de notre ère. Le développement du culte des martyrs a indéniablement bouleversé le rapport des vivants aux corps morts, ces derniers passant d'un état d'impureté à celui d'un bien recherché et vénéré. Si le tombeau en tant que monument et propriété, ainsi que le défunt, sont protégés par les lois civiles et les constitutions impériales, le mobilier funéraire n'est qu'exceptionnellement mentionné. Seul l'Édit du préteur prévoit une sanction en cas de dépouillement du cadavre. Cette absence est récurrente tout au long de l'Antiquité tardive, et il faut attendre la rédaction des lois dites « barbares » pour que le vol du mobilier funéraire soit mentionné et puni. Cette observation est peut-être à mettre en lien avec les pratiques funéraires romaines. Le dépôt funéraire du Haut-Empire (Ier à la fin du IIIe siècle ap. J.-C.) se compose majoritairement de pièces de vaisselle en céramique et en verre, ainsi que d'offrandes alimentaires (Blaizot 2009 : 157–162). Du mobilier métallique peut accompagner les défunts sur le bûcher, mais il demeure en quantité limitée devant l'importante profusion des récipients. Ce n'est que dans les sépultures les plus récentes, principalement à partir de l'Antiquité tardive, que les accessoires vestimentaires et les parures se multiplient (Lefèbvre et al. 2013). La nature des objets déposés sur le bûcher ou dans les fosses sépulcrales peut expliquer l'absence de protection du mobilier par le corps législatif.

Les textes antiques et alto-médiévaux mettent en évidence une absence d'implication de l'Église dans la prise en compte des sépultures remaniées. Si la pratique est condamnée, la définition de la peine et son application relèvent exclusivement de la législation civile. Les rares mentions tardo-antiques qui nous sont parvenues font souvent référence aux lois civiles chargées de punir le coupable. L'Église ne semble pas avoir éprouvé le besoin de compléter l'arsenal législatif déjà mis en place, ni même de donner une définition spécifique à la perturbation de sépulture. Son attitude n'évolue guère au fil des siècles : sous les Mérovingiens, elle légifère plus volontiers sur la question du transfert des corps ou du réemploi des tombes que sur le vol des objets ou l'atteinte à l'architecture funéraire. Les premiers canons pénitentiels sur la perturbation sépulcrale sont tardifs en comparaison avec la législation et ne remontent pas avant le IVe siècle. Ils émanent de deux évêques d'Orient : Basile de Césarée et Grégoire de Nysse. En Occident, il faut attendre le siècle suivant pour voir apparaître dans les textes pénitentiels la mention de la « violation » de tombe. Connu grâce à une lettre du pape Jean II (532–535), le concile de Marseille de 533 prévoit ainsi l'excommunication de ceux qui se sont rendus coupable d'un tel crime (De Clercq 1963 : 95 ; Rebillard 2002 : 72). Il s'agit de l'unique exemple conservé pour la période mérovingienne. En réalité, il faut véritablement patienter jusqu'au IXe siècle pour voir se multiplier les condamnations. Elles apparaissent essentiellement dans les pénitentiels et les capitulaires. L'évolution de la position de l'Église par rapport au bouleversement sépulcral s'inscrit dans un schéma plus large de développement de cette institution dans la société. À partir de l'époque carolingienne, elle intervient peu à peu dans tous les aspects de la vie, y compris dans celui de la mort.

Les sources textuelles mérovingiennes témoignant de la pratique de réouverture des sépultures sont peu nombreuses et la liste n'a que peu changé depuis l'importante étude publiée par Édouard Salin sur les tombes mérovingiennes entre 1949 et 1959. Une nouvelle approche de ces écrits dans leur version originale a permis de s'attacher au vocabulaire spécifique de la perturbation sépulcrale. Les premières conclusions de cette relecture montrent un changement dans la désignation du phénomène entre l'Antiquité et le haut Moyen Âge. Les termes « *exspolio* » (dépouiller) et « *effodio* » (déterrer) apparaissent largement dans les textes législatifs germaniques. En revanche, les législateurs francs semblent peu enclins à utiliser des mots tels que *violare* ou *sacrilegium*, auparavant usités par le législateur romain. Les récits mérovingiens montrent une tendance similaire. À l'exception du concile de Marseille, le terme « *violare* » ne fait réellement sa réapparition que sous les Carolingiens. Cette évolution du vocabulaire pourrait-elle avoir un lien avec un changement de perception du cadavre ? Si la désignation de l'acte se modifie avec le temps, celle de la dénomination du corps mort également. Dans ce sens, pourrait-on rapprocher la fréquence des réouvertures avec une législation relativement peu sévère au haut Moyen Âge ? L'approche archéothanatologique des tombes réouvertes met en évidence des interventions pour l'essentiel sur des individus entièrement squelettisés ou possédant des attaches ligamentaires fragilisées par la décomposition. Un laps de temps semble ainsi établi entre l'inhumation du défunt et la perturbation de sa tombe. Ce constat, associé à l'étude des textes législatifs, pourrait induire une autre vision du phénomène. Si le crime dépend de l'état de conservation du défunt, alors il est possible que la réouverture d'une tombe ne constitue plus un délit à partir du moment où l'individu perd toute trace physique « d'humanité ». La référence des textes législatifs à la période d'action des pilleurs (sur un cadavre et non sur un squelette, ou encore avant l'enterrement) définirait ainsi un temps où l'acte ne serait plus considéré comme un délit. Au-delà de ces premières réflexions, ces questionnements nécessitent une approche approfondie de la part des spécialistes des textes, seuls à même d'en saisir toutes les nuances et d'éviter les mauvaises interprétations.

Les rapports de fouilles archéologiques constituent une source importante d'informations sur le phénomène. Ils attestent en premier lieu de l'intérêt soulevé chez de nombreux archéologues et anthropologues par la question du pillage des sépultures mérovingiennes. La place accordée à la sépulture réouverte dans les rapports de fouilles français est variable. Dans les régions Nord-Pas-de-Calais, Île-de-France, Normandie et Champagne-Ardenne, l'approche de la pratique est essentiellement descriptive. Plus à l'est (Lorraine et Alsace), la présentation s'accompagne de manière plus systématique d'une interprétation pour tenter de savoir quand sont survenues les perturbations, par qui elles ont été réalisées et pourquoi. Cette différence entre l'est et l'ouest de la France n'est pas surprenante au regard des découvertes archéologiques. C'est en Lorraine et en Alsace que les preuves archéologiques des réouvertures sont les plus nombreuses et les plus claires (conservation des vestiges, variété du mobilier funéraire). De plus, ces régions limitrophes de l'Allemagne ont pu bénéficier des recherches menées depuis de nombreuses années par les chercheurs germanophones sur le sujet. Deux axes majeurs transparaissent dans les rapports de ces deux dernières décennies : la chronologie d'intervention des perturbateurs et le mobilier prélevé. Le degré de développement de ces deux thématiques dépend essentiellement des données collectées sur le terrain, ainsi que du temps imparti à la post-fouille et à la rédaction du rapport. La disparité des informations enregistrées au cours de la fouille impacte l'analyse et l'interprétation des sépultures réouvertes. Conscients de ce biais, plusieurs archéologues ont débuté récemment une réflexion sur la gestion des données et l'enregistrement sur le terrain des tombes bouleversées (Aspöck 2018 ; Aspöck et Benrjea 2016 ; Noterman et Cervel 2020a ; Noterman 2017 : 157–159). Il semble important de mener un travail collaboratif sur ce point fondamental de la recherche, prélude indispensable à toute interprétation du phénomène (Aspöck et al., à paraître).

À l'échelle du contenu de la sépulture, le travail réalisé sur les nécropoles mérovingiennes françaises a montré que les individus féminins étaient autant concernés par les réinterventions que les hommes. La fréquence des bouleversements entre les deux catégories peut évidemment varier selon les régions, et plus encore selon les sites, soulignant l'absence d'homogénéité de la pratique tout au long du haut Moyen Âge. Les comparaisons effectuées entre le sexe et l'emplacement de l'ouverture permettent de rejeter l'idée selon laquelle la localisation de la fosse dite de « pillage » serait liée à l'identité sexuelle du défunt. En effet, dans la très large majorité des sépultures remaniées, l'intrusion est localisée à hauteur de la moitié supérieure du défunt, sans distinction de sexe ni d'âge. Plus de la moitié des individus sont bouleversés partiellement, avec parfois seulement une section anatomique déplacée (avant-bras, bassin ou encore membre inférieur). Lorsque la réouverture survient à la période mérovingienne, elle apparaît peu destructrice en comparaison avec l'image véhiculée par les publications anciennes. Certes, il n'est pas question ici de nier l'impact de la pratique sur l'intégrité de la tombe : l'accès au contenu de la sépulture et le prélèvement des objets endommagent inévitablement la structure et son occupant. Toutefois, à la lumière des vestiges archéologiques, ces intrusions ne semblent pas créer le chaos qui est habituellement associé aux actes de pillage. L'enfant, peu souvent évoqué dans les sources textuelles relatives à la pratique, est également concerné, même si la proportion de sujets immatures bouleversés reste inférieure à celle des adultes. Cette moindre fréquence est sans doute à rapprocher de la sous-représentation de ces individus dans les nécropoles, ainsi que d'un dépôt funéraire moins varié et moins riche en comparaison avec celui des sujets adultes.

Les recherches menées sur la chronologie des réouvertures s'inscrivent pleinement dans les observations effectuées dans les pays limitrophes : la pratique débute avant l'abandon du site funéraire, principalement dans la seconde moitié du VIe siècle, pour ensuite atteindre son apogée au VIIe siècle. Les premières sépultures installées dans la nécropole offrent, d'une manière générale, le taux de perturbation le plus faible. En outre, certaines tombes « de fondateurs » paraissent avoir été volontairement épargnées, comme cela est le cas à Ichtratzheim (Haut-Rhin).

Les données archéologiques représentent des faits bruts soumis à l'interprétation du chercheur. Dans le domaine de la mort, une partie des rites funéraires échappe à la compréhension car les gestes et les intentions qui leur sont associés n'ont laissé aucune empreinte dans le sol et sont donc difficilement restituables (identité des perturbateurs, motivations…). La précision des interventions post-sépulcrales, le choix des objets emportés, les critères de sélection des inhumations et la répartition des actes tout au long de l'utilisation de l'aire funéraire laissent supposer que la communauté à laquelle appartenaient les défunts bouleversés avait sans doute connaissance de ces réinterventions. Si ce constat paraît proche des remarques formulées par certains chercheurs étrangers, une nuance semble toutefois pouvoir être apportée. En effet, dans le cas où les proches du défunt auraient souhaité récupérer une partie du mobilier funéraire, il est plausible d'imaginer une intervention de leur part avant le dépôt en terre du cadavre et la fermeture de la tombe. Cette récupération pourrait alors avoir été une composante du rite funéraire. L'action de bandes de pillards, à l'image de ce qui a pu être évoqué pour des régions situées dans l'est de la France, est peu probable, mais ne peut être partout totalement exclue. Si la tendance ne semble pas généralisée, la spécificité des actes de réouvertures montre qu'on ne peut néanmoins exclure aucune hypothèse. Certains sites, localisés dans des zones d'insécurité, ont pu ponctuellement être sujets à des actes de pillage. Ces derniers ont pu survenir au cours de l'utilisation de la nécropole, comme des décennies plus tard. L'abandon d'un site et le déplacement de la communauté des vivants vers un nouveau lieu de vie ont pu tout autant encourager au pillage de ces lieux, bien que cette situation ne semble pas caractériser la majorité des réouvertures alto-médiévales d'après les données recueillies.

Le pourcentage de sépultures réouvertes dans une nécropole mérovingienne est une question régulièrement posée aux responsables d'étude. Les publications du XIXe siècle et d'une grande partie du XXe siècle décrivent des bouleversements pouvant atteindre 70, voire 90 % des sépultures d'un site. Ainsi, pour un archéologue, il est concevable, voire attendu, de trouver un pourcentage de remaniements très important lors de la fouille d'une nécropole mérovingienne. Toutefois, les conditions dans lesquelles les sépultures réouvertes ont été identifiées aux siècles passés doivent être prises en considération. À la suite des différentes campagnes de fouilles réalisées dans les années1970, il avait été estimé que 90 % des sépultures de la nécropole de Vicq (Yvelines) avaient été pillées. Dans le cadre d'un projet de recherches mené sous la direction de Jean Soulat (LandArc), une analyse inédite des 2030 sépultures mises au jour s'est déroulée en 2015[315]. Une nouvelle évaluation du nombre de tombes bouleversées a été proposée par l'intermédiaire de la documentation de terrain (fiches de terrain, photographies). Le nouveau taux de réouverture établi est alors de 29,60 %, soit 601 tombes perturbées. Ce résultat est en adéquation avec la fréquence du phénomène constaté en Île-de-France. Sur les sites de Magny-en-Vexin (Val-d'Oise) et de Sarcelles (Val-d'Oise), le taux de pillage est respectivement de 27 % et 36 %. À partir de l'exemple de Vicq, le pourcentage de réouvertures observé dans les nécropoles mérovingiennes pourrait ainsi ne pas être aussi conséquent que ce qui a pu être estimé par le passé.

L'étude des textes anciens et de la documentation archéologique soulève une question essentielle : la perturbation sépulcrale d'une tombe mérovingienne peut-elle encore être qualifiée systématiquement de « pillage » ? Le mot « pillage » implique un acte commis à l'encontre d'un lieu ou d'une personne. Une connotation péjorative lui est associée. À partir des exemples développés dans ce travail, ainsi que des différentes motivations exposées pour expliquer ces remaniements, l'emploi de ce terme ne paraît pas correspondre totalement à la réalité du phénomène au cours de la période mérovingienne. Sa fréquence dans les nécropoles au cours de leur utilisation montre que la population était accoutumée à cette pratique. La législation salique mentionne les atteintes portées au corps non inhumé ou enlevé depuis peu. Elle ne précise pas, en revanche, les bouleversements réalisés sur des individus squelettisés. L'absence de modifications majeures de la loi sur la perturbation sépulcrale (ajout de nouveaux articles, augmentation de la sévérité des peines…) souligne que la pratique n'était pas jugée aussi répréhensible qu'à la période antique. À travers ces différents faits, l'acte qui consiste à rouvrir une structure funéraire dans le but d'y prélever des objets paraît avant tout s'apparenter à une pratique. La nature de celle-ci (cultuelle, funéraire…) reste encore à déterminer et nécessite pour cela un élargissement de l'aire de recherche. Le terme « pillage » n'est toutefois pas à exclure totalement du vocabulaire, puisque la vénalité a parfaitement pu être la cause de la perturbation de certaines tombes à l'époque mérovingienne. Néanmoins, il convient de proposer d'autres termes pour qualifier cette pratique lorsqu'elle n'implique pas une recherche cupide du mobilier. Ainsi, il serait plus juste d'évoquer, dans un premier temps, la « réouverture d'une sépulture » et non pas son « pillage » avant de s'être assuré du « prélèvement » ou pas des objets. Selon le contenu de la tombe (type de mobilier funéraire emporté), il est ensuite possible de préciser la nature de la réouverture : intervention symbolique/cultuelle (objet symbolique, culte des ancêtres), récupération par nécessité (métal), pillage délibéré (organisation du vol du mobilier funéraire) ou par opportunité (recoupement de sépultures).

---

315 L'étude a été réalisée par Astrid A. Noterman dans le but de poser un regard neuf sur l'ensemble des sépultures bouleversées du site de Vicq, et de donner une première estimation du pourcentage de tombes concernées par un acte de pillage.

La régularité du phénomène sur le territoire français, sa fréquence dans les nécropoles, la faiblesse de l'appareil législatif pour l'enrayer et l'absence *a priori* de moyens mis en place par la population pour protéger les sépultures sont autant d'éléments s'opposant au qualificatif « pillage » dans ce contexte.

9.1. Conclusion

The reopening of early medieval graves has long been associated with a punishable act committed against the law. In France, the practice was used to testify to the barbarity of the Franks, in contrast to the more civilised Gallo-Romans. This new research carried out on the cemeteries north of the Loire shows a different reality. Beyond disturbances caused by the collapse of a coffin, intercutting graves or damage caused by burrowing animals, more symbolic reasons may have led to the reopening of Merovingian tombs. For the scholar, a new challenge is associated with this interpretation: the meaning of these acts.

The archaeothanatological approach to the disturbed graves has provided data regarding the biological profile of the individuals impacted by the practice, the type of objects removed from the graves, and also the chronology. In northern France, the proportion of female and male graves reopened is very close and variations only appear on a smaller scale. This observation leads to a certain caution in the temptation to homogenise the practice in the early medieval period, in particular inside Merovingian Gaul. A comparative study between the gender and the location of the intrusive pits has showed that there is no clear association between these data. Indeed, in a large proportion of graves, the re-entry is located above the upper half of the body, regardless of gender and age. More than half of the individuals were partially disturbed, sometimes with only one anatomical section moved (a forearm, the pelvis girdle, a lower limb). The picture of graves heavily damaged by the reopeners, with fragmented bones and artefacts, does not seem to correspond to the reality of the practice. When the reopening can be dated back to the Merovingian period, it usually appears to be less destructive than the image conveyed by old publications. Alongside adult individuals, children are also concerned by post-depositional intrusions, even if the proportion of disturbed immature graves is lower than for adults. The under-representation of children in early medieval cemeteries, as well as a grave good package less varied and rich that of the adults might explain this observation.

The chronology of reopening in northern France shows similarities with the recent studies carried out in neighbouring regions: the practice starts before the end of use of the cemetery, essentially during the second half of the 6th century, and reaches its peak in the 7th century. Thus, the oldest graves usually show the lowest rate of disturbance. In addition, some 'founder' graves (tombes de fondateurs) seem to have been deliberately spared by the practice, as is the case at Ichtratzheim (Haut-Rhin). These observations, associated with the precision of the re-entries and the selection of the objects and graves, lead to the question of the identity of the reopeners. The archaeological data suggest that the relatives of the deceased were aware of the practice, but their degree of involvement remains difficult to specify. One of the most common arguments against the hypothesis of actions conducted by the relatives is the effort demanding by the re-entry. It would have been easier to remove the grave goods before the inhumation of the dead and the closing of the grave. On the other hand, the possibility of bands of raiders, as mentioned for cemeteries in eastern France, is unlikely but cannot be completely excluded for some sites. The variety in the expression of the reopenings show that multiple reasons may have initiated the disturbance of a grave. Cemeteries located in insecure areas may have been subject to occasional plundering during their use or some decades later. The end of use of a site or the relocation of the community to a new location may also have encouraged plundering.

While no hypothesis should be dismissed, the archaeological data collected in northern France show that more complex and less mercantile motivations must be sought to explain the frequency of re-entry in the Early Middle Ages.

The change of perspective must also be applied to the assumption that the percentage of reopened graves in early medieval cemeteries is necessarily important. 19th century literature and a large part of the 20th century describe reopenings up to 70 or even 90% of the graves at a site. It is thus perfectly expected for an archaeologist to face a similar rate of disturbed structures during the excavation of a Merovingian cemetery. However, a new study carried out on a site excavated from the 1970s has showed how careful we must be with previous assessments. The large cemetery of Vicq (Yvelines) in the west part of Paris seems to have been mostly in use from the second half of the 5th to the second half of the 7th century. The first publications mention the high rate of disturbance at Vicq, with 90% of the graves reopened. As part of a research project led by Jean Soulat (LandArc), an analysis of more than 2 000 graves was conducted by the author in 2015. Based on the field documentation (recording forms and photography), a new estimation was proposed and dropped the reopening rate to 29,60%. This percentage is in fact in line with observations made at contemporary cemeteries. At Magny-en-Vexin (Val-d'Oise) and Sarcelles (Val-d'Oise), for instance, respectively 27% and 36% of the graves were reopened.

Bibliographie

Abréviations

Inrap : Institut national de recherches archéologiques préventives

MGH : *Monumenta Germaniae Historica*

..., *AA* : *Auctores antiquissimi*

..., *Leg. Nat. Germ.* : *Legum nationum germanicarum*

..., *SRM* : *Scriptores rerum Merovingicarum*

PAIR : Pôle d'Archéologie Interdépartemental Rhénan

PL : *Patrologiae cursus completus. Patres...Ecclesiae latinae,* Paris, 1844–1864, 221 vol. / patrologiae latinae, éd. Migne J. P. (1839–1864), Paris.

SRA : Service régional de l'archéologie

Sources anciennes

Boccace, Chr. Bec (éd.), *Décaméron*, Paris, Librairie Générale Française, 1994, 894 p.

Burchard De Worms, *Décret*, éd. *PL* 140, p. 537–1058.

Cassiodore, *Variae*, éd. *MGH, AA,* XII, 1894.

de Clercq, C. (éd.), *Concilia Galliae A.511-A.695*, Turnhout, Brepols, 1963.

Constance de Lyon, *Vie de Saint Germain d'Auxerre*, traduit par R. Borius, Les Éditions du Cerf, Paris.

Éginhard, *Vie de Charlemagne*, traduit par L. Halphen, Paris, Les Belles Lettres, 1967.

Grégoire de Tours, *Histoire des Francs*, traduit par R. Latouche, Belles Lettres, Paris, réédition, 1979.

Grégoire de Tours, *Œuvres complètes. Tome V, Vie des Pères et des Confesseurs*, traduit par H. L. Bordier, revue par N. Desgrugillers, Clermont-Ferrand, éd. Paleo, 2003.

Grégoire de Tours, À la gloire des confesseurs, éd. *MGH, SS, RM,* I, 2, p. 744–820.

Grégoire de Tours, À la gloire des martyrs, éd. *MGH, SS, RM,* I, 2, p. 484–561.

Grégoire de Tours, *Des miracles de saint Julien*, éd. *MGH, SS, RM,* I, 2, p. 562–583.

Grégoire de Tours, *Histoire des Francs*, éd. *MGH, SS, RM,* I, 1, p. 1–537.

Hincmar De Reims, *Capitulaire épiscopal II*, éd. *PL* 125, p. 793–794.

Joannou, P.-P., *Discipline générale antique. 2, Les canons des Pères grecs (IVe–IXe s.)*, Grottaferrata, Tip. Italo-Orientale S. Nilo, 1962–1964.

Körntgen, L. & Spengler-Reffgen, U., *Paenitentialia minora Franciae et Italiae Saecvli VIII-IX*, Turnhout, Brepols, 1994.

Le Blant, E., *Nouveau recueil des inscriptions chrétiennes de la Gaule antérieures au VIIIe siècle*, Paris, Imprimerie nationale, 1892.

Leges Alamannorum, éd. *MGH*, *Leg. Nat. Germ.* I, 5, 1888.

Leges Burgundionum, éd. *MGH*, *Leg. Nat. Germ.* I, 2, 1892.

Leges Visigothorum, éd. *MGH*, *Leg. Nat. Germ.* I, 1.

Lex Ribuaria, éd. *MGH*, *Leg. Nat. Germ.* I, 3, 1954.

Le trésor de l'ancienne jurisprudence romaine, ou collection des fragments qui nous restent du droit romain antérieur à Justinien, traduit par P.A. Tissot, éd. Scientia Verlag, Aelen, 1979.

Mâcon (585). Éd. et traduit par Gaudemet Basdevant, p. 454–485.

Jean Moschus, *Le Pré Spirituel*, traduit par M. J. Rouët De Journel, Paris, Les Éditions du Cerf, 1946.

Notker Le Bègue, Thégan, *Fastes carolingiens : récits de la cour impériale*, traduit par F. Guizot et R. Fougères, Clermont-Ferrand, éd. Paleo, [1824] 2001.

Ovide, *Les Métamorphoses. Tome I, I-V*, traduit par G. Lafaye, Paris, Les Belles Lettres, 1985.

Pactus Legis Salicae, éd. *MGH*, *Leg. Nat. Germ.* I, 4, 1962, 1902.

Paris (614). Éd. et traduit par Gaudemet Basdevant, p. 514–515.

Paul Diacre, *Histoire des Lombards*, traduit par F. Bougard, Turnhout, Brepols, 1994.

Paul Diacre, *Histoire des Lombards*, éd. *MGH*, *SRL*, p. 45–187.

Pline l'Ancien, *Histoire naturelle*, *Livre XXXVII*, traduit par A. Jacques et E. de Saint-Denis, Paris, Les Belles Lettres, 1972.

Saint Léger, *Vitae*, éd. *MGH, SS, RM*, IV, 1902, p. 634–761.

Sidoine Apollinaire, *Lettres - Tome II (Livres I-V)*, traduit par A. Loyen, Paris, Les Belles Lettres, 1970.

Tacite, *La Germanie*, traduit par J. Perret, Paris, Les Belles Lettres, 1949.

Vie des Pères du Jura, traduit par F. Martine, Paris, Les Éditions du Cerf, 1968.

Documents iconographiques

Tours, B.M., ms. 0198, *Missel de l'abbaye de Villeloin*, XIIIe siècle, f° 88v : funérailles de la Vierge.

Paris, Bibl. nat., ms. nouv. acq. lat. 2334, *Pentateuque de Tours*, VIe-VIIe siècle, f° 50r : funérailles de Jacob.

Oxford, Bibliothèque bodléienne, ms. Douce 374, *Miracles de Nostre-Dame*, vers 1456, f° 13v : mort et funérailles d'un moine pieux.

Utrecht, Rijksuniv., ms. 32, *Psautier D'Utrecht*, entre 820–835, f° 7r : psaume 12, 5; f° 30r : psaume 51, 2; f° 55r : psaume 93, 20, 21; f° 91v, psaume 151, 2.

Articles et Ouvrages

Adler, H., « Zur Ausplünderung langobardischer Gräberfelder in Österreich », *Mitteilungen der Anthropologischen Gesellschaft in Wien*, 100 (1970), p. 138–147.

Alduc-Le Bagousse, A., *Inhumations de prestige ou prestige de l'inhumation ? Expressions du pouvoir dans l'au-delà (IVe-XVe siècle)*, Caen, Publications du CRAHM, 2009.

Alduc-Le Bagousse, A. & Niel, C., « Zones d'inhumations spécifiques pour les jeunes enfants dans les cimetières paroissiaux au Moyen Âge : quelques exemples normands », in M.-C. Coste (éd.), *Le corps des anges. Actes de la journée d'étude sur les pratiques funéraires autour de l'enfant mort au Moyen Âge (Blandy-les-Tours, 14 novembre 2009)*, Milan, Silvana Editoriale, 2011, p. 90–101.

Alexandre-Bidon, D., *La mort au Moyen Âge, XIIIe-XVIe siècle*, Paris, Hachette Littératures, 1998.

Amherdt, D., *Sidoine Apollinaire. Le quatrième livre de la correspondance*, Bern, Peter Lang, 2001.

André, G. & Wermuth, É. (dir.), *Sarcelles (Val-d'Oise), 120, rue Pierre Brossolette. Aperçu d'une nécropole du haut Moyen Âge*, Rapport final d'opération, Éveha, SRA Île-de-France, 2018.

Annaert, R. & Boudin, M. (éd.), *Het vroegmiddeleeuwse grafveld van Broechem. The early medieval cemetery of Broechem*, Bonn, Habelt-Verlag, 2018.

Annaert, R. & Verslype, L., « Les dispositifs et les rites funéraires durant le haut Moyen Âge (fin du Ve-Xe siècle), dans Balace, S. & De Poorter, A. (dir.), *Entre Paradis et Enfer. Mourir au Moyen Âge, 600–1600. Exposition du 2 décembre 2010 au 24 avril 2011 aux Musées royaux d'Art et d'Histoire, Bruxelles*, Bruxelles, Fonds Mercator, Musées royaux d'art et d'histoire, 2010, p. 99–113.

Ariès, P. & Duby, G. (éd.), *Histoire de la vie privée. Tome 1, De l'Empire romain à l'an mil*, Paris, Éditions du Seuil, 1985.

Arnoux, M., *Mineurs, férons et maîtres de forge*, Paris, Éditions du CTHS, 1993.

Aspöck, E., « A high-resolution approach to the formation processes of a reopened early Bronze Age inhumation grave in Austria : Taphonomy of human remains. », *Quaternary International*, 474/Part B (2018), p. 131–145.

Aspöck, E., « Past 'disturbances' of graves as a source : taphonomy and interpretation of reopened early medieval inhumation graves at Brunn am Gebirge (Austria) and Winnall II (England) », *Oxford Journal of Archaeology*, 30/3 (2011), p. 299–324.

Aspöck, E., « Graböffnungen im Frühmittelalter und das Fallbeispiel der langobardenzeitlichen Gräber von Brunn am Gebirge, Flur Wolfholz, Niederösterreich », *Archaeologica austriaca*, 87/2003 (2005), p. 225–264.

Aspöck, E. & Banerjea, R. Y., « Formation processes of a re-opened early Bronze Age inhumation grave in Austria : The soil thin section analyses. », *Journal of Archaeological Science Reports*, 10 (2016), p. 791–809.

Aspöck, E., Klevnäs, A. & Müller Scheeße, N., (éd.). *Grave disturbances. The archaeology of post-depositional interactions with the dead*, Oxford, Oxbow, 2020 (Studies in funerary archaeology 14).

Aspöck, E., Noterman, A. A. & Gerdau, K., « Reopening Graves for the Removal of Objects and Bones : Cultural Practices and Looting », dans C. J. Knüsel et E. M. J. Schotsmans (éd.), *The Routledge Handbook of Archaeothanatology*, Londres, Routledge, à paraître.

Austin, G., *Shaping Church Law Around the Year 1000. The* Decretum *of Burchard de Worms*, Burlington, Ashgate, 2009.

Babadzan, A., « Une perspective pour deux passages. Notes sur la représentation traditionnelle de la naissance et de la mort en Polynésie », *L'Homme*, 23/3 (1983), p. 81–99.

Balace, S. & De Poorter, A. (dir.), *Entre Paradis et Enfer. Mourir au Moyen Âge, 600–1600. Exposition du 2 décembre 2010 au 24 avril 2011 aux Musées royaux d'Art et d'Histoire (Bruxelles)*, Bruxelles, Musées royaux d'art et d'histoire, 2010.

Barbiera, I., *Changing lands in changing memories : migration and identity during the Lombard invasions*, Firenze, All'insegna del giglio, 2005.

Bardel, A. & Pérennec, R., « Landévennec (Finistère). Quelques aménagements funéraires en bois, du VIIe au XIe s. », dans Carré, F. & Henrion, F. (dir.), *Le bois dans l'architecture et l'aménagement de la tombe : quelles approches ? Actes de la table ronde d'Auxerre, 15–17 octobre 2009*, Saint-Germain-en-Laye, Association française d'Archéologie mérovingienne, 2012 (Mémoires 23), p. 193–207.

Bardel, A. & Pérennec, R., « Abbaye de Landévennec : évolution du contexte funéraire depuis le haut Moyen Âge », dans Alduc-Le Bagousse, A. (dir.), *Inhumations et édifices religieux au Moyen Âge entre Loire et Seine*, Caen, Publications du CRAHM, 2004, p. 121–158.

Bardel, A. & Pérennec, R., « Les Vikings à Landévennec », *Dossiers d'archéologie*, 277 (2002), p. 50–59.

Barrand-Emam, H. (dir.), *Artzenheim « Lotissement les Violettes », un ensemble funéraire de l'âge du Bronze final Ia et un ensemble funéraire du Premier Moyen Age (fin 6ème-fin 9ème s.)*, Rapport final d'opération d'archéologie préventive, Antea Archéologie, SRA Alsace, 2013.

Barrand-Emam, H. (dir.), *Vendenheim, route de la Wantzenau « Entrepôt Atlas-Fly » (Alsace, Bas-Rhin). Un ensemble funéraire mérovingien, une occupation Néolithique et une occupation Hallstatt C/D1*, Rapport final d'opération d'archéologie préventive, Antea Archéologie, SRA Alsace, 2013.

Barrand-Emam, H. & Châtelet, M., *Espaces et pratiques funéraires en Alsace aux époques mérovingiennes et carolingiennes (Ve-Xe siècles). Project Collectif de Recherche 2015–2018. Rapport d'activités 2016*, Strasbourg, Antea Archéologie, Inrap, Alsace Archéologie, UMR 7044.

Barrand-Emam, H., Châtelet, M. & Koziol, A., *Espaces et pratiques funéraires en Alsace aux époques mérovingiennes et carolingiennes (Ve-Xe siècles). Project Collectif de Recherche 2015–2018*, Strasbourg, Antea Archéologie, Inrap, Alsace Archéologie, UMR 7044.

Baud, A., « Abbaye de Cluny (Saône-et-Loire). Les sépultures en coffrage de chêne retrouvées dans la cour de la Congrégation », dans Carré, F. & Henrion, F. (dir.), *Le bois dans l'architecture et l'aménagement de la tombe : quelles approches? Actes de la table ronde d'Auxerre, 15–17 octobre 2009*, Saint-Germain-en-Laye, Association française d'Archéologie mérovingienne, 2012 (Mémoires 23), p. 137–141.

Baudoux, J., « La nécropole d'Illkirch-Graffenstaden (Bas-Rhin) : un site à tumuli du VIIe siècle après J.-C. (nouvelles fouilles de 1997), *Cahiers alsaciens d'Archéologie, d'Art et d'Histoire*, XLI (1998), p. 53–63.

Baudreu, D. (éd.), *Signalisations de sépultures et stèles discoïdales, Ve-XIXe siècle. Actes des Journées de Carcassonne, 4–6 septembre 1987*, Carcassonne, CAML, 1990.

Bayard, D., Piton, D. & Schuler, R., « Le cimetière mérovingien de Moreuil (80) », *Cahiers archéologiques de Picardie*, 8 (1981), p. 157–216.

Bendezu-Sarmiento, J. & Grizeaud, J.-J., « Le pillage des tombes en Asie centrale méridionale et steppique. Une affaire ancienne et pas seulement lucrative », dans Compagnon, G. (éd.), *Halte au pillage !*, Paris, Éditions Errance, 2010, p. 31–48.

Ben Redjeb, T., « La nécropole mérovingienne de Saint-Sauveur (Somme) », *Revue archéologique de Picardie*, 1/2 (2007), p. 39–332.

Bernard, A. *La sépulture en droit canonique : du décret de Gratien au concile de Trente*, Paris, Domat-Montchrestien, 1933.

Berthelot, S., « La verrerie gallo-romaine tardive et mérovingienne (IVe-VIIe siècle) du Musée de Normandie, Caen (Calvados) », *Revue archéologique de l'Ouest*, 9 (1992), p. 161–169.

Berthelot, S., « Objets de parure en pâte de verre et en ambre de la fin du IIIe au VIIe siècle en Basse-Normandie », *Archéologie Médiévale*, 25 (1995), p. 1–25.

Bill, J. & Daly, A., « The plundering of the ship graves from Oseberg and Gokstad : an xample of power politics? », *Antiquity*, 86/333 (2012), p. 808–824.

Blaizot, F., *Les espaces funéraires de l'habitat groupé des Ruelles, à Serris (Seine-et-Marne) du VIIe au XIe siècles : modes d'inhumation, organisation, gestion et dynamique*, Bordeaux, Ausonius éditions, 2017.

Blaizot, F., « La reconnaissance des dispositifs en matière périssable et leur interprétation : exemples tardo-antique dans la Drôme et proto-médiéval en Seine-et-Marne », dans *Rencontre autour du Cercueil. Journée du 28 janvier 1997, musée des Arts et traditions populaires*, Paris, Table-ronde du GAAFIF, 1998 (Bulletin de liaison n.s. 2), p. 79–84.

Blaizot, F., « Rites et pratiques funéraires à Lugdunum du Ier au IVe siècle », dansGoudineau, C. (dir.), *Rites funéraires à Lugdunum*, Paris, Éditions Errance, 2009, p. 155–185.

Blaizot, F., « Réflexions sur la typologie des tombes à inhumation : restitution des dispositifs et interprétations chrono-cultuelle », *Archéologie Médiévale*, 38 (2008), p. 1–30.

Blaizot, F. *et al.*, « L'ensemble funéraire rural de Malbosc (Montpellier, Hérault) : pratiques funéraires de l'Antiquité tardive », *Revue archéologique de Narbonnaise*, 41 (2008), p. 53–99.

Blanc, O., « Le jeu des accessoires dans le vêtement médiéval », *Revue Razo*, 7 (1987), p. 37–61.

Blanchard, P. & Georges, P. (dir.), *Richelieu, RD 749*, Rapport final d'opération, Inrap, SRA Centre, 2003.

Boaz, N. T. & Behrensmeyer, A. K., « Hominid Taphonomy : Transport of Human Skeletal Parts in an Artificial Fluviatile Environment », *American Journal of Physical Anthropology*, 45 (1976), p. 53–60.

Boisson, J. (dir.), *Harfleur, Seine Maritime, « Les Coteaux du Calvaire »*, Rapport d'opération d'archéologie préventive, Archéopole, SRA Haute-Normandie, 2015.

Bonin, T., « L'habitat rural du haut Moyen Âge en Ile-de-France : un état de la question », *Ruralia*, 2 (1998), p. 97–112.

Bougard, F., Bührer-Thierry, G. & Le Jan, R., « Les élites du haut Moyen-Âge. Identités, stratégies, mobilité », *Annales HSS*, 4 (2013), p. 1079–1112.

Boulestin, B., *Approche taphonomique des restes humains : le cas des Mésolithiques de la Grotte des Perrats et le problème du cannibalisme en préhistoire récente européenne*, Oxford, BAR Publishing, 1999 (International Series 776).

Boulestin, B. & Duday, H., « Ethnologie et archéologie de la mort : de l'illusion des références à l'emploi d'un vocabulaire », dans Mordant, C. & Depierre, G. (dir.), *Les pratiques funéraires à l'âge du Bronze en France. Actes de la table ronde de Sens-en-Bourgogne (Yonne), 10–12 juin 1998,* Paris, Éditions du CTHS, 2005, p. 17–30.

Boureau, A., *Le simple corps du roi. L'impossible sacralité des souverains français (XVe-XVIIIe siècle)*, Paris, Les Éditions de Paris, 1988.

Bourin, A., « Extraits du Journal d'un Fouilleur. Les cimetières gaulois de Witry-lez-Reims. Les cimetières gaulois de Witry-lez-Reims, La Noue du Haut-Chemin, La Voie Carlat, Les Puisy ou la Neufosse », *Bulletin de la Société Archéologique Champenoise*, 1 (1908), p. 27–31.

Bozóky, E., « Le culte des reliques de l'Antiquité au XIème siècle », dans *Reliques et reliquaires du XIIème au XVIème siècle. Trafic et négoce des reliques dans l'Europe médiévale*, Saint-Riquier, Musée départemental de l'abbaye, 2000, p. 7–16.

Brown, P., *Le culte des saints. Son essor et sa fonction dans la chrétienté latine*, Paris, Éditions du Cerf, 2012 (rééd.).

von Brunecker, F., *Raubgräber – Schatzgräber*, Stuttgart, Theiss, 2008.

Brunhölzl, F., *Histoire de la littérature latine du Moyen Âge. Tome I, de Cassiodore à la fin de la Renaissance carolingienne. Volume I, l'époque mérovingienne*, Turnhout, Brepols, 1990.

Brunning, S., *The Sword in Early Medieval Northern Europe : Experience, Identity, Representation*, 2019, Woodbridge, The Boydell Press, Series Anglo-Saxon Studies 36.

Bruzek, J., « A Method for Visual Determination of Sex, Using the Human Hip Bone », *American Journal of Physical Anthropology*, 117 (2002), p. 157–168.

Buckberry, J., « Missing, Presumed Buried? Bone Diagenesis and the Under-Representation of Anglo-Saxon Children », *Assemblage*, 5 (2000). <http ://www.assemblage.group.shef.ac.uk/5/buckberr.html>

Buquet-Marcon, C., « Architecture de tombes du haut Moyen Âge, des contenants en question à Saint-Pierre-du-Perray (Essonne) », *Revue archéologique d'Ile-de-France*, 2 (2009), p. 211–220.

Burguière, A., « L'historiographie des origines de la France. Genèse d'un imaginaire national », *Annales. Histoire, Sciences Sociales*, 1/58 (2003), p. 41–62.

Cabart, H. & Feyeux, J.-Y., *Verres de Champagne. Le verre à l'époque mérovingienne en Champagne-Ardenne*, Reims, Société Archéologique Champenoise, 1995.

Cabrol, F. & Lelercq, H. (éd.), *Dictionnaire d'archéologie chrétienne et de liturgie*, Paris, Letouzey et Ané, 1924–1953.

Caciola, N., « Wraiths, Revenants and Ritual in Medieval Culture », *Past and Present*, 152 (1996), p. 3–45.

Caillet, J.-P. (éd.), *L'art au Moyen Âge : Occident, Byzance, Islam*, Paris, Gallimard, 1995.

Capron, F. (dir.), *Allonnes, La Mare aux Saules (Eure-et-Loir). Lieux d'inhumations, habitats et édifice religieux du haut Moyen Âge à l'époque contemporaine*, Rapport d'opération, Inrap, SRA Centre, 2013.

Carré, F. (éd.), *L'archéologie en Haute-Normandie. Bilan des connaissances. Tome 1 – Le haut Moyen Âge*, Mont-Saint-Aignan, Publications des universités de Rouen et du Havre, 2011.

Carré, F. & Guillon, M., « Effets de l'effondrement de planches sur le squelette. Trois exemples du site de Tournedos-sur-Seine/Porte-Joie (Eure), VIIe-XIVe s. », dans Carré, F. & Henrion, F. (dir.), *Le bois dans l'architecture et l'aménagement de la tombe : quelles approches ? Actes de la table ronde d'Auxerre, 15–17 octobre 2009*, Saint-Germain-en-Laye, Association française d'Archéologie mérovingienne, 2012 (Mémoires 23), p. 341–353.

Carré, F. & Henrion, F. (dir.), *Le bois dans l'architecture et l'aménagement de la tombe : quelles approches ? Actes de la table ronde d'Auxerre, 15–17 octobre 2009*, Saint-Germain-en-Laye, Association française d'Archéologie mérovingienne, 2012 (Mémoires 23).

Cartron, I., « Avant le cimetière au village : la diversité des espaces funéraires. Historiographie et perspectives », dans Treffort, C. (dir.), *Le cimetière au village dans l'Europe médiévale et moderne. Actes des XXXVes Journées internationales d'histoire de l'abbaye de Flaran, 11 et 12 octobre 2013*, Toulouse, Presses universitaires du Midi, 2015, p. 23–39.

Cartron, I., « Variations autour d'un objet : la ceinture des femmes du haut Moyen Âge », dans Jégou, L., Lienhard, T. & Schneider, J. (dir.), Splendor reginae. *Passions, genre et famille. Mélanges en l'honneur de Régine Le Jan*, Turnhout, Brepols, 2015, p. 129–138.

Cartron, I. & Castex, D., « Porter des reliques à la ceinture : la plaque boucle du site de Saint-Martin de Bruch (Lot-et-Garonne) », dans Duvosquel, J.-M. *et al.* (dir.), *Religion, animaux et quotidien au Moyen Âge. Études offertes à Alain Dierkens*, Bruxelles, Le Livre Timperman 2018 (Revue belge de philologie et d'histoire 95), p. 123–147.

Carver, M., *Sutton Hoo : a seventh century princely burial ground and its context*, Londres, British Museum Press, 2005, 536 p.

Carver, M., « The Anglo-Saxon Cemetery at Sutton Hoo : An Interim Report », in M. Carver (éd.), *Sutton Hoo : a seventh century princely burial ground and its context*, Londres, British Museum Press, 2005, p. 343–371.

Cession-Louppe, J., « Les bijoux mérovingiens dans les collections du musée royal de Mariemont », dans Moulin, J. & Cahen-Dekhaye, A. (éd.), *La parure dans nos régions. De la Préhistoire au Moyen Âge*, 1999 (Vie Archéologique 48), p. 138–141.

Chastel, A., *Le sac de Rome, 1527 : du premier maniérisme à la contre-Réforme*, Paris, Gallimard, 1984.

Châtelet, M. (dir.), *Eckwersheim, Burgweg Links, Spiessmatt, LGV Est Européenne 2e phase – site 11-2 (Bas-Rhin). 5000 ans d'histoire du Néolithique à l'époque carolingienne*, Inrap, SRA Alsace, 2018.

Châtelet, M., « La réouverture des tombes à l'époque mérovingienne : un acte rituel ? À propos du bris des objets dans les sépultures des nécropoles de Matzenheim, d'Osthouse et d'Eckwersheim (Alsace, Bas-Rhin) », dans Leroy, I. & Verslype, L. (dir.), *Communauté des vivants, Compagnie des morts. Actes des 35e Journées de l'Association française d'archéologie mérovingienne*, Saint-Germain-en-Laye, Association française d'archéologie mérovingienne, 2017 (Mémoires 33), p. 171–182.

Châtelet, M., *Fouilles et découvertes en Alsace*, Rennes, Éditions Ouest-France, 2009.

Châtelet, M., « Le haut Moyen Âge : les époques mérovingiennes et carolingiennes », dans Châtelet, M. (éd.), *Fouilles et découvertes en Alsace*, Rennes, Éditions Ouest-France, 2009, p. 95–109.

Châtelet, M. (dir.), *Matzenheim, « Bodengewann » et Osthouse « Galgen » (Bas-Rhin). Deux nécropoles mérovingiennes en limite de ban*, Rapport final d'opération archéologique, Inrap, SRA Alsace, 2009.

Chaumeil, J.-P., « Les os, les flûtes, les morts. Mémoire et traitement funéraire en Amazonie », *Journal de la Société des Américanistes*, 83 (1997), p. 83–110.

Chenal, F. (dir.), *Achenheim/Auswaerts der Linde. Route d'Ittenheim, lotissement « La Prairie » (Bas-Rhin). Une portion de l'ensemble funéraire mérovingien d'Achenheim*, Rapport de fouille, Inrap, SRA Alsace, 2017.

Chenal, F. & Barrand-Emam, H., « La question du laps de temps entre l'inhumation du défunt et le pillage de la sépulture à l'époque mérovingienne », dans Leroy, I. & Verslype, L. (dir.), *Communauté des vivants, Compagnie des morts. Actes des 35e Journées de l'Association française d'archéologie mérovingienne*, Saint-Germain-en-Laye, Association française d'archéologie mérovingienne, 2017 (Mémoires 33), p. 163–170.

Chenal, F. & Barrand-Emam, H., « Nouvelles données concernant le pillage des sépultures mérovingiennes en Alsace : mise en évidence de stries et d'entailles sur les restes osseux provenant des sépultures pillées de l'ensemble funéraire de Vendenheim (Alsace, Bas-Rhin) », *Revue archéologique de l'Est*, 63 (2014), p. 489–500.

Chopelain, P. & Watel, F., « La nécropole mérovingienne de Mollans « en Progrige » (Haute-Saône) », dans Passard, F. *et al.* (dir.), *Burgondes, Alamans, Francs, Romains dans l'est de la France, le sud-ouest de l'Allemagne et la Suisse (Ve-VIIe siècle après J.-C.). Actes des XXIe Journées d'archéologie mérovingienne, Besançon, 20–22 octobre 2000*, Besançon, Presses universitaires de Franche-Comté, 2004, p. 129–142.

Christlein, R., « Besitzabstufungen zur Merowingerzeit im Spiegel reicher Grabfunde aus West- und Süddeutschland », *Jahrbuch des Römisch-Germanischen Zentralmuseums Mainz*,, 1973, 20, p. 147–180.

Claeys, J.-Y., « Note sur l'emploi de la sonde dans les recherches archéologiques », *Bulletin de l'École française d'Extrême-Orient*, 28/3 (1928), p. 488–490.

Clastres, H., « Rites funéraires Guayaki », *Journal de la Société des Américanistes*, 57 (1968), p. 63–72.

Coard, R. & Dennell, R. W., « Taphonomy of Some Articulated Skeletal Remains : Transport Potential in an Artificial Environment », *Journal of Archaeological Science*, 22 (1995), p. 441–448.

Cochet, J. B. D., *Sépultures gauloises, romaines, franques et normandes (faisant suite à La Normandie souterraine)*, Brionne, Le Portulan, 1970 (1857).

Cochet, J. B. D., *La Normandie souterraine ou notice sur des cimetières romains et des cimetières francs explorés en Normandie*, Rouen, Lebrument, 1854.

Codreanu-Windauer, S., *Pliening im Frühmittelalter. Bajuwarisches Gräberfeld, Siedlungsbefunde und Kirche*, Kallmünz, M. Lassleben, 1997.

Colleter, R. *et al.*, « Au coeur d'une communauté villageoise du premier Moyen Âge dans la vallée de l'Andelle : l'église Saint-Crespin de Romilly-sur-Andelle (Eure) et son cimetière (fin du VIe – milieu du XIe siècle) », dans Liogier, L. (dir.), *Journées archéologiques de Haute-Normandie. Rouen, 24–26 mai 2013*, Mont-Saint-Aignan, Presses universitaires de Rouen et du Havre, 2014, p. 143–163.

Compagnon, G., (dir.), *Halte au pillage !*, Paris, Éditions Errance, 2010.

Compagnon, G. *et al.*, « Détecteurs de métaux, le cas français », dans Compagnon, G. (dir.), *Halte au pillage !*, Paris, Éditions Errance, 2010, p. 189–242.

Corrochano, A., « Entre nécropoles et cimetières : tombes, lieux d'inhumation et mémoire funéraire à travers l'archéologie des VIIe-XIe siècles dans le sud de la France », *Les Cahiers de Saint-Michel-de-Cuxa*, XLII (2011), p. 59- 64.

Corrochano, A., *« Gérer » les morts aux temps mérovingiens. Éléments d'implantation et d'organisation des sépultures du haut Moyen Âge (Ve-VIIIe siècle) : l'apport des fouilles récentes des ensembles funéraires en région Midi-Pyrénées*, Mémoire d'archéologie médiévale, Toulouse, Université de Toulouse-Le Mirail, 2005.

Cosme, P., *L'armée romaine : VIIIe s. av. J.-C.- Ve s. ap. J.-C.*, Paris, Armand Colin, 2007.

Coumert, M., « La mémoire de Troie en Occident, d'Orose à Benoît de Sainte-Maure », dans Boucheron, P. (éd.), *Les villes capitales au Moyen Âge : Actes du 36e congrès de la Société des historiens médiévistes de l'enseignement supérieur public, Istanbul, 1–6 juin 2005*, Paris, Publications de la Sorbonne, 2006, p. 327–347.

Coutil, L., *Cimetière mérovingien et carolingien de Villevenard (Marne)*, Le Mans, Impr. De Monnoyer, 1913.

Cox, M. *et al.*, *The scientific investigation of mass graves. Towards protocols and standard operating procedures*, Cambridge, Cambridge university press, 2013.

Crubézy, É. *et al.*, *L'archéologie funéraire*, Paris, Éditions Errance, 2007.

Cuvelier, P. & Guillaume, J., « Inventaire et typologie des sarcophages en Lorraine », dans *Actes des Xe Journées internationales d'archéologie mérovingienne, Metz 20–23 octobre 1988*, Sarreguemines, Pierron, 1989, p. 87–96.

Daim, F., « Archaeology, ethnicity and the structures of identification : the example of the Avars, Carantanians and Moravians in the eight century », dans Pohl, W. & Reimitz, H. (éd.), *Strategies of disctinction. The construction of ethnic communities, 300–800*, Leidon, Brill, 1998, p. 71–94.

Dannheimer, H., *Das baiuwarische Reihengräberfeld von Aubing, Stadt München*, Stuttgart, Konrad Theiss, 1998.

Deflorenne, C. & Quérel, P., *Nord-Pas-de-Calais, Lesquin : Chemin de Merchin/Chemin des Loups. La nécropole mérovingienne du hameau de Merchin (fin Ve siècle – début VIIIe siècle)*, Rapport de fouille, Inrap, SRA Nord-Pas-de-Calais, 2015.

Degobertière, S. (dir.), *Saint-Parres-aux-Tertres, Champ Reignes, (Aube)*, Rapport final d'opération, Inrap, SRA Champagne-Ardenne, 2006.

Delahaye, G.-R., « Sarcophages de calcaire et de grès de la Gaule mérovingienne. Prototypes et évolution », *Antiquité tardive*, 1 (1993), p. 143–146.

Delaval, É. & Lelièvre, J.-Y. (dir.), *Vieux, Avenue du 13 juin 1944. Parcelles AD 24p et AD 38p*, document final de synthèse de diagnostic archéologique, Inrap, SRA Basse-Normandie, 2004.

Delort, É., « Le cimetière franc d'Ennery (Moselle), *Gallia*, 5/2 (1947), p. 351–403.

Demolon, P. (dir.), *La nécropole mérovingienne de Hordain (Nord). VIe-IXe siècles après J.-C.*, Douai, Communauté d'agglomération du Douaisis, direction de l'archéologie, 2006.

Demolon, P. & Louis, É., *Quiéry-la-Motte (62). Chemin de Beaumont, Le Marquaille*, Diagnostic archéologique, Communauté d'agglomération du Douaisis, service archéologique du Douaisis, SRA Nord-Pas-de-Calais, 2004.

Denaire, A. *et al.*, *Kolbsheim « Vogeseblick », du village Néolithique ancien à la position de la Bruche de 1914*, Rapport final d'opération d'archéologie préventive, Antea Archéologie, SRA Alsace, 2013.

Depreux, P., « La loi et le droit. La part des échanges culturels dans la référence à la norme et les pratiques juridiques durant le haut Moyen Âge », in *Les échanges culturels au Moyen Âge. XXXIIe Congrès de la SHMES, Université du Littoral Côte d'Opale, juin 2001*, Paris, Publications de la Sorbonne, 2002, p. 41–70.

Desbrosse-Degobertière, S. (dir.), *Arrentières « Cerceuil » (Aube). Vestiges d'une nécropole mérovingienne*, Rapport final d'opération, Inrap, SRA Champagne-Ardenne, 2010.

Desbrosse-Degobertière, S. & Bonnabel, L. (dir.), *Saint-Marcel, « Village » (Ardennes). 17 nouvelles tombes mérovingiennes découvertes à Saint-Marcel*, Rapport final d'opération, Inrap, SRA Champagne-Ardenne, 2010.

Desgrugillers, N., *La loi salique publiée par Charlemagne en 768.* Lex salica emendata. *Traduction intégrale du Ms B.n.F., 4418*, Clermont-Ferrand, Éditions Paleo, 2011.

Devlin, Z., *Remembering the Dead in Anglo-Saxon England. Memory theory in archaeology and history*, Oxford, BAR Publishing, 2007 (British Series 446).

Devroey, J.-P., *Puissants et misérables. Système social et monde paysan dans l'Europe des Francs (VIe-IXe siècles)*, Bruxelles, Académie royale de Belgique, 2006.

Dierkens, A., « Pillage de tombes mérovingiennes et hagiographie médiévale. À propos d'un passage de la *Vita sanctae Gudilae prima* (*BHL* 3684) », *Revue du Nord*, 3/391–392 (2011), p. 589–611.

Dierkens, A., « Quelques réflexions sur la présentation des sarcophages dans les églises du haut Moyen Âge », dans Alduc-Le Bagousse, A. (dir.), *Inhumations de prestige ou prestige de l'inhumation ? Expressions du pouvoir dans l'au-delà (IVe-XVe siècle)*, Caen, Publications du CRAHM, 2009, p. 265–302.

Dierkens, A., « Christianisme et paganisme. Réflexions sur les apports et les limites de l'interprétation archéologique », *Bulletin de liaison (Association française d'Archéologie mérovingienne)*, 2003, n°27, p. 71–90.

Dierkens, A., « Interprétation critique des symboles chrétiens sur des objets d'époque mérovingienne », dans Donnay, G. (éd.), *L'art des invasions en Hongrie et en Wallonie. Actes du colloque tenu au Musée royal de Mariemont, 9–11 avril 1979*, Bruxelles, Musée royal de Mariemont, 1991, p. 109–124.

Dierkens, A. & Périn, P., « Les *sedes regiae* mérovingiennes entre Seine et Rhin », dans Ripoll, G., Gurt, J. M. (éd.), *Sedes regiae (ann. 400–800)*, Barcelone, Reial Acadèmia de bones lletres, 2000, p. 267–304.

Dierkens, A. & Treffort, C., « Le cimetière au village dans l'Europe médiévale et moderne : rapport introductif », dans Treffort, C. (dir.), *Le cimetière au village dans l'Europe médiévale et moderne. Actes des XXXVes Journées internationales d'histoire de l'abbaye de Flaran, 11 et 12 octobre 2013*, Toulouse, Presses universitaires du Midi, 2015, p. 7–19.

Dietrich, A., « La collecte d'informations sur les aménagements et les contenants funéraires en bois : protocoles, possibilités et résultats », dans Carré, F. & Henrion, F. (dir.), *Le bois dans l'architecture et l'aménagement de la tombe : quelles approches ? Actes de la table ronde d'Auxerre, 15–17 octobre 2009*, Saint-Germain-en-Laye, Association française d'Archéologie mérovingienne, 2012 (Mémoires 23), p. 41–48.

Dietrich, A., « Dégradation et effondrement des cercueils », in *Rencontre autour du Cercueil. Journée du 28 janvier 1997, Musée des Arts et traditions populaires,* Paris, Table-ronde du GAAFIF, 1998 (Bulletin de liaison n.s. 2), p. 41–47.

Dobos, A., « Plunder or ritual? The phenomenon of grave reopening in the row-grave cemeteries from Transylvania (6th-7th centuries) », dans Gligor, M. (éd.), *Archaeothanatology : An Interdisciplinary Approach on Death from Prehistory to the Middle Ages*, Alba Iuilia, Editura Mega, (*Annales Universitatis Apulensis, Series Historica 18/II*) 2014, p. 135–162.

Donat, R., Passarrius, O. & Catafau, A., « Couverture de bois, cercueil en bois. Caractéristiques technologiques et taphonomiques de deux dispositifs funéraire médiéval et moderne des cimetières de Vilarnau et Sant-Père-del-Bosc en Rousillon », dans Carré, F. & Henrion, F. (dir.), *Le bois dans l'architecture et l'aménagement de la tombe : quelles approches ? Actes de la table ronde d'Auxerre, 15–17 octobre 2009*, Saint-Germain-en-Laye, Association française d'Archéologie mérovingienne, 2012 (Mémoires 23), p. 177–184.

Doppelfeld, O. & Weyres, W., *Die Ausgrabungen im Dom zu Köln*, Mainz am Rhein, P. von Zabern, 1980.

Ducos, M., « Le tombeau, *Locus religiosus* », dans Hinard, F. (éd.), *La mort au quotidien dans le monde romain. Actes du colloque de l'Université Paris IV, 7–9 octobre 1993*, Paris, De Boccard, 1995, p. 135–144.

Duday, H., « Archéologie funéraire et taphonomie du cadavre », dans Brugal, J.-Ph. (dir.), *TaphonomieS*, Paris, Éditions des archives contemporaines, 2017, p. 197–253.

Duday, H., *The Archaeology of the Dead. Lectures in Archaeothanatology*, Oxford, Oxbow Books, 2011.

Duday, H., « L'archéothanatologie ou l'archéologie de la mort », dans Dutour, O., Hublin, J.-J. & Vandermeersch, B. (éd.), *Objets et méthodes en paléoanthropologie*, Paris, Éditions du CTHS, 2005, p. 153–215.

Duday, H., « Observations ostéologiques et décomposition du cadavre : sépulture colmatée ou en espace vide », *Revue archéologique du Centre de la France*, 29/2 (1990), p. 193–196.

Duday, H. & Masset, C. (éd.), *Anthropologie physique et archéologie. Méthodes d'étude des sépultures. Actes du colloque de Toulouse, 4–6 novembre 1982*, Paris, Éditions du CNRS, 1987.

Duday, H. *et al.*, « L'anthropologie « de terrain » : reconnaissance et interprétation des gestes funéraires », *Bulletins et Mémoires de la Société d'Anthropologie de Paris*, 2/3–4 (1990), p. 29–49.

Dufour, J.-Y. (dir.), *Versailles (Yvelines), château royal, cour du Grand Commun. Nécropole mérovingienne et jeu de paume du roi Louis XIII*, Rapport de fouille, Inrap, SRA Ile-de-France, 2013.

Dufrenne, S., *Les illustrations du Psautier d'Utrecht : sources et apport carolingien*, Paris, Ophrys, 1978.

Dumézil, B., « Gogo et ses amis; écriture, échanges et ambitions dans un réseau aristocratique de la fin du VIe siècle », *Revue historique*, 3/643 (2007), p. 553–593.

Dumézil, B., *Les racines chrétiennes de l'Europe. Conversion et liberté dans les royaumes barbares, Ve-VIIIe siècle*, Paris, Fayard, 2005.

Dumont, G. *et al.*, « Vestiges romains dans la nécropole mérovingienne de Pont-à-Celles/Viesville (Hainaut) », *Vie archéologique*, 69 (2011), p. 51–66.

Dunand, F. & Lichtenberg, R., *Les momies : un voyage dans l'éternité*, Paris, Gallimard, 1991.

Dupuis, J., « Hauviné. Notes sur un cimetière celtique de l'époque dite du « Hallstadt ». », *Bulletin de la Société Archéologique Champenoise*, 4 (1911), p. 103–113.

Dutour, O., Hublin, J.-J. & Vandermeersch, B. (éd.), *Objets et méthodes en paléoanthropologie*, Paris, Éditions du CTHS, 2005.

Duval, N., « La notion de « sarcophage » et son rôle dans l'Antiquité tardive », *Antiquité tardive*, 1 (1993), p. 29–36.

Duval, Y., *Auprès des saints corps et âme. L'inhumation « ad sanctos » dans la chrétienté d'Orient et d'Occident du IIIe au VIIe siècle*, Paris, Études Augustiennes, 1988.

Eckardt, H. & Willliams, H., « Objects without a past? The use of Roman objects in early Anglo-Saxon graves », dans Williams, H. (éd.), *Archaeology of remembrance. Death and memory in past societies*, New-York, Springer, 2003, p. 141–170.

Effros, B., « Two centuries of excavating Merovingian-era cemeteries in France », dans Effros, B. & Moreira, I. (éd.), *The Oxford Handbook of the Merovingian World*, Oxford, Oxford University Press, 2020, p. 76–95.

Effros, B., « Peur du genre? Oublier les Amazones pour mieux connaître les femmes du haut Moyen Âge », Bulletin de Liaison de l'Association française d'archéologie mérovingienne, 40 (2016), p. 83–89.

Effros, B., *Uncovering the Germanic past. Merovingian archaeology in France, 1830–1914*, Oxford, Oxford University Press, 2012.

Effros, B., « Grave Goods and the Ritual Expression of Identity », dans Noble, T. F. X. (éd.), *From Roman Provinces to Medieval Kingdoms*, New-York, Routledge, 2006, p. 189–232.

Effros, B., *Merovingian Mortuary Archaeology and the Making of the Early Middle Ages*, Londres, University of California Press, 2003.

Effros, B., *Caring for Body and Soul : Burial and the Afterlife in the Merovingian World*, Pennsylvania, Pennsylvania State University Press, 2002.

Effros, B., « Skeletal sex and gender in Merovingian archaeology », *Antiquity*, 74 (2002), p. 632–639.

Efremov, I. A., « Taphonomy : a new branch of paleontology », *Pan American Geologist*, 74 (1940), p. 81–93.

Elkaim, I. & Larroche, L., *Harrap's Compact. Dictionnaire Anglais –Français, Français –Anglais*, Paris, Éditions France Loisirs, 2003.

Erman, A. & Ranke, H., *La civilisation égyptienne*, Paris, Payot, 1952.

Ewig, E., *Die Merowinger und das Frankenreich*, Stuttgart, Kohlhammer, 1988.

Féraud, J.-F., *Dictionnaire critique de la langue française*, Jean Mossy Père et Fils, 1787.

Fehr, H., *Germanen und Romanen im Merowingerreich. Frühgeschichtlich Archäologie zwischen Wissenschaft und Zeitgeschechen*, Berlin, Walter de Gruyter, 2010.

Feugère, M., « Les tombes à armes et l'aristocratie gauloise sous la paix romaines », dans Reddé, M. (dir.), *L'armée romaine en Gaule*, Paris, Éditions Errance, 1996, p. 165–176.

Février, P.-A., « La mort chrétienne », dans *Segni e riti nella chiesa altomedievale occidentale. Settimane di studio del Centro Italiano di Studi sull'alto Medioevo XXXIII, 11–17 aprile 1985,* Spolète, Centro italiano di studi sull' alto medioevo, 1987, p. 881–952.

Feyeux, J.-Y., *Le verre mérovingien du quart nord-est de la France*, Paris, De Boccard, 2003.

Fingerli, G., *Die alamannischen Gräberfelder von Güttingen und Merdingen in Südbaden*, Berlin, De Gruyter, 1971.

Finoulst, L.-A., « Production et diffusion des sarcophages dans la vallée mosane au haut Moyen Âge (Ve-Xe siècles) », dans Toussaint, J. (dir.), *Pierres, papiers, ciseaux. Architecture et sculpture romanes (Meuse-Escaut). Actes du colloque international 7–8 décembre 2009, Namur*, Namur, Musée des Arts anciens du Namurois, 2012, p. 43–53.

Fischbach, T., *Les garnitures de ceintures du haut Moyen Âge (Ve-Xe siècles) en contexte funéraire dans le sud du Rhin supérieur*, Thèse de doctorat, spécialité archéologie, Strasbourg, Fribourg, Université de Strasbourg, Albert-Ludwigs-Universität Freiburg, 2020.

Fischbach, T., « L'armement dans les tombes de guerriers de la nécropole mérovingienne d'Erstein (Bas-Rhin) », *Archéologie médiévale*, 46 (2016), p. 3–31.

Fischer, S. *et al*., *Les seigneurs des anneaux*, Saint-Germain-en-Laye, Association française d'Archéologie mérovingienne, 2008 (Bulletin de liaison de l'Association française d'archéologie mérovingienne, HS 2).

Fischer, S., Soulat, J. & Victor, H., « Two papers on chamber graves », dans von Freeden, U., Friesinger, H. & Wamers, E. (dir.), *Glaube, Kult und Herrschaft. Phänomene des Religiösen im 1. Jahrtausend n. Chr in Mittel. und Nordeuropa. Akten des 59. Internationalen Sachsensymposions und der Grundprobleme der frühgeschichtlichen Entwicklung im Mitteldonauraum*, Bonn, R. Habelt, 2009, p. 185–200.

Flèche, M.-P., « La nécropole mérovingienne de Vorges (Aisne) », *Revue archéologique de Picardie*, 3–4 (1988), p. 89–125.

Flotté, P. (dir.), *Clinique Sainte-Barbe. Strasbourg, 29, rue du Faubourg National*, diagnostic final de synthèse de sauvetage urgent, AFAN, SRA Alsace, 1998.

Fluzin, P., Ploquin, A. & Dabosi, F., « Approches métallurgiques et archéométriques », dans Mangin, M. (dir.), *Le Fer*, Paris, Éditions Errance, 2004, p. 113–173.

Fossurier, C. (dir.), *Ichtratzheim (Bas-Rhin). ZAC Niederfeld. Habitat âge du Bronze, parcellaire antique et nécropole altomédiévale – Occupation humaine à Ichtratzheim de la fin du Bronze final au début du Xe siècle de notre ère*, Rapport de fouille, Inrap, SRA Alsace, 2013.

Foucray, B., « Les *Ruelles* de Serris. Habitats aristocratique et paysan du haut Moyen Âge (fin VIIe/Xe siècle) », dans *Ruralia I : conférence Ruralia I, Prague, 8th-14th September 1995*, Prague, Institute of Archaeology, 1996, p. 203–210.

Foy, D. (éd.), *Le verre de l'Antiquité tardive et du haut Moyen Âge. Typologie, chronologie, diffusion. Actes de la huitième Rencontre, Guiry-en-Vexin, 18–19 novembre 1993, de l'Association française pour l'archéologie du verre*, Guiry-en-Vexin, Musée archéologique départemental du Val-d'Oise, 1995.

Foy, D. *et al.*, « Les coupelles à décor chrétien soufflées dans un moule (seconde moitié Ve-première moitié VIe siècle). État de la documentation », dans Fontaine-Hodiamont, C. (éd.), *D'Ennion au Val Saint-Lambert. Le verre soufflé-moulé. Actes des 23e Rencontres de l'Association française pour l'Archéologie du Verre (Scientia Artis,* 5), Bruxelles, Institut royal du Patrimoine artistique, 2010, p. 267–313.

Gaffiot, F., *Dictionnaire latin-français abrégé*, Paris, Hachette, 1989.

Gaier, C., *L'industrie et le commerce des armes dans les anciennes principautés belges du XIIIe à la fin du XVe siècle*, Paris, Les Belles Lettres, 1973.

Gaillard De Semainville, H. (dir.), *Les Burgondes : apports de l'archéologie. Actes du colloque international de Dijon, 5–6 novembre 1992*, Dijon, Longvic, 1995..

Galinié, H. & Zadora-Rio, É (éd.), *Archéologie du cimetière chrétien. Actes du 2e colloque ARCHEA, Orléans, 29 septembre-1er octobre 1994*, Tours, FÉRACF, 1996.

Gallien, V. (dir.), *Commune de Saint-Georges-de-Montaigu (Vendée). École publique*, Rapport final d'Opération, Inrap, SRA Pays-de-la Loire, 2009.

Gallien, V., « Au sujet de quelques rachis bouleversés dans des sépultures d'époque médiévale (Saint-Denis, Ile-de-France) », dans Masset, C. (éd.), *Méthodes d'étude des sépultures. Compte-rendu de la table-ronde, 8–10 mai 1991, Saintes*, Talence, G.D.R., 1991, p. 127–131.

Gallien, V. & Périn, P., « La tombe d'Arégonde à Saint-Denis. Bilan des recherches menées sur les restes organiques humains, animaux et végétaux retrouvés en 2003 », dans Alduc Le-Bagousse, A. (dir.), *Inhumations de prestige ou prestige de l'inhumation ? Expressions du pouvoir dans l'au-delà (IVe-XVe siècle)*, Caen, Publications du CRAHM, 2009, p. 203–226.

Garcin, V., *Bioarchéologie des sujets immatures de quatre nécropoles du haut Moyen Âge européen : méthodes d'étude du développement et des interactions biologie/culture*, Thèse de doctorat en Sciences et Environnements, spécialité Anthropologie biologique, Bordeaux, Université de Bordeaux I, 2009.

Gasparri, S., « Kingship rituals and ideology in Lombard Italy », dans Theuws, F. & Nelson, J. L. (éd.), *Rituals of power : from late antiquity to the early Middle Ages*, Köln, Brill, 2000, p. 95–114.

Gaudemet, J. & Basdevant, B., *Les canons des conciles mérovingiens (VIe-VIIe siècles). Tome II*, Paris, Éditions du Cerf, 1989.

Geary, P. J., *Le vol des reliques au Moyen Âge :* furta sacra, Paris, Aubier, 1993.

Geary, P. J., *Naissance de la France : le monde mérovingien*, Paris, Flammarion, 1993.

Geary, P. J., *Living with the dead in the Middle Ages*, Ithaca, Cornell University Press, 1994.

Geary, P. J., *Le monde mérovingien. Naissance de la France*, Paris, Flammarion, 1989.

Georges, P., Guillaume, J. & Rohmer, P., « Mode d'inhumation, mobilier funéraire et statut social : quel rapport dans la nécropole d'Erstein (Bas-Rhin) ? », dans Guillaume, J. & Peytremann, É (dir.), *L'Austrasie. Sociétés, économies, territoires, christianisation. Actes des XXVIe Journées internationales d'archéologie mérovingienne, Nancy 22–25 septembre 2005*, Nancy, Presses universitaires de Nancy, 2008 (Mémoires 19), p. 371–380.

Gillett, A. « The Purposes of Cassiodorius' *Variae* », dans Murray, A. C. (éd.), *After Rome's Fall. Narrators and sources of early medieval history*, Toronto, University of Toronto press, 1998, p. 37–50.

Gleize, Y., « Disturbance of early medieval graves in south-western Gaul : taphonomy, burial reopening and the reuse of graves », dans Aspöck, E., Klevnäs, A. & Müller Scheeße, N., (éd.), *Grave disturbances. The archaeology of post-depositional interactions with the dead*, Oxford, Oxbow, 2020 (Studies in funerary archaeology 14), p. 115–135.

Gleize, Y., *Gestion de corps, gestion de morts. Analyse archéo-anthropologique de réutilisation de tombes et de manipulations d'ossements en contexte funéraire au début du Moyen Âge (entre Loire et Garonne, Ve-VIIIe siècle)*, Thèse de doctorat en Sciences du vivant, Géosciences et Sciences de l'environnement, spécialité anthropologie biologique, mention paléoanthropologie, Bordeaux, Université de Bordeaux I, 2006.

Gleize, Y. & Castex, D., « Gestion des morts et traitement du cadavre durant le haut Moyen Âge : regards croisés sur une diversité des pratiques », dans Guy, H. *et al.* (dir.), *Rencontre autour du cadavre. Actes du colloque de Marseille, 15–17 décembre 2010*, Saint-Germain-en-Laye, Groupe d'anthropologie et d'archéologie funéraire, 2012, p. 115–123.

Gowland, R., « Ageing the past : examining age identity from funerary evidence », dans Gowland, r. & Knüsel, C., *Social archaeology of human remains*, Oxford, Oxbow, 2006, p. 143–154.

Gowland, R. & Knüsel, C., *Social archaeology of human remains*, Oxford, Oxbow, 2006.

Goudineau, C. (dir.), *Rites funéraires à Lugdunum,* Paris, Éditions Errance, 2009.

Gourdin, P., « Les Mérovingiens vus par le XIXe siècle : l'exemple de Viollet-le-Duc », dans Barral I Altet, X. (dir.), *Archéologie mérovingienne. Historiographie et méthodologie. Actes des VIe Journées nationales de l'A.F.A.M.*, Paris, Éditions Errance, 1989, p. 23–28.

Graceffa, A., *Les historiens et la question franque*, Turnhout, Brepols, 2009.

Graceffa, A., « Antiquité barbare, l'autre Antiquité : l'impossible réception des historiens français (1800–1950) », *Anabases*, 8 (2008), p. 83–104.

Gran-Aymerich, È., *Les chercheurs de passé 1798–1945. Aux sources de l'archéologie*, Paris, CNRS Éditions, 2007.

Grenier, A., « Émile Delort (18880–1958) », *Gallia*, 17/2 (1959), p. 203–205.

Gubellini, L., Cense-Bacquet, D. & Wilusz, A. (dir.), *Marquette-lez-Lille (Nord)*, Rapport final d'opération d'archéologie préventive, Archéopole, SRA Nord-Pas-de-Calais, 2013.

Guigon, P., *Les sépultures du haut Moyen Âge en Bretagne*, Institut culturel de Bretagne-Skol-Uhel ar vro, Association des travaux du Laboratoire d'anthropologie-préhistoire, Université de Rennes I, Centre régional d'archéologie d'Alet, 1994.

Guillaume, J., « La nécropole d'Abainville (Meuse) », dans *Actes des Xe Journées internationales d'Archéologie mérovingienne. Metz 20–23 octobre 1988*, Sarreguemines, Éditions Pierron, 1989, p. 97–102.

Guillaume, J. & Peytremann, É., (dir.), *L'Austrasie. Sociétés, économies, territoires, christianisation. Actes des XXVIe Journées internationales d'archéologie mérovingienne, Nancy 22–25 septembre 2005*, Nancy, Presses universitaires de Nancy, 2008 (Mémoires 19).

Guillaume, P., « Les notes de fouilles d'Henri Gillet, 1890–1947 », *Cahiers d'Archéologie du Nord-Est*, 13/1–2 (1970), p. 1–114.

Guillon, M. & Billard, C., *La sépulture collective de Val-de-Rueil, Beausoleil 3 (Eure)*, Rapport de diagnostic archéologique, SRA, SRA Haute-Normandie, 1992.

Guillotin, S. & Mauduit, A. (dir.), *Vitry-sur-Orne*, Vallange *(Lorraine, Moselle)*, Rapport final d'opération d'archéologie préventive, Antea archéologie, SRA Lorraine, 2012.

Gärtner, T. *et al.*, « Frühmittelalterliche Frauen in Waffen? Divergenzen zwischen der archäologischen und anthropologischen Geschlechtsansprache », *Bayerische Vorgeschichtsblätter*, 79 (2014), p. 219–240.

Hadjadj, R., *Bagues mérovingiennes. Gaule du Nord*, Paris, Éditions les Chevau-légers, 2007.

Halsall, G., « Gender in Merovingian Gaul », dans Effros, B. & Moreira, I. (éd.), *The Oxford Handbook of the Merovingian World*, Oxford, Oxford University Press, 2020, p. 164–185.

Halsall, G., *Cemeteries and society in Merovingian Gaul : selected studies in history and archaeology, 1992–2009*, Leiden, Brill Academic Publishers (Series on the early Middle Ages 18), 2010

Halsall, G., *Settlement and social organization. The Merovingian region of Metz*, Cambridge, Cambridge university press, 1995, 307 p.

van Haperen, M. C., *In Touch with the Dead. Early Medieval Grave Reopenings in the Low Countries*, Leiden, Universiteit Leiden, 2017.

van Haperen, M., « The distributed dead : Personhood from the perspective of reopened graves », dans Ludowici, B. (éd.), *Individual and Individuality? Approaches towards an Archaeology of Personhood in the First Millenium AD*, Stuttgart, Kommission bei Konrad Theiss Verlag, 2013, p. 89–93.

van Haperen, M. « Rest in pieces : an interpretive model of early medieval 'grave robbery' », *Medieval and Modern Matters*, 1 (2010), p. 1–36.

Harland, J. M., « Rethinking ethnicity and 'otherness' in early Anglo-Saxon England », *Medieval Wolrds*, 5 (2017), p. 113–142.

Harland, J. M., « Memories of migration? The 'Anglo-Saxon' burial costume of the fifth century AD », *Antiquity*, 93/370, 2019, p. 954–969.

Harle, S. (dir.), *La nécropole mérovingienne de Vicq (Yvelines). 4, rue du Radet*, DFS de fouille préventive, Commission du Vieux Paris, SRA Ile-de-France, 1999.

Harries, J., « Death and the Dead in the Late Roman West », dans Bassett, S. (éd.), *Death in Towns : Urban Responses to the Dying and the Death, 100–1600*, Leicester, Leicester university press, 1992, p. 56–67.

Haughton, C. & Powlesland, D., *West Heslerton, the Anglian cemetery. 2, catalogue of the Anglian graves and associated assemblages*, Yedingham, The Landscape research centre, 1999.

Hauser, G., « Das fränkische Gräberfeld unter dem Kölner Dom », dans *Die Franken Wegbereiter Europas. Vor 1500 Jahren : König Chlodwig und seine Erben. Catalogue d'exposition à Mannheim, du 8 septembre 1996 au 6 janvier 1997*, Mainz, P. von Zabern, 1996, p. 438–447.

Hincker, V. (dir.), *Falaise (Calvados), « Vâton ».* Rapport final d'opération de fouille programmée. Seconde campagne de fouille, année 2009, Rapport final d'opération, SDAC, SRA Basse-Normandie, 2010.

Hincker, V. (dir.), *Cagny et Banneville-la-Campagne (Basse-Normandie, Calvados). Contournement sud-est de Caen. Barreau de raccordement A13-RN 13*, Rapport final d'opération, SDAC, SRA Basse-Normandie, 2009.

Hincker, V. (dir.), *Falaise, « Vâton, La Sente » (Basse-Normandie, Calvados)*, Rapport final de fouille, SDAC, SRA Basse-Normandie, 2008.

Hincker, V., « Le cimetière mérovingien de Manerbe. Reflet d'une petite communauté rurale du VIIe siècle », *Société Historique de Lisieux*, 66 (2008), p. 94–128.

Hincker, V. & Carré, F., « Sarcophages de Normandie : une analyse comparée », dans Cartron, I., Henrion, F. & Scuiller, C. (dir.), *Les sarcophages de l'Antiquité tardive et du haut Moyen Âge : fabrication, utilisation, diffusion. Actes des XXXe Journées internationales d'archéologie mérovingienne, Bordeaux 2009*, Bordeaux, Aquitania, 2015, p. 47–75.

Hincker, V. *et al.*, « Une nécropole aristocratique rurale des IIe-IIIe s. à Vâton (Falaise, Calvados) dans la cité des Viducasses », *Gallia*, 69/1 (2012), p. 115–167.

Hincker, V. & Mayer, A. « La courte histoire du cimetière mérovingien de Banneville-la-Campagne (Calvados, France) », *Archéologie Médiévale*, 4 (2011), p. 1–48.

Hummer, H. J., *Politics and power in early medieval Europe : Alsace and the Frankish Realm, 600–1000*, Cambridge, Cambridge University Press, 2009.

Husi, P., Lorans, É. & Theureau, C., « Les pratiques funéraires à Saint-Mexme de Chinon du Ve au XVIIIe siècle », *Revue archéologique du Centre de la France*, 29/2 (1990), p. 131–169.

Härke, H., « Grave goods in early medieval burials : messages and meanings », *Mortality*, 19/1 (2014).

Härke, H., « Gender representation in Early Medieval burials : past reality or ritual display ? », *Problemy vseobshchej istorii*, 8 (2003), p. 130–140.

Härke, H., « The circulation of weapons in Anglo-Saxon society », Theuws, F. & Nelson, J. L. (éd.), *Rituals of power : from late antiquity to the early Middle Ages*, Köln, Brill, 2000, p. 377–399.

Innes, M., *State and Society in the Early Middle Ages : The Middle Rhine Valley, 400–1000*. Cambridge, Cambridge University Press, 2000 (Cambridge Studies in Medieval Life and Thought : Fourth Series).

Jacoby, M., *Wargus, vargr, « Verbrecher », « Wolf ». Eine sprach- und rechtsgeschichtliche Untersuchung*, Uppsala, Almquist och Wiksell, 1974.

James, E., « Burial and Status in the Early Medieval West », *Transactions of the Royal Historical Society*, 39 (1989), p. 23–40.

Jego, L. (dir.), *A.28, Capelle-lès-Grands « Les Terres Noires » (Eure – Haute-Normandie). La nécropole mérovingienne*, Rapport final de fouille, Inrap, SRA Haute-Normandie, 2008.

Jego, L., Carré, F. & Adrian, Y.-M., « Le cimetière de Capelle-lès-Grands « Les Terres noires » (Eure), Ve-VIIIe siècle », dans Lorren, C. (dir.), *La Gaule, le monde insulaire et l'Europe du Nord au haut Moyen Âge. Actualité de l'archéologie en Normandie (Ve-Xe s.). Actes des XXVIIe Journées internationales d'archéologie mérovingienne*, Saint-Germain-en-Laye, Association française d'Archéologie mérovingienne, 2013 (Mémoires 28), p. 137–148.

Jimenez, F. & Carré, F. (dir.), *Louviers (Eure) au haut Moyen Âge. Découvertes anciennes et fouilles récentes du cimetière de la rue du Mûrier*, Saint-Germain-en-Laye, Association française d'Archéologie mérovingienne, 2008 (Mémoires 18).

Jimenez, F. & Carré, F. & Le Maho, J., « Une sépulture exceptionnelle à Louviers (Haute-Normandie) à la charnière des Ve et VIe s. : réflexions autour d'une restitution », *Medieval Europe : 4e Congrès International d'Archéologie Médiévale et Moderne*, disponible sur <http ://medieval-europe-paris-2007. univparis1.fr/F.Jimenez%20et%20al.pdf> (consulté le 10 mars 2014).

Joye, S., *L'Europe barbare (476–714)*, Paris, Armand Colin, 2010.

Kajkowski, K., « The Symbolism and Ritual Significance of the Human Head Among the Pomeranians in the Early Middle Ages », dans Gardeła, L. & Kajkowski, K. (éd.), *The Head Motif in Past Societies in a Comperative Perspective (Motyw głowy w dawnych kulturach w perspektywie porównawczej)*, Bytów, Muzeum Zachodniokaszubskie w Btyowie, 2013, p. 156–193.

Kazanski, M. & Périn, P., « Le mobilier funéraire de la tombe de Childéric Ier. État de la question et perspectives », *Revue archéologique de Picardie*, 3–4 (1988), p. 13–38.

Kerner, J., *Manipulations post-mortem du corps humain : implications archéologiques et anthropologiques*, Leiden, Sidestone Press, 2018.

Klevnäs, A. *et al.*, « Reopened graves in the early Middle Ages : extended mortuary customs found across Europe », *Antiquity*, 95/382 (2021), p.1005–1026.

Klevnäs, A. M., *Whodunnit? Grave Robbery in Anglo-Saxon England and the Merovingian Kingdoms*, Oxford, BAR Publishing, 2013 (International Series 2582).

Klevnäs, A. M., *Whodunnit? Grave-robbery in early medieval northern and western Europe* PhD Thesis, Department of Archaeology, Cambridge, Girton College, University of Cambridge, 2010.

Knöx, A., « Middle Anglo-Saxon dress accessories in life and death : expressions of a worldview », dans Martin, T. F. & Weech, R., *Dress and society : contributions from archaeology*, Oxford, Oxbow, 2017, p.114–129.

Knüsel, C. J. & Ripley, K., « The *Berdache* or man-woman in Anglo-Saxon England and Early Medieval Europe", dans Frazer, W. O. & Tyrrell A., *Social identity in early medieval Britain*, Leicester University Press, London, 2000, p. 157–191.

Koziol, A. (dir.), *Odratzheim (Bas-Rhin),* Sandgrube*,Lotissement du* Wehland. *Une nécropole du haut Moyen Âge (fin du 5e siècle – 8e siècle)*, Rapport de fouille préventive, PAIR, SRA Alsace, 2012.

Koziol, A. (dir.), *Rœschwoog (Bas-Rhin), Lotissement « Am Wassertum ». Habitat rural et ensemble funéraire du haut Moyen Âge (fin du 6e – fin du 10e siècle). Étude géomorphologique d'une portion de la plaine alluviale du Ried Nord*, Rapport de fouille préventive, PAIR, SRA Alsace, 2010.

Kupper, J.-L., « Bibliographie », *Le Moyen Âge*, 3–4/ CXIII (2007), p. 669–673.

Kümmel, C., *Ur- und frühgeschichtlicher Grabraub : archäologische Interpretation und kulturanthropologische Erklärung*, Münster, Waxmann, 2009.

Lafferty, S., « *Ad sanctitatem mortuorum* : tomb raiders, body snatchers and relic hunters in late antiquity », *Early Medieval Europe*, 22/3 (2014), p. 249–279.

Lammers, S., « Medieval Christian Interments in Stone : Monolithic Limestone Sarcophagi », *Berichten van Rijksdienst voor het Oudheidkundig Bodemonderzoek*, 39 (1989), p. 377–434.

Landolt, M., Abert, F. & Bolly, A. (dir.), *Entzheim-Geispolsheim, Bas-Rhin. Lotissement d'activités du quadrant 4. Entzheim « In der Klamm » et Geispolsheim « Schwobenfeld ». Des habitats et une nécropole néolithique, des habitats protorhistoqies, un habitat antique, un habitat et une aire funéraire mérovingiens, une position fortifiée allemande de la Première Guerre Mondiale*, Rapport de fouille préventive, PAIR, SRA Alsace, 2013.

Lansival, R., « La nécropole mérovingienne de Metzervisse (Moselle) », *Revue archéologique de l'Est*, 56 (2007), p. 231–310.

Lantier, R., « Le cimetière mérovingien du Maltrat à Vouciennes », *Revue archéologique*, 15 (1940), p. 210–246.

La Roncière, C.-M., Delort, R. & Rouche, M., *L'Europe au Moyen Âge. Documents expliqués. Tome 1 : 395–888*, Paris, Armand Colin, 1969.

Larousse, P. & Augé, C. (éd.), *Petit Larousse illustré, nouveau dictionnaire encyclopédique*, Paris, Larousse, 1962.

Lansival, R., « La nécropole mérovingienne de Metzervisse, RD 918 (Moselle) », dans Guillaume, J. & Peytremann, É (dir.), *L'Austrasie. Sociétés, économies, territoires, christianisation. Actes des XXVIe Journées internationales d'archéologie mérovingienne, Nancy 22–25 septembre 2005*, Nancy, Presses universitaires de Nancy, 2008 (Mémoires 19), p. 241–256.

Lassaunière, G. (dir.), *Houplin-Ancoisne (Nord), « Rue de Noyelles ». Une nécropole mérovingienne inédite (dernier tiers du Ve s. – première moitié du VIIe s.). Étude préliminaire*, Rapport final d'opération, Centre archéologique de Seclin, SRA Nord-Pas-de-Calais, 2010.

Lauwers, M., « Le cimetière au village ou le village au cimetière ? Spatialisation et communautarisation des rapports sociaux dans l'Occident médiéval », dans Treffort, C. (dir.), *Le cimetière au village dans l'Europe médiévale et moderne. Actes des XXXVes Journées internationales d'histoire de l'abbaye de Flaran, 11 et 12 octobre 2013*, Toulouse, Presses universitaires du Midi, 2015, p. 41–60.

Lauwers, M., « Le cimetière dans le Moyen Âge latin. Lieu sacré, saint et religieux », *Annales. Histoire, Sciences Sociales*, 54/5 (1999), p. 1047–1072.

Lauwers, M., *Naissance du cimetière. Lieux sacrés et terre des morts dans l'Occident médiéval*, Paris, Aubier-Flammarion, 2005.

Lebedynsky, I., *Armes et guerriers barbares au temps des grandes invasions (IVe-VIe siècle ap. J.-C.)*, Paris, Éditions Errance, 2001.

Lecouteux, C. & Marcq, P. (éd.), *Les Esprits et les Morts, croyances médiévales*, Paris, H. Champion, 1990.

Lecouteux, C., *Fantômes et revenants au Moyen Âge*, Paris, Imago, 1996.

Lefèbvre, A. (dir.), *Kuntzig, Moselle, « Z.A.C. des Passereaux ». Une cave gallo-romaine et un cimetière mérovingien*, Rapport final d'opération, Inrap, SRA Lorraine, 2011.

Le Forestier, C. (dir.), *Noisy-le-Grand (Seine-Saint-Denis), 4 rue des Mastraits*, Rapport final d'opération, Inrap, SRA Ile-de-France, 2012.

Le Goff, J., *À la recherche du Moyen Âge*, Paris, L. Audibert, 2004.

Legoux, R., *La nécropole mérovingienne de Cutry (Meurthe-et-Moselle)*, Saint-Germain-en-Laye, Association française d'Archéologie mérovingienne, 2005 (Mémoires 14).

Legoux, R., *La nécropole mérovingienne de Bulles (Oise)*, Saint-Germain-en-Laye, Association française d'Archéologie mérovingienne, 2011 (Mémoires 24).

Legoux, R. & Legoux, Y., « Le cimetière mérovingien de Saine-Fontaine (Oise) », *Cahiers archéologiques de Picardie*, 1 (1974), p. 123–180.

Legoux, Y. & Legoux, R., « Verrerie, vaisselle de bronze et céramique de la nécropole mérovingienne de Saine-Fontaine à Bulles (Oise) », *Cahiers archéologiques de Picardie*, 5 (1978), p. 231–240.

Legoux, R., Périn, P. & Vallet, F., *Chronologie normalisée du mobilier funéraire mérovingien entre Manche et Lorraine*, Saint-Germain-en-Laye, Association française d'Archéologie mérovingienne, 3e édition revue et corrigée, 2009 (Bulletin de liaison de l'Association française d'archéologie mérovingienne, HS 1).

Leinthaler, B., « Ein frühmittelalterliches Reihengräberfeld bei Eußenheim », *Das archäologische Jahr in Bayern* (1995), p. 130–133.

Le Jan, R., *La société du haut Moyen Âge (VIe-IXe siècle)*, Paris, Armand Colin, 2003.

Le Jan, R., « La sacralité de la royauté mérovingienne », *Annales. Histoire, Sciences Sociales*, 6 (2003), p. 1217–1241.

Le Jan, R., « Frankish giving of arms and rituals of power : continuity and change in the Carolingian period », in F. Theuws et J. L. Nelson (éd.), *Rituals of power : from late antiquity to the early Middle Ages*, Köln, Brill, 2000, p. 281–309.

Le Jan, R., *Femmes, pouvoir et société dans le haut Moyen Âge*, Paris, Picard, 2001.

Le Jan, R., *Histoire de la France : origines et premier essor 480–1180*, Paris, Hachette supérieur, 1996.

Le Jan, R., « Satellites et bandes armées dans le monde franc (VIIe-Xe siècles) », *Actes des congrès de la Société des historiens médiévistes de l'enseignement supérieur public*, 18 (1987), p. 97–105.

Le Petit Larousse illustré, Paris, Larousse, 1999.

Letronne, A. J., *Papyrus grec du Musée royale contenant une plainte en violation de sépulture*, Paris, Imprimerie royale, 1827.

Lewuillon, S., « Destins d'estampes. L'image archéologique dans la seconde moitié du XIXe siècle en France », *Bulletin de la société historique de Compiègne*, 37 (2001), p. 49–70.

Lièvre, A.-F., *Les sépultures mérovingiennes et l'art barbare dans l'Ouest de la France*, Poitiers, Blanchier, 1894.

Lombard, M., *Les métaux dans l'Ancien Monde du Ve au XIe siècle*, Paris, Éditions de l'École des Hautes Études en Sciences Sociales, 2002 (rééd.).

Lorren, C., *Fibules et plaques-boucles à l'époque mérovingienne en Normandie. Contribution à l'étude du peuplement, des échanges et des influences, de la fin du Ve au début du VIIIe s.*, Saint-Germain-en-Laye, Association française d'Archéologie mérovingienne, 2001 (Mémoires 8).

Louis, É., *Quiéry-la-Motte (62). Chemin de Beaumont, Le Marquaille. Diagnostic*, Communauté d'agglomération du Douaisis, direction de l'archéologie préventive, SRA Nord-Pas-de-Calais, 2004.

Louis, É. & Rorive, S., *Quiéry-la-Motte, chemin de Beaumont « Le Marquaille ». Fouille programmée triannuelle 2009–2011*, Rapport intermédiaire 2010, Communauté d'agglomération du Douaisis, direction de l'archéologie préventive, SRA Nord-Pas-de-Calais, 2010.

Louis, É. & Rorive, S., *Quiéry-la-Motte, chemin de Beaumont « Le Marquaille ». Fouille programmée triannuelle 2008–2010*, Rapport intermédiaire 2009, Communauté d'agglomération du Douaisis, direction de l'archéologie préventive, SRA Nord-Pas-de-Calais, 2010.

Lowe., E. A., « The Vatican MS. of the Gelasian Sacramentary and Its Supplement at Paris », *Journal of theological studies*, 27 (1926), p. 357–373.

Mamie, A., Mauduit, A. (dir.), *Didenheim, 2ème ZAC des Collines (Bas-Rhin, Alsace)*, Rapport d'archéologie préventive, Antea Archéologie, SRA Alsace, 2009.

Mantel, É. (dir.), *Longroy (Seine-Maritime) « La Tête Dionne ». Fouille programmée pluri-annuelle. Première campagne du 2 au 27 septembre 1998*, Rapport Intermédiaire, SRA, SRA Haute-Normandie, 1999.

Mantel, É. *et al.*, « Le cimetière mérovingien d'Haudricourt (Seine-Maritime) », *Revue archéologique de Picardie*, 1–2 (1994), p. 179–261.

Mantel, É. (dir.), *Rapport des opérations archéologiques menées sur le tracé A28, Fallencourt (Seine-Maritime)*, Rapport de fouilles archéologiques, SRA, SRA Haute-Normandie, 1992.

Mantel, É. (dir.), *Haudricourt (Seine-Maritime), « Le Larris de la Commune »*, Rapport de sauvetage urgent, Direction des antiquités historiques, SRA, SRA Haute-Normandie, 1989.

Mantel, É. & Devillers, S., « Présentation du cimetière mérovingien de Longroy « La Tête Dionne » (Seine-Maritime) », dans Delestre, X., Kazanski, M. & Périn, P., *De l'âge du Fer au haut Moyen Âge. Archéologie funéraire, princes et élites guerrières. Actes des tables rondes Longroy I, 1er et 2 septembre 1998 et Longroy II, 24 et 25 août 1999,* Saint-Germain-en-Laye, Association française d'Archéologie mérovingienne, 2006 (Mémoires 15), p. 115–121.

Marignan, A., *Études sur la civilisation française. Tome I, La société mérovingienne*, Paris, Émile Bouillon, 1899.

Martin, H., « À la recherche de la culture populaire bretonne à travers les manuscrits du bas Moyen Âge », *Annales de Bretagne et des pays de l'Ouest*, 86/4 (1979), p. 631–633.

Martin, J.-F., (dir.), « Le site de « Jeoffrécourt » à Sissonne (Aisne). Cimetière et unités domestiques du VIe au IXe s. après J.-C. », *Revue archéologique de Picardie*, 1–2 (2011), p. 1–394.

Martin, M., « Les Burgondes et l'archéologie. Hier et aujourd'hui », dans Gaillard De Semainville, H., (dir.), *Les Burgondes : apports de l'archéologie. Actes du colloque international de Dijon, 5–6 novembre 1992*, Dijon, Association pour la connaissance du patrimoine de Bourgogne, 1995, p. 31–44.

Martin, T. F. & Weech, R., *Dress and society : contributions from archaeology*, Oxford, Oxbow, 2017.

Masset, C., « Le « recrutement » d'un ensemble funéraire », dans Duday, H. & Masset, C. (éd.), *Anthropologie physique et archéologie. Méthodes d'étude des sépultures. Actes du colloque de Toulouse, 4–6 novembre 1982*, Paris, CNRS, 1986 p.111–134.

Massy, J.-L., « Le cimetière mérovingien de Coisy (Somme) », *Cahiers archéologiques de Picardie*, 7 (1980), p. 292–301.

Mathiaut-Legros, A., « La céramique dans la tombe, du Bas-Empire à l'époque mérovingienne (IIIe-VIIIe siècle après J.-C.), dans la moitié nord de la Gaule », dans Cosma, C. (éd.), *Funerary offerings and votive depositions in Europe's 1st millenium AD. Cultural artefacts and local identities*, Cluj-Napoca, Éditions Mega, 2007, p. 113–129.

Mazeau, A. (dir.), « La nécropole mérovingienne de Santeuil (Val-d'Oise) », *Bulletin archéologique du Vexin français et du Val-d'Oise*, 38 (2006), p. 23–99.

Médard, F. & Moulhérat, C., « Les textiles mérovingiens : état des recherches et nouvelles découvertes dans l'Est de la France », dans Guillaume, J. & Peytremann, É (dir.), *L'Austrasie. Sociétés, économies, territoires, christianisation. Actes des XXVIe Journées internationales d'archéologie mérovingienne, Nancy 22–25 septembre 2005*, Nancy, Presses universitaires de Nancy, 2008 (Mémoires 19), p. 123–132.

Médard, F. *et al.*, « La nécropole mérovingienne d'Erstein (Bas-Rhin) : étude des textiles minéralisés au contact des fibules », *Revue archéologique de l'Est*, 55 (2006), p. 307–322.

Michaud, M., « Éloge » du sac de Rome », *Bulletin de l'association Guillaume Budé*, 59/4 (2000), p. 386–406.

Montesquieu, C.-L., *De l'esprit des lois*, Paris, Les Belles Lettres, 1950–1961 (1748), 4 tomes.

Dom Bernard de Montfaucon, *Les Monuments de la Monarchie françoise qui comprennent l'histoire de France avec les figures de chaque règne que l'injure des tems à épargnées*, Paris, J. M. Gandouin & P. F. Giffart, 1729.

Montgomery, J., *Lead and strontium isotope compositions of human dental tissues as an indicator of ancient exposure and population dynamics*, PhD Thesis, Department of Archaeological Sciences, Bradford, University of Bradford, 2002.

de Morgan, J., *Les recherches archéologiques. Leur but et leurs procédés*, Paris, Éditions de la Revue des idées, 1906.

Morleghem, D., « Implantation et visibilité des sarcophages de pierre du haut Moyen Âge », dans Gaultier, M., Dietrich, A. & Corrochano, A. (dir.), *Rencontre autour des paysages du cimetière médiéval et moderne*, Tours, Gaaf/FERACF, 2015, p. 191–196.

Morris, I., *Death-ritual and social structure in classical antiquity*, Cambridge, Cambridge university press, 1992.

Morvan, D. & Laporte, L. (éd.), *Le Robert de poche*, Paris, Dictionnaires Le Robert-SEJER, 2012.

Müller, K., *Gräber, Gaben, Generationen : der frühmittelalterliche Friedhof (7. Jahrhundert) von der Früebergstrasse in Baar (Kanton Zug)*, Basel, Archäologie Schweiz, 2010.

Murail, P. *et al.*, « DSP : A Tool for Probabilistic Sex Diagnosis Using Worldwide Variability in Hip-Bone Measurements », *Bulletins et Mémoires de la Société d'Anthropologie de Paris*, 17/3–4 (2005), p. 167–176.

Natuniewicz-Sekula, M. & Rein Seehusen, C., « Baltic connections. Some remarks about studies of boat-graves from the Roman Iron Age. Finds from the Slusegård and Welklice cemeteries », dans Lund Hansen, U. & Bitner-Wróblewska, A. (éd.), *Worlds apart? Contacts across the Baltic Sea in the Iron Age. Network Denmark-Poland, 2005*–2008, Copenhague, Det Kongelige Nordiske Oldkriftselskab, 2010, p. 287–313.

Nécropole mérovingienne de Vicq (Yvelines). Rapport sur les fouilles effectuées du 25 mars 1978 au 29 octobre 1978, Commission du Vieux Paris, SRA Ile-de-France, 1978.

Nehlsen, H., « Der Grabfrevel in den germanischen Rechtsaufzeichnungen : Zugleich ein Beitrag zur Diskussion um Todesstrafe und Friedlosigkeit bei den Germanen », dans Jankuhn, H., Nehlsen H. & Roth, H. (éd.), *Zum Grabfrevel in vor-und frühgeschichticher zeit : Untersuchungen zu Grabraub und „ haugbrot „ in Mittel- und Nordeuropa : Bericht*, Göttingen, Vandenhoeck und Ruprecht, 1978, p. 107–168.

Nicaise, A., « Le cimetière mérovingien de l'Académie. Commune de Saint-Quentin-sur-Coole (Marne) », *Mémoires de la Société d'agriculture, commerce, sciences et arts du département de la Marne*, 1880–1881 (1882), p. 117–124.

Nicaise, A., *L'archéologie, son domaine et son influence sur les progrès matériels et moraux du XIXe siècle*, Nancy, Berger-Levrault, 1894.

Nice, A., « La nécropole mérovingienne de Goudelancourt-lès-Pierrepont (Aisne). Présentation générale », *Revue archéologique de Picardie*, 1–2 (1994), p. 3–7.

Nice, A., *La nécropole mérovingienne de Goudelancourt-lès-Pierrepont (Aisne)*, *Revue archéologique de Picardie*, n. s. 25, 2008.

Nicklas, C. & Pollen, A., *Dress history. New directions in theory and practice*, London, Bloomsbury, 2015.

Noble, T. F. X. (trad.), *Charlemagne and Louis the Pious. The lives by Einhard, Notker, Ermoldus, Thegan and the Astronomer*, University Park, The Pennsylvania State University Press, 2009.

Noterman A. A. & Klevnäs, A., « In Search of an Acceptable Past : History, Archaeology, and 'Looted' Graves in the Construction of the Frankish Early Middle Ages », dans Weiss-Krejci, E., Becker, S. & Schwyzer, P. (éd.), *Interdisciplinary Explorations of Postmortem Interaction : The Uses of Dead Bodies, Funerary Objects, and Burial Spaces through Text and Time*, Cham, Springer Nature Switzerland, à paraître.

Noterman A. A. & Cervel M. (dir.), *Ritualiser, gérer, piller. Rencontre autour des réouvertures de tombes et de la manipulation des ossements. Actes de la 9e Rencontre du Gaaf UFR SHA, CESCM, Poitiers (10–12 mai 2017)*, Chauvigny, Gaaf (*Publication du Gaaf 9*), Éd. Association des Publications Chauvinoises (Mémoire LII), 2020a.

Noterman A. A. & Cervel M., « Enluminures, dessins, restitutions. Quelles images pour la réouverture des sépultures et la manipulation des ossements ? », dans Noterman A. A. & Cervel M. (dir.), *Ritualiser, gérer, piller. Rencontre autour des réouvertures de tombes et de la manipulation des ossements. Actes de la 9e Rencontre du Gaaf UFR SHA, CESCM, Poitiers (10–12 mai 2017)*, Chauvigny, Gaaf (*Publication du Gaaf 9*), Éd. Association des Publications Chauvinoises (Mémoire LII), 2020b, p. 363–377.

Noterman, A. A. *et al.*, « La perturbation des sépultures au haut Moyen Âge : discussion et collaboration européenne », dans Noterman, A. A. & Cervel, M. (dir.), *Ritualiser, gérer, piller. Rencontre autour des réouvertures de tombes et de la manipulation des ossements. Actes de la 9e Rencontre du Gaaf UFR SHA, CESCM, Poitiers (10–12 mai 2017)*, Chauvigny, Gaaf (Publication du Gaaf 9) – Éd. Association des Publications Chauvinoises (Mémoire LII), 2020, p. 73–86.

Noterman, A. A., « Pour une méthodologie des pillages mérovingiens (VIe-VIIIe siècle) : quels outils ? », dans Leroy, I. & Verslype L. (dir.), *Communauté des vivants, Compagnie des morts. Actes des 35e Journées de l'Association française d'archéologie mérovingienne*, Saint-Germain-en-Laye, Association française d'archéologie mérovingienne, 2017 (Mémoires 33), p. 155–162.

Noterman, A. A., *Violation, pillage, profanation : la perturbation des sépultures mérovingiennes au haut Moyen Âge (VIe-VIIIe siècle) dans la moitié nord de la France*, Thèse de doctorat, Poitiers, Université de Poitiers, 2016.

Oakeshott, E., *The Archaeology of weapons. Arms and armour from Prehistory to the Age of Chivalry*, Woodbrige, Boydell Press, 1994.

Orblin, J., « Cimetières de Reims », *Bulletin de la Société archéologique champenoise*, 2 (1927), p. 65–68.

Paillard, D. *et al.*, « Identité sociale ou miroir d'une société en évolution ? Les tombes remarquables de la seconde moitié du IVe siècle dans la nécropole Michelet à Lisieux (Calvados) », dans Alduc-Le Bagousse, A. (dir.), *Inhumations de prestige ou prestige de l'inhumation ? Expressions du pouvoir dans l'au-delà (IVe-XVe siècle)*, Caen, Publications du CRAHM, 2009, p. 1–22.

Paresys, C. (dir.), *Savigny-sur-Ardres (Marne), « La Croix Cassée ». Fouille d'un cimetière mérovingien*, Rapport final d'opération, Inrap, SRA Champagne-Ardenne, 2010.

Paresys, C. & Truc, M.-C., « Les tombes privilégiées de « La Tuilerie » à Saint-Dizier (Haute-Marne) », dans Alduc-Le Bagousse, A. (dir.), *Inhumations de prestige ou prestige de l'inhumation ? Expressions du pouvoir dans l'au-delà (IVe-XVe siècle)*, Caen, Publications du CRAHM, 2009, p. 69–98.

Parisse, M., *La tapisserie de Bayeux : un documentaire du XIe siècle*, Paris, Denoël, 1983.

Parrot, A., *Malédictions et violations de tombes*, Paris, P. Geuthner, 1939.

Pastoureau, M., « Pratiques et symboliques vestimentaires », *Médiévales*, 29 (1995), p. 5–7.

Patrello, R. J., « Belt buckles and burials in Southwestern Gaul », dans Effros, B. & Moreira, I. (éd.), *The Oxford Handbook of the Merovingian World*, Oxford, Oxford University Press, 2020, p. 916–938.

Pecqueur, L. (dir.), *Lagny-sur-Marne (Seine-et-Marne), 17–25 avenue Grouard. La nécropole mérovingienne de Saint-Denis-du-Port*, Rapport de fouille, Inrap, SRA Ile-de-France, 2015.

Pecqueur, L. (dir.), *Nanterre (Hauts-de-Seine), rue de l'Église. Les occupations funéraires*, Rapport de fouille, Inrap, SRA Ile-de-France, 2012.

Petitjean, M., « Les peignes en os à l'époque mérovingienne : évolution depuis l'Antiquité tardive », *Antiquités nationales*, 27 (1995), p. 145–191.

Périn, P., « Le costume et ses implications sociales et ethniques possibles dans la moitié nord de la Gaule mérovingienne », *Revu belge de philologie et d'histoire*, 96/2 (2018), p. 752–743.

Périn, P., « La progression des Francs en Gaule du nord au Ve siècle », *Cahiers Archéologiques*, 46 (1998), p. 5–16.

Périn, P., « À propos de découvertes récentes dans l'est de la France : les sépultures mérovingiennes à chambre funéraire et à marques de surface », *Bulletin de la Société Nationale des Antiquaires de France*, 2000 (2004), p. 181–191.

Périn, P., « Le monde franc au cœur des échanges », dans *Les Francs, précurseurs de l'Europe. Exposition au Musée du Petit Palais, 23 avril – 22 juin 1997*, Paris, Paris-Musées, 1997.

Périn, P., « Saint-Germain-des-Prés, première nécropole des rois de France », *Médiévales*, 3 (1996), p. 29–36.

Périn, P. & Feffer, L.-C., *Les Francs*, Paris, Armand Colin, 1997.

Picard, J.-C., *Évêques, saints et cités en Italie et en Gaule. Études d'archéologie et d'histoire*, Rome, École française de Rome, 1998.

Pigeaud, J., « La question du cadavre dans l'Antiquité gréco-romaine », *Micrologus. Il cadavere – The corpse*, VII (1999), p. 43–71.

Pilet, C., *La nécropole de Frénouville. Étude d'une population de la fin du IIIe à la fin du VIIe siècle*, Oxford, BAR Publishing, 1980 (International Series 83).

Pilet, C. *et al.*, « Les nécropoles de Giberville (Calvados). Fin du Ve siècle-fin du VIIe siècle après J-C », *Archéologie médiévale*, 20 (1990), p. 1–140.

Pinon, P., « Les pratiques de l'archéologie et les circonstances des découvertes au XVIe et au début du XIXe siècle », dans Demoule, J.-P. & Landes, C. (éd.), *La fabrique de l'archéologie en France*, Paris, La Découverte, 2009, p. 34–53.

Pion, C., « Bijoux et parures vestimentaires à l'époque mérovingienne (Ve-VIIIe s.) », dans Cattelain, P., Bozet, N. & Di Stazio, G. V. (éd.), *La parure de Cro-Magnon à Clovis*, Treignes, Éditions du Cedarc, 2012, p. 165–192.

Pion, C., « La pratique du remploi dans les sépultures mérovingiennes de Belgique. Entre recyclage, esthétique et symbolique », dans Boissavit-Camus, B., Pion, P. & Bruno, G., *Vestiges recyclés, mémoires composées : les sociétés médiévales et les vestiges du passé,* 2012 (Cahier des Thèmes transversaux ArScAn 10), p. 47–55.

Pion, C., *La pratique du remploi dans les sépultures mérovingiennes de Belgique. Entre recyclage, esthétique et symbolique*, Mémoire d'Histoire de l'Art et Archéologie, Bruxelles, Université Libre de Bruxelles (inédit), 2009.

Piton, D., *La nécropole de Nouvion-en-Ponthieu (Somme)*, Berck-sur-Mer, Dossiers Archéologiques, Historiques et Culturels du Nord et du Pas-de-Calais, 1985.

Pomian, K., « Francs et Gaulois », dans Nora, P. (éd.), *Les lieux de mémoire. III. Les France. I. Conflits et partages*, Paris, Gallimard, 1992, p. 41–105.

Pons, J.-A. & Bescherelle, L.-N., *Nouveau dictionnaire classique de la langue française*, Paris, Garnier frères, 1865.

Pontal, O., *Histoire des conciles mérovingiens*, Paris, Éditions du Cerf, 1989.

Poplin, F., Brunaux, J.-L. & Méniel, P., « Les Gaulois dépecés de Gournay-sur-Aronde », *Revue archéologique de Picardie*, 4 (1985), p. 147–164.

Prohaska-Gross, C., « Der Spitalfriedhof », dans Lutz, D. (éd.), *Vor dem grossen Brand, Archäologie zu Füssen des Heidelberger Schlosses, catalogue d'exposition du Landesdenkmalamtes Baden-Württemberg, 10 avril-19 juillet 1992*, Stuttgart, Archäologische Denkmalpflege, 1992, p. 27–33.

Quintard, L., « Le cimetière franc du Champ des Tombes à Pompey (Meurthe-et-Moselle) », *Mémoires de la Société d'archéologie lorraine et du musée historique lorrain*, 6 (1878), p. 1–22.

Rajade, A., « Fonction des « grosses perles de ceinture ». Élément de parure ou objets fonctionnels ? », *Revue archéologique de Picardie*, 1–2 (2009), p. 77–86.

Rajade, A. & Morlans, S., « Les grosses perles en verre de l'époque mérovingienne. Approche croisée d'un objet multifonctionnel », dans Wateau, F. (dir.), *Profils d'objets. Approches d'anthropologues et d'archéologues*, Paris, De Boccard, 2011, p. 11–22.

Raynaud, C. (dir.), *Les nécropoles de Lunel-Viel (Hérault) de l'Antiquité au Moyen Âge*, Montpellier, Éditions de l'Association de la Revue archéologique de Narbonnaise, 2010.

Rebillard, É., *Religion et Sépulture. L'Église, les vivants et les morts dans l'Antiquité tardive,* Paris, Éditions EHESC, 2003.

Rebillard, É., « Violations de sépulture et impiété dans l'Antiquité tardive », dans Mary, L. & Sot, M. (éd.), *Impies et païens : entre Antiquité et Moyen Âge*, Paris, Picard, 2002, p. 65–80.

Regnard, S., *Gaillon-sur-Monctient (Yvelines), lieu-dit « La Garenne ». Nécropole mérovingienne*, document final de synthèse, CRAVF, SRA Ile-de-France, 2001.

Renart, J. & Boucherie, A. (éd.), *Le Roman de Galerent, comte de Bretagne*, Montpellier, Bureau des publications de la Société pour l'étude des langues romanes, 1888.

Rencontre autour du Cercueil. Journée du 28 janvier 1997, musée des Arts et traditions populaires, Paris, Table-ronde du GAAFIF, 1998 (Bulletin de liaison n.s. 2).

Reimitz, H., « The history of historiography in the Merovingian Period », dans Effros, B. & Moreira, I. (éd.), *The Oxford Handbook of the Merovingian World*, Oxford, Oxford University Press, 2020, p. 463–488.

Rey, A. (éd.), *Dictionnaire culturel en langue française*, Paris, Édition Le Robert, 2005.

Riché, P., *Être enfant au Moyen Âge. Anthologie de textes consacrés à la vie de l'enfant du Ve au XVe siècle*, Fabert, Paris, 2010.

Richier, A., « Pourquoi fouiller les cimetières du XIXe siècle ? L'exemple du site des Crottes à Marseille », *Revue d'histoire du XIXe siècle*, 58 (2019), p. 103–124.

Rio, A., « Merovingian Legal Cultures », dans Effros, B. & Moreira, I. (éd.), *The Oxford Handbook of the Merovingian World*, Oxford, Oxford University Press, 2020, p. 489–507.

Rorive, S., *Quiéry-la-Motte, chemin de Beaumont « Le Marquaille »,* Rapport de fouille programmée, Communauté d'agglomération du Douaisis, direction de l'archéologie préventive, SRA Nord-Pas-de-Calais, 2008.

Routier, J.-C., *La nécropole mérovingienne de Fréthun*, Mémoire de D.E.A. d'Histoire de l'Art et Archéologie, Villeneuve-d'Ascq, Université Charles-de-Gaulle – Lille 3, 1993.

Roth, H., « Bemerkungen zur Totenberaubung während der Merowingerzeit », *A.K.*, 7 (1977), p. 287–290.

Roth, H., « Archäologische Beobachtungen zum Grabfrevel im Merowingerreich », dans Jankuhn, H., Nehlsen H. & Roth, H. (éd.), *Zum Grabfrevel in vor-und frühgeschichticher zeit : Untersuchungen zu Grabraub und „ haugbrot „ in Mittel- und Nordeuropa : Bericht*, Göttingen, Vandenhoeck und Ruprecht, 1978, p. 53–84.

Roth-Zehner, M. (dir.), *Reguisheim. Lieux-dits « Oberfeld/ Grossfeld » (Alsace, Haut-Rhin)*, Rapport de fouille programme septembre 1997/2004, Antea Archéologie SRA Alsace, 2004.

Roth-Zehner, M. & Cartier, É. (dir.), *Illfurth, lieu-dit* Buergelen *(Alsace, Haut-Rhin)*, Rapport d'archéologie préventive, Antea Archéologie, SRA Alsace, 2007.

Rouche, M., « Remarques sur la géographie historique de la Neustrie (650–850) », dans Atsma, H. (éd.), *La Neustrie. Les pays au nord de la Loire de 650 à 850*, 1989, vol.1, p. 1–23.

Rouche, M. (dir.), *Clovis, histoire & mémoire. Clovis et son temps, l'évènement*, Paris, Presses de l'Université de Paris-Sorbonne, 1997.

Rzepkowski, K., « Un distique vénatoire tardo-antique. À propos d'une inscription latine sur une lance d'apparat de la nécropole mérovingienne de Cutry », *Antiquité tardive*, 15 (2007), p. 365–369.

Salaün, G., McGregor, A. & Périn, P., « Empreintes inédites de l'anneau sigillaire de Childéric Ier : état des connaissances », *Antiquités nationales*, 39 (2008), p. 217–224.

Salin, É., *La civilisation mérovingienne d'après les sépultures, les textes et le laboratoire. Quatrième partie : Les croyances. Conclusions – Index général*, Paris, A. et J. Picard, 1959.

Salin, É., *Les tombes gallo-romaines et mérovingiennes de la basilique de Saint-Denis (fouilles de janvier-février 1957)*, Paris, Imprimerie nationale, 1958.

Salin, É., *La civilisation mérovingienne d'après les sépultures, les textes et le laboratoire. Deuxième partie : Les sépultures*, Paris, A. et J. Picard, 1952.

Salin, É., « Inhumation habillée et mobilier funéraire à l'époque mérovingienne », *Comptes-rendus des séances de l'Académie des Inscriptions et Belles-Lettres*, 2 (1951), p. 123–128.

Salin, É., « Les techniques de la damasquinure en Gaule mérovingienne », *Gallia*, 9 (1951), p. 31–52.

Salin, É., *Manuel des fouilles archéologiques. Les fouilles de sépultures du Ve au VIIIe siècle*, Paris, Presses universitaires de France, 1946.

Salin, É., *Rhin et Orient. Le haut Moyen Âge en Lorraine d'après le mobilier funéraire*, Paris, P. Geuthner, 1939.

Salin, É. & France-Lanord, A., *Le fer à l'époque mérovingienne. Étude technique et archéologique*, Paris, Librairie orientaliste Paul Geuthner, 1943.

Sarti, L., *Perceiving war and the military in Early Christian Gaul (ca. 400–700 A.D.)*, Leiden, Brills, 2013 (Series on the Early Middle Ages 22).

Schmitt, J.-C., « Les reliques et les images », dans Bozóky E. & Helvétius, A.-M. (éd.), *Les reliques. Objets, cultes, symboles. Actes du colloque international de l'Université du Littoral-Côte d'Opale (Boulogne-sur-Mer), 4–6 septembre 1997*, Turnhout, Brepols, 1999, p. 145–159.

Schmitt, J.-C., *Les revenants : les vivants et les morts dans la société médiévale*, Paris, Gallimard, 1994.

Schneider, R., « Königswahl », *Reallexikon der germanischen Altertumskunde*, 7 (2001), p. 141–146.

Schnitzler, B. (dir.), *Rites de la mort en Alsace : de la Préhistoire à la fin du XIXe siècle*, Strasbourg, Musées de la Ville de Strasbourg, 2008.

Seguin, G., « Les nécropoles de la Croix-Blandin (Marne) : pillages à l'époque contemporaine et manipulations d'ossements durant La Tène ancienne », dans Noterman, A. A. & Cervel, M. (dir.), *Ritualiser, gérer, piller. Rencontre autour des réouvertures de tombes et de la manipulation des ossements. Actes de la 9e Rencontre du Gaaf UFR SHA, CESCM, Poitiers (10–12 mai 2017)*, Chauvigny, Gaaf (Publication du Gaaf 9) – Éd. Association des Publications Chauvinoises (Mémoire LII), 2020, 179–190.

Seguin, G., *Migné-Auxances, « La Garde – Le Temps Perdu » (Vienne)*, Rapport d'opération de fouilles archéologiques, Archéosphère, SRA Poitou-Charente, 2012.

Seguin, G. (dir.), *Buchères, « Le Clos II » (Aube)*, Rapport d'opération de fouilles archéologiques, Archéosphère, SRA Champagne-Ardenne, 2011.

Séguy, I. & Buchet, L., « Âge biologique, âge civil, âge social. Estimation de l'âge des enfants inhumés et analyse paléodémographique », dans *Enfants d'aujourd'hui. Diversité des contextes, pluralité des parcours. Actes du Colloque international de Dakar, décembre 2002*, Paris, Presses universitaires de France, 2006, p. 25–39.

Séguy, I. & Buchet, L., *Manuel de paléodémographie*, Paris, Ined, 2011.

Séguy, I. & Signoli, M., « Quand la naissance côtoie la mort : pratiques funéraires et religion populaire en France au Moyen Âge et à l'époque moderne », dans Gusi, F., Muriel, S. & Olaria, C. (dir.), *Nasciturus, infans, puerulus vobis mater terra. La muerte en la infancia*, Castelló de la Plana, Servicio de Investigaciones Arqueológicas y Prehistóricas, Colección de Prehistoria y Arqueologia, 2008, p. 497–512.

Serneels, V., « Le fer et ses minerais », dans Mangin, M. (éd.), *Le Fer*, Paris, Éditions Errance, 2004, p. 25–48.

Serralongue, J. & Treffort, C., « Inhumations secondaires et ossements erratiques de la nécropole des Combes, à Yvoire (Haute-Savoie). Analyse archéologique et questions historiques », *Pages d'archéologie médiévale en Rhône-Alpes*, 2 (1995), p.105–118.

Sieyès, E.-J., *Qu'est-ce que le Tiers-État ?*, Paris, Presses Universitaires de France, 1982 (1789).

Simmer, A., *Le cimetière mérovingien d'Audun-le-Tiche (Moselle)*, Paris, Éditions Errance, 1988, 160 p.

Simmer, A., « Le prélèvement des crânes dans l'Est de la France à l'époque mérovingienne », *Archéologie Médiévale*, 12 (1982), p. 35–50.

Somerville, A. A., Mcdonald, R. A., *The Viking age. A reader*, Toronto, University of Toronto Press, 2010.

Soulat, J., « Vicq. Une immense nécropole mérovingienne », *Archéologia*, 504 (2012), p. 2–14.

Staššiková-Štukovská, D., « Neue Erkenntnisse zur Dekomposition meschlicher Skelette am Beispiel des frühmittelalterlichen Gräberfeldes von Borovce, Slowakei », *Praehistoriesche Zeitschrift*, 68/2 (1993), p. 242–263.

Starley, D., « The Metallurgical examination of ferrous grave goods from Wasperton : Anglo-Saxon cemetery MN80–85 », *Royal Armouries Technological Report*, 1 (2006), disponible sur <http ://archaeologydataservice.ac.uk/archiveDS/archiveDownload?t=arch-810–1/dissemination/pdf/Archive_Starley_iron_work_07.pdf>.0

Steuer, H., « Krieger und Bauern. Bauernkrieger. Die Gesellschaftliche Ordnung der Alamannen », dans *Die Alamannen. Ausstellung Südwest LB-Forum, Stuttgart, 14 Juni 1997 bis 14 September 1997*, Stuttgart, Theiss, 1997, p. 275–287.

Steuer, H., « Archaeology and History : proposals on the social structure of the Merovingian kingdom », dans Randsborg, K. (éd.), *The Birth of Europe : Archaeology and Social Development in the First Millennium A.D.*, Rome, L'Erma di Bretschneider, 1989, p. 100–122.

Steuer, H., *Frühgeschichtliche Sozialstrukturen in Mitteleuropa : eine Analyse der Auswertungsmethoden des archaölogischen Quellenmaterials*, Göttingen, Vandenhoeck und Ruprecht, 1982.

Steuer H. *et al.*, « Grabraub Archäologisches », *Reallexikon der Germanischen Altertumskunde*, 12 (1998), p. 516–527.

Stojanowski, C. M., « Hydrodynamic Sorting in a Coastal Marine Skeletal Assemblage », *International Journal of Osteoarchaeology*, 12 (2002), p. 259–278.

Stutz, F., « L'inhumation habillée à l'époque mérovingienne au sud de la Loire », *Mémoires de la société archéologique du Midi de la France*, 60 (2000), p. 33–47.

Taladoire, É., « Le pillage archéologique en Mésoamérique et le marché de l'art précolombien », in G. Compagnon (éd.), *Halte au pillage !*, Paris, Éditions Errance, 2010, p. 339–358.

Tarlow, S., « The Archaeology of Emotion and Affect », *Annual Review of Anthropology*, 41 (2012), p. 169–185

Tarlow, S., « Emotion in Archaeology », *Current Archaeology*, 41/5 (2000), p. 713–746

Tassin, R., « Le cimetière mérovingien de Selles (Marne), *Bulletin de la Société Archéologique Champenoise*, 32 (1938), p. 75–76.

Taupin, M.-C., Dumont, C. & Raymond, P., *Magny-en-Vexin (95), Collège Claude Monet*, Document Final de Synthèse, A.F.A.N., SRA Ile-de-France, 1998.

Terrien, M.-P., *La christianisation de la région rhénane du IVe au milieu du VIIe siècle*, 2007.

Tixier, B. (dir.), *Vitry-la-Ville (51), Le Cray. Une vaste nécropole du haut Moyen Âge.* Rapport final d'opération archéologique (fouille préventive), Éveha, SRA du Grand Est, 2019.

Tixier, B. *et al.*, « Les réouvertures de tombes de la nécropole du haut Moyen Âge de Vitry-la-Ville (Marne) : approches méthodologiques et résultats », dans Noterman, A. A. & Cervel, M. (dir.), *Ritualiser, gérer, piller. Rencontre autour des réouvertures de tombes et de la manipulation des ossements. Actes de la 9e Rencontre du Gaaf UFR SHA, CESCM, Poitiers (10–12 mai 2017)*, Chauvigny, Gaaf (Publication du Gaaf 9) – Éd. Association des Publications Chauvinoises (Mémoire LII), 2020, p. 104–117.

Theuws, F., « Grave goods, Ethnicity and the Rhetoric of Burial Rites in Late Antique Northern Gaul », dans Derks, T. & Roymans, N. (éd.), *Ethnic Constructs of Identity, the Role of Power and Tradition*, Amsterdam, Amsterdam University Press, 2009, p. 283–290.

Theuws, F., « Exchange, religion, identity and central places in the early Middle Ages », *Archaeological Dialogues*, 10/02 (2004), p. 121–138.

Theuws, F. & Alkemande, M., « A kind of mirror for men : sword depositions in late Antiquity northern Gaul », dans Theuws, F. & Nelson, J. L. (éd.), *Rituals of power : from late antiquity to the early Middle Ages*, Köln, Brill, 2000, p. 401–476.

Theuws, F. & Nelson, J. L. (éd.), *Rituals of power : from late antiquity to the early Middle Ages*, Köln, Brill, 2000.

Thiol, S., *Les guerriers gaulois de Ribemont-sur-Ancre (IIIe siècle avant J.-C., Somme) : blessures au combat et traitement du cadavre*, Thèse de doctorat en Sciences du vivant, Géosciences et Sciences de l'environnement, spécialité anthropologie, Bordeaux, Université de Bordeaux I, 2002.

Thomas, Y., « *Corpus aut ossa aut cineres*. La chose religieuse et le commerce », *Micrologus. Il cadavere – The corpse*, VII (1999), p. 73–112.

Thomann, A. & Péchart, S. (dir.), *Reims*, « *43 rue de Sébastopol* », Rapport d'opération de fouilles archéologiques, Archéosphère, SRA Champagne-Ardenne, 2013.

Thrane, H., « Beispiele für Grabraub aus der Bronzezeit Dänemarks », dans Jankuhn, H., Nehlsen H. & Roth, H. (éd.), *Zum Grabfrevel in vor-und frühgeschichticher zeit : Untersuchungen zu Grabraub und „ haugbrot „ in Mittel- und Nordeuropa : Bericht*, Göttingen, Vandenhoeck und Ruprecht, 1978, p. 9–17.

Treffort, C., « Les meubles de la mort : lit funéraire, cercueil et natte de paille », dans Alexandre-Bidon, D., Treffort, C. (dir.), *À réveiller les morts : la mort au quotidien dans l'Occident médiéval*, Lyon, Presses universitaires de Lyon, 1993, p. 207–222.

Treffort, C., *Mémoires carolingiennes. L'épitaphe entre célébration mémorielle, genre littéraire et manifeste politique (milieu VIIIe-début IXe siècle)*, Rennes, Presses universitaires de Rennes, 2007.

Treffort, C., « L'interprétation historique des sépultures atypiques. Le cas du haut Moyen Âge », dans Baray, L. (éd.), *Archéologie des pratiques funéraires. Approches critiques. Actes de la table ronde des 7- 9 juin 2001 (Glux-en-Glenne)*, Bibracte, Centre archéologique européen, 2004, p. 131–140.

Treffort, C., « Vertus prophylactiques et sens eschatologique d'un dépôt funéraire du haut Moyen Âge : les plaques boucles rectangulaires burgondes à inscription », *Archéologie Médiévale*, 32 (2002), p. 31–53.

Treffort, C., « Consécration de cimetière et contrôle épiscopal des lieux d'inhumation au Xe siècle », dans Kaplan, M. (dir.), *Le Sacré et son inscription dans l'espace à Byzance et en Occident. Études comparées*, Paris, Publications de la Sorbonne, 2001, p. 285–299.

Treffort, C., *L'Église carolingienne et la mort : christianisme, rites funéraires et pratiques commémoratives*, Lyon, Presses universitaires de Lyon, 1996.

Treffort, C. & Serralongue, J., « Le prêtre Alius, orfèvre en Burgundia au VIe siècle », dans Fol, M., Sorrel, C. & Viallet, H., *Chemins d'histoire alpine : mélanges dédiés à la mémoire de Roger Devos*, Annecy, Association des amis de Roger Devos, Archives départementales de la Haute-Savoie, 1997, p. 405–425.

Treffort, C. & Uberti, M., « Identité des défunts et statut du groupe dans les inscriptions funéraires des anciens diocèses de Poitiers, Saintes et Angoulême entre le IVe et le Xe siècle », dans Bourgeois, L. (dir.), *Wisigoths et Francs autour de la bataille de Vouillé (507). Actes des XXVIIIe journées internationales d'archéologie mérovingienne, Vouillé et Poitiers, 28–30 septembre 2007*, Saint-Germain-en-Laye, Association française d'Archéologie mérovingienne, 2010 (Mémoires 22), p. 193–213.

Trésors mérovingiens d'Alsace. La nécropole d'Erstein (6e-7e siècle après J.-C.). Exposition au Musée archéologique de Strasbourg du 22 octobre 2004 au 31 août 2005, Strasbourg, Édition des musées de Strasbourg, 2005.

Truc, M.-C. (dir.), *Saint-Dizier « La Tuilerie », RN4 – aire de service (Haute-Marne). Sépultures aristocratiques et habitat du haut Moyen Âge*, Rapport de fouille archéologique préventive, Inrap, SRA Champagne-Ardenne, 2009.

Truc, M.-C. (dir.), « Trois riches tombes du VIe siècle sur le site de « La Tuilerie » à Saint-Dizier (Haute-Marne) », dans Guillaume, J. & Peytremann, É (dir.), *L'Austrasie. Sociétés, économies, territoires, christianisation. Actes des XXVIe Journées internationales d'archéologie mérovingienne, Nancy 22–25 septembre 2005*, Nancy, Presses universitaires de Nancy, 2008 (Mémoires 19), p. 313–329.

Truc, M.-C. , « Les fibules ansées symétriques en Normandie ... », *Archéologie médiévale*, (1998), p. 39–40

Urlacher, J.-P., Passard-Urlacher, F. & Manfredi, S. (dir.), *La nécropole mérovingienne de la Grande Oye à Doubs. VIe-VIIe siècles après J.-C.*, Saint-Germain-en-Laye, Association française d'Archéologie mérovingienne (Mémoires 10), 1998.

Urlacher, J.-P., Passard-Urlacher, F. & Gizard, S., *Saint-Vit, « Les Champs Traversains » (Doubs). Nécropole mérovingienne, VIe-VIIe siècle ap. J.-C. et enclos protohistorique, IXe-Ve siècle av. J.-C.*, Besançon, Presses universitaires de Franche-Comté, 2008.

Valencia, L. G. (éd.), *Paris 4e, Place Baudoyer*, Document final de synthèse, Association pour les Fouilles Archéologiques Nationales, Antenne Centre-Nord, SRA Ile-de-France, 1996.

Vanmechelen, R. & Vrielynck, O., « Bossut-Gottechain et Haillot (Belgique) : deux cimetières mérovingiens, deux expressions de la sépulture privilégiée », dans Alduc-Le Bagousse, A. (dir.), *Inhumations de prestige ou prestige de l'inhumation ? Expressions du pouvoir dans l'au-delà (IVe-XVe siècle)*, Caen, Publications du CRAHM, 2009, p. 23–67.

Vatan, A., *Histoire de l'archéologie celtique en Champagne*, Reims, Société archéologique champenoise, 2004.

Verdon, J., « Recherches sur la chasse en Occident durant le haut Moyen Âge », *Revue belge de philologie et d'histoire*, 52/4 (1978), p. 805–829.

Verslype, L., « « Limites sans frontières ». Réflexions sur la perception archéologique de l'espace en Neustrie septentrionale (Ve-VIIIe siècle) », *Revue du Nord*, 351 (2003), p. 551–572.

Verslype, L., *« Affections et désaffection. La parure corporelle, l'ornementation vestimentaire et les usages funéraires au haut Moyen Âge »,* dans Moulin, J. & Cahen-Delhaye, A. (éd.), *La parure dans nos régions. De la Préhistoire au Moyen Âge. Actes du colloque de Mariémont du 15 novembre 1997*, Bruxelles, Fédération des Archéologues de Wallonie, 1997, p. 104–118.

Villa, P. & Mahieu, É., « Breakage patterns of human long bones », *Journal of Human Evolution*, 21 (1991), p. 27–48.

Viollet-Le-Duc, E., *Dictionnaire raisonné d'architecture française du XIe au XVIe siècle*, Paris, B. Bance, 1854–1868.

de Visscher, F., *Le droit des tombeaux romains*, Milan, Guiffrè editore, 1963.

Vives, J., Marín Martínez, T. & Martínez Díez, G. (éd.), *Concilios visigóticos e hispano-romanos*, Madrid, Consejo Superior de Investigaciones Científicas, 1963.

Vogel, C., *En rémission des péchés. Recherches sur les systèmes pénitentiels dans l'Église latine*, Aldershot, Variorum, 1994.

Vogel, C., *Le pécheur et la pénitence au Moyen Âge*, Paris, Éditions du Cerf, 1969.

Vogel, C., « Le pontifical romano-germanique du Xe siècle. Nature, date et importance du document », *Cahiers de civilisation médiévale*, 21 (1963), p. 27–48.

Vogel, C. & Elze, R. (éd.), *Le Pontifical romano-germanique du Xe siècle*, Città del Vaticano, Biblioteca apostolica vaticana, 1963–1972.

Walker, P. L. & Long, J. C., « An Experimental Study of the Morphological Characteristics of Tool Marks », *American Antiquity*, 42/4 (1977), p. 605–616.

Weber, M., *The Sociology of Religion*, Boston, Beacon Press, 1963.

Welton, A. J., « Encounters with iron : an archaeometallurgical reassessment of early Anglo-Saxon spearheads and knives », *Archaeological Journal*, 173/2 (2016), p. 206–244.

Werner, J., *Das alamannische Gräberfeld von Bülach*, Basel, Birkhäuser Verlag, 1953.

Whitelock, D. (éd. et trad.), *Anglo-Saxon Wills*, Cambridge, Cambridge university Press, 1930, rééd. 2011.

Williams, H., *Death and Memory in Early Medieval Britain*, Cambridge, Cambridge University Press, 2006.

Williams, H., « The emotive force of early Medieval mortuary practices », *Archaeological Review from Cambridge*, 22/1 (2006), p. 107–123.

Williams, H., « Keeping Death at Arm's length. Memory, Weaponry and Early Medieval Mortuary Technologies », *Journal of social Archaeology*, 5 (2005), p. 235–275.

Williams, H., *Archaeology of remembrance. Death and memory in past societies*. Springer, New-York, 2003.

Wood, I., « Sépultures ecclésiastiques et sénatoriales dans la vallée du Rhône (400–600) », *Médiévales*, 31 (1996), p. 13–27.

Wood, I., *The Merovingian kingdoms, 450–751,* Londres, Longman, 1994.

Young, B. K., « Pratiques funéraires et mentalités païennes », in M. Rouche (dir.), *Clovis, histoire et mémoire. Clovis et son temps, l'événement. Actes du Colloque international d'histoire de Reims, 19–25 septembre 1996. Tome 1,* Paris, Presses de l'Université de Paris-Sorbonne, 1997, p. 15–42.

Young, B. K., « Quelques réflexions sur les sépultures privilégiées, leur contexte et leur évolution, surtout dans la Gaule de l'Est », dans Picard, J.-C. & Duval, Y. (éd.), *L'inhumation privilégiée du IVe au VIIIe siècle en Occident. Actes du colloque tenu à Créteil, 16–18 mars 1984*, Paris, De Boccard, 1986, p. 69–88.

Young, B. K., *Quatre cimetières mérovingiens de l'Est de la France. Lavoye, Dieue-sur-Meuse, Mézières-Manchester et Mazerny*, Oxford, BAR Publishing, 1984 (International Series 208).

Young, B. K., « Paganisme, christianisation et rites funéraires mérovingiens », *Archéologie Médiévale*, 7 (1977), p. 5–81.

Zehnacker, M., *Une nécropole mérovingienne en plaine d'Alsace. Niedernai, « Kirchbuehl » (Bas-Rhin)*, DFS de sauvetage urgent, Afan, SRA Alsace, 1996.

Zintl, Z., « Things we knew about grave robbery : reassessing ideas on how and why graves were reopened in the Merovingian period », dans Aspöck, E., Klevnäs, A. & Müller Scheeße, N., (éd.), *Grave disturbances.*

The archaeology of post-depositional interactions with the dead, Oxford, Oxbow, 2020 (Studies in funerary archaeology 14), p. 95–114.

Zintl, Z., *Frühmittelalterliche Grabräuber? Wiedergeöffnete Gräber der Merowingerzeit*, Regensburg, Stadt Regensburg, 2019.

Zintl, S., *Frühmittelalterliche Grabräuber? Wiedergeöffnete Gräber der Merowingerzeit*, Freiburg, Albert Ludwigs Universität, 2012.

Zipper, K., Seguin, G. & Chevalier, C., « Les nécropoles laténiennes de La Croix-Blandin à Reims (Marne). Fouilles anciennes et observations taphonomiques », *Antiquité nationales*, 40 (2009), p. 91–102.

Zonabend, F. « Les morts et les vivants. Le cimetière de Minot en Châtillonnais », Études rurales, 52 (1973), p. 7–23.